ATGOFION
HEN ARWY

gan

DILLWYN MILES
(Dilwyn Cemais)

Cyflwyniad gan
JAMS NICHOLAS

❖

GWASG GEE
DINBYCH

© DILLWYN MILES 1997

ISBN 0 7074 0299 9

Dymuna'r Cyhoeddwyr ddiolch am gefnogaeth Cyngor Llyfrau Cymru.

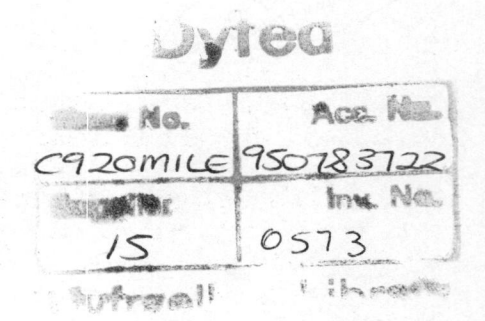

Argraffwyr a Chyhoeddwyr:
GWASG GEE, DINBYCH, SIR DDINBYCH

Cyflwyniad

Pleser a braint i mi yw cael 'sgrifennu gair o gyflwniad i *Atgofion Hen Arwyddfardd* Dilwyn Cemais.

Pan hysbysodd Dilwyn Cemais Fwrdd yr Orsedd yng nghyfarfod y Bwrdd a gynhaliwyd ym Mhabell y Cymdeithasau ar faes Eisteddfod Bro Dinefwr 1996 ei fod yn ymddeol o'i swydd fel Arwyddfardd yr Orsedd, a hynny wedi deng mlynedd ar hugain yn y swydd, gwelodd aelodau'r Bwrdd fod cyfnod yn hanes yr Orsedd yn dod i ben. Yr oedd ymdeimlad o golled, chwithdod a thristwch ymhlith aelodau'r Bwrdd, ac wrth i amryw o'r aelodau dalu teyrnged iddo, gofynnwyd iddo a fyddai'n barod i 'sgrifennu ei hunangofiant. Wedi'r cwbl, bu'n aelod o'r Orsedd ers trigain mlynedd ac yn aelod o'r Bwrdd am hanner canrif. Teimlid y byddai'r hunangofiant yn gyfraniad o werth amhrisiadwy i hanes yr Orsedd a'r Eisteddfod o ganol y tridegau hyd at heddiw.

Yr oedd gwneud y cais diffuant hwn yn golygu ymateb ar ran yr Arwyddfardd. A dyna a fu. Er na wnaeth unrhyw addewid y naill ffordd na'r llall ar y pryd, yr oedd yn nodweddiadol ohono ddychwelyd adre ar ôl iddo orffen ei gyfrifoldebau seremonïol olaf ym Mro Dinefwr a rhoi ystyriaeth i'r mater. Yna, yn unol â diffuantrwydd a thrylwyredd yr Arwyddfardd, nid syndod o gwbl i mi ydoedd derbyn gair ganddo ymhen ychydig fisoedd yn fy hysbysu iddo gofnodi ei atgofion yn unol â'r cais, a gofynnodd i mi a fuaswn garediced â bwrw golwg drostynt, a phe gwelid gwerth yn eu cyhoeddi, a fuaswn yn barod i 'sgrifennu'r Cyflwyniad. Pleser i mi oedd ceisio ymateb yn gadarnhaol.

Mae'n wir nad Hunangofiant Dillwyn Miles a geir yn y tudalennau canlynol, ond atgofion yn unol â'r teitl a roddodd i'r gwaith, *Atgofion Hen Arwyddfardd*. Byddai 'sgrifennu hunangofiant yn llawer helaethach tasg – a mawr obeithiaf y deil i wneud hynny oherwydd y mae bywyd Dillwyn Miles wedi cyffwrdd ag amryw weddau o fywyd Cymru, ac yn fwyaf arbennig o Sir Benfro – ei Sir enedigol – Sir y mae ei gariad ati yn ddwfn a helaeth.

Er mwyn cydbwysedd, o safbwynt ei berthynas â Sir Benfro,

byddai'n rhaid ystyried ei waith fel llenor a hanesydd. 'Sgrifennodd nifer o lyfrau ar y Sir, llyfrau pwysig a gwerthfawr, lle mae'n llwyddo i ddal peth o gyfaredd lledrithiol y darn hwnnw o Gymru. Ymhlith y cyfrolau hyn dylid crybwyll *A Pembrokeshire Anthology* (1983), lle casglodd ynghyd o'i ddarllen eang ddarnau o ryddiaith a barddoniaeth sy'n ceisio mynegi hanes a hud yr ardal. Yna wedyn *Portrait of Pembrokeshire,* lle rhydd inni bortread personol o'r Sir, a phortread sy'n ennill ei le yn oriel yr amrywiol bortreadau cofiadwy a gafwyd o'r Sir. Cofnododd ran o hanes y Sir yn y gyfrol *The Sherifs of the County of Pembroke,* a thalodd deyrnged clodwiw i'r Fwrdeistref lle y ganwyd ef yn ei gyfrol ddiweddaraf *The Ancient Borough of Newport in Pembrokeshire.* Ond efallai mai ei gymwynas bennaf â'i hen Sir ydoedd golygu argraffiad newydd o *The Description of Pembrokeshire* gan George Owen, Henllys, yng nghyfres *The Welsh Classics.* Camp yn wir ydoedd ceisio dwyn allan argraffiad newydd o'r clasur hwn a'i ddisgrifiad penigamp o'r Sir yn oes Elizabeth I. Yr oedd gwir angen yr argraffiad hwn, a chyflawnodd Dillwyn Miles orchest a olygodd lafur blynyddoedd iddo. Nid syndod o gwbl i'r gyfrol hon dderbyn canmoliaeth uchel gan neb llai na'r Athro Glanmor Williams, Abertawe.

Nid anghofiodd Dillwyn ddiwylliant yr Eisteddfod Genedlaethol chwaith. Yn 1978 cyhoeddodd Gwasg Christopher Davies ei gyfrol *The Royal National Eisteddfod of Wales,* ymgais i ymateb i'r lluoedd di-Gymraeg sy'n holi'n rheolaidd am draddodiad eisteddfodol y genedl, ac am ystyr ac arwyddocâd seremonïau a phasiant yr Orsedd. Ac yna pan ddathlwyd daucanmlynedd Gorsedd Beirdd Ynys Prydain yn 1992, a phan welwyd cyhoeddi, ar gais Bwrdd yr Orsedd, gyfrol safonol Geraint a Zonia Bowen, *Hanes Gorsedd y Beirdd*, gofynnwyd i'r Arwyddfardd ysgrifennu cyfrol a fyddai'n cyfleu rhyfeddod yr hanes i gynulleidfa gynyddol – y di-Gymraeg. Eto'n nodweddiadol ohono, ymatebodd Dilwyn Cemais gyda'r ymdeimlad o gyfrifoldeb a'i nodweddai, a gwelwyd cyhoeddi'r gyfrol werthfawr *The Secret of the Bards of the Isle of Britain.*

Ac yn awr wele gyhoeddi *Atgofion Hen Arwyddfardd* gan Wasg Gee. Fel y disgwylid, dyma'r gyfrol fwyaf bersonol ei natur iddo erioed ei 'sgrifennu, cyfrol sydd nid yn unig yn hel atgofion, ond yn bortread o gyfnod, a thrwy'r cwbl yn hunanbortread hefyd. Os ydym am wybod sut ddyn oedd Dilwyn Cemais, yna darllener *Atgofion Hen Arwyddfardd.* Ceir yma hanes, a hwnnw'n ymwneud â phersonau – y personau a lywiodd ac a ddylanwadodd rawd sefydliad yr Orsedd a'r Eisteddfod mewn cyfnod tyngedfennol yn ei hanes. Mae'n hanes dadlennol am y modd y gweithredai'r Orsedd dros gyfnod o drigain mlynedd. Daeth Dillwyn yn aelod o Fwrdd yr Orsedd yn unicn ar ôl yr Ail Ryfel Byd, pan aethpwyd ati i ailafael yn yr awenau, a chreu delwedd arbennig o'r Orsedd ar gyfer ail hanner y ganrif. Yr oedd gan Dillwyn ran amlwg i'w chwarae wrth sicrhau'r ddelwedd hon - yn enwedig y gweddau seremonïol a gweinyddol ohoni. Fel y gwelir o'r Atgofion yr oedd yn gyfaill mawr i Cynan, a Chynan ei hun oedd prif bensaer y ddelwedd newydd.

Y mae'r Atgofion hyn, fel y crybwyllwyd eisoes, yn bortread o gymeriad yr Arwyddfardd ei hun. Mae'n bortread onest ac agored, oherwydd y mae'n traethu'n gwbl ddi-flewyn ar dafod, heb guddio dim. Dyna arddull yr arwyddfardd a dyna'r ffordd y traethai ar amryw faterion ym Mwrdd yr Orsedd. Ac nid oes raid cytuno â'i safbwynt a'i farn ar lawer mater i gymylu gwerthfawrogiad o'r hyn a gyflawnodd fel Arwyddfardd. Yn wir, saif ef a minnau am y pegwn â'n gilydd ar amryw o'r materion y traethir arnynt, ond nid yw hyn yn tarfu o gwbl ar fy edmygedd ohono.

Wrth ddarllen yr Atgofion gwelir fel y mae Bwrdd yr Orsedd a'r Orsedd ei hun wedi newid yn sylfaenol dros y trigain mlynedd diwethaf – ac nid meddwl am drefn y pasiant yn unig a wnaf yn awr. Ac y mae'r newid hwn yn anorfod yn ôl arwyddion yr amserau. Diau y bydd haneswyr y dyfodol yn dadansoddi'r dylanwadau a fu ar yr Orsedd – ac ar Gyngor yr Eisteddfod – a gwyddom bod rhai ohonom yn rhy agos i rai o'r newidiadau i'w barnu'n wrthrychol. Ond teg dweud i nifer o genedlaetholwyr esgyn i'r Maen Llog yn niwedd y saithdegau a dechrau'r wythdegau gan draethu'n huawdl ar gyflwr y genedl, a chan adael eu hôl ar feddylfryd Gorsedd y Beirdd, ac ar ei chyfeiriad yn ystod ugain mlynedd olaf y ganrif. Ond pa beth bynnag a ddywedir am syniadau a meddylfryd y cymeriadau lliwgar – lawer ohonynt – a ddylanwadodd ar Orsedd y Beirdd, y mae'r gwirionedd amdanynt wedi ei fynegi gan T. Gwynn Jones:

> 'Yn donnau y daw dynion,
> A llawer dull ar y don.'

Cyn terfynu hoffwn ychwanegu nodyn personol. Yn rhinwedd fy swydd fel Cofiadur yr Orsedd, bûm yn cydweithio'n agos â'r Arwyddfardd am ddeunaw mlynedd. Er cymaint oedd y gwahaniaethau rhyngom, bu'n gwrtais a bonheddig. Ar hyd yr amser hwn yr oedd ei lwyr ymroddiad i'w swydd fel Arwyddfardd, a'r trylwyredd a amlygai wrth gyflawni ei orchwylion yn ennyn ynof edmygedd ohono. Er pob anghytuno agored a fu rhyngom – a hynny'n aml ar brydiau – arhosem yn gyfeillion, ac ni ddarfu ynof yr edmygedd o'r hyn a gyflawnodd fel Arwyddfardd. Mynnai bod graen ar bob agwedd o waith yr Orsedd, ac yn enwedig ar yr Orymdaith a'r Seremonïau ar eu hyd. Medrai fod yn fyr ei amynedd pan welai flerwch, esgeulustod ac anghysondeb, neu ddiffyg ymroddiad ar ran cyd-swyddogion, ond diau bod angen ei gerydd llym ar adegau.

I'w ran ef a minnau y syrthiai'r cyfrifoldeb o ddewis Cyflwynydd y Corn Hirlas, Cyflwynydd y Flodeuged Morynion a Macwyaid y Llys. Tasg anodd iawn oedd hon, ac yma eto cefais yr Arwyddfardd yn garedig, ei sylwadau o gymorth, a pharodrwydd i gyfaddawdu pan fyddai'r dewis yn anodd.

Mae'n wir hyfrydwch gennyf groesawu'r Atgofion hyn, ac ar ran Bwrdd yr Orsedd a'r holl Orseddogion diolchwn i'r Arwyddfardd am y cwbl a gyflawnodd dros gyfnod maith, a hynny mewn modd cwbl anhunanol er lles Gorsedd Beirdd Ynys Prydain a'r Eisteddfod. Bydded iddo fwynhau blynyddoedd lawer o iechyd da a hapus yn ei ymddeoliad.

Diolch o galon, Dillwyn.

James Nicholas

Cydnabyddiaeth

Bwrdd yr Orsedd a ofynnodd i mi osod ar glawr a chadw yr hyn o atgofion sydd gennyf am y trigain mlynedd y bûm yn aelod o'r Orsedd, saith ohonynt fel Ceidwad y Cledd a deg ar hugain yn Arwyddfardd.

Aeth canrif heibio oddi ar penodi'r Arwyddfardd cyntaf, a dim ond pump a fu'n dal y swydd yn ystod y can mlynedd: Thomas Henry Thomas (Arlunydd Penygarn) o 1895 i 1915, Dr Edward Rees (Ap Gwyddon) hyd 1925, Capten Geoffrey Crawshay (Sieffre o Gyfarthfa) o 1925 hyd 1947, yna Capten Robert W Jones (Erfyl Fychan) hyd 1966, pan gefais i fy mhenodi. Yn fy amser cefais gydweithio â thri Cheidwad y Cledd a thri Chofiadur, a gweld urddo ugain Archdderwydd.

Nid oes neb ar ôl o'r cewri cynnar y cefais fy nwyn i fyny yn eu plith: Elfed, a fu'n aelod er 1888, Gwili, Meuryn, Crwys, Wil Ifan, Dyfnallt; cymeriadau cyfareddol fel Gwynn o'r Llan a Sieffre o Gyfarthfa a Mam o Nedd a Chynan, a gwŷr hynod fel y Dr Leigh Henry a Meurig Prysor ac, i raddau, yr hen Drefin ac, wrth gwrs, Dewi Emrys. Profiad pleserus oedd cael eu hadnabod, a melys y cof amdanynt.

Mae fy nyled hefyd i'r rhai a'u canlynodd, ac yn arbennig i'r Cofiadur a lywiodd y llyfr hwn tua'r cyhoeddwyr, Gwasg Gee, ac iddynt hwy am wneud gwaith mor ddestlus ohono.

Yn olaf, yr wyf am ddiolch i bob aelod o'r Orsedd yn bersonol am wneud fy ngwaith yn fwynhad. Iddynt hwy y cyflwynaf y gyfrol hon.

DILLWYN MILES *(DILWYN CEMAIS)*

I

Mae llawer un wedi gofyn sut y deuthum i fod yn aelod o'r Orsedd. Yr ateb, yr un fath ag i gynifer o gwestiynau bywyd, yw mai trwy siawns y digwyddodd.

Yr oeddem ar ganol gwers Saesneg yn Fform VI yn Ysgol Sir Abergwaun, ganol haf 1934, pan ddywedodd yr athro, D J Williams, fod Ysgol Haf y Blaid Genedlaethol yn cael ei chynnal yn Llandysul yn fuan ar ôl i ni orffen sefyll yr Arholiadau Uwch ac efallai y byddai chwant arnom fynd yno. Dim ond chwech oeddem yn y dosbarth, gan gynnwys un ferch, ac aeth pedwar ohonom yno ar ein beiciau. Wedi cyrraedd cawsom fod DJ wedi talu am ein llety, hanner coron yr un am gael cysgu ar fatres ar lawr yr Ysgol Sir, a thalu hefyd ein haelodaeth o'r Blaid, er fy mod i eisoes yn aelod. Yr oeddwn wedi bod yn dosbarthu'r *Ddraig Goch* a'r *Welsh Nationalist* y byddai DJ wedi eu rhoddi i mi'n ddistaw bach yn yr ysgol, ac yr oeddwn wedi mynd gydag ef, ar nosweithiau du y gaeaf, ar gefn beic ar draws gogledd Sir Benfro i genhadu. Yr oeddwn hefyd wedi sefydlu cangen o'r Blaid yn Nhrefdraeth.

Er nad oeddem efallai'n barod am y fath drochfa wleidyddol, yr oeddem yn falch o fod wedi cael y cyfle i gyfarfod â phobl fel Saunders Lewis, J E Daniel, J E Jones, Dyfnallt, Kate Roberts, Cassie Davies, ac Arthur Wade Evans, a dod i adnabod eraill a fu'n gyfeillion oddi ar hynny, fel Aneirin ac Alun Talfan Davies, Islwyn Williams, Hywel D Roberts, Norah Isaac ac Eic Davies.

Gofynnwyd am wirfoddolwyr, yr ail fore, i fynd i sioe Cwrtnewydd i ddosbarthu llenyddiaeth, ac aeth Aneirin a Geraint Dyfnallt Owen ac Efelyn Williams a minnau yno yng nghar Geraint. Chawsom ni ddim llawer o groeso, a chofiaf am un ffermwr yn dweud wrthyf: 'Os na ei di o 'ngolwg i mewn dwy funud, mi droia'r tarw 'ma arnat ti!' Yn y car, ar y ffordd yn ôl i Landysul, dywedodd Efelyn ei bod hi newydd sefyll arholiadau Gorsedd y Beirdd, a gofynnodd i mi pam na wnawn i'r un fath.

Sefais yr arholiadau yn Abergwaun, yn nhŷ Ysgrifennydd Cyffredinol yr Eisteddfod, Watcyn Evans, a oedd wedi ymsefydlu yno i baratoi ar gyfer Eisteddfod 1936 yn y dref. Nid peth hawdd oedd ceisio cyfansoddi englyn a darn o gywydd pan oedd y glaw yn clindarddach ar y ffenestri, ond llwyddais i foddhau yr arholwyr, Trefin, Ben Davies a Meuryn. Maes o law, derbyniais Brawf-Ysgrif oddi wrth Beili Glas, Trefnydd yr Arholiadau, gyda chais am 15/-, sef 5/- yr un am gofrestru fy mod wedi llwyddo yng ngraddau 1, 2 a 3 yn Urdd Bardd. Cefais wybod hefyd y byddai'n ofynnol i mi brynu gwisg las, ac yr oedd yn amgáu taflen yn dangos llun gŵr yn gwisgo 'Gorsedd Robe and Hood', o'r tu blaen ac o'r tu cefn, ynghyd â'r wybodaeth y gellid cael gwisgoedd 'Bards (Blue) 35/-; Ovates (Green) 35/-; Druids (White) 32/6', neu fe ellid prynu '9 yards of 50 inch Material, required for each Robe. Price per yard: (Blue or Green) 1/10, (White) 1/6^{1}/$_{2}$.' Rhaid oedd rhoi mesurau hyd a lled y corff a maint y pen. Yr oedd y wisg yn 'obtainable from Pryce Jones, Ltd., Newtown'.

Yr oeddwn i eisoes wedi bod yn cynorthwyo gyda'r paratoadau ar gyfer yr Eisteddfod yn Abergwaun, y tro cyntaf erioed iddi ddod i Sir Benfro. Yr oedd Pwyllgor Lleol yr Orsedd, o dan gadeiryddiaeth Glynfab, rheithor y Dinas, wedi gofyn i'r plwyfi cyfagos gyfrannu maen yr un er mwyn ffurfio Cylch yr Orsedd ar Benslâd, uwchben Cwm Abergwaun, a gofynnwyd i mi, fel Clerc y Cyngor Plwyf, drefnu cyfraniad Trefdraeth. Deuthum o hyd i'r maen perffaith ar Garn Ffoi, a chafwyd digon o ddwylo i'w osod ar lorri i'w ddwyn i Abergwaun, ond wedi i'r lorri fynd llathenni, llithrodd y garreg i'r llawr a hollti'n ddau. Gorfu i mi chwilio'n eang cyn cael maen teilwng arall, a hynny dan gysgod Carn Ingli, a llwyddwyd i gludo hwnnw i Benslâd, lle saif gyda'r meini eraill yn y Cylch, pob un ag enw'i blwyf yn gerfiedig arno.

Ddiwrnod y Cyhoeddi, 27 Mehefin 1935, agorwyd yr Orsedd, ar 'awr anterth', sef canol dydd, gan yr Archdderwydd Gwili, ac ar ôl cinio, ffurfiwyd Gorymdaith a ymdeithiodd trwy'r dref i Benslâd erbyn hanner awr wedi dau o'r gloch. Cyflwynwyd y Corn Hirlas i'r Archdderwydd gan Mrs Walter Williams, Cefnydre, a'i mab hi, Philipps Williams, oedd Cadeirydd y Pwyllgor Gwaith pan ddaeth yr Eisteddfod i Hwlffordd yn 1972, a'i wyres, Rachel James, yn gadeirydd pan ddaeth eto i Abergwaun yn 1986. Cyflwynydd yr Aberthged oedd Mrs Frederick Withington, Arglwyddes Cemais. Croesawyd ar ran y dref gan Glynfab a'r Prifardd J T Job, enillydd y Gadair yn 1897, 1903 a 1918, a'r Goron yn 1900, a gweinidog gyda'r Methodistiaid yn y dref.

Y noswaith cyn i'r Eisteddfod agor yn Abergwaun, pan oeddwn yn cerdded ar y Parrog yn Nhrefdraeth, arhosodd car a gofynnodd y gyrrwr ble y gallai ef a'i gyfeillion gael pryd o fwyd. Ar yr un pryd daeth gwaedd o gefn y car yn galw f'enw, neb llai nag Efelyn Williams, fel y digwyddodd. Adnabûm y gyrrwr ar unwaith fel Cynan, ac yr oedd Efelyn yn ceisio dweud wrtho pwy own i. Cyflwynodd ef Caerwyn, a oedd yn eistedd yn ei ymyl, a Manon Meirion, yng nghefn y car gydag Efelyn. Gan mai nos Sul oedd hi, nid oedd unman yn gwneud bwyd ond cefais hwyl ar fy nghyfaill Arthur Duigenan i goginio pryd ardderchog iddynt yn y Sailors' Safety ym Mhwllgwaelod, a chafodd ef, Gwyddel a fu'n byw yn India, a Chynan hwyl yn adrodd straeon am y gorau hyd yr oriau mân. Yno y bu pencadlys rhai Eisteddfodwyr, gan gynnwys newyddiadurwyr fel J C Griffith Jones a Hannen Swaffer, ar hyd yr wythnos, ac eithrio'r noson lawen a gawsom yn hen ffermdy Ffynnon-ddofn, uwch Traeth Mawr Trefdraeth.

Yr oedd yn rhaid bod yn yr Ystafell Wisgo, yn Neuadd yr Eglwys, am chwarter wedi saith ar y bore dydd Mawrth, ac ymgasglu ar Sgwâr Abergwaun erbyn wyth o'r gloch. Arweiniwyd yr Orymdaith gan yr Arwyddfardd, Sieffre o Gyfarthfa, ar gefn ei geffyl, ac yr oedd rhyw ddwsin ohonom heb benwisg, i'n hurddo, yn dilyn Cyflwynydd y Corn Hirlas, a ganlynai fath o elor a'r Hirlas yn cael ei gludo arno gan bedwar o fechgyn wedi'u gwisgo yr un fath â Chludwyr y Faner.

Canwyd y Corn Gwlad gan ddau ŵr lleol, a chan fod Gwili wedi marw, agorwyd yr Orsedd gan Elfed, y Dirprwy-Archdderwydd a Bardd yr Orsedd, ac iddo ef y cyflwynwyd y Corn Hirlas gan Mrs Titus George, gwraig capten llong o'r Dinas. Cyflwynydd yr Aberthged ar fore dydd Iau oedd gwraig yr Aelod Seneddol, Gwilym Lloyd George, ac un o Rianedd y Llys oedd Mari Glyn Rhosyn. Elfed oedd yn urddo'r Archdderwydd newydd, y Prifardd J J Williams, bardd 'Y Lloer'. Cyhoeddwyd prif destunau Eisteddfod 1937 ym Machynlleth gan R S Rogers, Abertawe, gan gynnwys y Fedal Ryddiaith am y tro cyntaf, a chafwyd y byr goffâd am y Gorseddogion ymadawedig gan y Cofiadur Cynan. Yna galwyd ar yr aelodau newydd i gael eu derbyn gan yr Archdderwydd newydd, rhyw ddwsin ohonom, gyda Luned Teifi a minnau yn eu plith. Rhoddwyd i mi yr enw Gorseddol 'Dilwyn ap Cemais', fel ymdrech i Gymreigio f'enw bedydd, Dillwyn, a'i gyplysu ag enw'r cantref lle'm ganed. Cemais, ond aeth yr 'ap' ar goll, er i mi ei ddefnyddio adeg y rhyfel.

Yn ystod y blynyddoedd 1939-45 yr oeddwn yn y Dwyrain Canol a chefais wefr, un bore ym mis Mawrth 1943, wrth weld llun yn y *Palestine Post* o'r Archdderwydd Elfed a Phedrog, Meurig Prysor, John Owen, Esgob Tŷ Ddewi, a Gwallter Dyfi, Ceidwad y Cledd, gyda Dug a Duges Caerefrog, yn Eisteddfod Abertawe yn 1926. Ni fedrwn ddirnad beth a wnâi yno hyd nes i mi weld mai nodi'r ydoedd inni fod wedi dathlu Dydd Gŵyl Ddewi unwaith eto yn Jeriwsalem. Yr oeddwn wedi trefnu cinio fel rhan o weithgaredd y Gymdeithas Gymraeg a sefydlais yn y ddinas, ac yr oedd cyfeiriadau hefyd yn y papur, ac yn y *Jerusalem Radio*, at y gwahanol raglenni a drefnais i'w darlledu. Rhoddid fy enw Gorseddol, Dilwyn ap Cemais, bob amser.

Yn fuan ar ôl i mi ddychwelyd adref, derbyniais lythyr oddi wrth T Rowland Hughes, o'r BBC, yn gofyn i mi anfon detholiad o'm cerddi iddo gael dewis un neu ddwy ar gyfer rhaglen yn y gyfres *Cerddi'r Hogiau*, a ddisgrifiwyd yn y *Radio Times* fel 'darlleniad o ganeuon o waith bechgyn sy'n awr yn y Lluoedd Arfog'. Anfonais ryw hanner dwsin ato, gan ddisgwyl y byddai'n dychwelyd rhai, onid y cyfan, ond daeth ateb yn gofyn a oedd gennyf ragor am ei fod am wneud rhaglen gyfan o'm gwaith. Darlledwyd y rhaglen ar 12 Chwefror 1945 a chlywais Wil Ifan a T J Morgan a Prysor Williams yn darllen dwsin o'm cerddi.

Pan euthum i Eisteddfod Rhosllannerchrugog, yr oedd fy ngwisg las hir yn fy nisgwyl, gyda nodyn ar restr y gwisgoedd, a gedwid y pryd hynny, yn dweud: '1 Blue marked D Miles to be kept with Official White.'

Estynnodd yr Arwyddfardd, Sieffre o Gyfarthfa, wialen i mi a dweud ei fod am i mi wasanaethu fel Distain Glas yn seremoni agoriadol yr Orsedd yn Eisteddfod y Rhos. Hon oedd yr Eisteddfod gyflawn gyntaf a gynhaliwyd wedi i'r rhyfel orffen yn Ewrop ac yr oeddwn yn awyddus i gwrdd eto â Chynan ac i ddiolch iddo ef, ac i D R Hughes yn arbennig, am eu cefnogaeth pan own i'n rhedeg y Gymdeithas Gymraeg yn Jeriwsalem. Trannoeth, yng Nghyfarfod Cyffredinol Blynyddol y Cyngor [*sic*], y cyntaf er 1939, fe'm henwebwyd yn un o ddeunaw 'at y Swyddogion i ffurfio Bwrdd yr Orsedd'. Y Swyddogion oedd: Archdderwydd, y Prifardd Crwys; Dirprwy Archdderwydd, y Prifardd J J Williams; Cyn-Archdderwydd, y Prifardd Elfed; Bardd yr Orsedd, Meurig Prysor; Cofiadur, y Prifardd Cynan; Arwyddfardd, Sieffre o Gyfarthfa; Ceidwad y Cledd, y Prifardd Trefin; Cyfreithiwr yr Orsedd, Llysor; Trefnydd yr Arholiadau, Beili

Glas; Trefnydd Cerdd, Gwynn o'r Llan; Ysgrifennydd Cyllid, Brynallt; Arolygyddion y Gwisgoedd, Mam o Nedd a Thelynores Rhondda. Y deunaw a enwebwyd oedd: Arthan, Caerwyn, Caradog Wyn, Dyfnallt, Emyr Cyfeiliog, Ernest Huws, Eurig, Meuryn, S.B., Morgan Watcyn, R.S., Wil Ifan, Dilwyn Cemais, Tybiefab, Haydn Bencerdd, Peri, Edgar a Bronwen. Tybiaf iddynt gael eu gosod yn y ffurf hon i arwyddo fod y rhai hyd at Wil Ifan yn Dderwyddon.

Yr oedd yr achlysur, a chael cwrdd â hen ffrindiau wedi chwe blynedd ar wahân, yn gymaint fel na sylweddolwyd yn llawn arwyddocâd y newydd ein bod wedi gollwng bom atomig ar dref Hiroshima, heblaw dweud diolch i Dduw am hynny ac am unrhyw fodd i faeddu'r Siapaneaid dieflig. Nid oedd wedi'n taro ni fod yr oes atomig ddychrynfawr wedi gwawrio arnom.

Ar y prynhawn dydd Mercher y cynhaliwyd seremoni'r Coroni, ond nid oedd neb yn deilwng o'r Goron, a daeth Telynores Dwyryd i'r llwyfan i godi ein calonnau trwy ganu 'Bugail Aberdyfi'. Cyhuddwyd hi gan David Lloyd, yn ddiweddarach, o ddwyn ei gân.

Trosglwyddodd Lloyd George lywyddiaeth y Cyngor i'r Athro W J Gruffydd, a rhoddwyd llun yr Athro T Gwynn Jones, gan Evan Walters, i'r Arglwydd Howard de Walden i'w osod yn yr Amgueddfa Genedlaethol. Diolchodd TGJ mewn modd cofiadwy.

Daeth heulwen i euro'r seremoni yn y Cylch fore dydd Iau a hyfryd oedd cael gweld Plant y Ddawns yn eu diniweidrwydd lliwgar eto, pan oedd sôn am ollwng bom atomig arall, ar Nagasaki y tro hwn. Sobrwyd ni yn y prynhawn wrth gadeirio Tom Parry Jones, a oedd yn gloff o glun ac yn dioddef, meddir, o'r darfodedigaeth. Meddyliau a theimladau cymysg iawn oedd yn y seremoni honno.

Gyda'r hwyr cynhaliwyd cyngerdd yn y Pafiliwn i groesawu'r rhai a ddaeth yn ôl o'r Lluoedd Arfog, gyda band y *Welsh Guards* a'r cantorion David Lloyd a Tudor Evans. Gwahoddwyd ni i'r llwyfan a chroesawyd ni gan yr Archdderwydd Crwys, Emyr Cyfeiliog, Cadeirydd y Cyngor, ac Esgob Llanelwy. Galwyd ar y Comodôr Evan Jones a minnau i ateb ar ran y dychweledigion, a chawsom dderbyniad byddarol. Darganfûm ei bod hi'n haws siarad â phum mil nag â dyrnaid.

Yn y Pafiliwn, ddydd Gwener, yn ystod cystadleuaeth côr-adrodd, cawsom, yn sydyn, y newydd o'r llwyfan fod y Siapaneaid wedi gofyn am delerau a bod y rhyfel drosodd. Yr oedd pawb yn fud. Gwelwn Elfed ddall yn cael ei dywys at y meicroffon ar y llwyfan ac yn codi ei ddeheulaw, a chyda'i lais cadarn yn atseinio o nenfwd y Pafiliwn, ynganodd yr un gair: 'Gweddïwn'. Llifai'r dagrau'n dawel. Nid yw'r cof sydd gennyf am y munudau syfrdanol nesaf yn glir: yn ôl fy nyddiadur dilynwyd yr 'Amen' gan ddistawrwydd trydanol hyd nes i Elfed gyhoeddi 'Cyfamod hedd, cyfamod cadarn Duw', ond efallai mai dod i'm meddwl wnaeth y geiriau hynny fel rhai trawiadol, canys yn ôl Ernest Roberts fe ddiweddodd y patriarch ei weddi gyda'r deisyfiad 'Arglwydd Iesu, arwain f'enaid, / At y Graig sydd uwch na mi' ar y dôn 'In Memoriam'. Pa un bynnag oedd, ni bu canu cadarnach arni na chynt na chwedyn. Euthum allan o'r Pafiliwn gan feddwl dathlu, ond chwilio am gilfach dawel wnes i, lle gallwn eistedd yn llonydd a'm pen i lawr.

Gwelais ar unwaith, yn y Cyfarfod Blynyddol yn y Rhos, nad oedd pethau'n rhy dda rhwng y Bwrdd a'r Cyngor; nid oedd y Llys yn bod eto. Yr Archdderwydd oedd yn y gadair a'r penderfyniad cyntaf oedd mai ef a ddylai lywyddu'r Cyfarfod Blynyddol yn absenoldeb y Llywydd, yn hytrach na Chadeirydd y Pwyllgor Gwaith. Mynegwyd gofid fod rhai o aelodau'r Cyngor am newid y cytundeb fel na byddai raid wrth gynrychiolaeth o'r Orsedd ymhlith beirniaid y Goron a'r Gadair a phenderfynwyd sefyll yn gadarn wrth yr egwyddor.

Yng nghyfarfod y Bwrdd a gynhaliwyd yng Ngwesty'r Lion yn Amwythig fis Ebrill 1946, derbyniwyd llythyron o ymddiheuriad oddi wrth yr Archdderwydd Crwys a'r Arwyddfardd Sieffre o Gyfarthfa am yr hyn oedd wedi digwydd beth amser ynghynt. Un o'r ffigurau mwyaf amlwg mewn Eisteddfodau y dyddiau hynny oedd y Dr Leigh Henry o Lundain - amlwg am ei bod yn arfer ganddo rodio trwy'r strydoedd yn ei wenwisg o'r peth cyntaf yn y bore. Cofiaf ei weld unwaith wedi gwisgo felly, gyda monocl a rhuban du am ei wddf a pheth dal sigarét hirfain yn ei geg yn brysio trwy'r heol gan gario bocs yn llawn ffrwythau ar ei law, tua'i westy, y moethusaf yn y dref. A phawb, wrth gwrs, yn aros i edrych arno, fel y bwriadai iddynt wneud. Deuai â'i gyfaill Pitt-Rivers gydag ef weithiau, yntau wedi'i dderbyn i'r Orsedd, ond yn y wisg werdd. Yr oedd ef yn byw mewn plas yn swydd Dorset, yn ôl yr hanes, ac y mae'n debyg mai yno yr oedd y ddau wedi trefnu cynnal Gŵyl Wessex, ac wedi gwahodd Crwys a Sieffre i fod yn bresennol: nid yw hanes yn dweud pam na wahoddwyd Cynan. Yr oedd y cyfan yn gyfrinachol y tu hwnt, ond yr oedd Caradog Prichard, is-olygydd y *Daily Telegraph,* wedi clywed si, yn ôl a glywais gan ei wraig, Mati, beth amser wedyn. Yr oedd hi wedi ei wahardd rhag mynd yno, a mynd ei hunan i geisio cael adroddiad ar gyfer y papur. Cyrhaeddodd y cyffiniau wedi iddi nosi a galwodd mewn tŷ tafarn i ofyn y ffordd, ond ceisiodd gŵr y dafarn ei darbwyllo gan ddweud nad oedd yn ddiogel iddi hi fynd yno. Ond nid oedd hynny'n mynd i rwystro Mati. Daeth ar draws gwasanaeth arbennig yn cael ei gynnal ganol nos yn yr eglwys a oedd yn perthyn i'r plasty, gyda phobl mewn gwisgoedd arbennig, a thelynores adnabyddus mewn gŵn porffor yn ystumio bod yn briodferch wrth yr allor. Yn y plasty yr oedd bleiddgi yn gorwedd wrth ddrws pob ystafell wely.

Trannoeth cynhaliwyd seremoni yn yr awyr agored, gyda Chrwys a Sieffre yn eu gwisgoedd Gorseddol. Ymddangosodd llun yn un o bapurau Llundain lle'r oedd Crwys yn dal ei deyrnwialen yn ei ddeheulaw uwchben llo bach, yn union fel pe bai ar fin offrymu'r creadur. Yr oedd Cynan o'i gof a bu cythrwfl mawr, fel y disgwylid, cyn y cyfarfod, lle derbyniwyd llythyron y ddau gyda'r esboniad eu bod wedi cael eu camarwain. Oherwydd yr amryfusedd, penderfynwyd nad oedd y gwisgoedd na'r regalia i'w rhyddhau o'r Amgueddfa Genedlaethol, lle'u cedwid y pryd hynny, oddieithr ar awdurdod ysgrifenedig tan law'r Cofiadur a'r Arwyddfardd.

Er mwyn cael gwell cynrychiolaeth ar Bwyllgor Gwaith y Cyngor penderfynwyd enwebu deuddeg o aelodau'r Orsedd gan gymeradwyo'r Gorseddogion i'w hethol, ond apeliodd Emyr Cyfeiliog, Cadeirydd y Pwyllgor Gwaith, ar i'r Bwrdd beidio gwneud hynny gan y bwriedid rhoi cyfle i'r holl aelodau bleidleisio drwy'r post, a gellid tynnu sylw at y ffaith fod aelodau'r Orsedd hefyd yn aelodau o'r Cyngor, gyda'r hawl i bleidleisio yn y cyfarfod blynyddol.

Derbyniwyd llythyr yn y cyfarfod hwnnw oddi wrth Taldir ab Hernin, Derwydd Mawr Llydaw, o'r carchar yn Ffrainc. Yr oedd ef, yn ôl yr hanes, yn un o ganlynwyr Petain a Llywodraeth Vichy ac yn cael ei gyfrif yn *collaborateur,* ond teimlai'r Bwrdd ei fod wedi'i garcharu ar gam. Gofynnwyd i rai o'r Aelodau Seneddol yng Nghymru wneud yr hyn a allent drosto a chysylltwyd â Llysgenhadaeth Ffrainc gyda'r canlyniad i Lywodraeth Ffrainc anfon gwahoddiad i ddirprwyaeth, o dan arweiniad Llywydd yr Eisteddfod, yr Athro W J Gruffydd, ac yn cynnwys Crwys a Cynan, i fynd i Baris ac i Lydaw, i astudio'r sefyllfa. Ar eu cymhelliad, rhyddhawyd Taldir ar y telerau nad oedd i breswylio yn Llydaw. Yn ei le fel Derwydd Mawr, apwyntiwyd Eostig Sarzhau, a ddywedodd wrthyf ei fod wedi dewis yr enw Eostig am ei fod yn hoffi canu, fel eos fach, a Sarzhau ar ôl y lle y cadwyd ef yn garcharor yn ystod y rhyfel.

Ceisiwyd ailgychwyn Gorsedd Cernyw wedi'r rhyfel trwy anfon dirprwyaeth i Perran Round ym mis Medi 1946. Gwrthodwyd derbyn gwahoddiad yr *Ancient Order of Druid Hermetists* i gyd-gyfarfod yng Nghôr y Cewri, a gohiriwyd cais gan Gymdeithas Gymraeg Efrog Newydd i sefydlu Gorsedd yno hyd nes ceid gwybod beth oedd wedi digwydd i Orsedd America, a sefydlwyd yn Eisteddfod Pittsburgh yn 1913.

Cafwyd Sgrôl Gyhoeddi o waith yr artist Meirion o Feirion, wedi'i gwneud ar felwm a'i haddurno ag arfbeisiau siroedd Cymru, yn rhodd gan Mam o Nedd, Arolygydd y Gwisgoedd.

Ffurfiwyd Pwyllgor Urddau ac anrhydeddwyd deg yn Eisteddfod Aberpennar gan gynnwys Ernest Roberts, ysgrifennydd cynorthwyol y Cyngor, a phedwar yr oeddwn i wedi eu henwi am eu gwaith gyda'r Lluoedd Cymreig yn y Dwyrain Canol: Richard Hughes, Jeriwsalem; yr Uwch-Gaplan D D Lloyd Evans, cefnder i Drefin ac enillydd Cadair Eisteddfod Cairo; y Caplan T Madoc Jones, a T Elwyn Griffiths, swyddog yn y Llu Awyr a golygydd ein papur, *Seren y Dwyrain*. Gofynnodd Sieffre i mi wasanaethu fel Distain Glas eto, ac nid gwaith anodd oedd bod â gofal y deg o'r lliw hwnnw a oedd yn yr Orymdaith.

Ar ddiwedd y cyfarfod o'r Bwrdd yn Amwythig datgelodd Cynan fod yna fater pwysig na ellid ei drafod yn agored gan ei fod yn gyfrinachol hollol a gofynnodd a wnaem ethol pwyllgor bach, o dri efallai, i drin y mater a dod ag adroddiad i'r cyfarfod nesaf. Cytunwyd, ac etholwyd Crwys, Cynan a Llysor, Cyfreithiwr Mygedol yr Orsedd. Ni chlywyd rhagor am y peth hyd nes i ni gyfarfod ym Mae Colwyn fore'r Cyhoeddi yno, pan roddwyd adroddiad gan y Cofiadur Cynan. Dywedodd ei fod wedi cael ar ddeall, 'trwy sianelau arbennig', y byddai'r Dywysoges Elizabeth yn debyg o groesawu gwahoddiad i'w hurddo yn Aelod Anrhydeddus o'r Orsedd, yn y Wisg Werdd yr un fath â'i thad a'i mam ugain mlynedd ynghynt yn Abertawe, ac yr oedd angen trafod y mater, yn gyfrinachol, gyda chadeirydd y pwyllgor lleol cyn estyn gwahoddiad swyddogol i'r Dywysoges. Ni chyrhaeddodd y teligram yn derbyn y gwahoddiad hyd 7.15 y noson cynt, ychydig amser cyn Cyngerdd y Cyhoeddi, ac yr oeddid wedi penderfynu ar frys y dylai'r Archdderwydd wneud datganiad o'r llwyfan. Yr oedd y gynulleidfa wedi derbyn y newydd gyda llawenydd mawr, ac yr oedd Cynan yn hyderu y derbyniai'r Bwrdd y newydd yn yr un modd, fel y gwnaeth.

Cynhaliwyd Gorsedd agoriadol Aberpennar mewn llannerch hyfryd ym Mharc y Dyffryn a chyflwynwyd yr Aberthged a'r Ddawns Flodau yn ychwanegol at y Corn Hirlas er mwyn y Dywysoges. Gofalwyd amdani gan Mam o Nedd a Thelynores Rhondda, a thywyswyd hi, ar ôl y Coffâd am y Gorseddogion Ymadawedig, gan Cynan o'r Porth i risiau'r Maen Llog i'w chyflwyno i'r Archdderwydd. Rhoddodd ei dwylo yn nwylo Crwys ac, fel y gellid disgwyl, nid oedd ef yn awyddus i'w gollwng tra oedd yn ei chroesawu a'i derbyn yn Ofydd Anrhydeddus dan yr enw Elizabeth o Windsor. Gorymdeithiwyd yn syth o'r Cylch i'r Pafiliwn, i agor yr Eisteddfod, ac wrth adael y Pafiliwn gofynnodd Cynan i mi weithredu yn lle Sieffre am ei fod yn mynd i gael cinio gyda'r Dywysoges. Daethpwyd â hi yn ôl i'r Pafiliwn yn y prynhawn ac yr oedd yn bresennol i weld Rhydwen yn cael ei goroni am ei bryddest 'Yr Arloeswr'.

Yr oeddwn yn falch o weld Gwyndaf ymhlith y Prifeirdd yn y Cyhoeddi ym Mae Colwyn gan nad oeddwn wedi ei gyfarfod ers dyddiau'r coleg. Cofiais pan enillodd y gadair yn yr Eisteddfod Ryng-Golegol gyda'r ffugenw 'O'r Fynwent', i ni fyfyrwyr ei 'gadeirio' mewn seremoni anrhydedd yn Neuadd y Plwyf yn Aberystwyth. Yr oeddem i gyd wedi gwisgo fel 'Beirdd Gorseddawl' ac yr oedd y gadair wedi'i gorchuddio gan liain du. Pan aethom ag ef at y gadair, gyda ffanffer, chwipiwyd y lliain i ffwrdd i ddatguddio sgerbwd noeth yn eistedd ynddi! Yr oedd hefyd yn un o'r cantorion yn y cyngerdd y noson honno yn Sinema'r Odeon, gyda Ceinwen Rowlands a Bruce Dargavel.

Ar ôl y cyngerdd fe'm dygwyd i noson lawen yn hen ffermdy Eirianws ger Ty'n-y-Groes yn Nyffryn Conwy a fu'n gartref i John Williams, Deon Westminster ac Archesgob Efrog, ac Arglwydd Geidwad y Sêl Fawr, a chael gwrando ar harmoni nefolaidd triawd Dwyryd, y tad, Ioan, a'i ddwy ferch, Elinor a Gwenllian gyda'u telynau, gan deimlo mor gyfoethog oedd cartref lle byddai canu o'r fath. Ar ôl i Merêd ganu 'Medden Nhw', a Henry Aethwy Jones ddynwared Churchill, cawsom ein diddori gan Cynan yn adrodd stori fawr 'Ffargo' a straeon eraill. Rywbryd yn ystod y noson daeth meibion y tŷ i ffarwelio â'u rhieni wrth fynd allan i'r mynyddoedd am rai dyddiau i gasglu'r defaid i'w cneifio.

Yr oedd tymor Crwys fel Archdderwydd wedi ymestyn o dair i wyth mlynedd oherwydd y rhyfel ac ni ellid bod wedi meddwl am neb gwell i godi ysbryd y bobl yn ystod y blynyddoedd blin hynny. Yr own i'n ei gofio'n dod i Drefdraeth a minnau'n blentyn, pan oedd yn siarad dros y Gymdeithas Feiblaidd a chefais lawer o fwynhad, fel cyd-aelod o'r Bwrdd, yn ei gwmni diddan. Sefydlwyd Wil Ifan yn olynydd iddo yn 1947 yn seremoni Cyhoeddi Eisteddfod Pen-y-bont ar Ogwr, a oedd yn addas iawn gan ei fod yn weinidog gyda'r Annibynwyr yn y dref honno. Roeddwn i wedi cwrdd ag ef pan own i yn Ysgol Sir Abergwaun. Agorodd drws Fform VI un diwrnod a chlywais rywun yn gofyn: 'Is Mr D J Williams here?' Er bod fy nghefn at y drws, teimlwn fy mod ym mhresenoldeb rhywun arbennig, gyda'r llais addfwynaf i mi erioed ei glywed o enau dyn. Rhois wybod iddo fod D J y pen arall i'r ysgol ond ein bod yn ei ddisgwyl i'n cymryd, fel ein hathro Saesneg, yn y dosbarth nesaf, a'i wahodd i eistedd. Dywedodd mai brawd Siân, gwraig D J oedd, ac nid oedd eisiau dweud rhagor gan fy mod wedi clywed Siân yn sôn cymaint amdano, a'm bod yn gyfarwydd â'i gyfraniadau cyson i'r *Western Mail*. Pan gyrhaeddodd D J, fe'i cyflwynodd i ni a dweud, yn hollol ddirybudd, y byddai Wil yn falch i ddweud gair wrthym am Elizabeth Barrett Browning. Nid oedd wedi bwriadu gwneud dim o'r fath, wrth gwrs, ac wedi iddo ddod dros ei syndod, cytunodd a chawsom ganddo anerchiad yr oedd yn bleser gwrando arno.

Yn absenoldeb Sieffre o Gyfarthfa yn Eisteddfod Bae Colwyn, gofynnodd Cynan i mi gymryd ei le fel Arwyddfardd. Buwyd yn trin y sefyllfa yn wyneb anhwylder Sieffre a chynigiwyd fy mod i'n cael fy newis yn Ddirprwy Arwyddfardd, ond gwrthodais am y teimlwn na ddylid gwneud hynny pan nad oedd Sieffre yn bresennol. Pan ymddeolodd yn fuan wedyn, fe'm henwebwyd i'w olynu, ond gofynnodd rhywun a fedrwn i farchogaeth ceffyl, fel y byddai Sieffre yn arfer ei wneud. Gan nad oeddwn yn bresennol yn y Bwrdd i ddweud fy mod wedi cael fy nwyn i fyny gyda cheffylau, apwyntiwyd fy nghyfaill Erfyl Fychan a oedd, yntau, wedi bod yn swyddog yn y Fyddin.

Daeth Monty, cyfaill yn y Fyddin, gyda mi i Eisteddfod Pen-y-bont ar Ogwr yn 1948. Yr oedd ef yn yrrwr car mentrus, wedi dreifio yn Silverstone a lleoedd felly, ond ar y ffordd yno bu'n rhaid i ni aros oherwydd enbydrwydd y glaw. Cyril Montrose oedd ei enw, ac er i mi weld Americanwyr yn Llundain am dynnu ei lun gan ei fod, yn eu barn hwy, yn 'typical Englishman', Iddew oedd, a'i deulu wedi ffoi rhag Hitler ac wedi newid eu henw o Rosenberg i Montrose ar ôl cyrraedd y wlad hon. Yn fuan wedi i ni gyrraedd Gwesty'r Wyndham, lle'r oeddem yn aros, daeth Trefin yno a chyflwynais Monty iddo fel 'fy nghyfaill Montrose'. 'Nid y Dug?' gofynnodd Trefin ar unwaith. 'Wrth gwrs,' meddwn innau'n gellweirus, a chyn pen munud yr oedd Ceidwad y Cledd yn adrodd wrth Montrose fel y bu, gyda chyfaill a oedd â chaniatâd i wneud hynny, yn pysgota ar ei ystad yn yr Alban, ac am yr eogiaid, mawr a bach, a fachwyd, ac yn dweud cymaint yr hoffai fynd yno eto. 'Any time,' meddai Monty, gan osod ei fonocl ar ei lygad a throi pigau ei fwstas. 'Thank you very much, Your Grace,' meddai Trefin. Erbyn hyn yr oedd yn rhy hwyr i'w ddadrithio, a doethach oedd mynd allan am dro.

Yn ystod yr Eisteddfod cefais wahoddiad i barti yng Nghraig Cefn Parciau, cartref Kenneth Davies, Cadeirydd Cambrian Airways, a'i wraig, Stephanie. Ymhlith eraill yr oedd gwŷr y Wasg o Lundain, a chyflwynodd Keidrych Rhys fi i Maxwell Fraser, golygydd *Holiday Haunts* a nith i Lovat Fraser, a fu'n olygydd *Times of India*.

Bychan oedd y cynulliad yn yr Orsedd agoriadol ym Mhen-y-bont, er fy syndod, ond yr oedd tyrfa dda yn bresennol fore dydd Iau pan gawsom seremoni uno hanner-cleddyf Llydaw â hanner Cymru, gyda chyfarchion gan Taldir. Yr oedd Mordon, Bardd Mawr Cernyw, yno hefyd, gan ei gwneud hi'n dro cyntaf i'r tri phennaeth Gorseddol fod gyda'i gilydd er y rhyfel.

Testun y Gadair oedd 'Yr Alltud' a phan glywais un o'r beirniaid yn datgan mai ffugenw'r bardd buddugol oedd 'Mab y Ddrycin', meddyliais ar unwaith am Dewi Emrys, efallai am i mi ei weld yn rhoi anerchiad o'r Maen Llog y bore hwnnw, ond yr oedd ef wedi ennill y Gadair deirgwaith ac yr oedd yna gytundeb anysgrifenedig na wnâi neb ymgeisio amdani ymhellach. Ond pan safodd Mab y Ddrycin ar ei draed yng nghefn y Pafiliwn, gwelais mai Dewi oedd. Arweiniwyd ef i'r llwyfan ac eisteddodd yn y Gadair gyda her yn ei lygaid, fel petai'n dweud wrth y rhai a fu'n ei feirniadu am ei ddull o fyw: 'I ddiawl â chi i gyd!' Yn yr ystafell wisgo, wedyn, eisteddai ar ei ben ei hun ac euthum ato i ysgwyd llaw a'i longyfarch. 'Tra bo Shir Bemfro'n cofio,' meddai, 'mae popeth yn iawn,' ac yr oedd yn amlwg nad oedd am ddweud rhagor, a gadewais ef i'w fyfyrdod buddugoliaethus.

Yng nghyfarfod y Bwrdd rhoddwyd gwybodaeth fod yna brinder difrifol o wisgoedd gwyrdd, oherwydd y dogni, a gofynnwyd i'r Arwyddfardd geisio cael gafael mewn rhai yn ddi-gwpon. Yr oedd grant o £200 mewn llaw gan y Cyngor at eu pwrcasu. Dywedwyd bod Telynores Rhondda wedi rhoi pâr o fenig, cyffelyb i'r rhai a wisgai Ceidwad y Cledd, at wasanaeth yr Arwyddfardd.

Yn Eisteddfod Caerffili yn 1950 y daeth 'y rheol Gymraeg' i rym ond fe'i torrrwyd yn anfwriadol gan Arglwydd Faer Caerdydd wrth groesawu'r Cymry ar Wasgar, a oedd yn ddiolchgar am hynny gan na fedrai llawer ohonynt siarad Cymraeg yn ôl y dystiolaeth a gefais wrth eu harwain i'r llwyfan. Yna, fe'i torrwyd yn fwriadol gan yr Aelod Seneddol, Ness Edwards, a fu mor anghwrtais â defnyddio'r llwyfan i ddilorni polisi iaith yr Eisteddfod.

Ar fyr rybudd, yn ystod y gaeaf canlynol, gofynnwyd i mi gymryd lle Cynan mewn dadl yng nghyfarfod Cymdeithas Geltaidd Coleg Aberystwyth. Yr oedd y gosodiad yn ymwneud â'r Orsedd, ac yn siarad yn fy erbyn yr oedd Jennie Eirian Davies. Yn ystod ei haraith trodd ataf: 'Edrychwch arno,' meddai. 'Does dim llawer o'i le arno, mewn gwirionedd. Ond welsoch chi e ar Faes yr Eisteddfod, neu'n mynd trwy'r heolydd, yn arwain torf o Arabiaid a gollodd eu camelod?' Aeth y disgrifiad direidus i gof y werin a bu llawer un naill ai'n ei hawlio neu'n cynnig rhyw ddadolaeth arall iddo.

Yn Eisteddfod Dolgellau, tra oeddwn yn siarad â Maxwell Fraser, daeth Trefin heibio a chyflwynais ef iddi. Ychydig a feddyliais ar y pryd y byddai'r cyfarfyddiad yn gyfrwng i ddod â'r fath ddedwyddwch i'r ddau. Cyfansoddodd Trefin englyn i groniclo'r cyflwyniad.

Yr oeddwn i'n aros yn hen blasty Caerynwch, a godwyd gan John Bromfield yn 1786 ac a fu'n gartref i'r teulu Richards am genedlaethau. Yr oedd y tŷ wedi bod yn wag am beth amser ond newydd gael ei adnewyddu a'i drawsnewid i fod yn westy, a minnau oedd y gwestai cyntaf i dreulio'r nos yno.

Daeth fy ngwraig, Joyce, gyda mi i'r Cyhoeddi yn Llanrwst yn 1950 yn arbennig am fod Cynan yn cael ei arwisgo'n Archdderwydd yno. Yr oedd ef a Nel, ei wraig gyntaf, newydd fod yn aros gyda ni yng

Nghastell Trefdraeth ac yr oedd Cynan wedi mynnu fod Joyce yn dod i'r seremoni ac wedi rhoi tocyn Corlan iddi gael eistedd gyda Nel yn y seremoni a gynhelid yn y Cylch a godwyd ar lan afon Conwy yn ymyl y bont enwog. Yr oeddem yn aros yng Ngwesty'r Eagles, lle hefyd yr oedd Cynan a Nel ynghyd â Caradog a Mati Prichard, a chofiadwy oedd yr ymgomio dros y bwrdd cinio hyd yr oriau mân.

Gŵr lliwgar ym mhob Eisteddfod oedd John Owen y Fenni, neu John Owen Minerva Press fel y byddai eraill yn ei adnabod, a ddeuai flwyddyn ar ôl blwyddyn mewn hen 'Austin 7' y dywedai y gallai ddibynnu arno bob amser. I brofi hynny adroddai stori amdano'n mynd i Aberystwyth unwaith, a phan ddaeth yn ôl a rhoi'r car yn y garej, gwelodd fod yna res o nytiau wedi eu gosod allan ar silff wrth ymyl. Sylweddolodd mewn byr amser mai'r nytiau oedd yn dal yr olwynion wrth y car oeddynt, a bod y car bach wedi mynd yr holl ffordd i Aberystwyth ac yn ôl i Abergafenni hebddynt!

Gorseddwyd Cynan yn Archdderwydd nid yn unig â Choron a Dwyfronneg a Theyrnwialen ond hefyd â Modrwy Insel, ac y mae peth dirgelwch sut y daethpwyd o hyd iddi. Mae Ernest Roberts, yn ei lyfr *Briwsion y Brifwyl*, yn dweud bod Erfyl Fychan wedi rhoi hanes iddo am y modd y cafodd Cynan ac ef wahoddiad i giniawa gan ddau eurof, Mr Isaac a Mr Reuben, ar ôl iddynt fod yn seremoni'r Cadeirio ar wahoddiad Cynan, a'i fwynhau gymaint fel eu bod yn awyddus i gydnabod yr Orsedd mewn rhyw fodd. Soniodd Cynan am gael Modrwy Insel ar gyfer yr Archdderwydd, ac un hefyd, efallai, ar gyfer y Cofiadur. Tystia Ernest fod Cynan wedi rhoi'r un hanes iddo. Ond mewn llythyr a anfonodd Erfyl, fel Cofiadur yn gweithredu tra oedd Cynan yn Archdderwydd, at aelodau'r Bwrdd ar 22 Mai 1950, dywedodd fod aelod haelionus o'r Orsedd, a ddymunai fod yn anhysbys, wedi cyflwyno 'Modrwy Insel werthfawr fel ychwanegiad arhosol at insignia yr Archdderwyddiaeth'. Fe'i cynlluniwyd gan Douglas Williams, athro celfyddyd y Coleg Normal Bangor, a dymuniad y rhoddwr oedd bod y fodrwy'n cael ei defnyddio yn arwisgiad yr Archdderwydd yn Llanrwst ar 15 Mehefin. Gofynnodd Erfyl am bleidlais pob aelod ar y mater gyda throad y post. Ar ddiwedd y llythyr ychwanegodd ôl-nodyn yn dweud fod y rhoddwr 'newydd roi caniatâd i hysbysu ei enw – Y Prifathro H Humphreys-Jones, Lerpwl'. Nid oedd sôn yn y llythyr am fodrwy i'r Cofiadur.

Achwynnodd yr Archdderwydd Wil Ifan wrth Cynan am nad oedd wedi cael gwybodaeth am y fodrwy, hyd nes derbyn rhybudd o'r

Cyhoeddi, a dywedodd y dylai'r Bwrdd gael cyfle i ystyried y mater. Yn ôl Ernest, 'atebodd Cynan, ac egluro ei fod wedi rhoi adroddiad llawn am haelioni Mr Isaac mewn cyfarfod o Fwrdd yr Orsedd a gynhaliwyd yn y Lion, Amwythig, ar ddyddiad neilltuol,' ac ychwanegodd wrth Ernest: 'Does gen i ddim help na ddaw Wil Ifan i bwyllgorau mewn tŷ tafarn, a 'ta inna' ddim i festri capal i gael niwmonia'.

Mae'n anodd esbonio sut y gallai Erfyl fod wedi adrodd hanes y ciniawa gydag Isaac a Reuben wrth Ernest 'cyn brecwast fore trannoeth', ac eto anfon y llythyr yn dweud mai Humphreys-Jones oedd y rhoddwr, a sut y gallai Cynan fod wedi ategu'r stori, a sut y medrai fod wedi dweud wrth Wil Ifan ei fod wedi rhoi adroddiad am haelioni Mr Isaac pan oedd yr Archdderwydd wedi derbyn llythyr Erfyl yn enwi Humphreys-Jones?

Eisteddfod Llanrwst 1951 oedd yr unig un i mi gystadlu ynddi erioed, pan anfonais ysgrif ar 'Richard Hughes a'i wasanaeth i Gymry Jerwsalem' i'r gystadleuaeth. Cefais y wobr, efallai am fy mod yn ei adnabod yn well na neb, ond methais fynd i dderbyn y wobr o dair gini oherwydd y galwadau arnaf fel Maer Trefdraeth, a hithau hefyd yn Flwyddyn Gŵyl Prydain.

II

Yr oedd cynnal cyfarfodydd y Bwrdd yn Amwythig yn gyfleus i mi pan oeddwn i'n byw yng Nghaerdydd am y medrwn fynd yno ar y trên. Weithiau, cawn gwmni Meurig Prysor, cyn-Brifathro Coleg Dewi Sant, Llanbedr Pont Steffan. Bu ef yn Drysorydd yr Orsedd o 1925 i 1938, a phan fu'r Archdderwydd Pedrog farw enwyd ef yn olynydd iddo. Yr oeddid wedi arfer cyfyngu'r swydd i brifeirdd, er nad oedd rheol bendant, ond gwnaethpwyd hynny yn awr yn rheol, ac etholwyd Gwili. Apwyntiwyd Meurig Prysor yn Fardd yr Orsedd ar ei ymddeoliad fel Trysorydd ac yn 1947 crewyd swydd Derwydd Gweinyddol er ei fwyn. Wedyn, gan fod D R Hughes wedi marw, cafodd fod y cyntaf i'w ethol yn Gymrawd yr Eisteddfod. Er hyn oll, ni chafodd foddhad a byddai'n taeru hyd y diwedd y dylasai fod wedi cael ei wneud yn Archdderwydd.

Bryd arall, cawn gwmni diddan Trefin, gyda'i straeon diderfyn ac anhygoel bron: ei hanes fel prentis teiliwr yn mynd i Lundain, lle cynigiodd Iddew cefnog law ei ferch iddo, a'r adeg pan ddaeth ar draws 'cheetah' yn hap-rodio ar y traeth yn Amroth. Clywais flynyddoedd ar ôl hynny, gyda llaw, y byddai Arglwyddes Milford yn dod ar wyliau gyda'i tsita, ond ei bod yn ei gadw ar gadwyn. Honnai Trefin mai cludo sieliau trymion i'w gosod yn y megnyl yn Rhyfel 1914-18 oedd wedi ei gyflyru i gario'r Cleddyf Mawr!

Nid oedd pawb o aelodau'r Bwrdd a gyfarfu ar fore'r Cyhoeddi yn y Rhyl yn hapus wrth glywed Cynan yn dweud ei fod o dan bwysau i ymestyn ei dymor fel Archdderwydd am flwyddyn. Gwyddai'r rhan fwyaf ohonom mai'r rheswm am yr estyniad oedd y byddai'r Frenhines yn cael ei choroni y flwyddyn wedyn ac er bod pawb o'r farn mai ef fyddai'r dyn iawn i ddal y swydd ar achlysur o'r fath, teimlid hefyd ei fod yn sefyll yn ffordd Dyfnallt, a oedd yn bedwar ugain oed, i fod yn Archdderwydd.

Y noson cyn y Cyhoeddi, bu Cynan a minnau'n ciniawa gyda Gwas Derfel, y Brigadydd Eric Skaife, brodor o Chichester a fu yn y Ffiwsilwyr Cymreig ac a fu hefyd yn Swyddog Militaraidd ym

Moscow. Yr oedd yn awr yn byw yn Nolserau ger Dolgellau ac wedi dysgu Cymraeg a'i dderbyn yn aelod o'r Orsedd.

Daeth deng mil, yn ôl yr hanes, i weld seremoni'r Cyhoeddi ar lan y môr yn y Rhyl, ond cyn gynted ag y dechreuodd Cynan siarad gellid eu gweld yn diflannu i bob cyfeiriad, gan mai ymwelwyr o Sir Gaerhirfryn a Chanoldir Lloegr oedd y rhan fwyaf ohonynt. Ar y ffordd yn ôl i Gaerdydd yn y car cefais gwmni W Anthony Davies, golygydd Cymreig y *News Chronicle* a ysgrifennai golofn i'r papur hwnnw dan y ffugenw 'Llygad Llwchwr', a chael tipyn o hanes cyfrinachol bywyd yn Llundain.

Adeg Eisteddfod Aberystwyth cefais lety yng Ngharpenter Hall, un o neuaddau lletty merched y Coleg oedd o dan ofal medrus Nesta a ddaeth wedyn yn wraig i Jim Davies, Prifathro Coleg Normal Bangor. Wrth i mi fynd i'r gwely digwyddais daro botwm y larwm-tân, a rhuthrais i lawr y grisiau yn fy ngŵn-llofft gan weiddi 'False alarm!', ond yr oedd pobl eisoes yn gadael eu hystafelloedd gwely.

Pleser oedd i mi gael y cyfle i ddwyn Dewi Emrys yn fy nghar o'i westy, y Cambrian, i Faes yr Eisteddfod yn ddyddiol, heb feddwl y byddai wedi'n gadael ymhen ychydig dros fis.

Yr oeddid wedi gobeithio y byddai'r Frenhines yn ymweld â'r Eisteddfod ar ei thaith trwy Gymru ar ôl seremoni ei choroni yn 1953 ond ni fedrodd ei hymweliad gyd-daro â'r Brifwyl. Felly trefnwyd ei bod yn galw yn y Rhyl ar ei ffordd i Eisteddfod Llangollen a bod yr Orsedd yn cyfarfod ar lwyfan y Pafiliwn i'w chroesawu, ac yr oedd yr Archdderwydd Cynan a'r swyddogion i gael eu cyflwyno iddi hi a Dug Caeredin. Yr oedd Cynan wedi rhybuddio Crwys i ymddwyn yn urddasol a pheidio â gwneud mwy nag ateb y Frenhines, pe siaradai hi ag ef, ond pan ddaeth ei dro, mynnodd ei hatgoffa mai ef oedd wedi ei derbyn i'r Orsedd yn Aberpennar. Cafodd gerydd gan Cynan am hyn, ond aeth chwilfrydedd hwnnw'n drech nag ef a meddai: 'Doedd hi ddim yn dy gofio di debyg?' 'Wrth gwrs 'i bod hi,' atebodd Crwys, 'ac yn cofio'n dda am Aberpennar.' 'Beth ddeudodd hi wrthat ti?' 'Wel, gofyn 'na'th hi: "Who was that short little fellow?" A phan dd'wedes i "Cynan, ma'am", dyma hi'n gweud: "Hasn't he aged since we were at Mountain Ash!"'

Yr oedd yna deimlad fod Oes y Merched wedi gwawrio yn 1953, gyda choroni Brenhines yn Abaty Westminster a Dilys Cadwaladr ym Mhafiliwn yr Eisteddfod, a llawer un yn dweud yn dawel ei bod hi'n drueni na fuasai Dewi Emrys wedi cael byw am flwyddyn arall.

Ni bu Eisteddfod erioed â chymaint o wlybyrwch yn perthyn iddi ag Eisteddfod Ystradgynlais, gyda phob dydd yn wlypach na'r un blaenorol. Nid oedd gobaith am seremoni yn y Cylch a chafodd Cynan y syniad, er mwyn peidio â siomi'r plant yn ormodol, i gynnal y Ddawns Flodau ar lwyfan y Pafiliwn er anrhydedd i'r Bardd Buddugol; bu'n gymaint o lwyddiant fel y cadwyd hi, ynghyd â chyflwyno'r Hirlas a'r Aberthged.

Gorseddwyd Dyfnallt yn Archdderwydd yn lle Cynan yn 1954 yn y Cyhoeddi ym Mhwllheli a dyfeisiodd Cynan benwisg Dirprwy-Archdderwydd iddo'i hun a'i gwnâi'n debyg i'r Emir Abdullah o Draws-Iorddonen, a gwisgodd hi hefyd adeg yr Eisteddfod yn nhref ei faboed. Efallai mai'r pryd hynny y dechreuodd T H Parry-Williams ei alw yn 'Aga-Cynan'!

Cefais fy newis i fynd i'r *Oireachtas* yn Nulyn ym mis Hydref 1955, y tro cyntaf i mi fynd i un o'r gwyliau Celtaidd. Yr oedd Alun Williams y BBC wedi trefnu i'w gyfaill yn Radio Eireann, Sean MacReamoinn, a ddisgrifiwyd yn ddiweddarach fel 'the quintessential Irishman' i'm cyfarfod, a hyn a wnaeth mewn *gharry* a'm dwyn clip-clop o'r orsaf i Westy'r Gresham lle'r oeddid wedi trefnu i Emyr Cyfeiliog, Cadeirydd Pwyllgor Gwaith yr Eisteddfod, a minnau aros. Fe'm dygodd wedyn i'r Tower Bar, wrth ymyl y Post Office lle bu'r terfysg yn 1916, i gyfarfod â Seamus Cavanagh a Seamus Kelly, a hefyd fy hen gyfaill Seamus Ennis y bûm yn ei dywys i Gwmgwaun i recordio caneuon Andrew Thomas, Pencnwc, a'i chwaer, Leisa.

Cynhaliwyd y derbyniad swyddogol yn y Mansion House lle cefais fy nghyflwyno i Eamonn de Valera. Wedi gofyn o ba ran o Gymru y deuwn a chael gwybod mai o Sir Benfro, gofynnodd: 'Do you know a gentleman called D J Williams?' Wedi i mi ddweud fy mod yn hen ddisgybl iddo, gafaelodd yn fy llaw ac yn wenau i gyd dywedodd: 'My boy!' Y noson wedyn, yn y cinio swyddogol, tei-ddu, yn y Gresham, cefais eistedd wrth yr un bwrdd crwn â Dev, ynghyd â'r Prif Ustus, Conor Maguire; yr Arglwydd Faer, Denis Larkin; y Gweinidog Addysg, y Cadfridog Mulcahy, a Monseigneur Padraic Brown, llywydd Prifysgol Galway, sgolor pennaf Iwerddon, medden nhw, a gŵr hyfryd ei lais, dros ddwylath o daldra, a golygus tu hwnt. Yr oedd yno hefyd ŵr ifengach heb fawr i'w ddweud, a phan ddywedwyd wrthyf mai mab Yeats oedd, gwelais y tebygrwydd yn ei wyneb.

Cefais siom yng nghyfarfodydd cystadleuol yr *Oireachtas,* a gynhaliwyd hwnt ac yma mewn ystafelloedd dosbarth gwahanol ysgolion, a dim ond dyrnaid yn eu mynychu: ni ellid eu cymharu ag eisteddfodau pentre, heb sôn am y Genedlaethol. Ond yr oedd y croeso'n wresog, a phobl ddiddorol i'w cyfarfod: Oscar McUillis, a fedrai siarad y chwe iaith Geltaidd, ac wedi dysgu Cymraeg yn y Dinas yn Sir Benfro, ac O'Mahoney fychan â'i farf wen a adwaenid fel 'Y Pab', gyda bagad o bobl ifainc yn ei ganlyn ymhob man ac yn gwrando ar bob gair a ddeuai o'i enau. Cynigiwyd unwaith ei fod yn cael bod yn Seneddwr, ond dywedwyd na fedrai neb fod oni bai'i fod yn berchennog tir, a phrynodd rhai o'i ffrindiau ddarn o dir iddo, yn mesur chwe throedfedd o hyd a dwy o led!

Bu Mam o Nedd farw yn 1956, ar ôl gwneud cyfraniad helaeth er budd yr Orsedd. Saesnes oedd Winifred Pearce-Serocold, wedi'i geni yn swydd Caergrawnt, a phriododd â Charles Coombe-Tennant, Cadoxton Lodge, Glyn Nedd, yn 1895. Dewiswyd hi yn gadeirydd Pwyllgor Celf a Chrefft Eisteddfod Castell Nedd yn 1917 a datganodd ei barn heb flewyn ar dafod ynghylch cyflwr gwisgoedd yr Orsedd adeg y Cyhoeddi y flwyddyn honno, ac aeth ati i'w gwella. Urddwyd hi'n aelod o'r Orsedd fel 'Mam o Nedd' y flwyddyn wedyn, adeg yr Eisteddfod, a thrwy ei dylanwad sefydlwyd Pwyllgor Gwisgoedd o dan ei chadeiryddiaeth. Gwnaethpwyd hi'n Arolygydd y Gwisgoedd, ac ar ei chymhelliad hi yr apwyntiwyd y Capten Geoffrey Crawshay (Sieffre o Gyfarthfa) i fod yn Arwyddfardd. Rai blynyddoedd cyn ei hymddeoliad yn 1954, apwyntiwyd Telynores Rhondda yn gyd-arolygydd, a hi a fu wedyn yn dal y swydd. Cawsom glywed, yn fuan ar ôl Eisteddfod Aberdâr yn 1956 fod Mam o Nedd wedi marw ac wedi gadael £5,000 yn ei hewyllys i'w defnyddio ar gyfer cadw ac adnewyddu gwisgoedd a regalia'r Orsedd fel Cronfa Mam o Nedd. Derbyniwyd ei mab, Alexander John Serocold Coombe-Tennant, yn aelod dan yr enw Gwas Catwg yn Eisteddfod Treorci yn 1928 ac yr oedd ef yn bresennol yn Eisteddfod Castell Nedd yn 1995. Gan i mi ei golli yno, gelwais yn ei gartref yn Chiddingfold ger Godalming, ac ysgrifennodd i ddweud ei fod yn ei theimlo hi'n anrhydedd fawr bod yr Arwyddfardd wedi galw i'w weld.

Methais fod yn y cyfarfod agoriadol yng Nglynebwy am fy mod wedi addo cynorthwyo Rene Cutforth a oedd yno'n gwneud rhaglen ar gyfer y BBC yn Llundain. Ar y nos Lun, clywais rywun yn cwyno am fod Aneurin Bevan wedi methu bod yn y cyfarfod oherwydd galwadau yn Llundain, ond mynnai eraill ei fod wedi cadw draw rhag iddo dorri'r rheol Gymraeg fel y gwnaeth Ness Edwards, Aelod Seneddol Caerffili, yn yr Eisteddfod yno yn 1950. Ond, flynyddoedd wedyn, clywais Frank Price Jones, wrth gyfeirio at anghwrteisi Edwards, yn dweud fod 'gŵr mwy nag ef, Aneurin Bevan, yng Nglynebwy yn 1958, yn llawn werthfawrogi'r angen hanfodol a'r rheidrwydd i lynu wrth yr hyn y daeth gelynion yr Eisteddfod i'w alw yn *All Welsh Rule'*. Yna, gwelais Ernest Roberts yn cyfeirio at yr Arglwydd Raglan yn gwrthod dod i Seremoni Agor yr Eisteddfod yng Nglynebwy am y byddai'r bobl yn siarad 'a foreign language I could not understand' ac yn dweud nad oedd 'mwyafrif llethol o'r bobl oedd ar y llwyfan fore Llun yn deall yr iaith, gan gynnwys yr Aelod Seneddol, Aneurin Bevan, a'i gyfaill Paul Robeson'. Fel y digwyddodd, Cynan oedd y gŵr a dorrodd y rheol, a hynny ddwy waith: yn gyntaf, pan yrrodd ffotograffwyr y Wasg allan o'r Cylch, yn lle gadael hynny i'r Arwyddfardd, ac yn ail pan alwodd ar y gwesteion i godi o'u seddau i ganu 'Hen Wlad fy Nhadau', y gallai fod wedi'i gyfleu trwy arwydd yn unig.

Gan fod y Frenhines wedi urddo'r Tywysog Siarl yn Dywysog Cymru, penderfynwyd anfon neges deyrngarol ati'n datgan mwynhad yr Eisteddfod, a gofynnwyd i Cynan baratoi addasiad o'r gân 'Tywysog Gwlad y Bryniau' fel y gellid ei chanu yn lle Cân y Cadeirio, a hynny a wnaed brynhawn dydd Iau, gan Elwyn o'r Eifl, wrth gadeirio'r Bardd Buddugol, T Llew Jones. Anfonodd y Bwrdd gyfarchion at y Tywysog, ynghyd â chopi rhwymedig o'r llyfryn *Hanes yr Eisteddfod a'r Orsedd* gan Thomas Parry a Chynan.

Yn ystod seremoni'r Cyhoeddi yng nghastell Caernarfon, pan oedd yr Archdderwydd Wiliam Morus yn rhoddi ei anerchiad, daeth brân Arthur o'r muriau a hofran o'i gylch, ac ymddangosai fel petai am ddisgyn ar ei goron, oni bai ei fod yn chwifio'i freichiau wrth siarad. Y noswaith honno, aeth Alun Williams a minnau i dafarn Mona a chyda'n bod ni yn y bar dyma ffrwst o sŵn adenydd yr un aderyn yn hedfan dros ein pennau a glanio ar ysgwydd perchennog y dafarn ac yfed, â'i big goch, allan o'i gwpan peint, fel y byddai'n arfer gwneud, yn ôl yr hanes.

Cafodd y Cofiadur Cynan anhawster i gael sicrwydd mai baner draddodiadol y Ddraig Goch a ddefnyddid ar Gastell Caernarfon ar ddydd y Cyhoeddi yn hytrach na'r faner â bathodyn o'r ddraig mewn rhuban yn dwyn yr arwyddair a ddyfeisiwyd gan y Swyddfa Gymreig a'i defnyddio ers 1952. Yr oedd y ddraig ar y bathodyn yn rhy dila i'w gweld ar ben adeilad ac yr oedd yr arwyddair yn annarllenadwy, heb sôn am fod yn ddi-urddas a chwerthinllyd ar Faner Genedlaethol Cymru. Onid o'r 'Cywydd i Ofyn Tarw [coch] ac Anner [wen] i Sion ap Rhys' gan Deio ab Ieuan Ddu, yn y bymthegfed ganrif, y deuai'r geiriau 'Y Ddraig Goch ddyry cychwyn'? Penderfynwyd mai'r unig faner a arddelai'r Orsedd oedd y faner draddodiadol, gyda'r ddraig ar faes gwyn a gwyrdd, a bod yr Orsedd yn galw ar holl sefydliadau a chyrff cyhoeddus Cymru i ddilyn ei harweiniad, ac i'r perwyl anfonwyd copïau o'r penderfyniad at y Gweinidog dros Faterion Cymreig, y Gweinidog Gweinyddol dros Gymru, y Cyngor Ymgynghorol dros Gymru, yr Aelodau Seneddol Cymreig, a holl awdurdodau lleol Cymru, ac i'r Wasg. Cafwyd atebion oddi wrth yr awdurdodau lleol yn llwyr gefnogi, ac eithrio Cyngor Casnewydd, ac yr oedd T W Jones, A.S. (Arglwydd Maelor wedyn), ar ran y Blaid Seneddol Gymreig, wedi gweld y Gweinidog dros Faterion Cymreig, y Gwir Anrhydeddus Henry Brooke, a gwnaeth hwnnw ddatganiad yn y Senedd bod y Frenhines wedi cyfarwyddo mai dim ond y faner draddodiadol Gymreig a fyddai'n cyhwfan ar adeiladau'r Llywodraeth yng Nghymru, a lle byddai'n briodol yn Llundain, o hynny allan.

Cyhoeddodd y Bwrdd *Lyfr Cyfarwyddiadau ar gyfer Ysgrifenyddion Pwyllgorau Lleol* yn gosod allan drefniadau'r Orsedd yn y Cyhoeddi a'r Eisteddfod yn 1957. Pan nad oedd y llyfryn ar gael mwyach euthum ati, yn 1993, i'w ailgyhoeddi ar gais y Bwrdd, gyda newidiadau ac ychwanegiadau addasol o dan y teitl *Cyfarwyddiadau i'r Pwyllgorau Lleol.*

Oherwydd nad oedd hynny'n digwydd bob amser, cafodd y Bwrdd gyfarwyddyd y Cyngor i sicrhau fod y Nod Cyfrin i'w gynnwys yn ddieithriad ar y Goron a'r Gadair, beth bynnag fyddai eu cynllun.

Bu dadlau mawr sut i ddefnyddio'r incwm o gymynrodd Mam o Nedd, a hefyd ynghylch cael aelod, neu aelodau, o'r Bwrdd ymhlith y pedwar ymddiriedolwr. Mynnai Syr David Hughes Parry nad oedd Ymddiriedolwyr y Llys ond yn ymddiriedolwyr daliannol, ac nid yn ymddiriedolwyr rheolaethol, ac felly nid oedd wahaniaeth pe na cheid aelodau o'r Orsedd ymhlith y pedwar. Ond yr oedd yr ewyllys yn mynegi bod yr arian i'w adael tan ofal Ymddiriedolwyr y Llys er mwyn hyrwyddo gwaith Gorsedd y Beirdd 'yn ôl eu penderfyniad hwy'. Ond pwy oedd 'hwy'? Ai'r Ymddiriedolwyr ynteu aelodau'r

Orsedd? Yn ôl Syr David, yr Ymddiriedolwyr. Gofynnwyd i Brinli, a oedd newydd gael ei ethol yn Gyfreithiwr y Llys i ganlyn Llysor, i ymgynghori â Syr David a gosod safbwynt y Bwrdd o'i flaen, ac awdurdodwyd ef hefyd i geisio eglurhad ar y sefyllfa gan y Dr Emyr Williams, Cadeirydd y Cyngor, ond bu ef farw a gohiriwyd gwneud cais am drafodaeth ar y mater yn y Cyngor, ac ni chofiaf i'r mater gael ei ailgodi. Ymddengys 'Cronfa Mam o Nedd' yng nghyfrifon yr Eisteddfod gyda * i nodi ei bod 'at ddibenion yr Orsedd'.

Cafodd yr actores Sian Phillips ei derbyn yn Eisteddfod Caernarfon a chefais i a chyfaill ginio canol dydd gyda hi a'i gŵr, Peter O'Toole, yn nhafarn y Prince of Wales. Ar y ffordd yn ôl o'r Cadeirio, yn y bws, gofynnodd Sian am ganiatâd i dynnu ei gwisg a chael ei gollwng i lawr wrth y dafarn, lle'r oedd Peter yn ei disgwyl ac yn awyddus i gychwyn yn ôl i Lundain am ei fod i ffilmio yn Pinewood am wyth o'r gloch y bore wedyn. Tua naw o'r gloch y noswaith honno, galwodd fy nghyfaill a minnau eto yn y Prince of Wales, i gwrdd â phobl eraill, a mawr oedd fy syndod o weld Peter a Sian yno o hyd. Rywbryd tua chanol nos, cafodd Peter hwyl ar yrrwr tacsi i'w gyrru yn ôl i Lundain a chlywais wedi hynny ei fod mewn pryd ar gyfer y ffilmio!

Pan gafodd Trefin ei ddewis yn Archdderwydd yn Eisteddfod Caernarfon, fe'm hapwyntiwyd i yn Geidwad y Cledd yn ei le ac anfonodd ataf 'Orymdeithgan Ceidwad y Cledd' yn nodi pryd i godi'r cleddyf, a phryd i beidio.

Teimlwyd bod angen gwisg newydd ar yr Archdderwydd a chafodd Meistres y Gwisgoedd, Cerddores Moelfre, ganiatâd Miss M Jones o Gastell Newydd Emlyn i wneud y wisg a gofynnodd Cynan i Miss Iles o Frynsiencyn lunio'r *stola*. Casglodd Alun o Fôn £100 ymhlith Cymry Llundain i dalu amdani. Rhoddwyd yr hen wisg i'r Amgueddfa Genedlaethol i'w chadw, a hefyd urddwisg Dug Caeredin.

Heb fod yn hir ar ôl i Eostig Sarzhau gael ei sefydlu yn Dderwydd Mawr Llydaw, yn Nhregastel yn 1950, clywyd fod rhwyg arall yng Ngorsedd y Llydawyr. Yr oedd tua phymtheg o aelodau wedi cerdded allan o dan arweiniad Arwyddfardd Llydaw, Ters, ac wedi ffurfio Gorsedd wrthwynebol ym Mharis, ac wedi mynd â swm helaeth o'r regalia gyda hwy. Yr oedd tua 130 wedi aros gydag Eostig ac yr oeddynt wedi cael regalia a gwisgoedd newydd. Gwahoddwyd y ddau bennaeth i ddod i Lyn Ebwy i drafod eu problemau ond ni ddaeth yr un ohonynt a gofynnwyd iddynt eto gwrdd â'r Bwrdd ym mis Medi 1959 yn Amwythig. Daeth Eostig yno a rhoddwyd cwynion Ters yn ei erbyn o'i flaen, ond dywedodd mai cyhuddiadau di-sail oedd y cyfan. Eiddigedd personol oedd achos y rhwyg ac nid oedd modd ei osgoi, meddai. Yr oedd ei Orsedd ef yn cyfarfod yn rheolaidd bob haf ac yr oeddynt yn awyddus i ailsefydlu y cydymweliadau rhwng Gorsedd Llydaw a Gorsedd Cymru nad oedd wedi eu cynnal ers saith mlynedd. Gan na dderbyniwyd ateb derbyniol oddi wrth Ters, penderfynwyd cydnabod Gorsedd Eostig Sarzhau ac anfon yr Archdderwydd Trefin i gynrychioli Gorsedd y Beirdd yng Ngorsedd Llydaw yn San Malo yn 1960.

Erbyn 1962 cafwyd gwybodaeth fod Gorsedd Llydaw wedi gwahodd aelodau o'r hyn a alwent yn 'Gorsedd Llundain' i gyd-Orsedd. Rhoddwyd gwybod i Eostig na fyddai Gorsedd y Beirdd yn barod i gymryd rhan mewn cyd-Orsedd o'r fath, a chynghorwyd ef i beidio â bwrw ymlaen â'r cynllun. Yr oedd ateb Eostig yn amwys, a derbyniwyd llythyron oddi wrth ddau o aelodau Pwyllgor Gorsedd Llydaw yn erfyn am ragor o amser i'w Pwyllgor ystyried gwrthdystiad y Fam-Orsedd.

Penderfynodd y Bwrdd hysbysu Gorsedd Llydaw i dorri pob cysylltiad â Gorsedd Llundain, onide y byddai Gorsedd y Beirdd yn ei diarddel.

Derbyniwyd llythyr oddi wrth Bwyllgor Gwaith Eisteddfod Caerdydd yn gofyn am gydweithrediad seremonïol Bwrdd yr Orsedd o ran trefnu croeso ar gyfer y Frenhines ar lwyfan yr Eisteddfod, gan roi sicrwydd y byddid yn anrhydeddu'r Rheol Gymraeg, a phenderfynwyd ateb i ddweud y byddai'n llawen gan y Bwrdd gydweithredu. Trwy bleidlais bost cytunodd ugain, gydag un yn erbyn, y byddai'r Orsedd yn croesawu'r Frenhines ar lwyfan y Pafiliwn fore dydd Gwener yr Eisteddfod, a chytunodd deunaw, gyda thri yn erbyn, y byddai Dug Caeredin yn cael ei urddo i Urdd Ofydd er anrhydedd.

Eisteddfod Caerdydd oedd y gyntaf i mi weithredu ynddi fel Ceidwad y Cledd. Yr oeddwn eisoes wedi cael bedydd yn Seremoni Cyhoeddi Eisteddfod Rhoslannerchrugog ac wedi darganfod nad oedd esgidiau gwynion digon mawr i mi eu gwisgo. Yr oedd Cynan wedi anfon am rai ond nid oeddynt wedi cyrraedd erbyn yr Eisteddfod. Efallai mai am iddo weld bod Eostig Sarzhau yn droednoeth ac yn gwisgo sandalau gwynion y gofynnodd i mi a oedd gennyf innau bâr o sandalau. Dywedais nad oedd, ond yr oedd yn digwydd bod pâr o lopannau â gwadnau rhaff yng nghwt y car. 'Gwisgwch rheiny,' meddai Cynan, 'a thynnwch eich trowsus a'ch 'sanau.' Wrth i mi esgyn y grisiau i'r llwyfan y sylweddolais fod y wisg yn denau a bod y golau lleiaf y tu ôl i mi yn dangos fy mod yn goesnoeth i bawb, gan gynnwys Ei Mawrhydi a oedd yn eistedd o'm blaen!

Rhoddodd y Dug ei law ar lafn y Cledd cyn iddo gael ei dderbyn gan yr Archdderwydd ar y llwyfan dan yr enw Philip Meirionrydd, gan ei fod hefyd yn Iarll y sir honno.

Yr oedd y Frenhines wedi cael gwybod fod llais yr Archdderwydd Trefin braidd yn wan, ond yr oedd y BBC wedi rhoi meic arbennig iddo, gyda theclyn â bateri iddo'u rhoi ym mhoced ei drowsus. Ar ddiwedd y seremoni dywedodd y Frenhines wrtho fod ei lais wedi dod drosodd yn glir a chlywadwy. 'I have a little thing in my trouser pocket,' esboniodd Trefin. 'Would you like to see it, Ma'am?' Ni wnaeth Ei Mawrhydi ond gwenu.

Eisteddodd y Frenhines yng Nghadair y Bardd nad oedd neb yn deilwng ohoni y diwrnod cynt ac atgofiodd y Llywydd, Syr Thomas Parry-Williams, hi, yn ei anerchiad, o'i hymweliad ag Aberpennar yn 1946 pan dderbyniwyd hi'n aelod o'r Orsedd, a diolchodd iddi am ei nawdd parhaol i'r Eisteddfod, sefydliad oedd â'i brif amcan i hyrwyddo iaith y wlad yr oedd ei mab yn awr yn Dywysog arni.

Arhosodd y ddau i wrando ar gystadleuaeth Osborne Roberts, a chymaint oedd eu mwynhad fel y bu iddynt ddychwelyd fore trannoeth â'r plant, Charles ac Anne, a hefyd Alexandra a Michael ô Gaint.

Gadawodd y Teulu Brenhinol ddociau Caerdydd yn y llong *Britannia* ac aros, ar eu ffordd i'r Alban, i gael te ar Ynys Dewi. Ni wyddwn am hyn hyd y noswaith honno a phryd hynny y deallais ddiben y daith gyfrin a wnaeth R M Lockley a minnau, ar draws bae Sain Ffraid ar ddiwrnod enbyd o arw y mis Rhagfyr cynt, ar daer gais Peter Scott. Yr oedd ef yn awyddus, meddai, i ddangos yr ynys i'w gyfaill, Peter Dawnay, a oedd yn amlwg yn perthyn i'r Llys Brenhinol. Ychydig a feddyliai Lockley a minnau ar y pryd mai pwrpas ein siwrnai oedd dewis man i'r Teulu Brenhinol gael te naw mis yn ddiweddarach, ar ôl bod yn yr Eisteddfod.

Pan dorrodd y newydd gyntaf bod y Frenhines yn dod i Gaerdydd, gofynnodd y *Western Mail* pwy oedd yn mynd i ddysgu Cymraeg iddi ar gyfer yr achlysur. Ai'r Arglwydd Morris o Borth-y-gest, ai Syr Daniel Davies, meddyg-ychwanegol i'r Frenhines? Neu efallai'r Cymro Cymraeg a oedd agosaf at Ei Mawrhydi, y Cyrnol Barchedig

D D Lloyd Evans, dirprwy-brif-gaplan y Lluoedd Arfog a chaplan anrhydeddus i'r Frenhines. Anfonais nodyn i'r golygydd yn dwyn ar gof fel yr oeddwn, fel beirniad, wedi dyfarnu Cadair Eisteddfod Cairo yn 1944 am gerdd ar 'Y Pyramidiau' i fardd a oedd wedi anfon ei waith ar ddarnau o bapur signal ac *Army Forms Blank,* mewn pensil, o dan y ffugenw 'Y Sipsi Bach', a chael mai'r enillydd oedd y Cyrnol Lloyd Evans, brodor o Drefin a chefnder i Drefin yr Archdderwydd.

Er i ni gael heulwen braf yn y Cylch o fewn muriau Castell Caerdydd ar fore dydd Mawrth, pan ymddangosodd Trefin yn ei wisg newydd am y tro cyntaf, a chael coroni Elerydd yn y prynhawn, yr oedd yn rhy wlyb i fynd allan ar y dydd Iau a bu rhaid cyfarfod yn Theatr Ddarlithio Reardon Smith yn yr Amgueddfa Genedlaethol. Aeth y dydd yn ddiflasach fyth yn y prynhawn pan ataliwyd y Gadair a galwyd ar yr Arwyddfardd a minnau i osod y Cleddyf Mawr ar ei thraws.

Distain Glas, 1945-59

Ceidwad y Cledd, gyda'i ragflaenydd, yr Archdderwydd Trefin, 1960.

Arwyddfardd, 1966-96.

Arwain ar gefn ceffyl.

III

Euthum i Stirling, i gynrychioli'r Orsedd a'r Eisteddfod yn y *Mod* ym mis Hydref 1961, a chael fod lletty wedi ei drefnu i mi mewn tŷ tafarn yn y dref. Dywedodd y tafarnwr, Mr Mackenzie, wrthyf ei fod ef wedi gwneud cymwynas sylweddol ar ran y *Mod,* ac yn arbennig y dref, trwy gael trwydded i'r tafarnau aros ar agor trwy'r nos ar hyd wythnos yr ŵyl, a gwahoddodd fi i fynd i weld trosof fy hunan. Gan nad oeddwn yn adnabod neb yn y ddinas, a heb unman i fynd iddo, euthum allan am dro. Yn y tafarn cyntaf yr ymwelais ag ef, cyfarfûm â gŵr urddasol yr olwg, yn gwisgo cilt, a chyda merch ifanc yn gwmni iddo. Dywedodd mai Angus oedd ei enw, ac mai Sheenagh oedd hi, a thorrodd allan i ganu'r gân *'Sheenagh vahn'.* Aethom ein tri o un tafarn i'r llall, gydag ef, o bryd i'w gilydd, yn canu'r gân heb ei gymell. Mewn un tafarn, daeth ffotograffydd i mewn a cheisio cael tynnu llun ohonom ein tri, a gofyn i ni symud ychydig fel y byddai'r llun yn dangos ei bod hi wedi hanner nos yn ôl y cloc ar y wal y tu ôl i'r bar. Fe'm synnwyd, y bore wedyn, o weld ein llun ar dudalen flaen papurau'r dref a darllen disgrifiad o Angus fel 'His Grace the Duke of Montrose'. Oherwydd y cellwair ym Mhen-y-bont, diolchais nad oedd yr hen gyfaill Trefin gyda mi. Y tro nesaf i mi ei weld oedd ar y teledydd yng nghwmni Ian Smith, prif weinidog Rhodesia, lle'r oedd yn Weinidog Amaeth, a gofynnodd rhywun yn y Senedd a fyddai'n euog o deyrnfradwriaeth pe byth y dychwelai i'r wlad hon.

Y diwrnod ar ôl y Cyhoeddi yn Llanelli, dydd Canol Haf 1961, dadorchuddiwyd cofeb i Dewi Emrys uwchben Pwllderi. Yr oedd Cynan a Threfin wedi dod yn ôl adref gyda mi, ond yr oedd disgwyl i mi fel Maer Hwlffordd, fod yn bresennol yn y Brawdlys gyda'r Barnwr yn y bore, a bod yng nghinio canol dydd yr Uchel Siryf. Cefais wahoddiad i'r ddau ddod i'r cinio, a chyn gorffen yr areithiau, aethom am Bencaer i fod yn y seremoni erbyn tri o'r gloch. Ni allwn fod wedi newid o'm borewisg, ond cedwais fy nghadwyn am fy ngwddf o fwriad gan y gwyddwn y byddai'r hen Ddewi wedi teimlo'n falch o feddwl fod Maer Hwlffordd wedi dod i dalu teyrnged i'w goffa, ac wrth estyn croeso i'r dyrfa, fel y gofynnwyd i mi, esboniais pam yr oeddwn wedi gwisgo 'fel ffrwlyn y cownter a'r brethyn ffansi'. Dywedais fod gennyf dri chof am Dewi: y bardd yn ei iselder, pan ddaeth i ddrws ein tŷ, a minnau'n blentyn, i hel cardod; y bardd yn ei fuddugoliaeth, a'r her yn ei wyneb wrth eistedd yng Nghadair Pen-y-bont, a'r bardd yn ei baradwys, pan safai 'fry uwchben y dwnshwn' â'i wyneb ffalcwn a'i wallt llaes ar drugaredd y gwynt, yn adrodd 'Pwllderi' uwchben Pwllderi. Dadorchuddiwyd y gofeb gan y Cyn-Archdderwydd Cynan, ei gyfaill pysgota, a chafwyd anerchiad gan yr Archdderwydd Trefin. Gadawsom y gofeb, ac arni'r geiriau anochel:

> A thina'r meddilie sy'n dwad ichi / Pan fo'ch chi'n ishte uwch ben Pwllderi.

Pan welodd fod y diwedd yn agosáu, derbyniais lythyr oddi wrtho'n cynnwys englyn Saesneg o dan y teitl 'Melancholy':

> Where I pass the grass will grow - and the wind
> Will wail in the willow;
> Unhallowed in a hollow,
> I will be laid well below.

Pan fu Trefin farw, yn fuan wedi Eisteddfod Llanelli, gan na fedrai Cynan fod yno, gofynnwyd i mi fynd i'r angladd, yng nghapel Rehoboth, ger Mathri, lle claddwyd ei gorff o fewn golwg i Drefin, y man lle ganwyd ef ar Hydref yr wythfed, 1889. Bu'n rhaid i mi fynd i'r pulpud, am yr unig dro yn fy mywyd, i ddweud gair amdano. Yr oeddwn wedi cael ei gwmni diddan oddi ar y rhyfel diwethaf; wedi gwrando ar ei straeon rhyfeddol; wedi cydymdeimlo ag ef yn ystod anhapusrwydd ei ail briodas anffortunus, ac wedi cyflwyno iddo ei drydedd wraig a ddaeth â chymaint o ddedwyddwch i flynyddoedd olaf ei fywyd; ac wedi bod yn agos ato ac yntau'n gwybod fod y diwedd gerllaw, pan drodd ei lygaid tuag ataf yn y Cylch pan roddwyd allan yr emyn:

> 'Rwyf yn dechrau teimlo eisoes / Beraroglau'r gwledydd draw.'

Cododd ei briod, Max, feddfaen o faint Croes Geltaidd ar ei fedd gyda'r geiriau:

Er cof tyner am
EDGAR PHILLIPS Trefin
1889-1962
Archdderwydd Cymru 1960-62
Bardd a Chymro gwlatgar.

A throf eilwaith ar f'elor
I Drefin ym min y môr.

Deuai Max i'r Eisteddfod tra gallai ar ôl marw Trefin, gan ei bod yn aelod anrhydeddus o'r Orsedd er 1957. Yr oedd ei chyfraniad fel awdur llyfrau ar Gymru yn un sylweddol, heb sôn am ei hastudiaeth helaeth o deulu Llanofer, a byddai Trefin bob amser yn rhyfeddu at ei gwybodaeth ynghylch pethau diarffordd nad oedd neb wedi ysgrifennu amdanynt. Derbyniais gerdyn Nadolig oddi wrthi yn 1979, yn diolch am fy nghyfeiriad ati hi a Threfin yn fy llyfr ar yr Eisteddfod, a bu farw ar y dydd Nadolig canlynol. Cefais hanes ei dyddiau olaf gan y darlledwr Steve Race, a draddododd yr anerchiad yn ei hangladd yn yr eglwys yn Slough. Claddwyd ei llwch ym medd Trefin ar 22 Ionawr 1981.

Cofiais fod panel gwag ar y beddfaen ym mynwent Rehoboth, fel pe bai wedi ei adael ar gyfer ei henw, ond pan euthum i weld y bedd beth amser wedyn, gwelais mai gwag ydoedd o hyd. Yr oeddwn wedi clywed ei bod hi wedi gadael ei chyfoeth i'r Llyfrgell Genedlaethol ac anfonais air at y Llyfrgellydd, y Dr Brynley Roberts. Atebodd ef i ddweud gan ei bod hi wedi 'cofio am y Llyfrgell mewn modd arbennig yn ei hewyllys, byddai'n fraint' i gydsynied â'm cais ac i dalu am gael ychwanegu ar y panel y geiriau:

A'i annwyl briod
Maxwell Fraser
1902-1980

Nid oedd y saer beddau yn barod i dorri'r geiriau hyn oherwydd credai mai enw dyn oedd 'Maxwell', hyd nes i mi esbonio iddo mai Dorothy May Fraser oedd ei henw bedydd ond ei bod wedi defnyddio'r enw 'Maxwell Fraser' fel awdur ar hyd y rhan fwyaf o'i hoes ac mai dim ond wrth yr enw hwnnw yr adnabyddid hi. Cwynodd wedyn fod y panel yn rhy isel iddo fedru cerfio'r geiriau ac y byddai'n rhaid torri twll iddo gael gweithio ynddo. Y canlyniad fu i'r arysgrif gostio £135, a thalwyd y swm yn llawen gan y Llyfrgell.

O dan y pennawd 'Bardolatry', rhoddodd Robert Robinson ei argraffiadau o'r Eisteddfod yn Llanelli yn y *Sunday Times*, a'i gyhoeddi wedi hynny yn ei lyfr bywgraffiadol, *Inside Robert Robinson*. 'The Archdruid was in gold,' meddai, 'and a tall man with a moustache, who looked like one of Nature's Flight-Lieutenants, carried an enormous sword.' Flynyddoedd yn ddiweddarach, pan oeddem yn gyd-aelodau o Glwb Savile, gofynnais iddo beth oedd 'Nature's Flight-Lieutenant', ond nid oedd syniad ganddo pam yr oedd wedi defnyddio'r ymadrodd, na beth oedd yn ceisio'i gyfleu, ond yr oedd yn sicr nad oedd yn bwriadu anfri o unrhyw fath.

Ymhlith y rhai a gafodd eu dewis i'w hanrhydeddu yn Eisteddfod Llandudno yr oedd Arglwydd Morris o Borth-y-gest, y Barnwr Syr Edmund Davies, Blaise Gillie, pennaeth y Swyddfa Gymreig, a Richard Burton, a dderbyniwyd *in absentia*.

Cawsom beth trafferth pan ddatganodd Gwyndaf, ac yntau erbyn hynny'n weinidog yn Llandudno, ei wrthwynebiad cydwybodol personol i gynnal seremonïau'r Orsedd, pe bai'r tywydd yn anffafriol, mewn capel, na festri capel, a bu'n rhaid galw cyfarfod arbennig o'r Bwrdd yng Ngwesty'r Imperial, lle cafodd Gwyndaf gyfle i roddi ei resymau, a phenderfynwyd gollwng y capel yr oeddid wedi ei logi a chwilio am le arall.

Ataliwyd y Gadair eto yn Llandudno a gwadodd Cynan, fel Archdderwydd, yn ffyrnig y cyhuddiad fod swyddogion yr Orsedd wedi ceisio dylanwadu ar y beirniaid i newid eu meddyliau. Yr oedd Syr Thomas Parry yn teimlo fod un o'r awdlau, oedd wedi cael ei symbylu gan ffenestr John Piper yng Nghadeirlan Coventry, yn deilwng i'w gwobrwyo, ond nid oedd Syr Thomas Parry-Williams na Wiliam Morus o'r farn fod yr un o'r un awdl ar ddeg yn ei haeddu.

Daeth Alan Villiers, oedd yn gapten ar y llong *Mayflower II* i'w hwylio i America yn 1959, i'm gweld ar y Maes yn Llandudno. Yr oedd wedi ei gomisiynu gan y *National Geographic Magazine* i ysgrifennu erthygl am yr Eisteddfod. Fel morwr a brodor o Awstralia, yr oedd wedi dwyn llawer llwyth o rawn o'i wlad gynhenid i borthladdoedd y Barri a Chaerdydd, a glo oddi yno i bellteroedd y ddaear, ac wedi morio gyda morwyr o Gymry o Abergwaun ac Aberdyfi a lleoedd eraill. Yn ei erthygl liwgar am y Brifwyl, a'r Orsedd yn arbennig, yn rhifyn Mehefin 1965 o'r *National Geographic*, disgrifiodd siomedigaeth y dyrfa pan ataliwyd y Gadair, ac fel yr aeth yr Orsedd 'allan i lwydni'r dydd tra eisteddai'r gynulleidfa o wyth mil yn syfrdan yn y Pafiliwn'. Ble arall, meddai, y byddai pobl yn teimlo mor angerddol ynghylch barddoniaeth?

Rai misoedd wedyn, derbyniais lythyr oddi wrth ŵr o Flagstone, Arizona, yn dweud ei fod wedi gweld dwy wraig yn cerdded i lawr yr heol gyda chi yr oedd wedi cymryd ato'n fawr iawn. Wedi holi, cafodd mai 'Welsh Terrier' oedd y ci, ac ar ôl gweld fy llun yn y *National Geographic,* mentrodd ysgrifennu ataf i ofyn a allwn gael ci o'r fath iddo, a llwyddais i wneud hynny.

Cafwyd Bathodyn i'r Orsedd yn 1963, wedi ei gynllunio gan yr arlunydd Douglas Williams, yn dangos y Nod Cyfrin a'r geiriau *Gorsedd y Beirdd* o'i gylch mewn aur ar gefndir gwyrdd ac yr oedd ar werth i'r aelodau am dri swllt. Cynigiais ein bod yn cael tei hefyd, ond claear oedd yr ymateb.

Cynhaliwyd y Cyhoeddi yn y Drenewydd yn 1964 ar ddydd Sadwrn, yn hytrach nag ar ddiwrnod yn yr wythnos, dydd Mercher neu dydd Iau gan amlaf, a theimlwyd y dylid rhoi ystyriaeth i'w gynnal ar ddydd Sadwrn yn y dyfodol.

Pan oedd yr Eisteddfod yn Abertawe cafwyd trafferth gan wraig gefnog o'r dref a fu'n aelod ers 1929 a bu'n rhaid ei hysbysu na chaniateid iddi ymuno â'r Orymdaith heb iddi addo gwisgo'r wisg briodol ac ymwisgo yn y Stafell Wisgo a chydymffurfio â chyfarwyddiadau'r Disteiniaid.

Fel y digwyddodd hi, yr oedd yr Awstraliaid yn chwarae yn erbyn Morgannwg yn Abertawe yn ystod wythnos yr Eisteddfod, a daeth Crwys ataf fore'r dydd Llun a gofyn a oeddwn yn bwriadu mynd i weld y criced. Nid oeddwn wedi bwriadu gwneud, er fy mod yn aelod o Glwb Morgannwg, ond pan welais ei fod ef mor awyddus, euthum ag ef. Ac felly y bu, ddydd ar ôl dydd, cyn gynted ag y gallem gael gwared o'n gwisgoedd Gorseddol, i lawr â ni i Faes St Helen, lle byddai Crwys, yn awr dros ei bedwar ugain a deg oed, yn ymhyfrydu, ac nid peth hawdd oedd ei dynnu oddi yno i fynd i'r Coroni neu'r Cadeirio neu Seremoni'r Cymry ar Wasgar.

Yr oedd chwe deg pump wedi sefyll yr arholiadau y flwyddyn honno, a phum deg un wedi llwyddo, ond nid oedd hyn yn boddhau Erfyl Fychan, a oedd erbyn hyn yn Drefnydd yr Arholiadau heblaw bod yn Arwyddfardd, a mynegodd ei siomedigaeth ar gân:

> 'R arswyd be ddaw o'r Orsedd,
> A'r beirdd mor ddistaw â'r bedd?
> Dirywiodd ffrydiau'r awen,
> A'i thw' byw a ddaeth i ben.
> Nid felly y bu; yr oedd bŵm
> Ar steil y beirdd ers talwm;
> Miloedd ar filoedd o feirdd,
> Torf enfawr, twr o fanfeirdd;
> Trwy'r wlad mewn arholiad rhydd
> Bygylai pawb ei gilydd,
> Mynnu'r hwyl, mwynhau'r helynt
> Yn y gêm, - fel 'roedd gynt.
> Ond yn awr pob dawn a aeth
> I luestai Philistiaeth,
> Darfu hyder balchder beirdd,
> Ac ysfa'r hen ymgeisfeirdd;
> Gwyw yw'n byd heb gywion beirdd
> Ac ynfyd heb eginfeirdd.

Aethom fel teulu i'r Cyhoeddi yn Aberafan, a gan fod Joyce a minnau wedi cael gwahoddiad i'r cinio dinesig yn yr Orendy yn Abaty Margam, gadawsom y plant yng ngofal rheolwr Gwesty'r Twelve Knights. Pan ddaethom yn ôl yr oedd y ddau yn llawn cyffro: yn ogystal â'u bod wedi cael y profiad o ddewis y bwyd o'r fwydlen a'i fwynhau ym mwyty'r gwesty, a thalu amdano, yr oeddent wedi clywed, ar ganol y pryd, stŵr yn y gegin ac, yn y man, wedi gweld un o'r gweinyddesau'n rhuthro allan oddi yno â chyllell yn ei chefn.

Rhoddwyd gwybodaeth i'r Bwrdd yn ei gyfarfod ar 24 Mehefin 1965 fod rhai o'i gofnodion cynnar wedi cael eu gwerthu i America gan J R Morris a oedd, yn amlwg, yn adnabyddus i rai pobl gan i'r Bwrdd ofyn i'r Prifardd Wiliam Morus ei holi a oedd rhagor o bapurau'r Orsedd yn ei feddiant. Dywedodd Cynan fod dwy gyfrol o gofnodion y Bwrdd ynghadw ganddo ef, yn estyn yn ôl i ddyddiau Cofiaduraeth Beriah ac Eifionydd, ac awdurdodwyd ef i'w gosod yn y Llyfrgell Genedlaethol, a gofyn iddynt, ar yr un pryd, i geisio cael gan Brifysgol Harvard i anfon copïau ffotostat o'r cofnodion ac unrhyw bapurau eraill perthnasol i'r Orsedd yn eu meddiant. Bwriadai'r Bwrdd gyhoeddi cyfrol safonol o hanes yr Orsedd, ond ni wnaed.

Penderfynwyd peidio â chodi ystafell wisgo ar y Maes, yn ôl cais Jacob Davies ac eraill, oherwydd y gost o gael lle a fyddai'n ddiogel i gadw ynddo regalia a gwisgoedd yr Orsedd.

Tynnodd y Wasg sylw at y ffaith fod Coron Aberafan wedi'i

gwneud o ddur a gynhyrchwyd yng ngweithfeydd dur Port Talbot, a'i bod wedi ei chynllunio gan Frank Roper a gynlluniodd staff yr Arwyddfardd. Yn ddiweddarach euthum i gysylltiad ag ef a'i gael i atgyweirio ac adnewyddu'r staff, yr hyn a wnaeth er ei fod wedi hen ymddeol o'i waith.

Pan ddaeth ail dymor Cynan fel Archdderwydd i ben, yn lle rhoi arwyddlun arall iddo, dewisodd gael copi o *Cerddi Cynan* wedi ei rwymo mewn lledr gan grefftwyr y Llyfrgell Genedlaethol ac wedi'i arwyddo gan aelodau'r Bwrdd.
Byddai Cynan yn aml yn colli'i dymer gyda phobl na fyddent yn medru ufuddhau i'r rheolau, a byddai ei gerydd mewn Saesneg gan amlaf. 'You are on parade, sir,' oedd y gystwyad nodweddiadol. Pan fyddai'n mynd yn llwyr o'i gof, âi'n dawel a dweud dim. Dyna fel yr oedd ar ôl iddo weld rhifyn o'r cylchgrawn *Lol* un nos Sul cyn yr Eisteddfod. Ni ddywedai air ond gwyddwn beth oedd yn bod gan fy mod wedi prynu copi'r prynhawn hwnnw. Ar draws y tudalennau canol yr oedd llun merch noeth, ac ar ei bol oedd y gair *Censored* wedi'i stampio. Cynan oedd y sensor Cymraeg, o dan yr Arglwydd Siambrlen, a gellid meddwl mai ef fyddai wedi gosod y stamp yn y man lle'r oedd. O dan y llun oedd y geiriau amwys 'Bu Cynan yma', ac nid oedd eisiau athrylith i weld y *double entendre*. Erbyn bore trannoeth, yr oedd y mater wedi'i setlo a stondin y papur wedi diflannu o'r Maes, ac Eisteddfodwyr yn barod i dalu arian mawr am gopi.

Ymddeolodd Erfyl Fychan o'i swydd fel Arwyddfardd yn 1966 a chefais i f'ethol yn ei le. Anrhegwyd ef am ei hir wasanaeth o bedair blynedd ar bymtheg ag arwyddlun ynghyd â siec. Etholwyd Gwynn Tregarth yn fy lle fel Ceidwad y Cledd. Ni chredwn fod Erfyl o ddifrif pan anfonodd lythyr at y Bwrdd yn dweud ei fod yn teimlo y dylwn i arwain yr Orymdaith ar gefn ceffyl, yn y modd y gwnâi Sieffre. Gan na chefais i f'apwyntio i'r swydd yn 1947 am nad oeddid yn gwybod p'un a fedrwn i farchogaeth, a chan na wnaeth Erfyl farchogaeth o gwbl, meddyliais mai cellwair oedd, neu dynnu fy nghoes. Ond yr oedd y Bwrdd o ddifrif ac ar ôl cael fy nghytundeb, pasiwyd yn unfrydol y dylai'r Arwyddfardd arwain yr Orymdaith ar gefn ceffyl ymhob Cyhoeddi a Gorseddau'r bore yn yr awyr agored, a hefyd yng Nghaerwys, lle'r oeddid i ddathlu pedwar canmlwyddiant Eisteddfod 1568. Pasiwyd hefyd fod y Cofiadur a

Meistres y Gwisgoedd i sicrhau Gwisg Farchogaeth addas ar gyfer yr Arwyddfardd, y wisg i gynnwys tri lliw'r Orsedd, sef tiwnig wen a chlogyn glas wedi ei hulio â gwyrdd, gyda chap Sarasen â choronbleth ddu a gwyn.

Euthum i Gaerwys ymlaen llaw ar gais y Bwrdd i wneud arolwg o'r lle a threfnu sut y medrwn ddathlu yno. Gwahoddwyd holl aelodau'r Orsedd i fynd yno, a chytunwyd ein bod yn gweinyddu seremonïau'r Coroni a'r Cadeirio ar y telerau na fyddai'r beirniadaethau'n hwy na thair munud yr un, ac y byddid yn cyhoeddi'r farddoniaeth fuddugol. Byddai'r Bwrdd yn dewis y rhai oedd i offrymu Gweddi'r Orsedd ac i gyfarch y Beirdd Buddugol, ac yr oeddwn i drefnu bod y regalia a'r gwisgoedd yn cyrraedd Caerwys mewn da bryd.

Prynodd John Rees, masnachwr amaethyddol o Gaerwys, geffyl pedair ar ddeg oed ac yn bymtheg llaw, yn arbennig i mi gael ei farchogaeth yn y dathliad. Daeth ef a gŵr arall â cheffylau i farchogaeth un bob ochr, ond ychydig y tu ôl i mi, wrth arwain yr Orymdaith trwy heolydd y dref, a mawr oedd y gynulleidfa ar hyd y strydoedd. Ceffyl hela, o'r enw Barry, oedd fy nghreffyl i, ac yr oedd o safon uwch na'r ddau arall, a'i got yn sgleinio. Yr oedd y ddau farchog arall mewn gwisgoedd canoloesol a hetiau a oedd yn fy marn i'n well na'r cap Sarasenaidd a wisgwn i, a swyddogion y Llys yn eu dillad porffor. Daeth John Rees â Barry hefyd i'r Cyhoeddi yn y Fflint i mi gael ei farchogaeth wrth arwain yr Orymdaith.

Yn Eisteddfod y Barri yr oedd y papur *Lol* wedi'i wahardd o'r Maes, ac ymddangosodd cartŵn yn y *Western Mail* gyda Chynan yn f'arwain ar gefn ceffyl ac yn defnyddio'r stondin *Lol* fel stabl, tra oedd golygyddion y papur yn bloeddio 'Allwch chi ddim chwilio am rywle arall i gadw'r b.... ceffyl 'na?'

Cefais geffyl hyfryd arall, trwy gymorth Arglwydd Raglaw Sir Gaerfyrddin, yn Rhydaman. Yr oedd hwn yn un llaw ar bymtheg, ac yn geffyl delfrydol. Ond, fel y digwyddodd, gadawodd neges ar y stryd a bu'n rhaid i'r Beirdd gerdded trwyddo, a dyna ddiwedd ar y marchogaeth! Gwnaeth W R Evans englyn doniol i anfarwoli'r digwyddiad:

> Y gŵr ar y nag arian - hoff o'i le
> Yn y Fflint yn trotian.
> O roi i'r brîd wair a bran,
> Myn roi dom yn Rhydaman.

Ymddangosodd englyn arall, dan y teitl 'Yr Arwyddfardd' yn *Y Cymro* fis Chwefror 1968 gan un a'i galwai'i hun yn 'Prentis':

> Rhyfedd fydd gweld yr hoywfarch - yn arwain
> Y cewri dihafarch,
> Ac yn ei rôb gwyn - yr hybarch
> Dillwyn Miles yn dilyn march.

Cynigiodd bardd a gaiff fod yn ddi-enw y dylwn ateb gyda:

> Y ceffyl e'i caffaelaf - nid dilyn
> Ond dal gyda'r blaenaf;
> Mynnaf stalwyn o'r mwynaf
> Neu ferlyn arobryn braf.

    Yr oeddwn yn aros yn y White Lion yn ystod Eisteddfod y Bala a synnais wrth weld y perchennog yn cerdded o gylch y tŷ â bleiddgi ar dennyn byr: ymddangosai'n ŵr sarrug a drwgdybus gydag ymarweddiad i'r gwrthwyneb i'r hyn a ddisgwylid mewn gŵr a gadwai westy. Ar y nos Lun pan oedd cyfaill a ddaeth i gael cinio gyda mi yn ymadael, rhyw ychydig wedi amser cau, euthum y tu allan i'r drws i'w hebrwng ond methais gael mynediad yn ôl gan fod y drws wedi cau. Daeth dau blismon heibio a dweud eu bod yn gallu gweld fy mod wedi'm cloi allan, a bod hynny'n ddigwyddiad cyson. Byddai'n rhaid iddynt fynd yn ôl i'w gorsaf fel y gallent ffonio'r landlord i agor y drws i mi, a dyna a ddigwyddodd. Y noson wedyn, yr oedd ffrind yn f'ystafell a phan ddaeth hi'n amser mynd, tua chanol nos, cawsom fod pob drws a ffenestr wedi'u cloi fel ei bod yn amhosibl mynd allan, hyd nes i mi ddod o hyd i ystafell wely'r landlord!

    Bore dydd Iau, pan oedd yr Orymdaith yn barod i symud i'r Cylch, cyrhaeddodd yr actor Huw Griffith gan ymhŵedd arnaf roddi gwisg iddo. Nid oedd yr un wisg wen ar ôl ac yr oedd yn hapus ddigon i wisgo un las. Ar ôl y seremoni gofynnodd ble y gallai gael gwydraid o'r 'Black Velvet' i'w yfed a gwahoddais ef i'r gwesty, ond gan ei bod hi cyn amser agor, gwrthododd y landlord ei roddi i mi, er fy mod yn breswylydd.

    Yr oeddwn yn aros yn y Barry Hotel adeg Eisteddfod y Barri ac, ymhlith eraill, yr oedd y Prifardd Bryn yn aros yno hefyd. Ar fore dydd Iau cawsom frecwast gyda'n gilydd, a siarad llawer am wahanol bethau gan gynnwys dyddiau Bryn ym Mhatagonia a'r ffordd y byddai'n cyrraedd yno, ond ni roddodd yr un awgrym mai efe oedd i ennill y Gadair y prynhawn hwnnw am ei 'Awdl Foliant i'r Morwr'. Pan euthum i'w gyrchu o'r dyrfa yr oedd gwên ddrygionus ar ei wyneb, a rhois innau wasgfa ddealladwy i'w law cystal â dweud 'Yr hen gadno!'

Yn ei araith fel Llywydd y Dydd, mewn Cymraeg yr oedd yn ei diwyd ddysgu ar y pryd, dygodd Syr Cennydd Traherne i gof y gynulleidfa mai'r Eisteddfod yw gŵyl ddiwylliannol fwyaf Ewrop. Pan gafodd ei ddyrchafu'n Farchog y Gardys ysgrifennais ato i'w longyfarch, ac ychwanegais yn gellweirus gan mai ef oedd y Cymro cyntaf yng Nghymru i gael y fath anrhydedd er Syr Rhys ap Thomas yn 1507 a bod hwnnw wedi dathlu gyda thwrnamaint yng Nghastell Caeriw, efallai y gwnâi Syr Cennydd yntau yr un fath yng Nghoedraglan, ond nid ymgymerodd â'r sialens!

IV

Collodd yr Orsedd dri o'i chedyrn yn ystod 1968. Bu farw'r Cyn-Archdderwydd Wil Ifan, y gŵr â'r llais mwynaf a glywais erioed, a luniodd eiriau'r Coffâd a ddarllenir oddi ar y Maen Llog i gofio'r Gorseddogion ymadawedig, ac a gofir am ei bryddest arbennig, 'Bro fy Mebyd', a enillodd y Goron yn Eisteddfod Pwllheli yn 1925. Collwyd Erfyl Fychan a fu'n Arwyddfardd am yn agos i ugain mlynedd, a Chofiadur yn ystod ail deyrnasiad Cynan fel Archdderwydd, a hefyd yn Drefnydd Arholiadau ar ôl marw Brynallt. Canodd Wiliam Morus englyn i'w goffáu:

> Athro hoff a thŵr yr iaith - orfu
> Ar Erfyl roi ymaith;
> Brudded i'r Beirdd oedd y daith
> I'r amdo o'u Gorymdaith.

Amddifadwyd yr Orsedd o'i chymeriad mwyaf digri gyda marwolaeth y Cyn-Archdderwydd Crwys, ac yntau yn ei nawdegau. Daeth llu o atgofion yn ôl amdano, ac yn arbennig y tro y dygais ef yn y car yn ôl i Abertawe ar ôl bod mewn cyfarfod o Fwrdd yr Orsedd yng Nghaerdydd. Gofynnais iddo sut y daeth i gyfansoddi 'Melin Trefin'. 'Rown i wedi bod yn pregethu lawr 'na y Sul hwnnw,' meddai, 'ac yn aros gyda Misus Owan - nid Misus Owen, 'ych chi'n deall, ond Misus Owan. Roedd 'i gŵr hi wedi dwad lawr o Fethesda i fod yn fforman yn y chwarel ym Mhorth-gain. Ar ôl swper, mi es i lawr am dro i Aberfelin, a gweld yr hen furddun fan 'ny, a'r maen melin yn gorwe' ar y llawr. Mi es i'n ôl i'r tŷ ac ishte wrth y ford, a chlirio'r llestri swper naill ochor, a dechre 'sgrifennu:

> Nid yw'r felin heno'n malu
> Yn Nhrefin ym min y môr . . .

Fe dda'th y ddau bennill cynta' heb drafferth o gwbwl. Ond y pennill d'wetha'– nid fi we' piau hwnnw. Fe dda'th hwnnw oddi fry, rywle!'

Rai wythnosau cyn Eisteddfod Rhydaman, gofynnwyd i mi annerch cyfarfod o Gymdeithas y Celfyddydau yn y dref honno ar hanes y Brifwyl. Yr oeddwn ar y ffordd yn ôl o ogledd Cymru a chyrhaeddais mewn pryd i gael rhywbeth i'w fwyta yn y dafarn ar y sgwâr y gwelais ei fod wedi newid ei enw, er anrhydedd i'r Eisteddfod, i *The Bard*. Yr oedd y dafarn yn llawn pobl ifainc, gan mai nos Wener oedd hi a hwythau wedi cael eu tâl wythnosol, ac yr oeddynt yn yfed pob math o wirodydd, ac am wirodydd hynod oedd y siarad ar y pryd. Clywais rywun yn gofyn a oedd rhywun wedi yfed 'Armadillo' a bu dadlau mai creadur oedd 'armadillo' ac nid peth i'w yfed (ond darganfûm ar ôl hynny fod yna ddiod o'r enw), a gofynnwyd wedyn faint oedd wedi yfed 'Welsh whisky'. Atebodd un llanc ei fod, a'i fod hefyd wedi yfed 'Welsh sherry'. 'Does dim o'r fath beth â "Welsh sherry",' meddai un o'r merched. 'Oes, mae e,' atebodd y llanc. 'Maen nhw'n ei alw e'n Amontillado,' gan ynganu'r *ll* fel a wneir yn 'Llanelli'!

Yn y cyfarfod cefais groeso gwresog a gwrandawiad da a chwestiynau synhwyrol, ac eithrio un wraig oedd wedi cael yn ei phen fod swyddogion yr Orsedd yn cael tâl a threuliau fel Gweinidogion y Goron a gofynnodd a oeddwn yn barod i ddatgelu faint a gawn i am weithredu fel Arwyddfardd. Pan ddywedais fy mod yn cael £20 y flwyddyn o 'dâl' chwarddodd mewn anghrediniaeth a dweud ei bod hi'n gwybod fod Cynan yn derbyn £4,000 yn flynyddol a thybiai nad oeddwn i'n cael llawer llai!

Aethom i Gaernarfon ar y dydd Gwener cyn yr Arwisgiad, gan godi Cerddores Moelfre, Meistres y Gwisgoedd, yn Aberteifi ar y ffordd, i ni gael gwneud y trefniadau ynghylch y gwisgoedd a'r regalia a oedd i gyrraedd Segontium Lodge, y lle a osodwyd at wasanaeth dirprwyaeth yr Orsedd. Wrth gyrraedd yno cyfarfûm â Dilys Cadwaladr gyda'i gŵr, Is-Almaenwr o waed, a dywedodd ei fod ef yn wastad yn cyfeirio ataf fel *autocrat* yr Orsedd, gan olygu 'aristocrat', meddai hi. Dygodd Percy Griffith, cymeriad yn nhref Caernarfon, Wynford Vaughan-Thomas a minnau i gefn ei siop ddillad i gael gwydraid o'r whisgi gorau. Ar ôl cael cinio yng Ngwesty'r Royal, aeth Geraint Walters â Joyce a minnau i'r Royal Welsh Yacht Club lle cyfarfuom â hen gyfeillion o'r BBC yn Llundain, Cliff Michelmore a Godfrey Talbot.

Cyrhaeddodd Cynan drannoeth i drin manylion yr orymdaith a'r mynediad i'r castell. Yr oedd ef a'r Archdderwydd Gwyndaf wedi mynychu cyfarfodydd Pwyllgor yr Iarll Farsial ac yn gwybod am y drefn. Ymhlith y bobl a gyfarfûm y diwrnod hwnnw oedd Emlyn Williams, nad oeddwn wedi ei weld oddi ar i ni gwrdd yn Cairo pan ddywedais wrtho fy mod wedi gweld perfformiad o'i ddrama *Morning Star* yn Hebraeg. Gydag ef oedd yr actor Robert Beatty, a golwg braidd yn flêr arno, a Richard Baker a ddywedodd ei fod wedi bod yn chwilio am 'this chap Dilwyn Cemais who'll be leading the Bards' heb sylweddoli mai fi oedd.

Yr oeddwn wedi gobeithio cael croesi i Ynys Enlli ddydd Sul, gan ein bod ni, fel Ymddiriedolaeth Natur Gorllewin Cymru, wedi gwneud cymaint i gynorthwyo sefydlu Gwylfa Adar Ynys Enlli yn y pumdegau, ond rhwystrwyd fi gan yr Iarll Farsial rhag ofn na fedrwn ddod yn ôl mewn pryd. Aethom, felly, i ben draw Llŷn fel y gallem o leiaf edrych 'dros greigiau Aberdaron a thonnau gwyllt y môr' tua'r ynys. Gwelais yno gar a rhif Sir Benfro hynod arno a gofynnais i'r perchennog, gan feddwl ei bod hi o'r sir, o ba ran y deuai, ond dywedodd nad fy musnes i oedd hynny. Digwyddais adrodd y stori ar ôl i mi ddychwelyd i Hwlffordd, lle'r oedd cyfaill o gyfreithiwr yn y cwmni. 'Dim rhyfedd,' meddai, 'i chi gael ateb o'r fath, gan mai gwraig cleient i mi yw hi sy wedi dwgyd car ei gŵr, ac rwy i wedi bod yn chwilio amdani am fisoedd. Diolch am eich help!'

Wrth fynd heibio Penyberth cofiais am y drafferth gafodd D J Williams i gynnau'r 'tân yn Llŷn' am fod y matsys yn damp, a chwerthin ynof fy hunan wrth feddwl mor nodweddiadol oedd hynny o'r dyn. Meddyliais amdano'n eistedd yn y car gyda Saunders Lewis a Lewis Valentine, tra byddai'r ddau'n smocio sigarennau ar ôl iddynt gyflawni'r weithred, ac yn trafod ei stori fer *Dros y Bryniau Tywyll Niwlog* yr oedd ar ganol ei hysgrifennu ar ôl syniad a gafodd, meddai ef, wedi i mi fynd ag ef i Lwyngwair lle dywedir i Bantycelyn ysgrifennu'r emyn.

Yr oedd tipyn o dyndra y diwrnodau cyn yr Arwisgiad gan fod disgwyl y byddai eithafwyr yn defnyddio bomiau, ac nid oedd neb yn ffyrnicach nag Ifor Bowen Griffith, Maer Caernarfon, a resynai am na fyddai'r Cymry yn manteisio ar yr achlysur ac yn gwneud defnydd o'r Tywysog er mantais i'r iaith Gymraeg, yn hytrach nag ymddwyn yn gibddall a dinistriol.

Fore dydd Llun, derbyniais ganmoliaeth gan lawer un am fy erthygl ar Lywodraeth Leol yn y *Western Mail* y bore hwnnw. Yr oeddwn wedi cael gwahoddiad gan y papur i gyfrannu pedair erthygl yn y gyfres *Personal Column* ac yr oedd hon yn un ohonynt. Arweiniodd un arall, lle bûm yn sôn am brinder tai bwyta da, i mi gael cais i gyfrannu colofn ar y testun am yr ugain mlynedd nesaf!

Cawsom rihyrsal gyflawn y prynhawn hwnnw. Ar flaen yr orymdaith oedd Cyngor Bwrdeistref Frenhinol Caernarfon, a rhyngddo a mi, yn arwain gorymdaith Gorsedd y Beirdd, oedd Syr Jeremy Mostyn, Bart., Swyddog y Staff Werdd, at ein gwasanaeth ni, Orseddogion. Yr oedd mwy yn ein gosgordd ni na'r un arall yn yr Arwisgiad, gan fod Cynan wedi llwyddo i ddyblu'r nifer a wahoddwyd ac a gymerodd ran yn Arwisgiad 1911. Yn fy nghanlyn i, fesul dau, oedd:

Oswyn Afan	Handel Morgan
Eos Meirion	Megan Margam
Elisabeth o Wendraeth	Rhian Gwyngyll
Pernant	Rhys ap Gruffydd
Megan Cynfi	Glenys Gwyrfai
Elira	Nia Rhun
Gwynn o'r Llan	Alun Ogwen
Brynallt	Huw Tegai
Cerddores Moelfre	Emyr Feddyg
Tilsli	Bryn

Ceidwad y Cledd
Gwynn Tregarth

Y Cyn-Archdderwyddon
Wiliam Morus   Cynan

Archdderwydd Cymru
Gwyndaf

Swyddogion y Llys
Stephan   Armon   Ab Eos   Arthur Llwyd   Llywelyn Fadog

Yr oeddem i ymgasglu yn Heol Neuadd y Sir a mynd i Borth y Dŵr, ac yna i Dŵr yr Eryr, ac oddi yno i'n seddau y tu ôl i'r llwyfan crwn ar lawnt y castell, lle'r oedd y Frenhines a Dug Caeredin a'r Tywysog Charles i eistedd. Yn fy nghanlyn ar y diwrnod byddai Meiri Bwrdeistrefi Cymru, Cadeiryddion a Chlercod y Cynghorau Sir, Siryddion, Aelodau Seneddol, Arglwyddi'r Senedd, Cynrychiolwyr yr Eglwysi, gwarchodlu *Yeomen of the Guard*, Anrhydeddus Gorfflu Boneddigion ag Arfau, Aelodau o'r Teulu Brenhinol, gosgordd Tywysog Cymru yn cynnwys yr Archdderwydd a Llywydd y Llys,

Cynan, y Tywysog, Cynrychiolwyr Ieuenctid Cymru, Maer Caernarfon, Rhaglawiaid Ei Mawrhydi, y Frenhines, Dug Caeredin a'r Fam Frenhines. Ychydig o'r rhain oedd yn y rihyrsal ond eto, pan gyrhaeddais Dŵr yr Eryr, derbyniais gerydd gan yr Iarll Farsial, Dug Norfolk, am fod chwe eiliad yn hwyr.

Pan gyrhaeddais Segontium Lodge ar fore'r Arwisgiad, yr oedd yr heddlu yn ei harchwilio'n fanwl gan na fu gwarchod arni dros nos.

Ar ôl ffurfio gorymdaith yr Orsedd yn Heol Neuadd y Sir, lle'r oedd y tyrfaoedd wedi ymgasglu, daeth James Callaghan, yr Ysgrifennydd Cartref, heibio a thynnu fy nghoes ynghylch fy ngwisg farchogaeth yr oedd Cynan wedi mynnu i mi ei gwisgo er fy mod heb geffyl. Yna daeth John Brooke-Little, yn ei wisg Herodr Richmond, yr oeddwn yn ei adnabod trwy f'aelodaeth o'r Gymdeithas Herodraeth, a dywedodd y dylaswn gael arflun ar ben fy nghap Sarasenaidd. Yr oedd eraill o'm cydnabod yn cyfleu cyfarchion neu ddireidi tra oeddem yn aros am arwydd i gychwyn.

Pan gyrhaeddais Dŵr yr Eryr am 1.38 p.m. yn union, yr oedd yr Iarll Farsial yno'n disgwyl, a gydag ef Frenin Arfau'r Gardys a'r Uwch-Arglwydd Siambrlen ac Ardalydd Môn a'r Arglwyddi eraill oedd yn cymryd rhan yn y seremoni, a Herodr Arbennig Arfau Cymru, Francis Jones. Byddai ef yn aml yn fy nghyfarch yn nhafodiaith Pencaer, a dyma fe'n gofyn yn gellweirus: 'Odi e wedi lladd gwair lawr 'co?' Chwarddodd yr Arglwyddi, ac eithrio Dug Norfolk.

Arweiniais y Gorseddogion ar draws y lawnt, lle'r oedd y gwahoddedigion yn barod yn eistedd yn eu cadeiriau coch ac arwydd tair-pluen y Tywysog arnynt, i'w seddau ymhlith y gwesteion arbennig. Edrychais i fyny ar furiau caerog y castell, lle'r oedd camerâu yn cyfleu'r olygfa i bum can miliwn o bobl ar draws y byd. Wrth ddisgwyl am y Tywysog, clywsom sŵn ergyd, a disgynnodd tawelwch dros y dorf am foment. Yn ystod y gwasanaeth, darllenodd Cynan bennill cyntaf yr emyn 'O, anfon Di yr Ysbryd Glân', a darllenwyd pennill cyntaf 'Cofia'n gwlad, Benllywydd tirion' gan Gwyndaf.

Ar ôl y seremoni bu'n rhaid i mi ddychwelyd i'r castell i gymryd rhan yn y ffilm *The Sleeping Dragon* yr oeddwn wedi'i hysgrifennu ar gais cwmni BP, ond bob tro y cychwynnai'r camera, dôi Iarll Snowdon ar ein traws, gan glirio'r pethau gwerthfawr i ffwrdd. Ef oedd Cwnstabl y Castell, â chyfrifoldeb am y cyfan; gwnâi ei wisg iddo edrych, yn ôl disgrifiad Joyce, yn debyg i'r cymeriad pantomeim Buttons!

Y noswaith honno aethom i ginio a dawns fawreddog yng Nglynllifon, a chael cwmni Stella Mair, Croesawferch Cymru, a'i gŵr, Iwan Thomas, ar ein bwrdd, ynghyd â Geraint Evans a Harry Secombe a'u gwragedd. Cyrhaeddodd y Dywysoges Margaret a'i gŵr, gydag Ardalydd Môn a'i ffrindiau.

Trannoeth, ar y ffordd adre, fe'n cawsom ein hunain yn trafaelu rhyw hanner awr o flaen y Tywysog, ar ei ffordd i Dŷ Ddewi, ac yr oedd y bobl allan ym mhob tref a phentref, ac wedi ymgasglu ar hyd y ffordd i'w weld yn mynd heibio. Yn Abergwaun yr oedd y llong *Britannia* yn disgwyl amdano i aros arni dros nos.

Aethom i'r gwasanaeth eciwmenaidd yn y Gadeirlan y bore wedyn, lle'r addolai'r Tywysog cyn cychwyn ar ei daith trwy Gymru. Yng ngofal y gwarchae ar y *39 Steps*, y grisiau sy'n arwain i lawr i'r Gadeirlan, yr oedd Capten Morgan Richards, y camgymerwyd fi amdano rai troeon, yn arbennig am fod gan y ddau ohonom fwstas tywyll. 'Gee, this is a quick change from leading them Bards yesterday,' meddai rhyw Americanwr wrtho wrth fynd heibio.

Llogais Dafarn y Boot yn Northop yn ystod wythnos Eisteddfod y Fflint, ar gyfer fy nghyfeillion a minnau, ac yn union wedi i mi gyrraedd daeth Gareth Bowen o'r BBC i recordio rhaglen ar regalia'r Orsedd. Cyrhaeddais ar y nos Sadwrn mewn pryd i gael cinio gyda Cynan a Menna yng ngwesty Brynawel, a oedd yn nodedig am fwyd da y dyddiau hynny. Ar y dydd Sul euthum am dro i Dreffynnon ac fel aelod o'r Orsedd, teimlwn ddyletswydd i ymweld â Gorsedd, pentre ar fryn ynghanol claddfeydd gwŷr Oes y Pres. Y noswaith honno, yn y Boot, cawsom fod Band Pres Northop wedi gwahodd Band Lewis Merthyr i dreulio'r nos yn y pentref, er mwyn iddynt osgoi trafaelu trwy'r nos, ond y canlyniad oedd bod y ddau Fand heb fynd i'w gwelyau y rhan fwyaf o'r nos ac yn eu cadw'u hunain a gweddill y pentref ar ddi-hun.

Yr oedd taith yr Orymdaith i'r Cylch yn y Fflint yn un faith ac unig, heb fawr o neb ar y ffordd i'n gwylio, ond wrth agosáu at y fan clywais ryw Sais o waelod Sir Benfro yn gweiddi 'Pembrokeshire leads the way!' Dywedwyd am y Goron, a oedd yn dwyn llun y Maen Achwyfan, a enillodd Dafydd Rolant am ei ddilyniant o gerddi, mai hi oedd y Goron harddaf eto.

Fore dydd Mercher daeth Tywysog Cymru ar ymweliad â'r Eisteddfod. Cyrhaeddodd gyda'r Arglwydd Raglaw, y Brigadydd

Arwain heb geffyl.

Yr Archdderwydd Ap Llysor yn y wisg newydd.

Y Faner newydd, Bala 1996.

Yr Arwyddfardd yn derbyn Tywysog Cymru yn Eisteddfod Y Fflint, 1969.

Henry Mainwaring, a'r Cynghorydd Armon Ellis, a throsglwyddwyd ef i'm gofal wrth borth y Pafiliwn. Tra oeddwn yn ei dywys tua'r llwyfan synhwyrais fod rhywun ar y dde i mi yn y gynulleidfa wedi codi ar ei draed a chodi'i fraich fel petai am daflu rhywbeth. Neidiodd dau dditectif arno a'i ddwyn allan o'r Pafiliwn. Yr oedd hi'n adeg y bomiau, ac ni all neb feirniadu'r swyddogion diogelwch am fod yn barod i wynebu unrhyw fygythiad. Pan arweiniais y Tywysog allan o'r Pafiliwn yr oedd hi'n anodd symud, er cymaint ymdrechion yr heddlu i greu llwybr ar ei gyfer, gan fod pawb am ei gyfarch a'i gyfwrdd a dymuno'n dda iddo.

Tywynnodd yr heulwen ar Orsedd agored fore dydd Iau eto, ac ymhlith y rhai a dderbyniwyd yn aelodau oedd I B Griffith, Maer Caernarfon, Eryl Thomas, Esgob Llandaf, ac Irma Hughes de Jones, golygydd *Y Drafod*, papur Patagonia. Pleser i mi, yn y prynhawn, oedd cyrchu gŵr o Sir Benfro, James Nicholas, i feddiannu'r Gadair am ei awdl 'Yr Alwad'.

Ar y dydd Gwener arweiniais Sam Williams o Bulawayo, arweinydd y Cymry ar Wasgar, i'r llwyfan. Un o funudau mwyaf angerddol yr Eisteddfod oedd honno pan fyddai'r dorf yn canu 'Unwaith eto yng Nghymru annwyl' ar ddechrau'r seremoni, wrth i mi arwain yr arweinydd i fyny'r grisiau ac i'w sedd ar y llwyfan, a distrywiwyd yr effaith hwn pan symudwyd y canu i ganol y seremoni.

Mewn noson lawen y noswaith honno daeth dau lanc hanner meddw ataf a dweud eu bod yn aelodau o Fyddin Rhyddid Cymru, Byddin Caio Evans, a chynnig i mi swydd fel uwch-swyddog ped ymunwn â hwy.

Gyda llawenydd mawr y clywsom fod Cynan wedi cael cydnabyddiaeth a'i wneud yn Farchog. Gofynnodd y Bwrdd i mi drefnu cinio er anrhydedd iddo ac yr oedd yn bleser gwneud hynny yn y Queen yng Nghaer i ganlyn cyfarfod o'r Bwrdd ar 3 Hydref 1969. Trefnais gyda Wadvani, y rheolwr, a arferai fod yn is-reolwr y Dragon yn Abertawe, i baratoi pryd arbenning i chwech ar hugain ohonom. Ar ôl y cinio cawsom areithiau ac adrodd penillion, a Gwyndaf yn canu 'Nico' mewn modd cofiadwy. Yn ei atebiad diolchodd Cynan i bawb am bopeth, a dweud cymaint oedd ei ddyled i'w gyd-swyddogion.

Rhedai'r grugieir rhwng y grug a'r eithin mân ar rosydd Tomintoul ar y prynhawn Sul yr oeddem ar ein ffordd i'r *Mod* yn Aviemore, ac ar y radio yn y car clywn oedfa mewn rhyw gapel yng Nghymru yn canu

'Bryn Calfaria'. Cawsom ein gosod i aros yng ngwesty moethusaf Aviemore, y Strathspey, Gwyndaf a Dosia a Joyce a minnau. Cawsom gig carw i ginio y noswaith gyntaf, a chwmni Archie Beaton, llywydd y *Mod,* a phrofost tref Oban, a'r darlledwr Fyfe Robertson yr oeddwn wedi ei gyfarfod ddiwethaf yn Hwlffordd. Yn yr agoriad swyddgol rhoddodd Gwyndaf araith frwd yn Saesneg, yn hytrach nag ychydig eiriau yn Gymraeg na fyddai nemor neb yn ei ddeall, meddai.

Rhwng y cystadlaethau manteisiodd Joyce a minnau ar y cyfle i gael gweld y wlad o gwmpas. Aethom i Faes Culloden, rhostir agored, a chlystyrau o lwyni pin yn wylo, fel petai, wrth gofio'r gyflafan, a dim ond meini'n sefyll ar y tir ac yn dwyn enwau cerfiedig, clan ar ôl clan a gwympodd. Pan euthum yno wedyn, flynyddoedd yn ddiweddarach, yr oedd wynebwedd y tir wedi'i newid er hwylustod y twristiaid a holl naws y lle wedi'i ddifetha. Ar y ffordd yn ôl, ar dro yn y ffordd, cododd aderyn, fel twrci anferth, o'r tu arall i'r berth, a adnabûm fel ceiliog y coed, neu *capercaillie* (o'r Gaeleg *capull coille*, ceffyl y coed). Yn rhyfedd iawn, yn y gwesty'r noswaith honno, yr oedd *capercaillie* ar y fwydlen, a phleser oedd cael gweld a phrofi'r aderyn am y tro cyntaf ar yr un dwirnod.

Aethom i fyny'r Cairngorm ar gadeiriau esgyn gan obeithio gweld ceirw'r Lapdir yr oedd fy nghyfaill John Grant, a pherthynas i Joyce, wedi bod yn rhannol gyfrifol am eu gosod yno, ond yr oedd yn amlwg eu bod wedi mynd i lawr y mynydd i osgoi'r eira ar y crib. Ni chawsom lwc, chwaith, o weld cath wyllt yng Nghoedwig Rothiemurchus, a dywedodd Grant, pan aethom i'w weld y noswaith honno, nad oedd hynny'n rhyfedd gan eu bod yn brin iawn.

Yr oedd pawb yn pwyntio bys at Willie Neil, a fu yn y Llu Awyr am wyth mlynedd ar hugain. Yr oedd bellach yn dysgu Gaeleg ym Mhrifysgol Caeredin, gan ddweud mai ef oedd Bardd y Goron, ond nid oedd dim arall i arwyddo hynny hyd y noson olaf pan gynhaliwyd cyngerdd mawreddog ar y llawr cwrlio eang o dan lywyddiaeth Syr Robert Grieve, Cadeirydd Bwrdd Datblygu'r Ucheldir a'r Ynysoedd, a osododd y goron enfawr, wedi'i gwneud o alwminiwm ac yn werth £500, ar ben Willie Neil.

Cyn diwedd mis Ionawr 1970 daeth y newydd trist fod Cynan wedi marw, yn 74 oed. Ffoniais Ernest Roberts a deall ei fod ef wedi bod yn yr ysbyty hyd saith o'r gloch y noswaith cynt, a bod Cynan wedi marw'n sydyn cyn deg. Ffoniais Emyr ap Cynan a dywedodd ef fod yr angladd yn breifat ond y byddai cyfarfod coffa ymhen wythnos. Cyrhaeddais Fangor ar y nos Sul, 1 Chwefror, a galw ar Ernest fel yr oeddwn wedi addo gwneud. Yr oeddem ein dau yn gofidio'n fawr am ddyfodol yr Orsedd heb Cynan, heb eiddigeddu at y sawl a fyddai'n ceisio'i ganlyn. Yr oeddem yn cytuno y dylai'i olynydd gadw'i hun at waith y Cofiadur yn unig, yn lle bod yn barod bob amser i wneud peth o waith pawb arall.

　Gan fy mod yn y man a'r lle, euthum fore trannoeth gyda John Roberts, Trefnydd y Gogledd, i weld safle i Gylch yr Orsedd ar gyfer Eisteddfod Bangor, a threfnu hynt yr Orymdaith a gweld Ystafelloedd Gwisgo yn y Brifysgol.

　Ar ôl cael cinio yn yr Anglesey Arms gyda Stephen J Williams a'i wraig, aethom i'r gwasanaeth yn y Capel Mawr ym Mhorthaethwy, lle gosodwyd aelodau'r Orsedd a'r Eisteddfod a oedd yno gyda'i gilydd. Yr oedd y capel, sy'n dal chwe chant, yn orlawn. Yn y te, ar ôl y gwasanaeth, gofynnodd yr Archdderwydd Tilsli a wnawn anfon allan hysbysiadau'n galw cyfarfod arbennig o'r Bwrdd ar 21 Chwefror yng Ngwesty'r Lion yn Amwythig. Nid oedd fawr o drefn ar y cyfarfod gyda'r Archdderwydd yn awyddus i apwyntio Cofiadur ar y pryd heb oedi, er nad oedd hynny ar yr agenda hyd yn oed. Cynigiais ein bod yn gofyn i Ernest Roberts, a oedd wedi cyd-weithio gyda Chynan fel Cyd-Ysgrifennydd y Llys ac wedi ei adnabod yn hwy na neb o'r aelodau, weithredu dros dro a bod is-bwyllgor yn cael ei benodi i ystyried dyletswyddau Cofiadur, ac wedi hir drafodaeth, cytunwyd ar hynny. Gan nad oedd Cofiadur gennyf ar gyfer dewis Cyflwynyddion y Corn Hirlas a'r Aberthged, daeth Tilsli i Fangor at y pwrpas.

　Cyfarfu'r Swyddogion ar 14 Mawrth a chytunwyd ar y dyletswyddau ac ar y modd i ethol Cofiadur, a galwyd cyfarfod o'r Bwrdd ar 4 Ebrill. Gwnaeth Gwyndaf apêl at yr aelodau i beidio â'i ethol ef, er bod pawb yn bwriadu gwneud, ac yntau'n gwybod hynny, a phawb yn gwybod ei fod am y swydd. Etholwyd ef yn unfrydol. Yn anffodus bu anghydfod o'r cychwyn rhyngddo ef ac Ernest Roberts a oedd, o hyd, yn Gyd-Ysgrifennydd y Llys, a diflannodd y cysylltiad agos a fu rhwng y Bwrdd a'r Cyngor ers blynyddoedd.

　Prin yr oedd Cynan yn ei fedd cyn bod rhai o aelodau'r Bwrdd am newid pethau: newid emyn y Coffâd am y Gorseddogion ymadawedig; newid atganiad y Corn Gwlad; newid y Ddawns Flodau ar y llwyfan a chyflwyniad y Goron i'r Archdderwydd; newid y nodiadau eglurhaol yn rhaglen flynyddol y Cyhoeddi; cael gwared o'r ysgub hyfryd o ŷd a blodau'r maes ac yn ei lle gael trefniant o flodau wedi'u gosod ar ryw fath o badell a'i galw'n Flodeuged, enw gwneud rhag ofn y byddai rhywrai'n camddehongli'r hen enw, Aberthged.

Yr oedd Cynan wedi bod yn Gyd-Ysgrifennydd yr Eisteddfod ers 1937, pan unodd Cymdeithas yr Eisteddfod a Gorsedd y Beirdd i ffurfio Llys yr Eisteddfod. Cydweithiodd yn hapus iawn gyda D R Hughes, ac yna gydag Ernest Roberts.

Mewn cyfarfod o Gyngor yr Eisteddfod a gynhaliwyd yn Hwlffordd ar 13 Mawrth 1971 penderfynwyd, ar gais y Bwrdd, fod y Cyngor yn cymeradwyo'r egwyddor o gydnabod y Cofiadur fel swyddog o'r Llys a'r Cyngor a gofynnwyd i gyfreithwyr y Llys, ynghyd â'r Archdderwydd Tilsli a'r Cofiadur Gwyndaf, drafod yr oblygiadau, ond cyflwynodd Syr David Hughes-Parry femorandwm ar ei ran ei hun a'i gyd-gyfreithwyr, heb ymgynghori â'r Archdderwydd a'r Cofiadur, yn gofyn i'r Bwrdd ailystyried y cais. Gwrthododd y Bwrdd y memorandwm a galwodd ar y Cyngor a'r Llys i newid y Cyfansoddiad ac i enwebu'r Cofiadur fel Cyd-Ysgrifennydd y Llys. Yna, aeth yr Archdderwydd a'r Cofiadur i weld R T D Williams, yr oedd y Cyngor wedi'i enwebu i fod yn Ysgrifennydd y Llys yn lle Ernest, a oedd wedi ymddeol, ond roedd yn amlwg nad oedd ef yn barod i dderbyn Cyd-Ysgrifennydd. Erbyn mis Mai 1972 yr oedd y Cyngor wedi cytuno i newid y Cyfansoddiad fel y byddai'r Cofiadur yn Swyddog o'r Llys.

V

Dewiswyd Tilsli a minnau i fynd i Orsedd Cernyw yn 1971. Yr oedd ef a Gwyndaf yno hefyd i gynrychioli'r Orsedd yn y cyd-gyfarfod â Gorsedd Llydaw, a oedd yn achosi cymaint o ofid o hyd. Cyfarfu'r Orsedd mewn cylch o feini Oes y Pres a adnabyddid fel *The Merry Maidens* a hwn oedd y tro cyntaf erioed i'r Archdderwydd a Derwydd Mawr Llydaw a Bardd Mawr Cernyw fod gyda'i gilydd mewn Gorsedd yng Nghernyw. Yr oedd y penaethiaid eisoes wedi cyfarfod y diwrnod cynt yng nghartref Trevanyon, Bardd Mawr Cernyw, ym Mae Caerlyon, ac wedi gwneud cytundeb ynghylch statws y tair Gorsedd a phwysleisio'r rheidrwydd i warchod rhag ymyrraeth elfennau a phersonau estron ac ang-Ngheltaidd. Ar ôl ymwisgo mewn ysgol ger Penzance, dygwyd ni mewn pump o fysiau i'r Cylch. Yn lle Maen Llog yr oedd llwyfan ar un ochr i'r Cylch, a rhai byrnau o wellt, a gwelais fwy nag un yn syrthio i lawr trwy'r holltau rhwng y byrnau. Cawsom wahoddiad i de, gyda phasteion Cernyw a theisennau saffrwm, ac yna i gyngerdd lle'r oedd dau barti lleol a Thelynores Tawe, a gafodd dderbyniad cynnes, yn cymryd rhan.

Cedwid gwisgoedd a regalia Gorsedd y Beirdd yn yr Amgueddfa Genedlaethol, a rhoddid lle amlwg i'r regalia yn neuadd fawr yr Amgueddfa ond, yn 1971, cafodd y Bwrdd wybod nad oedd lle yno rhagor, a chynigiwyd lle i'w cadw yn yr Amgueddfa Werin yn Sain Ffagan.

Cyrhaeddodd Joyce a minnau Fangor, ar gyfer yr Eisteddfod, o Nottingham, lle'r oeddwn wedi bod mewn cyfarfod, ar y prynhawn Sul, a chawsom gyfle i weld Castell Penrhyn, yr oeddem wedi cael ei gynnig i fyw ynddo a gofalu amdano gan yr Ymddiriedolaeth Genedlaethol yn fuan ar ôl y rhyfel.

Ni chefais un sicrwydd ynghylch y tywydd gan RAF Valley pan ffoniais hwy am chwech o'r gloch fore dydd Llun, mwy na dweud mai cawodog a fyddai, ond pan welais y gwenoliaid duon yn hedfan yn uchel, penderfynais gymryd siawns. Fe'm synnwyd, wrth arwain yr Orymdaith trwy Fangor, o weld y strydoedd yn weigion, a sylwais nad oedd yr un faner yn unman ac eithrio un yn hysbysu *Anglesey County Show* ar draws un o'r heolydd. Ni chefais y cydweithrediad arferol gan yr heddlu chwaith, a chwynais wrth Arolygydd heb fawr o lwyddiant hyd nes i mi gael gair â Phrif Arolygydd, a ymddiheurodd gan drefnu cydweithrediad parod. Teimlad anghysurus oedd sefyll yn y Cylch a gweld heulwen dros Fenai ond cymylau duon yn corddi dros yr Wyddfa ac yn anelu amdanom.

Pan euthum yn ôl i Westy'r Castell, lle'r oeddem yn aros, ar ôl y seremoni, cyfarfûm â Vincent Kane a oedd yn ymddiheuro am ei fod wedi dweud ar yr awyr fod y newyddion wedi cael eu darllen, awr ynghynt, gan Dillwyn Miles, yn lle Dillwyn Owen, ac yr oedd Hywel Gwynfryn yno hefyd yn gofyn a wnawn dderbyn gwahoddiad i frecwast priodas y baledwr Meic Stephens a oedd wedi priodi'r bore hwnnw, ond dywedais na fedrwn oherwydd galwadau eraill.

Hedfan o Gaerdydd a wnaeth Steffan a minnau i fynd i'r *Oireachtas* yn Nulyn yn 1971. Agorwyd yr ŵyl mewn modd urddasol ym mhencadlys y Royal Dublin Society, a holais sut y llwyddodd y gymdeithas honno i gadw'r teitl 'Brenhinol' mewn gweriniaeth oedd mor elyniaethus tuag at Brydain, ond ni chefais ateb, namyn fod yna leoedd eraill, fel y Royal Irish Academy, wedi gwneud yr un fath. Yr oedd darluniau a phortreadau'n hongian ar y muriau fel a welir ym Mhalas Buckingham, ond yr oedd cynifer o offeiriadon Catholig a mynachod yno fel y gellid meddwl ein bod mewn rhyw fynachdy crand. Saif yr adeilad yn Ballsbridge, a gyfieithir yn amharchus i'r Lladin fel *Pons Testiculorum*.

Yr oeddwn i'n aros yng Ngwesty Jury's a phan gyrhaeddais yn ôl yn hwyr un noswaith, wedi bod mewn cyngerdd a mwy nag un *ceilidh,* cyfarfûm â gŵr yn cerdded yn y coridor ar y llofft a chanfod mai Vincent Kane, o'r BBC yng Nghaerdydd ydoedd. Yr oedd wedi cael ei roi mewn ystafell â gwely dŵr ac yr oedd yn methu cysgu ar y fath wely. Achubais ar y cyfle, tra oeddwn yn Nulyn, i weld y ffilm newydd *Ryan's Daughter* oedd wedi'i ffilmio i raddau helaeth yng ngorllewin Iwerddon, yn ardal Dunquin.

Ar ôl i mi arwain Morgan Mathias o Sydney, arweinydd y Cymry ar Wasgar, i'r llwyfan ym Mangor, gyda'r dyrfa yn canu 'Unwaith eto yng Nghymru annwyl' nes bod y dagrau'n disgyn fel y glaw, euthum i eistedd y tu ôl iddo. Tra oedd y Llywydd, Syr David Hughes-Parry, yn annerch y gynulleidfa, daeth bachgen bach ymlaen o'r tu ôl i mi, a mynd yn syth at Syr David gan hongian wrth ei goes. Gwelais mai Siapanead oedd, neu hanner Siap a hanner Cymro, gan fod ei dad yn frodor o Siapan a'i fam yn Gymraes oedd weithiau'n darlledu o Tokyo. Taro Nagashimi oedd ei enw, fel y deellais, ac ni wyddai Syr David beth i'w wneud ag ef, yn enwedig pan dynnodd y plentyn ei sandalau a cheisio'u hestyn i fyny i ddwylo'r hen ŵr. Yr oedd y gynulleidfa mewn perlewyg gan ddiniweidrwydd yr un bach a chwithedd amlwg y marchog, ac yr oedd yn foment na fedr neb a oedd yno ei hanghofio.

Digwyddodd Cyhoeddi Eisteddfod Rhuthun rhwng perarogl rhosynnau a sgrechfeydd peunod ar lawnt Castell Rhuthun, ac yno y gorseddwyd Brinli yn Archdderwydd.

Yr oeddwn yn Sioe Sir Benfro, ar faes awyr Hwlffordd, rai dyddiau ar ôl Eisteddfod Aberafan, ac yn siarad â rhai o ffermwyr cefnog gwaelod y sir, pan ofynnodd un ohonynt i mi: 'Pam na ddowch chi â'r Eisteddfod fan hyn? Byddai'n lle bendigedig i'w chynnal hi.' Fe'm synnwyd gymaint o glywed gŵr di-Gymraeg o ardal mor Seisnigaidd yn dweud geiriau o'r fath nes i mi feddwl o ddifrif am y peth. Cofiais mai'r Cyfarwyddwr Addysg, D T Jones, oedd un o'r rhai oedd yn gyfrifol am gael yr Eisteddfod i Abergwaun yn 1936 ac euthum i weld ei olynydd, ond nid oedd ef yn teimlo y byddai digon o groeso i'r Brifwyl i ddod yma, a dyna oedd teimlad eraill y bûm yn siarad â hwy. Ond cyn pen dwy flynedd dechreuwyd siarad am ei chael, a gwnaethpwyd cais yn 1968, ond fe'i gwrthodwyd a dewis mynd i Rydaman. Yn yr Eisteddfod honno ceisiwyd eto, a llwyddo i gael yr Eisteddfod i ddod i Hwlffordd yn 1972.

Yr oedd hi'n dipyn o fenter i wahodd yr Ŵyl i *Anglia Transwallia*, fel y galwodd William Camden y rhan isaf o'r sir, a cheisio'i chynnal mewn man lle nad oedd draddodiad Cymreig, heb sôn am Gymraeg. Pan ddaeth yn amser i ethol pwyllgorau, cafwyd parodrwydd o bob cyfeiriad, ond yr oedd y rhan fwyaf yn bobl heb Gymraeg, ac mewn Saesneg y bu'r drafodaeth yn y rhan fwyaf o'r pwyllgorau. Gofynnwyd i Joyce fod yn Ysgrifennydd y Pwyllgor Lletty, a llwyddodd i gael gafael yn y swyddfa yr oedd yr Aelod Seneddol, Desmond Donnelly, newydd ei gwacáu, ar gyfer y Trefnydd. Cafodd ganiatâd hefyd gan Gynghorau Tref a Dosbarth Hwlffordd i denantiaid eu tai cyngor gynnig llety i Eisteddfodwyr.

Cafodd hyrwyddwyr yr Eisteddfod yn Hwlffordd syndod wrth weld fod yr Orymdaith Sifil ar ddiwrnod y Cyhoeddi yn un o'r mwyaf a welwyd ers blynyddoedd, ac yr oedd Gorymdaith yr Orsedd gystal ag arfer o ran nifer. Teimlwn braidd yn hunanymwybodol wrth ei harwain trwy dref y bûm yn Faer ac yn Siryf arni, a lle'r oedd bron pawb yn f'adnabod ac yn ceisio fy nghyfarch.

Gofynnwyd i mi fod yn gadeirydd Pwyllgor yr Orsedd yn Hwlffordd a chefais brofiad o'r problemau y mae pobl leol yn gorfod ymgodymu â hwy. Dibynnwn yn helaeth ar gymorth Syrfëwr y Cyngor Dosbarth, A J Davies, gŵr o Gernyw yn enedigol ac un oedd ar brydiau'n dueddol o fod yn ddireidus. Buom ein dau'n troedio moelydd Preseli yn chwilio am feini cyfaddas ar gyfer codi Cylch, a phan ddywedais wrtho fy mod wedi mynd yn brin o gopïau o gynllun y Cylch, gwnaeth rai i mi, a chan nad oedd pawb yn deall Cymraeg, rhoddodd enwau'r meini mewn Cymraeg, Saesneg a Lladin: Maen Porth / Gate Stone / *Lapis accessus*; Maen Llog / Logan Stone / *Adytum;* Maen Cyfamod / Covenant Stone / *Lapis pactionis,* a lle'r oedd sedd y Delynores gosododd *Sedes citharistanum*.

Coron Eisteddfod Hwlffordd oedd y fwyaf drudfawr erioed, wedi'i hyswirio am £1,000, a hi oedd yr harddaf a welodd neb. Cangen Sir Benfro o Undeb Ffermwyr Cymru a'i rhoes, a'm brawd, Herbert Miles, a gafodd afael yn ei gwneuthurwraig, Jocelyn Burton, yr oedd ei mam, fel y digwyddai, yn gyd-fyfyrwraig â chyfeilles agos i mi yn Aberystwyth. Erbyn heddiw y mae hi wedi dylunio a gwneud gwaith gofaint-arian ar gyfer teuluoedd brenhinol y wlad hon a gwledydd y Dwyrain Canol, a phleser oedd i mi gael mynd i'w stiwdio yn Llundain i weld y dyluniant terfynol o'r Goron. Dafydd Rowlands, a oedd eisoes wedi cipio Coron hardd y Fflint, a'i henillodd; ac ef hefyd a enillodd y Fedal Ryddiaith, gan fod y cyntaf i fod yn Brifardd a Phrif Lenor yr un Eisteddfod.

Cytunwyd i weithredu'r ddefod o uno'r hanner-cleddyfau am y tro olaf yn Hwlffordd, ond ym Machynlleth yn 1981 hysbysodd yr Archdderwydd Jâms Nicolas ei fod yn bwriadu cynnal y seremoni a gwnaethpwyd hynny am y tro cyntaf ers deunaw mlynedd!

Trwy ddylanwad Syr Alun Talfan Davies creodd Cwmni Alcoa, Gorseinon, wialenni o alwminiwm wedi'u lliwio'n wyrdd a glas a gwyn a phorffor ar gyfer y Disteiniaid a Swyddogion y Llys, a dyluniais ddarn pedrongl yn dwyn y Nod Cyfrin ar bob ochr iddo i'w osod ar ben pob gwialen. Trosglwyddwyd y gwialenni gan lywodraethwr y cwmni, Anthony Windeler, i'r Archdderwydd Brinli yn ystod Eisteddfod Hwlffordd.

Teimlodd Euros bod angen diwygio'r drefn yn seremoni urddo'r Archdderwydd ac apwyntiwyd panel i wneud y newidiadau angenrheidiol. Erbyn Eisteddfod Caerfyrddin yr oedd gan yr Orsedd, am y tro cyntaf, fil o aelodau.

Ar awgrym a wnaed gan y Cofiadur Gwyndaf, cytunodd y Bwrdd i sefydlu cronfa o fil o filoedd o bunnoedd, a defnyddio'r llog i hyrwyddo'r Eisteddfod yn flynyddol, ble bynnag y byddai. Bu dadlau ynglŷn ag egwyddor gweinyddiad y Gronfa gyda'r Archdderwydd Brinli, a oedd hefyd yn Gyfreithiwr yr Orsedd, yn anghytuno â'r Cofiadur. Cofrestrwyd y Gronfa yn elusen yn enw'r Orsedd a'r Eisteddfod a chytunwyd bod y Cofiadur ac un arall i gael mynd i America ar ran y Gronfa. Condemniwyd *Y Faner* am gyhoeddi llythyr dienw yn ceisio dirmygu'r Cofiadur a thanseilio credinedd y Gronfa.

Yr oedd hi wedi glawio trwy'r dydd y diwrnod cyn Cyhoeddi Eisteddfod Sir Benfro yn Hwlffordd, ac nid oedd yr argoelion yn dda yn ôl y gorsafoedd tywydd ym Mreudeth ac Aberporth. Gyda llawenydd, felly, y gwelais yr haul yn tywynnu arnom fore trannoeth. Synnwyd pawb gan hyd yr orymdaith sifil, a barnwyd bod mwy o blant nag erioed o'r blaen yn cymryd rhan ynddi, ac yr oedd Gorymdaith yr Orsedd cystal ag arfer.

Rai dyddiau cyn yr Eisteddfod cawsom fod fandaliaid wedi llygru meini'r Cylch â phaent du a melyn, ond calonogol oedd cael Yorrie Evans, arweinydd clwb pobl ifainc y dref, yn dod ataf a chynnig eu glanhau. Cawsant lawer o drafferth i wneud hyn ond yr oedd meini glân gennym erbyn yr Eisteddfod.

Y peth a'n gofidiodd yn fwy oedd ymddygiad rhai o'r Eisteddfodwyr, neu'r canlynwyr, ifainc. Ar y nos Sul cyn i'r Eisteddfod agor, gwelwyd mwy o feddwdod ac anwareidd-dra nag erioed o'r blaen yn nhref Hwlffordd, ac ar hyd yr wythnos gwelwyd gwŷr ifainc yn gorwedd yn gelanedd ar y palmentydd ac yn chwydu dros y strydoedd, ac yn trin y brodorion, lawer ohonynt a fu'n cynorthwyo gyda'r paratoadau ar gyfer yr Eisteddfod, yn y modd mwyaf gwarthus. Ceisiais liniaru ar yr adroddiadau disgrifiadol yn y papurau lleol trwy ysgrifennu llythyron yn ceryddu'r golygyddion am fethu rhoi eu iawn le i'r llwyddiannau llenyddol a cherddorol, ond rhoisant eu hateb mewn colofnau o feirniadaeth ar yr areithiau o'r llwyfan a methiant awdurdodau'r Eisteddfod o ran disgyblu'r drwgweithredwyr neu ynteu gondemnio'u gweithredoedd.

Yr oeddwn yn aros yng Nghastell Rhuthun dros wythnos yr Eisteddfod yno, yn yr ystafell wyth-ongl yr arferwn aros ynddi, uwchben yr ystafell oedd yn llyfrgell yn amser Cornwallis-West ond sy'n far erbyn hyn, a lle cawn fy nihuno gyda'r wawr gan sgrech paun a ddôi o ffenestri'r tŵr uwch fy mhen fel petai'n fwriad boreol ganddo. Ymunais yn y gwledda canoloesol, lle byddid yn apwyntio 'Barwn' a 'Barwnes', rhyw Americanwyr gan amlaf, bob nos, ac un noswaith cynigiais enwau Rolant Hughes, mab y Senor Hywel Hughes, o Bogota, a'i wraig.

Gwelais wyneb newydd pan euthum i gyrchu Bardd y Goron: bachgen ifanc o'r enw Alan Lloyd Roberts. Gwelais yr un wyneb wrth gyrchu Bardd y Gadair brynhawn dydd Iau, a sylweddolais fod rhywun wedi cyflawni camp nas gwnaed ers trigain mlynedd, pan enillodd Thomas Henry Parry-Williams y Goron a'r Gadair yn Eisteddfod Wrecsam. Daeth y gŵr ifanc yn adnabyddus fel Alan Llwyd, a dilynodd gamp Syr Thomas trwy ennill y ddwy wobr eto, ymhen tair blynedd, yn Aberteifi.

Pleser i mi oedd cael arwain T Elwyn Griffiths i'r llwyfan fel Arweinydd y Cymry ar Wasgar. Daeth ef i'm gweld yn Jeriwsalem pan oedd yn bwriadu cyhoeddi *Seren y Dwyrain* yn fisolyn ar gyfer y Cymry yn y Dwyrain Canol a gofyn i mi fod y gohebydd o Gaersalem, ac efe yn fwy na neb a fu'n gyfrifol am fudiad y Cymry ar Wasgar ac am gadw cysylltiad rhwng Cymry ar draws y byd am chwarter canrif.

Pan ddaeth sôn y byddai'r Eisteddfod yn dod i Gaerfyrddin awgrymais wrth Ken Kaminski, perchennog Gwesty'r *Ivy Bush*, y dylai osod cylchigau bychain euraid ar un o'r ffenestri i arwyddo mai yno y cynhaliwyd yr Orsedd gyntaf yn sgil yr Eisteddfod yn 1819. Beth amser wedyn cefais alwad ffôn gan John Petts yn holi ynghylch arwyddion a symbolau'r Orsedd, ond heb ddweud at ba bwrpas, ac anfonais gopi o hen raglen y Cyhoeddi ato. Yna, pan euthum i'r Ivy Bush un diwrnod, gwelais ffenestr gyfan yn llawn lliwiau ac arni wahanol symbolau'r Orsedd, er ei bod yn cynnwys yr Aberthged yn lle'r Flodeuged, oherwydd copïo o hen raglen. 'Rwyt ti wedi costio £2,000 i mi,' meddai Kaminski'n chwareus. Gwahoddodd yr Arglwydd Chalfont i ddadorchuddio'r ffenestr yn ystod yr Eisteddfod ac, yn nes ymlaen, gofynnodd i minnau 'agor' Cylch o feini yr oedd wedi ei osod yn yr ardd o dan y ffenestr. Gofynnais iddo sut y gallai neb 'agor' Cylch, ond dywedais y ceisiwn wneud ond i mi gael yr Archdderwydd Brinli a Nora Isaac yno i'm cynorthwyo, a threfnwyd seremoni urddasol ar gyfer yr achlysur.

Teimlad hynod oedd trosglwyddo Coron Bardd Caerfyrddin i'r Archdderwydd gan wybod mai un ffug oedd hi. Yr oedd y goron arian yn rhy drom i'w gosod ar ben y Bardd Buddugol ac felly gwnaethpwyd replica o aloi ysgafn i'w rhoi ar ben Ap Llysor am ei bryddest 'Tân'. Ni dderbyniodd Bardd y Gadair uwch anrhydedd na Moses Glyn Jones pan gyrchwyd ef gan Arglwydd Farnwr a Marchog y Gardys, yr Arglwydd Edmund Davies a Syr Cennydd Traherne.

Wrth giniawa gyda'm cyfaill Wynford Vaughan-Thomas a Neil Sheridan, gor-ŵyr i'r dramodydd, cefais wrando ar ddau feistr am y gorau yn adrodd storïau am lenorion Iwerddon. Soniodd Sheridan am y modd y dygwyd lludw George Moore, a fu farw yn Llundain yn 1933, yn ôl i'w wlad. Methodd pob ymdrech i'w gael trwy'r tollfeydd, hyd nes i rywun gael y syniad o'u mewnforio fel *fertilizer*. Yna aeth ei gyfeillion i'w gwasgaru ar Lough Carra, yn agos i'r man lle'i ganed, ar ôl yfed braidd yn drwm. Rhwyfwyd y cwch allan i ganol y llyn er mwyn cael taflu'r gweddillion dros wyneb y dŵr, ond daeth cwthwm o wynt a chwythu'r cyfan dros wynebau'r cyfeillion! Coronodd Wynford y stori hon gyda'r hanes am farw Yeats yn Roquebrune yn neheudir Ffrainc yn 1939 a'i gladdu yn y gladdfa leol. Yn ystod y rhyfel, claddwyd llawer o gyrff yn y gladdfa ac yr oedd John Ormond, pan oedd yn gweithio dros *Picture Post*, wedi darganfod nad corff Yeats a ddygwyd yn ôl i Iwerddon yn 1948 ond gweddillion milwr o Sais, a oedd â'i frawd o hyd yn byw yn swydd Hertford!

Yn fy adroddiad blynyddol yn 1975 tynnais sylw at y ffaith mai cyfran gymharol fechan o'r aelodau oedd yn mynychu'r seremonïau. Allan o fil o aelodau dim ond 130 oedd yn bresennol yn y Cyhoeddi yng Nghricieth, a 184 oedd yn y Coroni yng Nghaerfyrddin a 221 yn y Cadeirio. Yr oeddid wedi derbyn fy argymhelliad i gael gwared o'r gwisgoedd neilon, a fu mor ddefnyddiol pan oedd defnydd cotwm yn brin, ac yr oedd yn aros 121 o wisgoedd Gwyrdd, 69 Glas a 107 Gwyn, yn gwneud cyfanswm o 297. Ar ôl symud y gwisgoedd o selerau'r Amgueddfa Genedlaethol i'r Amgueddfa Werin yn Sain Ffagan, cytunwyd i arddangos rhan o'r regalia yno. Deallwyd bod yr arian a adawodd

Syr Henry Morris Jones i'w fuddsoddi a'i neilltuo yn gronfa i amcanion arbennig yr Orsedd, i'w hadnabod fel *Cronfa Deyrnged Cynan*.

Aeth Ab Eos a minnau a'n gwragedd i Orsedd Llydaw yn Gwengamp (Guingamp), lle dadorchuddiwyd cofeb i goffáu cynnal yr Orsedd unedig gyntaf yn 1900. Ychydig mwy na dwsin o Orseddogion Llydaw oedd yn y seremoni a gynhaliwyd ar lawnt yr hen gastell, Chateau de Salle, a phan euthum i sefyll wrth y Maen Cyfamod, gwelais Joyce yn gwneud ystumiau arnaf ac fe gymerodd beth amser i mi ddeall ei bod yn fy rhybuddio i beidio rhoi fy mhwysau arno gan mai 'maen' *papier mâché* oedd y 'maen'! Yr oedd awyrgylch anghysurus o gylch y bwrdd ar ôl y seremoni, mewn cinio y gwahoddwyd ni iddo ond y bu'n rhaid i ni dalu amdano, gan fod yno elfennau o'r ddwy garfan elyniaethus, rhai wedi cefnogi Petain yn ystod y rhyfel ac eraill wedi bod yn deyrngar, a chan fod Joyce yn rhugl yn yr iaith, medrai ganlyn yr holl drafodaeth.

Yr oedd hi ym meddwl Cynan i wahodd Tywysog Cymru i fod yn aelod o'r Orsedd, ond bu farw cyn iddo gael cyfle i ddwyn ei enw ymlaen. Awgrymais wrth y Bwrdd droeon y dylasem feddwl am y peth, ond fe'i gohiriwyd dro ar ôl tro am ryw reswm neu'i gilydd, ac yn y diwedd cyfaddefodd Gwyndaf mai ofn y byddai gwrthwynebwyr yn adweithio'n derfysglyd oedd arno ef. Dywedais na ddylai'r Bwrdd, na'r Orsedd, gael eu rheoli gan deimladau lleiafrif o bobl y tu allan iddynt, a gwneuthum ymdrech i'w dderbyn yn Hwlffordd yn 1972. Yr oedd ef newydd fod yno, ar fy ngwahoddiad fel aelod o Bwyllgor y Tywysog, ac yr oeddwn wedi cael ar ddeall, wrth siarad gydag ef am weithgareddau'r Eisteddfod yn gyffredinol, y byddai'n falch o gael canlyn ei fam fel aelod o'r Orsedd. Cynigiais ein bod yn ei dderbyn adeg yr wythcanmlwyddiant yn Aberteifi, ond mynnodd Gwyndaf y byddai'n ddoethach i wneud hynny yng Nghaerdydd.

Cawsom ddadl hir ar y mater yng nghyfarfod y Bwrdd yng Ngholeg Aston yn Wrecsam ar 3 Gorffennaf 1976, a cheisiwyd ei ohirio eto ond mynnais i'r mater gael mynd i bleidlais a phleidleisiodd saith o blaid a naw yn erbyn ei dderbyn. Gan nad oeddwn yn teimlo fod hyn yn adlewyrchu dymuniad yr aelodaeth, dywedais y byddwn yn codi'r mater yn y Cyfarfod Blynyddol, ond achosodd hyn beth cyffro yn y Bwrdd a chytunwyd i gael trafodaeth bellach yn y cyfarfod nesaf. Yn y cyfarfod hwnnw, ar 2 Awst, yn Aberteifi, aeth pethau mor wael rhwng Gwyndaf a Brinli, yr Archdderwydd a Chyfreithiwr Mygedol yr Orsedd, ar fater arall, fel na chafwyd cyfle i drin gwahodd y Tywysog a chododd nesaf yn y cyfarfod yn y Drenewydd ar 17 a 18 Medi. Cafwyd dadl fywiog yno, ond gohirio a wnaed unwaith eto. Rhoddais rybudd swyddogol y byddwn yn codi'r cwestiwn yn y Cyfarfod Blynyddol yn Wrecsam.

Nid oes un cyfeiriad at y trafodaethau hyn yng nghofnodion y Bwrdd, ond yn y cyfarfod nesaf a gynhaliwyd yn y Drenewydd ar 14 Mai 1977, gyda'r Cyn-Archdderwydd Tilsli yn y gadair yn absenoldeb Brinli, cofnodir, heb sôn am unrhyw drafodaeth, y 'cytunwyd yn unfrydol i wahodd Tywysog Cymru i dderbyn Urdd Ofydd ar ddydd Mawrth neu ddydd Iau yng ngweithrediadau'r Orsedd yn Eisteddfod Caerdydd 1978'. Nid oes gyfeiriad pellach at y mater yn y cofnodion, ond ymddangosodd erthygl yn y *Western Mail* yn dweud fod rhwyg yn yr Orsedd yn ei gylch. Yr oedd llythyr wedi mynd i Balas Buckingham, er nad oedd Gwyndaf yn barod i gydnabod hynny, ond gallai'r Pwyllgor Urddau ei wrthod, yn ôl y papur. Yr oedd y sefyllfa wedi'i hachub, trwy drugaredd, gan Gyngor Dinas Caerdydd a oedd wedi anfon gwahoddiad i'r Tywysog, ac i'r Frenhines, ddod i'r Eisteddfod, ac yr oedd ateb wedi cyrraedd yn dweud na fedrent dderbyn y gwahoddiad gan y byddent yn Balmoral ym mis Awst.

Achos y 'drafodaeth danbaid' ar 2 Awst, fel y disgrifiwyd hi yn y cofnodion (ond yn y cyfarfod nesaf, ar 17 a 18 Medi, newidiwyd y gair 'danbaid' i 'frwd'), oedd cais a wnaed y diwrnod hwnnw gan Gadeirydd Pwyllgor Cyllid yr Eisteddfod am fenthyg Cronfa'r Mil o Filoedd yn gyfan gwbl, yn ddi-log, i'w ddefnyddio ar gyfer pwrcasu Pafiliwn newydd i'r Eisteddfod. Aeth y ddadl rhwng Gwyndaf a Brinli mor 'frwd' nes i Gwyndaf gerdded allan, ac i'r Archdderwydd Bryn droi i weddi.

Enillwyd y Goron yn Eisteddfod Aberteifi, a roddwyd gan Gwmni Slimma, gan Alan Llwyd ac argoeliai fod Dic Jones yn gwybod, neu yn tybio, y gallai gorchest Rhuthun gael ei hailadrodd, pan ysgrifennodd:

    P'nawn Iau, pwy ŵyr na wna
    'Gran' Slam' ar Goron Slimma.

Erbyn dydd Iau yr oeddid yn gwybod mai Dic ei hunan oedd enillydd y Gadair, ond gan ei fod yn aelod o Bwyllgor Llên Lleol yr

Eisteddfod, fe'i difreiniwyd a rhoi'r wobr i'r ail-orau, a oedd yn ôl y beirniaid, yn wir deilwng o'r Gadair. Yr ail oedd Alan Llwyd, ond gwrthododd ef dderbyn y Gadair o dan yr amgylchiadau, ac ni wyddai neb beth i'w wneud. Buom yn trio pob ffordd i'w gael i newid ei feddwl ond, a hithau'n hanner awr wedi un, ni lwyddasom. Yn y diwedd, er hynny, cafwyd ganddo gytuno, eithr pan euthum i'w gyrchu yr oedd dagrau ar ei ruddiau ac ofnwn y byddai'n cerdded oddi ar y llwyfan, neu wneud rhyw brotest, cyn diwedd y seremoni, ond ni wnaeth, a llwyddodd i gyrraedd cydraddoldeb â Syr Thomas Parry-Williams trwy ennill y ddwy wobr fawr ddwy waith.

Ymhlith yr aelodau newydd a dderbyniodd yr Archdderwydd Bryn yn Aberteifi oedd Gareth Edwards y cyfarchodd ef fel 'dewin y bêl gron', er difyrrwch y dyrfa. Derbyniodd hefyd fy nghefnder, Esgob Abertawe ac Aberhonddu, ynghyd â'r Tad Diarmuid Ó Laoghaire o Iwerddon, ac yn bennaf oll, yr Athrawon Cymraeg yn y pedwar coleg: Dr D Ellis Evans, Abertawe; Dr D Simon Evans, Llanbedr Pont Steffan; Dr R Geraint Gruffydd, Aberystwyth, a Bedwyr Lewis Jones, Bangor. Ni fedrai Iolo fod wedi cael gwell anrheg ar ben-blwydd ei farwolaeth gant a hanner o flynyddoedd yn ôl; yr oeddem wedi anghofio amdani ym mwrlwm yr wythcanmlwyddiant. Troais uned ffilm allan o'r Ystafelloedd Gwisgo heb wybod bod y ferch yng ngofal yr uned, Revel Guest, yn or-wyres i Lady Charlotte.

Hysbysodd yr Archdderwydd Bryn y byddid yn cyhoeddi dau stamp, un yn dangos llun yr Archdderwydd a'r llall ynglŷn â'r Eisteddfod a'r Orsedd yn ystod 1976, i ddathlu'r wythcanmlwyddiant.

Cefais wahoddiad i ginio gan yr Ysgrifennydd Gwladol, John Morris, ar y nos Fercher yng Ngwesty'r Cliff yng Ngwbert, gwesty yr oeddwn wedi ei neilltuo ar gyfer fy nghyfeillion. Eog Afon Teifi oedd ar y fwydlen ond mynnai Ednyfed Hudson Davies, Aelod Seneddol Caerffili, fod yr eogiaid a ddaliai ef ar ystâd ei dad-yng-nghyfraith ar afon Test a gwell blas arnynt a threfnodd i rai gael eu hanfon fel y gallai ein gwahodd ni i'w profi adeg cinio ganol dydd ar y dydd Gwener.

Ar ôl y cinio, euthum yn ôl i'r Maes gyda Lady Amy, a oedd i gyflwyno Medal Syr Thomas Parry-Williams am y tro cyntaf y prynhawn hwnnw yn ystod seremoni croesawu'r Cymry ar Wasgar. Yr oedd y Disteiniaid wedi didoli'r gwledydd a'u gosod, fel arfer, mewn rhengoedd yn ôl yr wyddor ar gyfer eu harwain i lwyfan y pafiliwn. Euthum i weld fod popeth yn iawn, ac wrth fynd heibio daliodd fy llygad ar y gair 'Syria' ar fathodyn bachgen ifanc yn yr orymdaith, ynghyd â'r enw 'Hassan Teleffe'. Teimlais ar unwaith fod rhywbeth o'i le ac euthum i archwilio'r gofrestr a gwelais ei fod wedi torri ei enw felly a honni ei fod o 'Una Thor', lle nad oeddwn wedi clywed erioed amdano yn ystod yr amser yr oeddwn yn byw yn y wlad honno. Euthum ato a'i gyfarch yn Gymraeg, ond nid atebodd, ac nid atebodd ychwaith pan gyferchais ef yn Saesneg. Gofynnais iddo mewn Arabeg a oedd yn siarad Cymraeg neu Saesneg, ond ni wnaeth ond syllu arnaf. Cofiais wedyn mai Ffrangeg oedd ail iaith Syria, ond ni chefais air o ateb eto. Erbyn hyn yr oedd wedi cyrraedd y llwyfan ac wedi ei osod, ar gais arbennig i'r Disteiniaid, yn y rhes flaen. Anfonais am yr Heddlu, gan aros wrth ymyl y bachgen rhag iddo geisio dianc, a daeth yr Arolygydd Delme Evans a'r Prif-Arolygydd Vivian Fisher heb oedi a'i ddwyn allan a'i holi. Cyfaddefodd mai Emyr Lloyd Evans oedd ei enw a'i fod o Wyddfor, Pencaenewydd, Chwilog, a'i fod wedi ei osod yno gan John Roberts Williams a Robin Williams a oedd yn paratoi darlledu'r seremoni ar ran y BBC, ond ni wyddai pam y'i gosodwyd yno. Cafodd Fisher afael yn y ddau Williams a'u gosod dan glo mewn carafán yn perthyn i'r Heddlu a'u cadw yno hyd ddiwedd y seremoni. Gwnaethant esgus mai dim ond jôc oedd y cyfan, ond dywedodd Fisher wrthynt nad dyna oedd peth o'r fath pan oedd yr Arabiaid mor barod gyda'u bomiau, fel yr oeddynt ar y pryd, a rhoddodd iddynt gystwyad i'w chofio. Cafodd Owen Edwards, rheolwr y BBC yng Nghymru, ei alw o flaen yr Heddlu ac awdurdodau'r Eisteddfod ond mynnodd ef nad oedd yna gysylltiad swyddogol rhwng y digwyddiad a'r BBC.

Fore trannoeth daeth John Roberts Williams ataf i ymddiheuro yn ddiamod, ond ni wnaeth Robin Williams hynny, ac ni chawsom esboniad gan neb beth oedd bwriad y stranc. Tybed beth fyddai wedi digwydd pe baent heb gael eu dal yn y weithred?

VI

Yr Archdderwydd Bryn a minnau a ddewiswyd i fynd i'r *Oireachtas* yn Donegal yn 1977, ac euthum i'w gyrchu o Camwy, ei dŷ yn Llanbadarn Fawr, ar brynhawn dydd Iau, 27 Hydref, a'i ddwyn yn gyntaf i Gaernarfon i alw ar y Cyn-Archdderwydd Wiliam Morus. Gelwais hefyd yn y Royal i neilltuo lle ar gyfer yr Eisteddfod yn 1979 ac yno cafodd Bryn flas ar lasiad o *lager* a mynnu o hynny allan ei fod yn gwneud lles iddo. Yr oedd yr Arglwydd Cledwyn wedi ein cyfarwyddo i gael cinio yn yr Anchorage, ger Caergybi, ac yr oedd ei asiant wedi trefnu fod bwrdd ar ein cyfer fel y gallem fwyta gyda'r olaf, gan na fedrem fynd ar fwrdd y llong, *St Columba*, hyd nes ei bod hi'n ddau yn y bore. Er ein bod yn cydrannu caban dosbarth cyntaf, trwy ddylanwad cyfaill ar longau Abergwaun, prin oedd ein hamser ar y llong gan ein bod yn cyrraedd Dun Laoghaire ymhen rhyw deirawr. Yr oedd heolydd Dulyn yn weigion, ac eithrio ambell offeiriad yn mynd i'w blygain, a chawsom y ffordd i ni ein hunain, bron, trwy Slane ac Ardree nes i ni gyrraedd Gwesty Nuremore, mewn man dymunol, i ni gael brecwast. Ni chawsom unrhyw drafferth i groesi'r ffin, ac yr oedd popeth yn edrych yn heddychlon, ond tra gwahanol oedd hi wrth fynd allan eto o'r dalaith, yn Strabane, lle'm hatgofwyd o'r sefyllfa yr own yn gyfarwydd â hi ym Mhalesteina yn ystod y rhyfel. Galwasom mewn tafarn bach to gwellt i gael Guinness, 'gwin y gwan', yn Pluck, ac yn Letterkenny i weld John Williams, Goruchwyliwr y Dref, a adwaenwn yn Hamburg. Cyraeddasom arfordir y gogledd yn Port-no-Blagh yn y prynhawn a mynd o gylch Bloody Foreland, sy'n dwyn yr enw oherwydd gwawr goch y creigiau yn y machlud, i Derrybeg, lle'r oedd pencadlys yr *Oireachtas*. Yr oedd y croeso yno'n frwd, a minnau'n gofalu rhag yfed gormod gan fy mod yn gyrru'r car i Bunbeg, lle'r oeddem yn aros mewn man heb fod cystal â'r arfer. Ond pan gyrhaeddodd fy hen gyfaill Sean MacReamoinn, a minnau heb ei weld ers rhai blynyddoedd, nid oedd dewis gennym ond derbyn ei wahoddiad i fynd i *ceilidh* arbennig yn Ostan Derrybeg.

Tywysodd y Tad Ó Laoghaire (Bendigeidfran) ni fore trannoeth i droed mynydd Errigal, math o mini-Ayer's Rock, o gwartsit gwyn, yn codi ddwy fil a hanner o droedfeddi o'r gwastadedd, ond nid oedd gennym yr awydd, na'r amser, i ddringo i'w gopa, ac aethom i'r arddangosfa gelf a chrefft yn lle hynny. Dywedodd gwraig y llywydd, Donal Ó Morain, wrthyf fy mod yn ei hatgoffa o'i thad, a roes ei basport i De Valeera fel y gallai ffoi i America.

Gadawsom Bunbeg, i droi tuag adre, ar y math o ddiwrnod y gellir disgwyl ei gael ar arfordir gorllewin Iwerddon, gyda llongau'n cysgodi rhag y tywydd ym mhob cilfach. Yr oedd y ffyrdd yn dawelach nag arfer yn Iwerddon y dyddiau hynny, gan mai dydd Sul oedd hi.

Yn Drumcliff, mewn mynwent eglwys fechan, safasom wrth fedd William Butler Yeats a syllu ar y beddfaen carreg galch gyda geiriau'r archiad yn ei gân 'Under Ben Bulben'. Dyfelir bod syniadau Rilke ynghylch marwolaeth, wedi'i gythruddo:

Cast a cold eye / on life, on death. / Horseman pass by.

Wedi galw yn Nhafarn Yeats, aethom i sefyll ar lan Lough Gill lle treuliodd Yeats noswaith yn gorwedd a breuddwydio am godi caban a phlannu ffa a chadw gwenyn ar y 'Lake Isle of Innisfree'. Caed cerdyn ohoni i'w hanfon i'm cyfaill sy'n byw yn ei dŷ 'Innisfree' yn Hwlffordd.

Daethom o Galway ar draws y wlad gan alw yn y Prince of Wales yn Athlone. Wedi cyrraedd Gwesty'r Royal Marine yn Dun Laoghaire, cawsom y lle'n llawn o bobl Ynys yr Iâ ar eu gwyliau ac yn eu plith gyfaill i Bryn o'r wlad honno, a fu'n ddarlithydd mewn amaethyddiaeth yn Aberystwyth.

Ymddangosodd François Ters yng nghyfarfod y Bwrdd ar 1 Awst 1977 a thystiodd ei fod bellach wedi cael ei gydnabod fel Derwydd Mawr Llydaw i ganlyn Eostig Sarzhau a oedd wedi marw.

Yn Eisteddfod Wrecsam derbyniwyd yr actor a'r digrifwr digyffelyb, Ryan Davies, yn aelod, er ei fod wedi marw yn y cyfamser, gan yr Archdderwydd Bryn, gyda cherdd deimladwy. Pan euthum i gyrchu Donald Evans, Bardd y Goron, meddyliais mor debyg ydoedd o ran ei olwg, yn yr hanner golau, i Ryan. Yr oedd yn syndod pellach i mi, ar y dydd Iau, i weld mai ef oedd wedi ennill y Gadair hefyd.

    Cawsom ginio dinesig teilwng o'r digwyddiad gan Arglwydd Faer Caerdydd cyn cynnal seremoni Cyhoeddi Eisteddfod 1978 ar Lawnt Magnolia'r castell. Collodd yr Orsedd lawer o'i hwyl a'i hurddas pan beidiodd gwahoddiadau o'r fath.

    Derbyniais gopi o'm llyfr *The Royal National Eisteddfod of Wales* heb i mi gael gweld y proflenni a'i gael yn llawn gwallau, a heb y Mynegai yr oeddwn wedi mynd i gryn drafferth i'w baratoi. Bu'n rhaid ei gywiro a'i ailargraffu, er bod ychydig gopïau wedi eu gwerthu'n barod yn y siopau.

    Bu dadlau, cyn Eisteddfod Caerdydd, ynghylch derbyn y chwaraewr rygbi Cliff Morgan gan fod rhywrai'n teimlo nad oedd ei Gymraeg yn ddigon da, ac yn y diwedd cytunwyd ei dderbyn, ond ni ddaeth byth i gael ei urddo.

    Y noswaith cyn agor Eisteddfod Caerdydd, mewn cinio gyda'r Prif Weinidog, James Callaghan, galwyd arnaf i roddi copi o'm llyfr ar yr Eisteddfod iddo, a rhoddais gopïau hefyd i'r Gweinidog Cartref, Merlyn Rees, a'r Ysgrifennydd Gwladol dros Gymru, John Morris, a oedd yn bresennol, ac un hefyd, yn ddiweddarach, i'r Llefarydd, George Thomas, fel bod prif weinidogion y Goron yn cael gwybod rhywbeth am yr Eisteddfod. Aeth copi i'r Frenhines, fel cyd-aelod o'r Orsedd, ac i Dywysog Cymru.

    Ar ôl cinio cyflwynais fy nghyfaill o Ddulyn, Sean MacReamoinn, i'r Prif Weinidog, a oedd yn awyddus i gael clywed hanes angladd y Pab John XXIII yr oedd Sean wedi bod yn bresennol ynddi, ar ran *Radio Eireann*, ac wedi aros yn Rhufain hyd nes bod Pab newydd, Pawl I, wedi'i ethol. Tra oeddynt yn siarad daeth gweinyddes i alw Sean at y ffôn, a phan ddaeth yn ôl dywedodd mai galwad oedd hi iddo ddychwelyd i Rufain ar unwaith gan fod y Pab Pawl wedi marw.

    Cadwodd Caerdydd at ei thraddodiad o atal y Gadair, fel y gwnaeth yn 1883 ac yn 1899 ac, fel yr oedd cof da gennyf, yn 1960. Y testun y tro yma oedd 'Y Ddinas', ac ni allai dim fod yn fwy addas. Yr oedd naw wedi cystadlu, a theimlai Euros fod un, a ganodd gerdd i ddinas Caerdydd, prifddinas Cymru, yn teilyngu'r wobr, ond nid oedd Brinli a Derec Llwyd Morgan yn cytuno. Bu'n rhaid i Geidwad y Cledd, Gwynn Tregarth, a minnau osod y Cledd ar draws y Gadair wag fel y gwneuthum gydag Erfyl Fychan, a oedd yn Arwyddfardd y pryd hynny a minnau'n Geidwad y Cledd, yng Nghaerdydd yn 1960, a hefyd yn Llandudno yn 1963. Yr oedd y dyrfa yn tristáu wrth glywed y ddedfryd, ond codwyd eu calonnau pan ddaeth Geraint Evans ymlaen i ganu Cân y Cadeirio. Gymaint oedd y derbyniad, a'r galw am encôr mor fyddarol, fel y taflodd Geraint ei benwisg i un ochr, oherwydd y gwres, a chanu ei hen ffefryn, 'Y Marchog'.

Unwaith yn rhagor y bu'n rhaid imi weinyddu yn y modd hwn, a hynny'r flwyddyn ddilynol yng Nghaernarfon, lle'r ataliwyd y Gadair am y tro olaf yn fy nhymor i. Yr oedd hyn ar ben y siomedigaethau a gafwyd ar fore dydd Mawrth a bore dydd Iau oherwydd methu cynnal y seremonïau yn yr awyr agored. Yr oedd hefyd, gyda llaw, wedi glawio adeg y Cyhoeddi, a Chylch yr Orsedd yng Nghaernarfon oedd yr unig un yn fy nghof nas defnyddiwyd o gwbl yn ystod na Chyhoeddi nac Eisteddfod.

Ymddangosodd pennawd hynod yn y *Western Mail* ar 15 Ionawr 1980: 'Gorsedd makes bid to regain Power'. Byddai'r Orsedd, yn ôl y gohebydd, yn dwyn y frwydr am awdurdod i gyfarfod blynyddol y Llys y mis Awst canlynol. Yr oedd hyn oherwydd i'r Orsedd ddioddef ysgytiad dyblyg gan Gyngor yr Eisteddfod trwy fygwth colli ei dwy sedd ar y Cyngor, a hefyd y rheolaeth ar gystadlaethau'r Goron a'r Gadair. Dywedodd y Cofiadur Gwyndaf fod yr Orsedd a'r Cyngor yn gydradd yn ôl cyfansoddiad yr Eisteddfod ond wrth ei ailddrafftio yr oedd yr Orsedd wedi cael ei hamddifadu o'r ddwy sedd a roddwyd iddi pan luniwyd y cyfansoddiad yn 1937.

Am fod rhai o aelodau'r Cyngor wedi'i chael hi'n anodd i dderbyn fod gan yr Orsedd hawl arbennig ar seremonïau'r Gadair a'r Goron, gwnaeth yr Archdderwydd Geraint ddatganiad o'r Maen Llog yn dweud y byddai'r Orsedd yn 'dal i gadeirio awdur y gerdd ar gynghanedd gyflawn, boed hi'n gerdd odledig ai peidio'. Ond yr oedd y beirdd ifainc am gadw at y pedwar mesur ar hugain ac yr oedd y Cyngor wedi penderfynu y byddai'n rhaid cadw at y mesurau traddodiadol bob dwy flynedd allan o dair, ac ar y drydedd gallai'r Pwyllgor Gwaith Lleol alw am ffurfiau newydd. Yr oedd hyn yn groes i'r cyfansoddiad, meddai Gwyndaf, ond atebodd Bedwyr Lewis Jones, Cadeirydd y Pwyllgor Llên, mai'r Cyngor, nid yr Orsedd, oedd yn arbrofi gyda thestunau'r gystadleuaeth. Yn y rhestr destunau bob blwyddyn cynigir y Gadair am awdl ar destun arbennig, sef 'cerdd mewn cynghanedd gyflawn ar fwy nag un o'r mesurau caeth traddodiadol heb fod dros 200 llinell'.

Cawsom ein diddanu yng Ngwesty'r Royal yng Nghaernarfon, yn ystod yr Eisteddfod yno, gan y consuriwr ac aelod o'r Cylch Dewiniaeth, Rovi, a wnâi wyrthiau gyda'i ddwylo tra oedd yn eistedd yn ein plith. Deallais ar ôl hynny mai ei enw bedydd tuag yn ôl oedd Rovi, a phan dderbyniwyd ef i'r Orsedd dewisodd ei Gymreigio i Rofi, a rhoi ei enw llawn fel Ifor Parry.

Rhoddodd Gwyndaf rybudd yn Eisteddfod Caernarfon ei fod am ymddeol, ar ôl dal swydd y Cofiadur am ddeng mlynedd, ac apwyntiwyd y Prifardd Jâms Nicolas yn ei le. Mewn cyfarfod a gynhaliwyd i'w anrhydeddu yn ystod Eisteddfod Dyffryn Lliw, rhoddwyd siec am £1,354, a gasglwyd trwy dysteb, yn rhodd iddo, ond cyflwynodd £1,000 o'r arian hwnnw i Gronfa'r Mil o Filoedd.

Un diwrnod, ym mis Ionawr 1980, ffoniodd Michael Ball o Telford i ofyn am fenthyg gwisg gan ddweud ei fod wedi'i dderbyn fel Telynor yn Eisteddfod Caernarfon. Nid oedd ei enw ar y rhestr aelodau ac ni fedrwn gael gwybod pam yr oedd eisiau gwisg yr amser hwnnw o'r flwyddyn. Ni siaradai air o Gymraeg ac ni chlywais oddi wrtho, os oedd yn bod, byth wedyn.

Cyflawnodd Siarl o Ardudwy, Sais a fu'n gweithio ym Manc Lloegr ac a oedd wedi dysgu Cymraeg yn ei hen ddyddiau, y gamp o lwyddo yn arholiadau'r Orsedd fel Llenor a Bardd, gyda chlod ac anrhydedd ym mhob un, a chytunwyd i'w ddyrchafu i'r Wisg Wen. Yr oedd hefyd wedi ysgrifennu llyfr, *Geiriadur Cerdd Dafod*.

Codais unwaith eto y syniad o gael tei ar gyfer aelodau'r Orsedd a'r tro hwn gofynnwyd i mi baratoi adroddiad gan gynnwys y gost. Yr oeddwn yn awyddus i gael tei plaen yn dwyn y Nod Cyfrin mewn edau aur, a bu'n rhaid i mi fynd i weld Toye, Kenning & Spencer yn Llundain cyn cael yr edau aur ar ddefnydd gwyrdd a defnydd glas; ni fentrais gynnig rhai gwyn ar gyfer y Derwyddon. Cytunodd y Bwrdd, a threfnwyd eu gwerthu fel y byddent yn dangos elw bychan. Pan euthum i archebu rhagor, cant o bob lliw, sylwais fod y Nod â'i ben i lawr ac yn edrych fel wicedau splae. Anfonais y rhain yn ôl, ar gais y cwmni, a oedd yn llawn ymddiheuriadau, gan gynnwys manylion am y patrwm, ac mewn byr amser derbyniais gyflenwad arall. Wedi i mi agor y blychau, gwelais fod y rhain â'r un gwall. Bu'n rhaid eu hanfon yn ôl unwaith eto a'r tro nesaf cafwyd rhai iawn. Gofynnodd Meistres y Gwisgoedd am gael cadach-gwddf, yn dwyn y Nod, ar gyfer y merched ond dim ond pymtheg a arwyddodd y buasent yn barod i bwrcasu un.

Cyfarfu'r Bwrdd Croeso yn Sefydliad Owain Glyndŵr yn ystod Eisteddfod Machynlleth a galwodd Cadeirydd y Bwrdd, yr Arglwydd Parry, *Order! Order!* wrth gyflwyno Siôr o Donypandy a hornai mai ef oedd Llefarydd y Senedd cyntaf i lefaru yn Senedd-dŷ Owain Glyndŵr.

O dan bwysau'r bobl leol, a wyddai fod yna dyrfa wrth y Cylch yn ein disgwyl, gan gofio ein bod wedi gorfod cwrdd o dan do ddydd Mawrth, mentrais ar y tywydd fore dydd Iau, ond gyda'n bod yn dechrau dringo llwybr serth y mwnt, lle safai'r Cylch, dechreuodd lawio a bu'n rhaid mynd yn ôl i Ysgol Bro Ddyfi, lle derbyn wyd yn aelodau newydd, ymhlith eraill, y Fonesig Olwen Carey Evans, Dafydd Wigley, AS, Owain Arwel Hughes a Ray Gravelle.

Un o'r pethau rhyfeddaf a ddigwyddodd i mi fel swyddog o'r Orsedd oedd derbyn galwad ffôn un amser cinio, tua 1980, oddi wrth Ray Shields a roes ei gyfeiriad fel 'Caroline Cottage, Pheasant Nest Lane, Weston Underwood, Olney, Bedfordshire', a'i rif ffôn. Eglurodd mai ef oedd arweinydd y 'British Glenn Miller Band' a'i fod yn gerddor ac wedi ysgrifennu peth o'r miwsig ar gyfer y ffilm *Yanks*. Yr oedd yn seicig wrth natur, a heb fod yn unrhyw fath o granc, meddai. Gofynnodd a oedd yr enw Geraint yn golygu rhywbeth i mi, a phan ddywedais fy mod yn adnabod llawer Geraint, gofynnodd a oedd gwely â sidan coch, lle y byddai Geraint ac Enid yn gorwedd, o unrhyw arwyddocâd. 'Peidiwch meddwl am fcment fy mod yn wallgof,' meddai. 'Y mae Geraint wedi fy nhywys i wahanol leoedd, ac yn awr atoch chi, ac wedi fy nghynghori: "Adnabyddwch eich Urdd Sanctaidd". Gofynnwch i'r gŵr sy'n cario Cledd y Bardd: "Pwy yw mab Geraint? Efe sy'n dwyn neges y Greal Santaidd?" ' Pan ddywedais fy mod wedi gorffen bod yn Geidwad y Cledd ers rhai blynyddoedd ni chymerodd sylw, ond mynd ymlaen: 'Mae Duw wedi fy anfon i orchymyn i chi, fel Marchog y Greal Santaidd: "Na adewch i ddrygioni eich poenydio. Daliwch eich Cledd tua'r haul a gosodwch groes ar fan y drygioni." Y gŵr sy'n ateb yw Marchog y Bardd, y Greal Santaidd. Gosodwch eich llaw ar y cloc, i deimlo treigl amser. Mae dewiniaeth Marchogion y Deml o fudd mawr i chi, yn y cyfnod gwirionedd newydd sydd ar wawrio.' Yr oedd anfadwaith ar gerdded. Nid yr IRA oedd wedi lladd Mountbatten, fel y credid, ond eraill.

Aeth yr ymgom, neu'r gwrandawiad yn hytrach, ymlaen am dri chwarter awr, a minnau'n gadael iddo grwydro o un testun i'r llall gan geisio dirnad beth oedd yn ei feddwl. Yr oedd Geraint wedi dweud wrtho fod brenin yn gwisgo coron o fetel fel y gallai dderbyn negeseuon radio cynnar, ac felly bod yn seicig. Yr oedd newydd orffen ysgrifennu llyfr ar Miller ac wedi cael ei arwain i gladdfa Trelander, ger Truro, lle credai ei fod wedi'i gladdu, a hefyd i St Michael's Mount. Yn amlwg ni fynnai gredu fod y *Norseman,* yr awyren unpeiriant yr oedd Miller yn hedfan ynddi, wedi plymio i'r môr ar 15 Rhagfyr 1944, fel y dywedid. Yna dywedodd fod Geraint am roi neges iddo, a bu tawelwch am ysbaid cyn ychwanegu: 'Dywed y neges: "Byddwch cystal â dweud wrth y gŵr a ŵyr y cyfrinachau fod Geraint gydag ef, a gwylied rhag y rhai sy'n ceisio erlid y Beirdd." Hoffech chi wybod pwy ydynt?' Bu tawelwch eto, cyn i mi glywed cri: 'Oh, my God!' Ar ôl saib arall, rhybuddiodd: 'Gochelwch rhag yr un sy'n dal cyfrinachau'r Seiri Rhyddion ac yn eu defnyddio er drygioni. Y mae'n mynd i wneud ymosodiad ar y Beirdd. Mi fyddwch chi yn ei adnabod, gan eich bod yn seicig eich hunan. Duw a'ch bendithio.' A rhoddodd y ffôn i lawr.

Teimlais dipyn o siom, ar ôl iddo wneud i mi feddwl mai Geraint ei hun oedd wedi ei arwain ataf, i'w glywed yn dweud mai Bwrdd Croeso Cymru oedd wedi ei gynghori i gysylltu â mi.

Rai blynyddoedd wedyn, fe'm cymhellwyd i ffonio Shields ond yr oedd wedi gadael Caroline Cottage, ond ni wyddai neb i ble.

Pan euthum i mewn i siop W H Smith yng Nghaerfyrddin rhyw fore, gwelais y pennawd 'Rhaid Carthu'r Pydredd o'r Orsedd' ar gopi cyfredol o'r *Cymro.* Ceisiais ddyfalu beth, neu pwy, a allai'r 'pydredd' fod, a chefais rywfaint o syndod o weld mai cyfeiriad ataf fi ydoedd. Yr oedd Mrs Millicent Gregory wedi bod mewn cyfarfod o Gymdeithas Dyfed o'r Anabl ac wedi cael ei hatal rhag gofyn cwestiwn yn yr iaith Gymraeg, ac yn honni mai arnaf fi yr oedd y bai. Ni ddywedwyd nad oeddwn i hyd yn oed yn y cyfarfod. (Ni wn pam yr oedd hi yno, gan ei bod hi'n ddigon abl i niweidio gorsaf deledu a newydd gael ei dirwyo am wneud hynny.)

Mae'n wir mai fi oedd wedi sefydlu'r Gymdeithas ac, er mwyn ceisio magu hunanhyder yn yr anabl, wedi trefnu iddynt redeg y Gymdeithas eu hunain. Yr oedd cadeirydd y cyfarfod yr oedd Mrs

Gregory ynddo yn ŵr anabl a heb brofiad, ond yn lle ei helpu trwy gyfieithu ei chwestiwn, yn ôl ei gais, fel y medrai ef ac eraill ei deall, mynnodd hi ei hawliau a chreu stŵr am na fedrai eu cael. Ysgrifennais lythyr i'r *Cymro* yn esbonio'r sefyllfa, ond gwrthododd y golygydd, Llion Gruffydd, ei gyhoeddi. Rhoddais y mater yn nwylo fy nghyfreithiwr a dywedodd ef ar unwaith fod gennyf achos am enllib yn erbyn y fenyw a'r papur, ond yr oedd yn debyg na chawn i fodchad heb fynd i'r Llys, ac nad oedd yn debyg y byddai adnoddau gan y fenyw i dalu iawndal. Yng nghyfarfod nesaf y Gymdeithas mynegodd yr aelodau eu ffieidd-dod o ymddygiad Mrs Gregory at bobl na fedrai ofalu amdanynt eu hunain, ac ni fentrodd hi ddangos ei phen yno byth wedyn. Derbyniodd y Cofiadur dri llythyr oddi wrth ganghennau o Ferched y Wawr parthed yr helynt ond gan fy mod wedi gosod y mater yn nwylo'r gyfraith, penderfynodd y Bwrdd eu gadael yn llonydd.

Sylwais fod traul ar wisg yr Archdderwydd a chefais gan y gŵr hael, Towyn Roberts, i dalu am un newydd. Bu'n drafferth o'r mwyaf i gael gafael mewn defnydd addas, gan gychwyn yn siopau Llundain, o siop Dickinson Jones i'r stondinwyr yn Soho. Ymwelais â'r ffatri yn Sudbury, lle gwnaethpwyd defnydd gwisg briodas Tywysoges Cymru, a mynd i bobman y gallwn feddwl, neu gael hanes amdano, ac i weld pobl fel David Emanuel a Laura Ashley. Gwneuthum ymholiadau ym Mrwsels a Zurich, a chael eraill i chwilio ym Mharis a mannau eraill ar draws y cyfandir, ond heb lwyddiant. Soniais am y peth, un diwrnod, wrth gyfaill oedd yn berchen siopau dillad yn Hwlffordd a Dinbych-y-pysgod, a dywedodd y chwiliai ei stoc i gael gweld a oedd yna rywbeth y gellid ei ddefnyddio. Ffoniodd drannoeth i ddweud ei fod wedi cael hyd i'r defnydd iawn yn y siop yn Hwlffordd a oedd yn llythrennol o fewn ergyd carreg i'r tŷ lle'r oeddwn yn byw ar y pryd, a hwn oedd yr hyd olaf. Cafodd Meistres y Gwisgoedd, Sian Aman, weinyddes brofiadol i wneud y wisg ar batrwm yr hen un, a chostiodd y gwneud a'r defnydd dros £1,000. Pan fydd angen gwisg newydd eto ar yr Archdderwydd, bydd rhaid ei gwneud o ryw ddefnydd arall gan nad ymddengys fod rhagor o'r defnydd presennol ar ôl yn Ewrop.

Ni fynnai François Ters barhau fel Derwydd Mawr ac olynnwyd ef gan Gwenc'hlan ar Skouezek a urddwyd gan yr Archdderwydd Geraint yn Porz-an-Breton, ger Kemperle (Quimperlé), yn 1979. Daeth ef i'r

Eisteddfod ym Machynlleth ac ymddangosodd o flaen cyfarfod o'r Bwrdd yn ystod Eisteddfod Abertawe yn 1982 i drin problemau parhaol ei wlad, a threfnwyd cynnal cyd-Orsedd yn Roazhon (Rennes) y mis Awst canlynol.

Aeth tua chant o Orseddogion ar y daith i Roazhon ac aeth Judith a minnau yno tra oeddem yn crwydro Llydaw. Cawsom dderbyniad siampaen gan Ddirprwy-Faer y ddinas yn yr Hotel-de-Ville, gynifer ohonom a oedd wedi cyrraedd, a bu'n rhaid aros hyd bedwar o'r gloch i'r gweddill o'r Gorseddogion o Gymru ddod yno. Erbyn hynny yr oedd y dyrnaid Llydawiaid wedi mynd yn ychydig iawn, ac nid oedd llawer ohonynt ar ôl i glywed areithiau gan yr Archdderwydd Jâms Nicolas a'r Derwydd Mawr, Gwenc'hlan, ar Sgwâr Roazhon.

Cynhaliwyd cyd-Orsedd fore trannoeth ym Mhempont (Paimpont) pryd y bu'n rhaid aros awr eto am y ddirprwyaeth o Gymru. Arweiniais yr orymdaith o'r ysgoldy lle'r oeddem yn gwisgo, ar hyd y Bourg i lan llyn ar ymyl y Forêt de Broceliande, lle cymerodd Gwenc'hlan ei le i'r gwrthwyneb i'r hyn yr oeddwn wedi'i gytuno ag ef. Yr oedd Gorseddogion Llydaw yn anniben a'u gwisgoedd yn flêr, a rhai heb wisgoedd o gwbl neu yn gwisgo sash, ac yr oedd llawer mwy o Gymry yno nag o Lydawiaid.

Gan fod y *Relais de Broceliande* yn Paimpont yn llawn, gosodwyd ni ein dau mewn hen abaty yn ymyl, ond cawsom giniawa yn y *Relais,* a chael yn ôl ambarél yr oeddwn wedi'i adael yno rai blynyddoedd ynghynt. Cyfaddefodd gwraig y tŷ fod cwsmeriaid wedi ei fenthyca mewn glaw mawr, a dywedais wrthi am ei gadw at achlysuron o'r fath.

Pan euthum i gyrchu Bardd y Goron yn Abertawe, gwelais wyneb yr own wedi'i weld rai diwrnodau ynghynt yn Llyfrgell y Sir yn Hwlffordd, a chael mai Eirwyn George o Faenclochog oedd e.

Apwyntiwyd Gwynn Tregarth yn Drefnydd Cerdd ym mis Mai 1982, a dewiswyd Delme Bro Myrddin yn Geidwad y Cledd yn ei le. Gan fy mod i wedi dal y swydd o 1959 hyd 1966, yr oedd tri Cheidwad neu gyn-Geidwad yn fyw ar yr un pryd, am y tro cyntaf erioed, ac yn Eisteddfod Llandeilo yn 1996, tynnwyd ein llun gyda'n gilydd ar gyfer Arddangosfa'r Mileniwm gan y ffotograffydd David Hurn.

Derbyniwyd cais oddi wrth y Parch. Hywel Davies, Llangefni, yn gofyn i'r Bwrdd ddileu o seremonïau'r Orsedd yr elfennau crefyddol, gan gynnwys Gweddi'r Orsedd. Gadawyd y llythyr ar y bwrdd ond y mae'n debyg y daw'r dydd pan fydd rhaid wynebu'r anghysondeb o gymysgu'r elfennau hyn ag ymddangosiad sy'n perthyn i 'grefydd y gwŷdd a'r gog'. Mae Gweddi'r Orsedd efallai'n oddefadwy gan y gall gyfeirio at unrhyw Dduw, ond y mae rhywbeth o'i le ar garfan o bobl mewn gwisgoedd Derwyddol yn canu emynau fel pe baent mewn capel. Efallai y bydd yn rhaid meddwl am seremoni debycach i un y Llydawiaid, ond heb yr uchelwydd nac unrhyw gredoau hynod. Pasiant yw'r Orsedd a ddyfeisiwyd fel modd i achub a hyrwyddo'r iaith Gymraeg a dylid ei chadw heb grefydd, sy'n gwahanu pobl, na gwleidyddiaeth, sy'n eu gwahanu'n fwy fyth ac yn peri anawsterau i'r Cyngor a'r Eisteddfod. Nid oes angen i Archdderwydd ddilorni'r Llywodraeth o'r Maen Llog, na chefnogi eithafwyr, i hyrwyddo'r iaith; mewn gwirionedd, mae ymddygiad o'r fath yn ei niweidio yn hytrach na'i llesáu.

Euthum i Gasmael yn Awst 1983 i gynrychioli'r Orsedd mewn seremoni syml lle'r oeddid yn dadorchuddio cofeb i'r Prifardd Dyfed, a oedd yn Archdderwydd o 1905 hyd ei farw yn 1923. Er iddo gael ei eni yn y pentref, byr fu ei gysylltiad â'r lle gan fod ei rieni wedi mynd i Aberdâr pan oedd yn blentyn bach, ac yntau wedi cychwyn yn y gwaith glo yno pan oedd yn wyth oed. Yr oedd Beti Rhys o Gaerdydd, ei thad yn nai i Ddyfed, yno i wneud y dadorchuddio.

Derbyniwyd y pianydd Dill Jones, o Gei Newydd ac Efrog Newydd, yn aelod yn y Wisg Wen, er ei fod wedi marw. Cofiwyd hefyd fod y diweddar Richard Burton wedi'i dderbyn yn aelod er na ddaeth i'w urddo, a gosodwyd ei enw ymhlith yr aelodau ymadawedig.

Er mai dau ddiwrnod oedd wedi mynd heibio oddi ar Alban Hefin, yr oedd y gwynt yn oer ar lan y môr yn y Rhyl brynhawn y Cyhoeddi, a theimlwn yn anghysurus wrth weld y cymylau'n ymgasglu. Yn union wedi'r seremoni, daeth y dilyw.

Yr oeddwn wedi adnabod Gwyndaf am hanner canrif, ond ni wyddwn fod ganddo'r fath gof fel y medrai draddodi'r feirniadaeth ar y bryddest yn Eisteddfod Llanbedr Pont Steffan heb nodyn, er edmygedd i bawb. Tra oeddwn yn cael brecwast, yn gynnar fore dydd Iau, gydag Aled Wiliam, dywedais, heb feddwl: 'Ys gwn pwy fydd yn cael y Gadair heddiw?' 'Y fi,' meddai Aled, ac ni wyddwn a oedd o ddifrif. Er fy mod wedi bod mewn safle lle gallwn gael gwybod ymlaen llaw pwy oedd y Bardd Buddugol, ni fynnwn wneud hynny gan ei bod hi'n llawer gwell gennyf gael fy synnu wrth aros ar ben y grisiau, gan edrych allan dros y gynulleidfa fawr i chwilio am un yn sefyll ac yna mynd i'w gyrchu, neu i'w chyrchu. Yr oedd Stephen J Williams yng ngosgordd yr Arwyddfardd y dwthwn hwnnw a gofelais mai ef oedd y cyntaf i longyfarch ei fab.

Ar ôl gwasanaethu am chwarter canrif fel Meistres y Gwisgoedd ymddeolodd Cerddores Moelfre ac apwyntiwyd Menna (Y Fonesig Cynan Evans-Jones) yn ei lle, ond bu'n rhaid iddi hi roddi'r swydd i fyny oherwydd rhesymau teuluol a chafodd Sian Aman (Jean Huw Jones) ei dewis i'r swydd yn 1983.

Gellid disgwyl mai ymhlith y Gorseddogion y ceid *crème de la crème* y diwylliant Cymreig, y llenorion a'r dysgedigion a fyddai'n prynu a darllen popeth a gyhoeddir yn yr iaith. Mae'n anodd deall, felly, sut na fedr dros bymtheg cant o aelodau gynnal cylchgrawn. Yn 1950 cyhoeddwyd *Y Corn Gwlad,* yn llawn ysgrifau a nodiadau diddorol yn perthyn i'r Orsedd, dan olygyddiaeth John Eilian, ond ni phrynwyd digon i gyfiawnhau cyhoeddi ail rifyn. Yn 1989 ceisiodd Eirwyn George a Rhys Nicholas gyhoeddi cylchgrawn dan yr un teitl, eto'n llawn pethau a fyddai o ddiddordeb i aelodau'r Orsedd, ond yr un peth a ddigwyddodd.

VII

Nid pawb sy'n cael y fraint o ddadlau ag Archdderwydd ar ben mynydd, ond digwyddodd hynny pan ofynnodd y BBC i Elerydd a minnau gyfarfod ar Ben Bwlch Gwynt i drin y modd y dylid sillafu enw'r rhes o fryniau a geir yn stori 'Pwyll Pendefig Dyfed' fel *Presseleu*. Yr oedd ysgol uwchradd newydd wedi ei chodi yng Nghrymych rai blynyddoedd ynghynt ac wedi cael ei henwi, gan Bensaer y Sir a oedd, yn ôl yr hanes, yn Sais uniaith o Gaerhirfryn, yn 'Ysgol Preseli'. Gydag ad-drefniant llywodraeth leol, ffurfiwyd cyngor yng ngogledd Sir Benfro a'i alw, gan gopïo'r camsillafiad, yn 'Gyngor Dosbarth Preseli'. Ceisiais ddangos mai 'Presely' neu 'Preselau' oedd yn gywir. Yr oedd Syr Ifor Williams a'r Athro Melville Richards wedi dangos fod yr enw'n tarddu o *prys,* sef prysgoed neu goed, a *Selyf* neu *Selau,* yr enw Cymraeg am Solomon. Gyda llaw, yr oedd yna Selyf ab Erbin (*Salomon filius Erbin*), efallai'n fab i Erbin fab Aergol Lawhir, brenin Dyfed, a brawd i Bleiddudd, arglwydd Dinbych-y-pysgod, a briododd Gwen ferch Cynyr o Gaer Gawch a chwaer Non, mam Dewi, ond nid wyf yn dweud mwy na bod yna Selyf â chysylltiad lleol! Mynnai rhai o'r bobl leol gadw at y sillafu ag 'i' gan ddweud fod yr enw'n hanu o'r gair 'presel', gair na chlywais i erioed mohono ac nad oes sôn amdano yng *Ngeiriadur Prifysgol Cymru*. Teimlai Elerydd, fel bugail da, ei ddyletswydd i amddiffyn ei braidd a'i gymdogion, ond yn lle dadlau ar dir geirdarddiadol, gosododd ei ymresymiad yn Brifarddol mewn tri englyn:

O *presel* daw Preseli - a Dillwyn
   Yn dilyn rhyw Sely,
Byw ei ateb ond biti
Na fa'i fwy o brawf i fi.

O Dillwyn er dy dalent - nid Sely
   Nid Selau ddywedent;
Presel o dir a welent,
Hen ddaear wyllt yn ddi-rent.

> Dos, paid gwneud mess o'r presel - a dwrdio'r
> Awdurdod aruchel,
> Piniwn a drecha'r panel
> Ffor' hyn ambell dro - Ffarwél.

Nid mater hawdd oedd hi, bob amser, i'r Cofiadur a'r Arwyddfardd ddewis Cyflwynyddion y Corn Hirlas a'r Flodeuged. Arferai'r Pwyllgor Lleol wneud y gwaith hwn ac, nid yn anaml, gwraig i ryw ŵr pwysig yn yr ardal fyddai'n cael ei dewis i gludo'r Corn Hirlas. Un tro, digwyddodd i wraig o'r fath, nad oedd yn gwybod sut i gerdded yn urddasol, gan lithro o flaen y Maen Llog a bu bron iddi â syrthio i'r llawr. Clywyd Cynan yn dweud o dan ei anadl: 'Never over my dead body...', a byth oddi ar hynny y Cofiadur a'r Arwyddfardd fyddai'n gwneud y dewis terfynol o restr fer o ymgeiswyr wedi'i pharatoi gan y Pwyllgor Lleol. Byddem yn dewis cyflwynydd y Corn Hirlas allan o dair neu bedair o 'famau'r fro', a chyflwynydd yr Aberthged, neu Flodeuged wedyn, o blith nifer tebyg o ferched ifainc. Yna byddem yn dewis dau fachgen i fod yn Facwyiaid y Llys i weini ar Fam y Fro, a dwy ferch fach i fod yn Forynion y Llys ac i weini ar y Forwyn. Byddai Cynan a minnau'n ei gwneud hi'n achlysur, ar ôl y dewis, i drin materion cyffredinol ynglŷn â'r Orsedd a hynny dros bryd o fwyd a photelaid o win mewn man dymunol.

Gydag amser, ar ôl cyfnod Cynan, aeth yn arfer i osod o'n blaen gopïau o'r ffurflenni cais, gan roi manylion am yr ymgeiswyr a'u cyfraniadau i'r gymdeithas leol, megis eu gweithgarwch dros fudiad fel Merched y Wawr. Teimlais nad oedd hynny'n berthnasol i'r hyn yr oeddem ni yn chwilio amdano, sef gwraig neu ferch a fedrai gerdded yn urddasol, a llais clir fel y gellid ei deall yn annerch yr Archdderwydd. Gwrthodais dderbyn unrhyw wybodaeth allanol, ac ni wyddwn ddim am yr ymgeiswyr heblaw eu henwau. Dyna pam y dewiswyd, heb yn wybod, ddwy chwaer yn 1996, i wasanaethu fel Cyflwynyddion yn y Bala.

Ni chlywais i fod neb wedi cwyno erioed ynghylch ein modd o ddewis – er ei bod hi'n dra thebyg fod yna rai nad oedd yn cytuno â'r dewis – hyd at Eisteddfod Abergwaun, ar ôl i'r Cofiadur a minnau wneud y dewis cyn y Cyhoeddi, yn 1985. O blith mamau'r fro a ymddangosodd o'n blaen, yr oedd un wraig yn sefyll allan, ac ni allem lai na'i dewis. Ar ôl iddi hi wasanaethu yn y Cyhoeddi, a hynny mewn modd delfrydol, ymddangosodd llythyr yn y papur lleol, gan Eirlys

Peris, yn byw yn Nhrefdraeth, yn tynnu sylw at y ffaith fod Cyflwynydd y Corn Hirlas yn chwaer-yng-nghyfraith i Gadeiryddes y Pwyllgor Gwaith Lleol ac yn awgrymu ein bod ni wedi ymddwyn yn rhagfarnllyd yn ein dewis, gan fynegi barn nad y Cofiadur a'r Arwyddfardd a ddylai fod yn gwneud y dewis. Yr oedd y wraig a ddewiswyd gennym, gyda llaw, yn Ustus Heddwch, a'i chwaer-yng-nghyfraith yn gyfreithiwr.

Cynhaliwyd Gorsedd Llydaw yn Kerantorec yn 1985 a chawsom aros yn *Hotel l'Europe* yn Kemperle (Quimperlé), gwesty a thafarn Ffrengig hollol, gyda'r perchennog, Mme Hervé, naw deg oed, yn preswylio y tu ôl i'r bar yn ei gwisg draddodiadol Lydewig, gyda'r *coiffe* am ei phen. Daeth y bardd Bertrand Borne, Arwyddfardd Gorsedd Llydaw, i'n cyrchu o'r gwesty fore trannoeth a'n dwyn i Kerantorec i *ciderie* to gwellt mewn perllan. Nid oeddid yn bragu seidr yno mwyach: *crêperie* oedd yno yn awr, ac yno'n sipian coffi oedd y Derwydd Mawr, Gwenc'hlan, a Mme le Scouèzec, ei wraig, yn ein disgwyl. Yno yr oedd y 'stafell wisgo' hefyd, ac wedi newid, aethom yn hamddenol tua'r deri, a minnau'n gorfod cludo, heblaw ffon fy swydd, hanner cledd a rhaglen y dydd y byddai'n rhaid i mi ei defnyddio. Ar ôl y seremoni, yn ôl â ni i'r *crêperie* i gael pryd o fwyd: samwn coch a *crêpes blé noir,* wedi eu gwneud o wenith yr hydd, a sorbed a choffi. Yr oeddwn yn eistedd rhwng Mme Scouèzec a Michel Raoult, a wasanaethodd fel cyfieithydd rhyngom. Yr oedd ef yn gweithio, ac yn byw, yn Nigeria ac yn falch ein bod wedi cyfarfod gan ei fod wedi bod yn defnyddio fy llyfr ar yr Eisteddfod wrth ysgrifennu hanes Gorsedd Llydaw, a buom yn gohebu am beth amser ar ôl hynny. Gyda'i bod hi'n nosi, cynhaliwyd seremoni'r tân mewn llannerch gerllaw, ac yr oedd hysgi, a fu o gylch y lle drwy'r dydd, yn ein canlyn yno. Wedi cyrraedd y llannerch, lle'r oedd pobl yn ein disgwyl, neidiodd ci Pyreneaidd anferth, o faint asyn, ar yr hysgi a'i siglo yn ei geg fel petai'n llygoden ffrengig, a chafwyd tipyn o drafferth i wahanu'r ddau. Gyda bod y tân wedi'i gynnau, fel y disgwyliwn, daeth y glaw, ond cawsom gysgodi o dan y coed yn ddigon hir i weld y goelcerth yn cael ei difa.

Yr oedd *Hotel l'Europe,* yn union o flaen gorsaf Kemperle, a phan ddychwelsom yno'r noswaith honno, yr oedd nifer o bostmyn yno'n yfed wrth y bar cyn mynd i ddidoli'r llythyron ar y trên ar y ffordd i Baris. Yr oeddynt mewn hwyl dda, ar ôl yfed llawer brandi, ac yn daer ei gwahoddiad i Judith ddod gyda nhw ar y trên. Wedi brecwast fore trannoeth daeth yr hen wraig â bwndel o luniau i'w dangos i mi. Lluniau oeddynt o seremoni Gorsedd Llydaw, y gyntaf i'w chynnal ar ôl Rhyfel 1914-18, a gynhaliwyd ar y traeth yn Rieg (Riec-sur-Belon) yn 1927. Rhoddodd un o'r lluniau i mi, yn dangos Cynan yn sefyll ar Faen Llog yn ymyl Taldir, a oedd yn cymryd lle'r Derwydd Mawr Kaledvoulc'h, a Gwallter Dyfi, Ceidwad y Cledd, a rhyw hanner dwsin o aelodau Gorsedd y Beirdd yn eu hurddwisgoedd, gan gynnwys Y Beili Glas, a hefyd nifer o ferched mewn gwisgoedd traddodiadol Cymreig. Yr oeddwn yn falch o gael cynnwys y llun yn fy llyfr, *Secrets of the Bards*.

Yr oeddwn yn anhapus fy mod yn gorfod cytuno â Phrif Arolygydd yr Heddlu a Chyfarwyddwr Gwaith y Cyngor Dosbarth nad oedd hen Gylch yr Orsedd yn Abergwaun yn addas ar gyfer Eisteddfod 1986 oherwydd ei safle peryglus uwchben y dibyn ar Benslâd, gan mai myfi a ddaeth ag un o'r meini yno, ac mai yno y cefais fy nerbyn i'r Orsedd yn 1936. Cytunwyd wedyn ein bod yn gosod y Cylch newydd ym Mharc Lota, ar y fan lle safai'r Pafiliwn o'r blaen.

Wrth arwain yr Orymdaith ar ddydd y Cyhoeddi trwy strydoedd Abergwaun aeth fy meddwl yn ôl i'r diwrnod hwnnw, hanner canrif ynghynt, pan gerddwn heb benwisg yn yr orymdaith, yn canlyn yr Arwyddfardd ar gefn ei geffyl, a gresynais, am unwaith, nad oeddwn innau ar gefn fy ngheffyl hefyd.

Ar ôl y seremoni, dadorchuddiwyd cofeb i D J Williams gan Gwynfor Evans. Gwelwyd chwith gan lawer o bobl y dref, ac eraill, am na ofynnwyd i neb o'i gydnabod, na chwaith ei gyn-fyfyrwyr, gyfrannu neu gymryd rhan, gan wneud y weithred yn un hollol boliticaidd.

Ni fedrwn adael i erthygl a ymddangosodd yn y papur lleol, o dan y pennawd 'Eisteddfod Ex-Chairman Rejects "Pagan" Honour' fynd heb ateb. Yn ôl yr arfer, estynnodd y Bwrdd wahoddiad i Gadeirydd Pwyllgor Gwaith Eisteddfod Abergwaun, Mrs Rachel James, iddi gael ei derbyn yn Aelod Anrhydeddus o'r Orsedd yn y Wisg Wen, yn yr un modd ag a wnaed â'i thad, W J Philipps Williams, ar ôl iddo fod yn Gadeirydd Eisteddfod Hwlffordd yn 1972. Yn lle gwrthod yn gwrtais, dewisodd hi, er syndod i bawb, fynd at y cyfryngau a dweud na fynnai dderbyn yr anrhydedd gan nad oedd hi, fel Cristion, yn cydfynd â rhai o seremonïau'r Orsedd a oedd, yn ei barn hi, yn atgofus o ddefodau paganaidd, ac yr oedd rhai pobl wedi cyffelybu'r Orsedd i agweddau o'r Seiri Rhyddion. Yr oedd hi hefyd yn amau i ba raddau yr oedd yr Orsedd yn ffyddlon i'w hamcanion, ac yn ymddwyn mewn modd cyfrifol.

Ysgrifennais lythyr i'r papur yn gresynu fod Mrs James wedi gwrthod anrhydedd a gynigiwyd iddi mewn gwerthfawrogiad nid yn unig o'i gwaith hi'n bersonol ond hefyd yn deyrgned i bawb oedd wedi gweithio o dan ei harweiniad i wneud Eisteddfod 1986 yn Abergwaun yn llwyddiant. Dywedais fod ganddi hawl i'w hargyhoeddiad ynghylch natur 'baganaidd' yr Orsedd er ei bod yn gosod ei barn uwchlaw'r gweinidogion a'r offeiriadon a'r esgobion, a hyd yn oed yr archesgob, a oedd yn gweld yn dda i fod yn aelodau. Mynegais na wnawn ganlyn ei hymdrech i gysylltu'r Orsedd â'r Saeryddiaeth Rydd, nac ychwaith fynd ar ôl ei beirniadaeth ansensitif o gorff oedd wedi ceisio ei hanhrydeddu hi a phobl Abergwaun, heblaw dweud y gallai ei gwrthodiad fod wedi bod mewn dull mwy cwrtais. Atebodd i ddweud nad hi oedd wedi cyhuddo'r Orsedd o dueddiadau'r Seiri Rhyddion, ond gan fy mod i wedi crybwyll y peth, onid oedd Iolo yn aelod ymarferol o'r Seiri Rhyddion, ac ai cyd-ddigwyddiad oedd hi fod y ddau fudiad yn defnyddio'r un symbolau cyfrinachol (a oedd yn newydd i mi, fel aelod o'r ddau fudiad)? Ar ben hyn, yr oedd yr Orsedd yn cynnal ei seremonïau 'dan nawdd Duw a'i dangnef', heb sôn am Grist. Fel Cristion ymarferol cadwai'r hawl i ddatgan ei barn ynglŷn â'r seremonïau, hyd yn oed os oedd esgobion ac offeiriadon a gweinidogion yr efengyl yn aelodau o'r Orsedd.

Dim ond unwaith y bûm yn *Yn Chruinnaght*, a hynny yn Ramsey yn 1986, pan ddaeth y cyfaill Gwyn o'r Blaenau, a fu'n byw ar Ynys Manaw ers blynyddoedd, i'n cwrdd ar faes awyr Ronaldsway. Aethom i agoriad swyddogol yr Arddangosfa Gelf a Chrefft a agorwyd gan Syr Charles Kerruish, Llefarydd Tŷ'r Allweddi, a ofynnodd a oeddwn yn adnabod Llefarydd Tŷ'r Cyffredin a chafodd beth syndod pan ddywedais wrtho ei fod yn aelod o Orsedd y Beirdd. Yn yr hwyr aethom i Seremoni'r Goelcerth lle cynheuwyd y tân gan y ffigur chwedlonol Mananan Mac y Lir, enw go debyg i Mananaan mac Lir, ein Manawydan fab Llyr, a gynhaliwyd ar y traeth, gyda llawer o gerddoriaeth a dawnsio gwerin. Fel y digwyddodd bob tro yn Llydaw, daeth i fwrw glaw, a bu rhaid llechu yng Ngwesty Peveril Court yn ymyl. Yno y cyfarfûm â chyn-Brif-gwnstabl yr Ynys a ddywedodd fel oedd y gymdeithas wedi newid oddi ar iddynt ddiddymu defnyddio'r wialen: cyn hynny, ni fyddai neb ar yr Ynys yn cloi drws y tŷ, ond yn awr ni fentrai neb beidio â gwneud oherwydd troseddwyr.

Gwahoddwyd y cynrychiolwyr Celtaidd gan Mona Douglas, y

Llywydd am Oes, i ginio ganol dydd ar y Sul. Dywedodd hi wrthyf ei bod yn bresennol yn Eisteddfod y Gadair Ddu ym Mhenbedw (Birkenhead), yn 1917, a bu'n bleser i mi gynnig ei henw i'w dyrchafu i'r Wisg Wen. Erbyn hynny, yr oedd ei hiechyd wedi gwaethygu fel na fedrodd fod yn bresennol i'w hurddo. Ar ôl y cinio, bu gorymdaith trwy'r dref o Sgwâr y Farchnad i Barc Mooragh, lle'r oedd llawer o ddawnsio gwerin gan bartïon o Lydaw, Iwerddon, Cernyw a Norwy, ynghyd â pharti o Ynys Môn. Yr oedd dawnsio i'w weld ym mhobman, hyd yn oed o flaen yr allor yn y gwasanaeth eciwmenaidd yr aethom iddo gyda'r hwyr. Yno, yn Eglwys Sant Pawl, gweddïwyd yn y chwe iaith Geltaidd.

Peth braidd yn rhyfedd i mi oedd gweld bechgyn yn codi cloddiau cerrig am y gorau, fel y byddid yn ei wneud yn y Plowin' yn ôl gartre, a hefyd gweld defaid Loghtan yn cael eu harddangos yno, fel rhan o'r ŵyl. Cefais beth syndod hefyd, er na wyddwn pam, o weld maen yn yr Amgueddfa ac ysgrifen *ogham* arno, ac un arall ag ysgrifen rwnig yn hynod debyg i Goelbren y Beirdd. Yr oedd Meini'r Groes yno'n doreth ac yn dwyn llawer mwy o luniau na'n rhai ni, gan gynnwys y Groes o'r Calf of Man yn cynnwys Crist croeshoeliedig a llun milwr â gwaywffon yn barod i'w drywanu.

Galwasom i weld cyfeillion yn Douglas, ac ym Marown, yn ymyl Bryn y Tynwald lle cynhelir y senedd ar 5 Gorffennaf, dydd canol haf yn ôl yr hen galendar, a lle cyhoeddir cyfreithiau newydd mewn Manaweg a Saesneg.

Yr oeddem wedi llogi tŷ ar lan y môr ym Mhorth-y-gest ar gyfer Eisteddfod Porthmadog, i'w rannu gydag Alun Williams a'i wraig, Peri. Aethom, ar y Sul cyntaf, i gael cinio ym Mhorth Tocyn, lle'r oedd Mati Prichard a'i merch, Mari, a'i mab-yng-nghyfraith, Humphrey Carpenter, bywgraffydd Tolkien ac Auden ac, yn ddiweddarach, y cyn-Archesgob Runcie, a'r gŵr sy'n rhoi 'Recreation: sleep' yn *Who's Who*.

Aethom ar bererindod at fedd Dafydd y Garreg Wen, ac i Gwm Croesor i chwilio am ysbryd yr hen Bob Owen, a hefyd i'r Lôn Goed. Gwahoddwyd ni, un noswaith, i barti yn Eisteddfa, cartref y Fonesig Olwen Carey Evans.

Daeth Gwynn Tudno i'm cyfarfod yng Nghasnewydd pan euthum yno i weld y lle yr oedd y Pwyllgor Lleol yn ei gynnig ar gyfer Cylch yr Orsedd, ac ni fu mangre mwy dymunol erioed na hwnnw, yn ymyl llyn bychan ger Plas Tredegar. Meddyliais mor drawiadol y byddai i gael Mam y Fro yn dwyn y Corn Hirlas, rhodd Arglwydd Tredegar ac arno ei arfbais, yng nghyntedd yr hen blas. Aethom wedyn i weld ystafelloedd gwisgo yn Ysgol Gatholig Sant Joseff gerllaw, ac yn yr hwyr dygwyd fi i'r Ganolfan Hamdden newydd i gwrdd â'r Maer a Chadeirydd y Cyngor Sir cyn mynd i gyfarfod â Phwyllgor Lleol yr Orsedd.

Ar fore dydd Mawrth yr Eisteddfod yng Nghasnewydd, bu'n rhaid troi'n ôl ar ôl cychwyn yr Orymdaith oherwydd y glaw. Bygythiol oedd hi eto fore dydd Iau a gwrthodais fentro ac am hynny derbyniais feirniadaeth lem, gydag un gohebydd yn y papur lleol yn dweud y dylwn gael fy nghrogi!

Daeth tymor y Pafiliwn Mawr i ben ym Mhorthmadog. Teimlwn nad oedd fawr o amser oddi ar y ffolineb o'i brynu, a hynny'n unig am fod rhai'n meddwl fod Woodhouse o Nottingham yn gwneud gormod o elw o'r rhent. Yn ei le cafwyd pabell a edrychai'n gywir fel tent syrcas ar Barc Tredegar, a chafodd hwn effaith andwyol ar Orymdaith yr Orsedd. Collwyd yr olygfa ddramatig o'i gweld yn dod i lawr ar ale hir o gefn y Pafiliwn cyn esgyn y grisiau i'r llwyfan, ac yr oedd trafferth hefyd i gael y Glas a'r Gwyrdd i fyny i'r llwyfan fel y byddent yn eu lle erbyn y byddai'r llenni'n agor ar alwad y Corn Gwlad. Euthum i weld y Cyfarwyddwr, Emyr Jenkins, a daethom i gytundeb i rannu gorymdaith y Derwyddon yn dair rhan, gyda'r swyddogion yn dod i lawr y grisiau yng nghefn y babell, er bod hynny'n achosi cryn drafferth, a chytunodd ef i geisio gwella'r mynediad i gefn y llwyfan ar gyfer y Glas a'r Gwyrdd. (Glaniodd gwenynen ar lawr y llwyfan o'n blaen yn ystod seremoni'r cadeirio yng Nghasnewydd: Gwenynen Gwent!)

Ar y ffordd i'r *Oireachtas* yn An Daingean (Dingle), yn 1987, treuliasom y nos yn y Lake Hotel ar lan Llynnoedd Killarney a mentro oddi yno yn groes i Fwlch Dunloe, lle'r oedd y ffordd weithiau fel gwely afon wedi sychu, a balch oeddem i gyrraedd Bwthyn Kate Kearney. Dim ond pryd hynny y cawsom ar ddeall fod y ffordd yn waharddedig i foduron. Cawsom bryd o fwyd mewn tafarn yr oeddwn yn ei adnabod yn Killorglin, lle cynhelir 'Puck Fair' bob mis Awst gyda bwch gafr wedi ei osod ar lwyfan ar y sgwâr, â'i gyrn wedi'u haddurno â rhubanau. Yn nhref Dingle, lle'r oedd Sian Aman a'i gŵr eisoes wedi cyrraedd, rhoddwyd ni i aros yng Nghwesty'r Skellig lle, fel y digwyddodd, yr oedd Joyce a minnau wedi aros ar ein gwyliau rai blynyddoedd ynghynt. Yn y cinio agoriadol, cyfeiriais at gysylltiad Padraig Pearse â'r Orsedd ond, ar wahân i ryw un neu ddau, nid oedd neb yn deall, heblaw fy mod yn cyfeirio at y dyn, a daeth llawer un ataf, gan gynnwys pobl RTE, i ofyn am y manylion a synnu o glywed ei fod wedi'i wneud yn aelod o Orsedd y Beirdd yn Eisteddfod Caerdydd yn 1899.

Mae'r *Café Litereada* y tu ôl i siop lyfrau ar un o strydoedd Dingle ac ni allwch fynd iddo heb fynd trwy'r siop: fe'm synnwyd nad oes rhagor o lyfrwerthwyr wedi cydio yn yr un syniad gan mai ychydig a fedr gerdded drwy'r siop heb gael eu denu gan deitl neu olwg rhyw lyfr neu'i gilydd. Croesawyd fi gan y perchennog, George Lucy, mewn Cymraeg perffaith a ddysgodd pan oedd yn astudio Cymraeg Canol ym Mhrifysgol Cork. Ni allwn lai na phrynu hanner dwsin o lyfrau ar Ynysoedd y Blasket gan gynnwys cyfieithiadau o lyfrau Tomas Ó Crohan, Peig Sayers, Maurice O'Sullivan, Seamus Ennis, a Bryan MacMahon, a oedd yn bresennol yn yr ŵyl. Yr oeddwn yn dyheu am gael croesi i'r ynysoedd ond ni fedrem wneud yn amgenach na syllu arnynt o Benrhyn Slea lle gallem weld sgerbydau'r bythynnod y bu'n rhaid i'r boblogaeth eu gadael yn 1953. Aethpwyd â ni, gynrychiolwyr Celtaidd, am dro mewn bws ar hyd y penrhyn ac aros am goffi yn Dunquin lle buwyd yn ffilmio *Ryan's Daughter*. Dywedodd gyrrwr y bws ei fod wedi bod yn cludo John Mills a Trevor Howard a Sarah Miles ac eraill yn ystod y ffilmio. Wrth fynd heibio mynwent Dunquin, sylwais fod Llywydd yr *Oireachtas* am y flwyddyn, Padraig ua Maoileaoin, sef Malone, yno gyda chyfeilles iddo, a'r noswaith honno dywedais wrtho fy mod wedi'i weld yn y fynwent a chyfaddefodd gan ddweud: 'That is the dead centre of Dunquin!'

Ar fyr rybudd euthum i'r *Oireachtas* yn Nulyn yn lle Hywel D Roberts. Cefais groeso yng nghaban y Capten a chael treulio gweddill yr amser ar ei bont yn gwylio adar y môr. Gan nad oedd trên yn mynd i Ddulyn hyd y bore wedyn, bu'n rhaid i mi aros y nos yng Ngwesty Rosslare lle cyfarfûm â chocs y bad achub lleol a fu'n cyd-weithio â chocs cwch Tyddewi yn ceisio achub y llong *World Concord*. Cyfarfu Sean McReamoinn â mi yn Nulyn, fel y gwnaeth pan euthum gyntaf i'r *Oireachtas* yn 1955, ond y tro hwn gyda thacsi yn lle *gharry*. Yn y cyfarfod agoriadol yng Ngwesty'r Royal Marine yn Dun Laoghaire roedd yr Archdderwydd Emrys Deudraeth wedi cyrraedd, a'r noson wedyn aethom i'r cinio swyddogol yn y Shelbourne. Ar ôl bwyta, daeth merch ifanc ataf a'm gwahodd i ddawnsio gyda hi, ac ni ddisgwyliwn ddarganfod mai lleian Ddominicaidd oedd hi, allan o'i habid am y noson cyn mynd yn ôl i'r lleiandy. Er bod Cardinal O'Fee yno gyda ni hyd un o'r gloch y bore, traddododd bregeth dda yn yr offeren fore trannoeth.

Am unwaith, ildiais i daer gais yr Aelod Seneddol, Dafydd Elis-Thomas, ac eraill, i gynnal y Cyhoeddi yn Llanrwst yn yr awyr agored, ond yn unig ar y telerau fod yr Archdderwydd yn cadw'r seremoni mor fyr ag oedd yn bosibl, am y gwelwn fod cymylau'n ymgasglu. Yn lle hynny, bu'n hirwyntog a daeth y glaw i'n dal am y tro cyntaf yn fy mhrofiad, a chafodd Meistres y Gwisgoedd, a'r gwragedd lleol a'i helpai, waith caled i drin y dillad cyn eu hanfon i'w sychu.

Gofynnodd y Prifardd Geraint i mi a wyddwn am ddisgynnydd i Iolo Morganwg a dechreuais holi ym mhobman, nes cael cyfeiriad yn Bradwell-on-Sea, lle yr oeddwn yn digwydd bod yn gyfarwydd ag ef, ond methais gael ateb oddi yno. Yn y diwedd deuthum ar draws gor-or-or-ŵyr Iolo, oedd yn byw ym Mryste. Edward Williams oedd enw hwnnw hefyd ac yr oedd ef a'i wraig yn hapus o dderbyn gwahoddiad i ginio dathlu'r daucanmlwyddiant i'w gynnal yn ystod yr Eisteddfod yn Aberystwyth yn 1992.

VIII

Ar hyd y blynyddoed bu cydweithrediad hapus rhyngof a'r BBC a'r orsaf fasnachol, boed TWW neu WWN neu HTV, ynghylch trosglwyddo'r Bardd Buddugol i'r cyfryngau fel y gellid ei g(ch)ael o flaen y camera'n union ar ôl y seremoni. Byddai cynrychiolydd un o'r ddau gorff, yn ôl dealltwriaeth rhyngddynt, yn dod i'n cyfarfod wrth y bysiau lle byddai'r Bardd yn diosg ei wisg borffor cyn cael ei arwain i ffwrdd gan y cynrychiolydd i'r cyfweliad. Yr oedd yn rhywfaint o syndod i mi, pan ddaethom allan o'r Pafiliwn yn Llanrwst, gyda'r Bardd Buddugol, Selwyn Iolen, ar fraich yr Archdderwydd Ap Llysor, o ganfod Trefnydd y Gogledd, Elfed Roberts, yn dod ymlaen a dweud ei fod wedi dod i gyrchu'r Bardd i'w ddwyn i'r Babell Lên. Ni fedrwn ddeall ei ddiben, gan nad oeddwn wedi clywed am unrhyw drefniant o'r fath. Ar ôl hynny, deellais fod yna gytundeb wedi'i wneud fel y gallai'r cyfryngau gyf-weld y Bardd yn fuan wedi'r seremoni, ond nid oedd neb wedi dweud gair wrthyf fi amdano. Brynhawn dydd Iau trefnais i'r ddau Ddistain Gwyn hebrwng Bardd y Gadair, Idris Reynolds, i'r Babell Lên.

Nid oeddwn yn hapus gyda'r drefn hon gan ei bod yn andwyo urddas yr Orsedd ac yr oedd hefyd yn siom fawr i'r cyhoedd a fyddai'n disgwyl yn eu cannoedd ar y Maes i gael gweld y Bardd i'w gyfarch a'i gymeradwyo. Profiad diflas, felly, oedd arwain yr Orymdaith ddifardd trwy rengoedd distaw, a'r rheiny'n cyflym ddiflannu. Cytunodd y Bwrdd y dylid rhoi'r flaenoriaeth i'r werin ddisgwylgar a oedd yn aros am yr Orymdaith a'r Bardd, neu'r Llenor, ond ni weithredwyd ar hynny. Yn 1995, pan fu'n rhaid i'r Orsedd newid amser y seremonïau, ar gais y Cyngor, yr oedd yr Orymdaith yn dod allan o'r Pafiliwn i Faes gwag, gan fod y rhan fwyaf o'r bobl wedi mynd adre.

Derbyniodd y Bwrdd gais oddi wrth y Canon Dewi Thomas yn gofyn am gael gwared o'r Cleddyf Mawr o seremonïau'r Orsedd, ond dywedwyd wrtho mai arwydd o heddwch oedd y Cledd, gan na ddadweinir ef ar unrhyw achlysur.

Fe'm dewiswyd i fynd i'r *Mod* yn Stornoway, yn 1989, yng nghwmni Delme Bro Myrddin, Ceidwad y Cledd. Wedi glanio yn

Tarbert, ar Ynys Harris, treuliasom y nos yng Ngwesty Tarbert, lle cyfarfûm â meddyg a'i deulu a fu'n pysgota a saethu ar yr ynys, a oedd yn byw ym Mhen-y-bont ar Ogwr ac ef oedd meddyg a chyfaill Wil Ifan. Ar ôl cinio, cefais gymorth gan ŵr y tŷ i lunio brawddegau Gaeleg i'w defnyddio yn y cyfarchion y disgwylid i mi eu rhoddi, ar ran yr Orsedd a'r Eisteddfod, yn y cinio croeso swyddogol a gynhelid yng Ngwesty'r Seaforth yn Stornoway.

Yr oeddid wedi ein gosod i letya mewn tŷ yng nghanol y crofftydd mewn lle o'r enw Bac, ac yno yn ein haros oedd Delme a'i wraig, wedi hedfan o Gaerdydd. Yno hefyd oedd cynrychiolwyr Iwerddon ac Ynys Manaw, ac yr oedd y lle'n gyfyng a'r cyfleusterau'n brin.

Yr oeddwn yn falch o gael y cyfle i fynd i weld y Broch yn Dun Carloway, sydd efallai y mwyaf ysblennydd o'i fath, yn perthyn i'r Oes Haearn, a hefyd i gael rhodio rhwng meini Cylch Callanish y cyfeirir ato fel Côr Cewri'r Gogledd. Dydd Sul oedd hi ac nid oedd dim i'w fwyta na dafn i'w yfed yn unman, ond llwyddasom i gael gafael mewn tŷ tafarn heb fod ymhell o'r hynafiaethau lle cawsom yr hyn a fynnem. Yn y prynhawn aethom i'r gwasanaeth swyddogol lle'r oedd y canu heb gyfeiliant ac yn fath o fwmial ganu a hwnnw'n dibynnu ar gywair y codwr canu.

Achubais ar y cyfle i brynu cot o frethyn Harris yn Harris, ynghyd â het mynd a dod. Ar y ffordd yn ôl o'r ynysoedd treuliasom noswaith gyda'm hen gyfaill Humphrey Drummond o Megginch, yng nghastell Megginch, a'r noson wedyn cawsom wireddu breuddwyd trwy aros yn y Sharrow Bay ar lan Llyn Ullswater.

Yn y papur lleol, y *Stornoway Gazette*, nid oeddwn yn disgwyl gweld pennawd llythyr oddi wrth wraig a fu yn yr Eisteddfod yn Llanrwst yn darllen 'Do it the Eisteddfod way' ac yn galw ar awdurdodau'r *Mod* i greu seremoni, fel seremoni Coroni'r Bardd.

Profiad newydd oedd cael cynnal seremoni'r Cyhoeddi, ac urddo Archdderwydd newydd, ar ben bryn beili Normanaidd, fel y gwnaethom yn yr Wyddgrug. Nid hawdd oedd cael yr henoed a phobl braidd yn fethedig i fyny, ond llwyddasom i wneud hynny.

Yr oeddem yn aros yn y Tower, twˆr amddiffyn a godwyd tua 1450 gan Rheinallt Gruffydd ap Bleddyn, y canodd Lewys Glyn Cothi amdano. Dangosodd gŵr y tŷ, Charles Wynn-Eyton, fachyn uwchben yr hirfwrdd yn y neuadd fwyta i mi a dweud fel y daeth ei hynafiad, Rheinallt, â maer dinas Caer, un diwrnod marchnad yn yr Wyddgrug, yno i ginio. Gosodwyd pastai o'i flaen, ac o dan y crystyn, yn lle cig, yr oedd rhaff, a chyda'r rhaff fe grogwyd y maer wrth y bachyn uwchben y bwrdd. Darganfûm mai hen gyfaill i mi oedd Maer yr Wyddgrug, a phan gafodd wybod ble'r oeddem yn aros, dywedodd ei fod ef wedi mynd i Gaer gyda'i deulu y Sadwrn cynt ac wedi siarsio'i blant i beidio â dweud wrth neb pwy oedd eu tad rhag ofn y byddai gwŷr Caer am ei grogi wrth bost lamp mewn dial!

Camgymeriad oedd gosod Pabell yr Eisteddfod ar Fryn Bach, ar flaenau Cwm Rhymni, a Chylch yr Orsedd a'r Ystafelloedd Gwisgo ym Margoed gan y bu'n rhaid cludo'r Beirdd a Phlant y Ddawns mewn bysiau am ddeuddeg milltir ar hyd ffordd brysur ar gyfer y Coroni a'r Cadeirio, a oedd yn waith anodd er i ni gael gosgordd gyflawn gan yr Heddlu. Oherwydd y pellter a'r anhawster trafaelu, nid oedd hi'n bosibl i'r aelodau oedd yn bresennol yn sermonïau'r bore gael mynd i'r Maes, a threfnwyd bwyd ar eu cyfer yn yr ystafelloedd gwisgo.

I ychwanegu at fy nhrafferthion yng Nghwm Rhymni, bu ymyrraeth â'r Orymdaith wrth ddod allan o'r Babell pan ddaeth Hywel Gwynfryn ymlaen i geisio gwneud cyfweliad gyda'r Bardd Buddugol, Iwan Llwyd, tra oedd yng ngofal yr Archdderwydd, a'r Orymdaith yn symud, a gofynnodd y Bwrdd i'r cyfryngau barchu'r Orymdaith yn y dyfodol.

Yr oedd Gorsedd Llydaw wedi penderfynu ar safle parhaol, yn ymyl Brasparts, i gynnal ei seremonïau pan euthum yno nesaf, yn 1990. Yn y pentref yr oedd siopau'n gwerthu llyfrau ac offer yn ymwneud â'r ocwlt, ac yr oedd yn amlwg fod rhai, o leiaf, o Orseddogion Llydaw â diddordeb mawr ynddynt. Gwyddwn nad oedd pethau'n rhy dda rhwng y gwahanol garfanau pan ddaeth gohebydd *Le Monde* ataf a gofyn i mi ddatgan fy marn ar y gwahaniaethau rhyngddynt, ond dywedais na wyddwn amdanynt. Bu'n rhaid i mi newid i'm gwisg yn y car ar ochr y ffordd fawr ac ymuno â'r lleill mewn llannerch o dan Montagne St-Michel lle cynhelid y seremoni, a gwahoddwyd dirprwy Cernyw, Philip Knight, a minnau i sefyll gyda Gwenc'hlan, ar y Maen Llog. Ar ôl y seremoni cawsom ffest o dan y coed yn ymyl hen felin gyfagos, lle cefais hanes y trafferthion gan Bertrand Borne, Arwyddfardd Llydaw.

Y flwyddyn wedyn aethom i Gernyw a threulio'r nos ar y ffordd yno gerllaw Barnstable, yn hen blas Portledge lle dywedodd y perchennog, Cyrnol Edward Pine-Coffin, fod y teulu Coffin wedi bod yno er y drydedd ganrif ar ddeg, ond yn y ddeunawfed yr oedd un ohonynt wedi priodi ag aeres Oliver Pine o Gernyw a mabwysiadu'r enw anhygoel. Yr oedd Ifan Eryri a Beryl yn ein disgwyl yn Bodmin, lle'r oeddem yn aros, ac oddi yno aethom i Orsedd Cernyw yr Roche, lle'r oedd craig enfawr a lleoliad yn atgoffa dyn o Roch yn Sir Benfro. Galwodd y Bardd Mawr Costentyn arnaf i ddweud gair o gyfarch cyn iddo urddo Caradock yn olynydd iddo. Yr oeddwn yn falch o gyfarfod â'u Cofiadur, Peter Laws, ar ôl ugain mlynedd, yr unig dro y bûm yno o'r blaen, ond tristwch oedd ei weld yn cael tro cyn diwedd y seremoni a'i ddwyn i'r ysbyty.

Ar ôl cael seremoni i drosglwyddo'r Fedal Ryddiaith i'r Llenor Buddugol buwyd yn ceisio dyfeisio modd i wneud hynny mewn dull graenus i'w gymharu â seremonïau'r Coroni a'r Cadeirio, ond er cymaint yr ymdrechion ni lwyddwyd. Pan gytunodd yr Orsedd i fod yn gyfrifol am y seremoni, o 1992 ymlaen, penderfynwyd rhoddi'r un gydnabyddiaeth i'r Prif Lenor ag i Brifeirdd. Ffurfiwyd panel i drefnu modd i weinyddu'r seremoni a gwneuthum amlinelliad o un a oedd yn debyg i seremonïau'r Coroni a'r Cadeirio gan fod y llenorion wedi hir gwyno eu bod yn cael eu trin yn wahanol, a theimlwn ei bod hi'n bwysig i bawb gael gweld eu bod yn cael triniaeth gydradd, a chytunodd y panel ar hynny.

Yr oedd llawer yn erbyn cael seremoni ychwanegol, gan deimlo fod tair seremoni'n ormodol, yn enwedig i'r oedrannus, ac yr oedd yr eisteddfodwyr brwd yn cwyno am eu bod yn colli cystadlaethau ar y llwyfan a chyfarfodydd ar y Maes. Ar unwaith, gwelwyd rhif yr aelodau a fyddai'n mynychu'r seremonïau'n lleihau, gyda rhai yn dewis mynd i un seremoni ac eraill i un arall.

Wrth gyrraedd y Maes ar dir Gelli Angharad (Lovesgrove), ger Aberystwyth lle safai'r babell fawr wyrdd a melyn, gwelais dractor ac arno'r geiriau *Moscow State Circus*.

Cynhaliwyd seremoni Coroni'r Bardd ar ddydd Llun am y tro cyntaf o dan y drefn newydd yn Aberystwyth, ac yr oedd yn ddiwrnod llawn problemau i mi, er nad ymddangosodd y rhan fwyaf ohonynt i'r cyhoedd. Bu'n rhaid cynnal y seremoni foreol dan do, nid yn gymaint o achos glaw ond, am y tro cyntaf, oherwydd gwynt mawr a allai niweidio'r Faner a chwythu penwisgoedd y Gorseddogion, heb sôn am goron a gwisg yr Archdderwydd. Yn y prynhawn ni ddaeth digon o fysiau, fel yr oeddwn wedi gofyn amdanynt, i gludo 230 o Orseddogion, heblaw Plant y Ddawns, i'r Maes a llwyddais i gael benthyg bws bychan gan yr Heddlu i ddwyn yr Archdderwydd a'r Swyddogion. Yna, ar y llwyfan, rhoddais y Goron yn nwylo'r Archdderwydd yn y modd arferol ond pan osododd ef hi ar ben y Bardd Buddugol llithrodd i un ochr a bu bron iddi â syrthio i'r llawr.

Bu seremoni'r Fedal Ryddiaith gyntaf i'r Orsedd ei gweinyddu yn llwyddiant yn yr ystyr fod popeth wedi mynd yn ôl a drefnwyd. Enillydd y Fedal oedd Robin Llywelyn, ŵyr i Syr Clough Williams Ellis. Daeth Morynion y Llys â'r Fedal i mi ar ganol y llwyfan i'w throsglwyddo i'r Archdderwydd, a dygodd y Macwyaid y copi cyntaf o'r llyfr, *Seren Wen ar Gefndir Gwyn,* wedi'i rwymo'n ddestlus, yn yr un modd, ond ei fod wedi'i osod mewn bocs y bu'n rhaid i mi ei agor a thynnu allan y llyfr cyn ei roddi i'r Archdderwydd. Y flwyddyn ganlynol yr oedd y bocs wedi'i osod mewn bocs arall!

Cynhaliwyd cinio i ddathlu daucanmlwyddiant yr Orsedd yn Neuadd Pen-y-bryn, Aberystwyth, gyda Syr Alun Talfan Davies yn brif westai. Daeth Edward Williams, disgynnydd Iolo, a'i wraig, i'r cinio, a chafodd Judith a minnau y pleser o ofalu amdanynt. Dygwyd cyfarchion ar ran y cefndyr Celtaidd gan y Tad Diarmuid Ó Laoghaire (Bendigeidfran), a chafwyd anerchiadau byr gan y Cyn-Archdderwyddon Tilsli, Geraint, Jâms Nicolas, Elerydd ac Emrys, a chaneuon gan Alun Tegryn, Elfed Lewys, Meredydd Ardudwy a Meinir Maesaleg. Yr oeddwn i wedi galw yng Ngwasg Dinefwr yn Llandybïe i gasglu'r copïau o'r llyfr a ysgrifennais ar gais y Bwrdd, *The Secret of the Bards of the Isle of Britain,* yr un fath â *Hanes Gorsedd y Beirdd* gan Geraint a Zonia Bowen, a rhoddasom gopïau o'n llyfrau i'r Archdderwydd Ap Llysor ar derfyn y cinio.

Buaswn wedi'i mentro hi ar y bore dydd Gwener yn Aberystwyth oni bai i wŷr y tywydd yn Aberporth ddweud wrthyf y byddai cawod o law yn debyg o ddisgyn arnom cyn un ar ddeg ac, ar y funud olaf, felly, penderfynais fynd o dan do. Bu'r Archdderwydd mor hynaws â chyfeirio at fy mhenbleth ar achlysuron o'r fath.

Cynhaliwyd etholiad Archdderwydd newydd gan y Bwrdd yn ystod yr Eisteddfod yn Aberystwyth. Ar ôl cyfri'r pleidleisiau, daeth enw'r Prifardd John Gwilym i'r brig ac, yn ôl yr arfer, gofynnodd yr Archdderwydd, Ap Llysor, i bob aelod addunedu i gadw'r enw'n gyfrinach hyd brynhawn trannoeth, pryd y byddai ef yn ei osod o flaen y Cyfarfod Blynyddol. Ond, am y tro cyntaf yn fy mhrofiad, ar ôl bod yn bresennol yn etholiad pymtheg o Archdderwyddon, torrodd un o'n haelodau yr adduned a chafwyd y gyfrinach wedi'i harllwys ar y newyddion radio am chwech o'r gloch y noson honno. Efallai am fy mod i wedi bod yn aelod am yn agos i hanner canrif, ac wedi gweld y Bwrdd yn cael ei gynnal ar hyd yr amser mewn modd boneddigaidd a dibynadwy gan aelodau y gellid ymddiried yn eu gair, y teimlais fod dydd du wedi gwawrio arnom. Cadarnhawyd fy nheimlad y tro nesaf yr etholwyd Archdderwydd pan fethodd aelod gadw'r gyfrinach eto, ac yr oedd yn amlwg yn awr fod gennym Jiwdas yn ein plith.

Yr oedd derbyn yr Arglwydd Williams o Fostyn yn aelod o'r Orsedd yn Llanelwedd yn dwyn nifer yr arglwyddi oedd yn perthyn iddi i ddeg, sef Dug Caeredin (Philip Meirionnydd), Is-Iarll Tonypandy (Sior o Donypandy), yr Arglwyddi Cledwyn o Benrhos (Cledwyn), Elis-Thomas (Dafydd Elis), Geraint (Geraint o Bonterwyd), Hooson (Emlyn Maldwyn), Morus o Gasmorus (Brian Teifi), Prys-Davies (Gwilym Prys), a Thomas o Wydr (Pedr Conwy), heblaw yr Arglwydd Williams (Gareth o Fostyn).

Derbyniodd y Bwrdd gais i ganiatáu aelodau i brynu gwisg eu hunain, yn groes i'w benderfyniad ar 12 Gorffennaf 1969 yn gwahardd hynny. Pan gefais i fy urddo yn 1936 yr oedd nifer yr aelodau yn fach a byddai pob aelod newydd yn gorfod pwrcasu gwisg a'i chadw gartref am nad oedd lle i storio gwisgoedd, hyd nes y sylwyd eu bod yn cael eu camddefnyddio. Yr oeddwn i yn erbyn caniatáu prynu am nifer o resymau: gallai fod diffyg unffurfiaeth mewn lliw gan amharu ar ymddangosiad yr orymdaith; ni fyddai neb yn gwybod a fyddai'r sawl sydd yn y wisg yn aelod taledig ai peidio; ni fyddai'r Arwyddfardd yn gwybod faint o aelodau i'w disgwyl fel y gallai drefnu nifer y bysiau, lle ar y llwyfan, faint fyddai'n dod i de, a phethau felly; gallai aelodau ymuno neu ymadael â'r orymdaith fel y mynnent ac ni fyddai unrhyw ddisgyblaeth arnynt gan yr Arwyddfardd a'r Disteiniaid; byddai'n rhaid cadw stoc o wisgoedd, yr un fath, ar gyfer pobl na fyddai'n dewis prynu gwisg, a gallai rhywun diegwyddor newid hen wisg am un well, fel y gwelodd Meistres y Gwisgoedd hynny'n digwydd ar un achlysur.

Anfonais holiadur i'r holl aelodau gyda'r cwestiwn: 'Pe bai'r Orsedd yn caniatáu i aelodau brynu gwisg, a fyddech chi'n dewis gwneud hynny? Pris y wisg fyddai £50.' Allan o aelodaeth o 1,546 derbyniais atebion oddi wrth 316 ac o'r rheiny yr oedd 103 wedi arwyddo y byddent yn dewis prynu. Felly, cadwodd y Bwrdd at ei benderfyniad.

Gwnaeth Meirion o Feirion Sgrôl Gyhoeddi newydd, ar felwm, gydag arfbeisiau y tair sir ar ddeg, yr un fath â'r un wreiddiol a wnaeth i Mam o Nedd i'w rhoddi i'r Archdderwydd Crwys yn Aberpennar yn 1946. Er fy mod wedi ei adnabod ar hyd y blynyddoedd, ni wyddwn ei fod wedi mynychu cyfarfodydd y Gymdeithas Gymraeg a sefydlais yn Jeriwsalem, a'i fod wedi chwarae rygbi dros Gymru yn yr 'ornest ryngwladol' a drefnais ar Fynydd Scopus.

Yr oedd dwyn yr Eisteddfod i Lanelwedd yn rhoddi eu hateb i'r bobl a fu'n sôn am fynd yno'n sefydlog: profwyd fod y lle'n addas ddigon ar gyfer dangos meirch a buchod, ond nad oedd yn drefniant i gynnal Eisteddfod, er cystal rhai o'r cyfleusterau. Un fantais o gael Eisteddfod symudol yw fod dyn yn cael cyfle i ymweld â lleoedd diarffordd. Lle felly y buom ynddo ger Llanelwedd ac a lwyddodd i'w guddio'i hun yn dra llwyddiannus oedd Cefnbrith lle'r oedd hen ŵr, a'i dad, yn byw ar eu pennau eu hunain heb gymell ymwelwyr i gartre'r awdur Piwritanaidd, John Penry. Buom hefyd yn gweld Eglwys Oen Duw yn Beulah yng Nghwm Cnyffiad, ac Abaty Cwmhir. Derbyniwyd Bryn Terfel i'r Orsedd yn Llanelwedd, a hefyd yr awdures, Jan Morris.

Bu Robyn Llŷn mor garedig â rhoi copi i mi o gyfrol gyntaf ei lyfr, *Cymreictod Gweladwy,* ac yr oedd braidd yn chwithig i mi orfod tynnu ei sylw at wall neu ddau a oedd wedi codi o gamwybodaeth a gafodd. Mewn un man dangosai lun o 'wyth cynrychiolydd yr Orsedd' (naw i fod yn gywir), sef Ceidwad y Cledd, Gwynn Tregarth, y Cyn-Archdderwyddon Wiliam Morus a Chynan, a'r Archdderwydd Gwyndaf, a phump o Swyddogion y Llys yn gorymdeithio tua'r castell yng Nghaernarfon ar ddiwrnod yr Arwisgiad, a dywed yn gellweirus mai hon oedd 'yr osgordd fyrraf a lleiaf ei nifer erioed, siŵr o fod'. Mewn gwirionedd, yr oedd deg ar hugain yn yr orymdaith gan fod Cynan a Gwyndaf, fel aelodau o Bwyllgor yr Iarll Farsial, wedi llwyddo i ddyblu'r nifer o'r hyn ydoedd yn arwisgiad y Tywysog yn 1911, a hon, gyda llaw, oedd yr orymdaith fwyaf o holl orymdeithiau'r diwrnod hwnnw. Gwnaeth gywiriad yn ail gyfrol ei lyfr, lle hefyd y cywirodd y gosodiad mai'r Arglwydd Chalfont ac nid yr Archdderwydd Brinli, a ddadorchuddiodd y ffenestr liw yng Ngwesty'r Ivy Bush yng Nghaerfyrddin sy'n cofnodi mai yno y cynhaliwyd Eisteddfod 1819. Tynnais ei sylw hefyd at stori hynod a adroddodd ynglŷn â'r modd y bu i Gwynfor Evans gydgerdded â'r

Ysgrifennydd Gwladol dros Gymru, George Thomas, pan urddwyd ef yn Eisteddfod y Barri yn 1968.

Yr oeddwn i yn ymwybodol o deimladau rhai pobl tuag at yr Ysgrifennydd Gwladol ac yr oeddwn yn cadw llygad am unrhyw ddigwyddiad annymunol a allai amharu ar weithgareddau'r Orsedd. Nid oedd arwydd o anghydfod yn yr orymdaith i'r Cylch yn y bore, lle'r oedd George Thomas yn cyd-gerdded â Geraint Morgan, AS, a oedd wedi gofyn am gael gohirio ei urddo oddi ar Eisteddfod y Bala. Nid oedd ond y dyrnaid arferol o blismyn yn ein hebrwng, ac ni fu unrhyw dwrw na gwrthwynebiad nac yn yr orymdaith nac yn y Cylch pan dderbyniwyd yr aelodau newydd, gan gynnwys yr Ysgrifennydd Gwladol, gan yr Archdderwydd.

Yn y prynhawn deellais fod rhai terfysgwyr yn bwriadu gwneud rhyw ddrwg a thra oeddwn yn ceisio meddwl beth y medrwn ei wneud, gwelais Gwynfor yn sefyll yn ymyl ac euthum ato a gofyn a wnâi gyd-gerdded gyda'r Ysgrifennydd Gwladol. Gwrthododd ar y cyntaf, ond pan ddywedais y byddwn yn ei ddal ef yn gyfrifol am unrhyw derfysg a allai ddigwydd, cytunodd wneud, a gosodais y ddau i gerdded ar flaen gorymdaith y Derwyddon. Aethom mewn bysiau i'r Maes ac yno y gwelais y bobl derfysglyd, gyda nifer o blismyn rhyngom ni a hwy. Ni ddigwyddodd dim difrifol, a diolchais i Gwynfor ar ddiwedd y seremoni am ei gydweithrediad.

Dywed Robyn fod y ddau wedi'u hurddo yr un diwrnod [yr oedd Gwynfor wedi'i dderbyn eisoes yn 1965] a bod 'yr urddo "deuol" yma' wedi rhoi 'bod i ddigwyddiad digon rhyfedd. . . . . Fel sy'n rhan o'r patrwm erbyn hyn, yr oedd y to ifanc protestgar yn bresennol yn eu cannoedd yn yr Ŵyl - ac ambell un o'u plith yn awchus am gael creu randibŵ, synnwn i ddim. Felly, pan orymdeithiai'r Rhaglaw [ei air ef am yr Ysgrifennydd Gwladol] i'r Pafiliwn yn ei wisg dderwyddol glaerwen y pnawn Iau hwnnw, ofnid yr âi'r seremoni yn ffradach. Yr hyn a wnaeth Swyddogion yr Orsedd - ar ymbil taer yr heddlu, meddai Gwynfor wrthyf ymhen blynyddoedd - oedd rhoi Gwynfor a Sior i gydgerdded.'

Yr oedd Robyn wedi cael gafael yn ei stori, meddai ef wrthyf wedyn, yn llyfr Gwynfor Evans, *Bywyd Cymro*, lle dywedir y 'brawychwyd swyddogion yr Orsedd gan rym ymateb . . . gweithwyr yr iaith' i'w penderfyniad i wneud yr Ysgrifennydd Gwladol yn aelod yn Eisteddfod y Barri. 'Ofnent y gallai terfysg mawr ddinistrio hedd yr Eisteddfod, a threfnasant gael llu o'r heddlu i amddiffyn y Gweinidog rhag dicter ei gydwladwyr.' Yr oedd y Bwrdd, wrth gwrs, wedi meddwl am y canlyniadau cyn derbyn yn unfrydol argymhelliad y Pwyllgor Urddau i anrhydeddu'r Ysgrifennydd Gwladol, yn ei gyfarfod ar 1 Mehefin 1968, o dan lywyddiaeth yr Archdderwydd Gwyndaf. Yr oedd cyfle, hefyd, i unrhyw aelod godi'r mater yng Nghyfarfod Blynyddol yr Orsedd ddeuddydd cyn yr urddo, ond ni wnaeth neb. Yr oeddwn yn bresennol yn yr holl gyfarfodydd hyn ac ni chlywais erioed fod swyddogion yr Orsedd wedi'u brawychu, ac ni fu'r un sôn am gael llu o'r heddlu.

Yr Arwyddfardd, a neb arall o swyddogion yr Orsedd, sy'n ymgysylltu â'r heddlu i wneud unrhyw drefniadau ynglŷn â'r Orymdaith, ond nid oes ganddo ef na'r Orsedd ddim awdurdod o ran y 'llu o'r heddlu' y mae'n rhaid eu cael ar y Maes pan fo Gweinidog yn ymweld â'r Eisteddfod y dyddiau hyn oherwydd ymddygiad y terfysgwyr: yr oedd cof da am eu hagwedd at Cledwyn Hughes y flwyddyn cynt, ac ni allai George Thomas ddisgwyl gwell. Y Swyddfa Gymreig oedd yn gofalu fod yno ddigon o blismyn i warchod y Gweinidog.

Dywed Mr Evans yn ei lyfr fod yr Archdderwydd Gwyndaf wedi ei ffonio a gwneud cais iddo 'gydgerdded â George Thomas i'r maes yng ngorymdaith yr Orsedd', ond 'gan na theimlwn y dylwn wneud', meddai, 'gofynnodd Gwyndaf a gâi ddod i'm gweld i drafod y mater. Daeth draw o Landudno i Langadog. Gallai terfysg mawr wneud drwg enbyd i'r Eisteddfod, meddai, ond byddai canlyniadau dileu dyfodiad yr Ysgrifennydd Gwladol hyd yn oed yn fwy pellgyrhaeddgar.' Cofier mai Gwyndaf, fel Archdderwydd, oedd wedi llywyddu dros gyfarfodydd yr Orsedd lle penderfynwyd anrhydeddu'r Ysgrifennydd Gwladol, a'i fod wedi cael pob cyfle i gydrannu unrhyw ofidiau o'r fath â'i gyd-swyddogion, yn enwedig â mi a oedd yn gyfrifol am ddwyn yr Ysgrifennydd Gwladol o'r ystafell wisgo i'r Pafiliwn, ond ni wnaeth. A sut y gallai feddwl am 'ddileu dyfodiad' y Gweinidog pan na fu'r Bwrdd, na neb arall, yn sibrwd y fath beth?

Gyda llaw, pe byddai Cynan wedi meddwl fod yr Archdderwydd wedi ymddwyn yn y modd hwn, ac wedi mynd y tu cefn iddo ef a'r swyddog oedd yn gyfrifol am yr Orymdaith, byddai wedi mynd yn llwyr o'i gof, a gwyddai Gwyndaf hynny cystal â neb.

'Cytunais i fynd,' medd Gwynfor yn y llyfr. 'Newidiasom i'n gynau gwynion yn ysgol Heol Gladstone lle bûm yn ddisgybl flynyddoedd ynghynt. [Yr oedd wedi newid pan ofynnais iddo.] Fe'n cludwyd mewn bws at faes yr Eisteddfod. . . .Yna rhwng gosgordd o blismyn cerddasom i'r maes, George a minnau ar flaen gorymdaith y beirdd [lle'r oeddwn i wedi eu gosod]. Y tu fewn i'r fynedfa disgwyliai torf fawr ffyrnig-stwrllyd o bobl ifainc fygythiol. Pan welsant fy mod yn cerdded wrth ochr George ysgawnodd eu pwysau ar y plismyn a chyraeddasom y pafiliwn heb fod dim wedi'i daflu ato nac ergyd wedi'i rhoi.' A dyna'n hollol pam y gofynnais iddo, yn y lle cyntaf, i gydgerdded gyda'r Ysgrifennydd Gwladol.

Penderfynodd tref Pwllheli ddathlu canmlwyddiant geni Cynan gyda gŵyl, a gwahoddwyd yr Orsedd i gymryd rhan yn y gweithgareddau yn ystod wythnos y dathlu. Cytunodd y Bwrdd i gynnal Gorsedd Goffa Cynan ar ddydd Sadwrn, 27 Mai 1995, gyda chinio ym Mhlas y Goedlan, Edern, y noson cynt, lle'r oedd y Fonesig Menna ac Eleri ferch Cynan yn brif westeion, a siaradwyd gan Wilbert Lloyd Roberts.

Yn anffodus, yr oedd y tywydd yn fygythiol ar y dydd Sadwrn, ond gan ei bod hi'n achlysur mor arbennig, a phroffwyd lleol y tywydd yn fy sicrhau y byddai'n para'n hindda, cymerais siawns i orymdeithio trwy'r dref a thua'r Cylch ar Farian-y-De, ond fe'n daliwyd gan y glaw a bu'n rhaid cynnal y seremoni yn Ysgol Glan-y-môr. Oni bai am hynny, bu'r dathlu'n llwyddiant mawr a bu hynny'n bosibl oherwydd cymorth dihafal a diflino Robyn Llŷn, a fu'n gyfrifol am y trefniadau lleol.

Cyhoeddwyd cyfrol deyrnged o dan olygyddiaeth Ifor Rees (Ifor Morgannwg), dan y teitl *Dŵr o Ffynnon Felin Bach*. Ffynnon lle byddai Cynan yn nôl dŵr i'w nain i wneud 'te go iawn' oedd Ffynnon Felin Bach, ond mynd i orwedd ar y mwsogl yn ymyl a wnâi'r crwt Cynan gan wylio'r cymylau a gwrando ar yr adar yn canu. Ymhen blynyddoedd ar ôl hynny, ac yntau'n filwr yn y rhyfel, canodd amdani:

> 'Does dim wna f'enaid blin yn iach
> Ond dŵr o Ffynnon Felin Bach.
> Sawl tro o dan ei phistyll main
> Y rhoddais biser bach fy nain?

Aeth Judith a minnau i'w gweld, ac edmygu fel y mae wedi cael ei thrwsio er cof am Cynan, gyda'r pennill uwch ei phen. Gofynnodd Ifor Morgannwg i mi gyfrannu i'r gyfrol a phleser oedd cael y cyfle i ddwyn atgofion am fy nghyfarfyddiad cyntaf â Cynan, ar y nos Sul cyn Eisteddfod Abergwaun yn 1936, a'r tro olaf, yn y cinio y gofynnodd y Bwrdd i mi ei drefnu yng Ngwesty'r Frenhines yng Nghaer i ddathlu ei wneud yn farchog, lle'n difyrrwyd, ymhlith eraill, gan Ernes. Hawliai ef ei fod yn adnabod Cynan o flaen neb oedd yno ac adroddai straeon am eu helyntion gyda'i gilydd, fel pan oeddent i lawr yn y de a Chynan yn gweld enw Crug-y-bar ar fynegbost, ac yn mynnu mynd yno a chanu'r emyn 'O fryniau Caersalem ceir gweled' ar y dôn, a hynny ar ochr y ffordd, a rhyw greadur lleol yn mynd heibio a bron cwympo oddi ar ei feic wrth eu gweld.

Nid oeddwn i'n aelod mewn pryd i fod yn y seremoni Orseddol hynod a gynhaliwyd yng nghastell San Dunawd yn ystod Eisteddfod Castell Nedd yn 1934, ond clywais lawer amdani, a chefais yr hanes gan Ab Eos, a oedd yn bresennol. Gellid meddwl mai Cynan fyddai wedi tadogi syniad mor 'basiannaidd', er nad oedd ef eto yn Gofiadur, ond dywedai ef mai Llwyd o Wynedd, y Gwir Anrhydeddus David Lloyd George, oedd wedi cael y breuddwyd ac mai efe oedd wedi cael benthyg y castell gan ei gyfaill William Randolph Hearst, y miliwnydd Americanaidd, a'i prynodd ar ôl gweld ei lun yn *Country Life*. Yr oedd wedi cael ei fenthyg o'r blaen, pan roddwyd rhyddfraint y Bontfaen iddo, ac yr oedd ar delerau da gyda Hearst.

Trefnwyd gwledd arbennig yn y castell ar gyfer yr Archdderwydd a'r Gorseddogion, ac yr oedd trefniadau barwnol wedi eu gwneud gan yr Arwyddfardd, Sieffre o Gyfarthfa. Pan oedd y gwesteion yn agosáu at borth y castell, galwodd Sieffre, ar y blaen, am gael mynediad, ac atebwyd ef mewn Ffrangeg-Normanaidd gan y Porthor, sef y Dr Morgan Watcyn, a oedd wedi llunio'r drafodaeth yn y dafodiaith honno. 'Beirdd ydym, ar daith', atebodd yr Arwyddfardd, 'ar ein ffordd i Ŵyl ein cenedl yng Nghastell Nedd. Sieffre o Gyfarthfa ydwyf fi, a chyda mi y mae Gwili Benbeirdd: edrych ar ei wallt crych, ac ar ei wyneb!' Wedi boddio'r porthor, derbyniwyd tua chant o Orseddogion gan Lwyd o Wynedd, yn absenoldeb y perchennog ac ar ei ran fel arglwydd y faenol, ac ar ôl gwledda'u gwala, cawsant eu difyrru â thelyn a dawns, a chan gellweirwyr a chonsurwyr. Canwyd clod yr alldodyn-arglwydd gan Grwys a Threfin ac eraill, a gorffennwyd gyda chôr o fynachod - côr meibion Cwmafan mewn gwirionedd - yn araf-gamu trwy gysgodion y castell a chanu'r *Nunc Dimittis*.

Ymddangosodd erthygl ddisgrifiadol yn y *Western Mail* drannoeth, gan Cynan, dan y pennawd 'St Donat's plays the Wales that was', a soniodd am y digwyddiad fel pasiant yn cysylltu hanes Cymru-fu â'r Gymru sydd ohoni, a llongyfarchodd yr Arwyddfardd 'am lwyfannu y pasiant barddol ysblennydd hwnnw y mae rhai ohonom yn breuddwydio amdano, sef Gorsedd o seremoni ddramatig bur, heb ei hualu gan yr areithio diflas arferol.'

Un o'r pethau a'm poenodd i yn ystod fy nhymor fel Arwyddfardd oedd gweld y 'pasiant barddol ysblennydd' yn dioddef oherwydd y modd yr oedd yn cael ei gynnal. Dylai pasiant redeg yn esmwyth o olygfa i olygfa heb gael cyflwyniadau fel 'Ac yn awr fe gawn...', neu eiriau diangen ar ddiwedd perfformiad. Dylai pawb sy'n cymryd rhan wybod yn gywir pryd y maent i ymddangos a beth i'w wneud, fel y gŵyr Plant y Ddawns pryd i symud i'w lleoedd heb eisiau galw arnynt. Ac nid oes dim yn lladd effeithiolrwydd perfformiad gwych gan y plant na chlywed yr Archdderwydd wedyn yn darllen eu henwau ac enwau eu hysgolion a'u hyfforddwyr a'u hathrawon. Mae'r enwau i gyd yn y rhaglen, ac enwau pawb arall sy'n cymryd rhan. Mewn ymdrech i gael gwared o ddiffygion o'r fath, ceisiais baratoi canllawiau i hwyluso'r gwaith, a chefais gymorth parod gan yr Archdderwydd John Gwilym wrth wneud hynny. Ar yr un pryd gofynnwyd i mi ddiweddaru a diwygio *Llyfr Cyfarwyddyd y Swyddogaeth a'r Seremonïau* a olygwyd olaf yn 1961.

Gofynnodd y Bwrdd i mi fynd i'r Bontfaen i sbio'r wlad ar gyfer dathlu daucanmlwyddiant yr Orsedd gyntaf a gynhaliodd Iolo Morganwg yng Nghymru, ar Fryn Owain yn 1795. Cefais groeso gan ysgolfeistr Ysgol Iolo Morganwg, Alan Jones, a'i gael yn barod i gynorthwyo ein bwriad ym mhob ffordd. Cawsom ddefnyddio'r ysgol i gynnal cyfarfod o'r Bwrdd yn y bore, ac i gael byrbryd a baratowyd ar ein cyfer, trwy aelodau staff yr ysgol, gan y gangen leol o Ferched y Wawr. Euthum i ben Bryn Owain i ddewis man i gynnal y seremoni a threfnu iddo gael ei gau dros dro ar ein cyfer, er mwyn cadw draw y moduron a'r ymwelwyr sy'n mynychu'r fan. Daeth 55 o Orseddogion i'r seremoni, ar 16 Medi 1995, a thua chant o bobl eraill, gan gynnwys Maer Pontfaen ac Uchel Siryf Morgannwg.

Derbyniais gais gan y Comisiwn Coedwigaeth am i aelodau'r Orsedd blannu coedlan o goed derw i gofťáu ymweliad yr Eisteddfod â Chastell Nedd a gyda chefnogaeth y Bwrdd, cafodd pob aelod wahoddiad i wneud hynny, yn enw'r aelod ei hun neu yn enw rhywun arall, am £10 y goeden. Achubodd 57 o aelodau ar y cyfle ac anfonwyd siec am £570 i Gyngor Bwrdeistref Castell Nedd a oedd yn gyfrifol am blannu'r coed ac am gadw Llyfr Coffâd yn cofrestru enwau pawb a gyfrannodd. Gwahoddwyd yr Archdderwydd John Gwilym i blannu'r goeden gyntaf mewn seremoni a gynhaliwyd ynghanol ysblander Ystâd y Gnoll, a osodwyd allan gan Syr Humphrey Mackworth yn y ddeunawfed ganrif. Cofiais i Hugh Dalton ddweud wrthyf mai yn y Gnoll y cafodd ef ei eni.

Daeth yr Archdderwydd John Gwilym hefyd i Aberteifi i ddadorchuddio cofeb ar fur y castell lle cynhaliwyd gŵyl gan yr Arglwydd Rhys a gydnabyddir fel yr Eisteddfod gyntaf, yn 1176.

IX

Pan oeddwn yn ysgrifennu'r llyfr *Secrets of the Bards*, cofiais am y cais a dderbyniodd y Bwrdd yn 1946 i gefnogi Cymdeithas Gymraeg Efrog Newydd yn ei bwriad i sefydlu Gorsedd yn y ddinas, a'r modd y gohiriwyd y mater hyd nes i ni gael hanes cyflwr Gorsedd America, ond ni fu sôn pellach am y mater. Ymdebygai ei bod wedi peidio bod tua'r amser hwnnw.

Bûm â diddordeb i gael hanes y trydydd a'r olaf o Archdderwyddon Gorsedd America, y Seneddwr James J Davis (Cyfunydd) a aeth allan o Dredegar gyda'i deulu a chychwyn ei yrfa fel pwdler yng ngweithfeydd dur Pittsburgh. Daeth, gydag amser, yn llywydd Undeb y Gweithwyr Dur ac yn Gofiadur Madison County cyn bod yn Ysgrifennydd Llafur i'r Llywyddion Warren Harding, Calvin Colidge ac Edgar Hoover. Yr oedd yn flaenllaw yn Eisteddfod Pittsburgh yn 1913, ond cofir amdano'n bennaf fel y gŵr a roes fywyd newydd i'r *Loyal Order of Moose*, yn gymaint felly fel y cyfeirir ato fel sylfaenydd y mudiad hwnnw, er ei fod wedi'i ffurfio gyntaf yn Kentucky yn 1888, ond yr oedd wedi edwino a Davis a'i hachubodd rhag marw a'i ddadebru, ac ef oedd ei Gyfarwyddwr-Cyffredinol o 1906 hyd ei farw yn 1947. Efe hefyd a sefydlodd Mooseheart, 'Dinas y Plant', gyda'i hysgolion a sefydliadau ar gyfer yr ifainc, ar ddeuddeg cant o erwau yng Nghwm y Cadno yn Illinois, lle saif cerflun efydd o gyflawn faintioli ohono gyda phlentyn, un ymhob llaw, wrth y fynedfa.

Bûm yn ceisio cael gafael yn ei ddisgynyddion, ond ni fedrai neb o uchel swyddogion y Moose, nac yn y wlad hon nac yn America, fy arwain atynt. Rhaid i mi gyfaddef mai prif bwrpas fy ymchwil oedd ceisio cael gwybod beth ddigwyddodd i regalia'r Archdderwydd, er na wyddys ei fod amgen na gwisg wen a dwyfronneg o frêd metelaidd.

Yn Eisteddfod Bro Dinefwr yr oedd stondin ar y Maes gan y *Moose* a holais am James J Davis, ond nid oedd neb yno'n gwybod dim amdano.

Yn yr *Oireachtas* a gynhaliwyd yn Dun Garbhain (Dungarvan), cafodd Delme Bro Myrddin a minnau groeso swyddogol gwresog gan y Llywydd, Ciaran Mac Mathuna, y gŵr â'r llais mwyn sy'n cyflwyno rhaglen am wyth o'r gloch bob bore Sul ar *Radio Eireann*, rhaglen, meddai wrthyf, sydd wedi'i dyfeisio ar gyfer pobl sy'n dioddef salwch ar ôl y ffair. Croesawyd ni hefyd gan ein cyd-Orseddogion, Bendigeidfran (Y Tad Diarmuid Ó Laoghaire) a Gwenertz (Yr Athro Alan Heusaff), Llydawr a ymsefydlodd yn Iwerddon, a chan hen gyfeillion megis Proinsias Mac Aonghusa. Ni fedrodd Sean Mac Reamoinn, a'm croesawodd i'r ŵyl ddeugain mlynedd ynghynt, fod yno ond cafodd Judith a minnau dreulio rhai dyddiau yn ei gartref ef a'i wraig yn Nulyn ar ôl yr ŵyl.

Braf oedd cael cyfarfod â'r lleian lawen, Deaglan la Paor, sy'n ceisio olrhain cysylltiadau Padrig Sant â Chymru. Taerai fy mod i'n hanfod o lwyth y Deisi, a adawodd eu pencadlys yn Dun Garbhain i oresgyn Sir Benfro yn y bedwaredd ganrif.

Cawsom ein tywys i An Rinn (Ring) lle mae ysgolion a choleg yn dysgu Gwyddeleg yn y Gaeltacht, lle dywedir fod pedwar o bob pump yn siarad yr iaith, ac aethom i Fynachlog Mynydd Melleray lle byddai Waldo yn encilio o bryd i'w gilydd.

Cafodd Judith a minnau wahoddiad i Curraghmore, plasty Marcwis Waterford, sydd hefyd yn dwyn y teitl Iarll Tyrone o Hwlffordd, ac yn rhinwedd y teitl hwnnw'n unig y medr eistedd yn Nhŷ'r Arglwyddi, ac oherwydd y cysylltiad, trefnais iddo gael ei dderbyn yn Fwrdais Tref Hwlffordd. Yr oedd y plasty'n un o'r ychydig o'r rhai mawr na losgwyd gan y gwrthyfelwyr yn y dauddegau, ond yr hyn a ddaliodd fy sylw oedd nifer y ffesantod a oedd fel drudwy gaeaf o gylch y lle. Gofynnais i'r Marcwis faint ohonynt oedd ganddo ac atebodd na wyddai, ond bod deng mil wedi cael eu rhyddhau y diwrnod cynt.

Yn yr un modd â sefydliadau eraill o'r fath, byddai Bwrdd yr Orsedd yn cyhoeddi rhestr o'i haelodau, yn dangos yr enw yn yr Orsedd, yr enw priodol, dyddiad yr urddo a manylion o'r urdd. Cyhoeddwyd hi gyntaf ar ôl y rhyfel, yn 1947, ac yna yn 1949 pan benderfynwyd gwneud hyn bob deng mlynedd, a hyn a wnaed yn 1959 ac yn 1969. Addawyd gwneud un ar gyfer 1979, gydag addewid bellach y byddai'n cael ei chyhoeddi bob pum mlynedd o hynny allan, ond ni welwyd un byth wedyn, er i'r Bwrdd geisio, a gorchymyn, hynny dro ar ôl tro. Y mae rhestr o'r fath, heblaw bod yn hwylus i aelodau sy'n dewis ei defnyddio, yn hanfodol i rai o'r swyddogion, ac yn angenrheidiol i'r Cofiadur a'r Arwyddfardd sy'n gorfod gofalu fod pobl sy'n ceisio rhyw wasanaeth yn aelodau cyflawn o'r Orsedd. Bu rhaid iddynt hwy, a holl aelodau'r Orsedd, ddibynnu ar restr aelodau'r Llys, a oedd wedi eu gosod allan yn ôl yr hen siroedd, ac yna, yn waeth byth, yn ôl ardaloedd y cynghorau dosbarth. Felly, pe bawn am wybod a oedd John Jones, Cwmbwrla, yn aelod llawn, byddai'n rhaid i mi chwilio'r ardaloedd hyd nes y down ar ei draws, os oedd yno o gwbl. Wedi methu dro ar ôl tro, dros gyfnod o ddeunaw mlynedd, â chael rhestr gyflawn wedi ei chyhoeddi, gofynnwyd i mi geisio cael y manylion angenrheidiol ac anfonais ffurflen briodol allan gyda'r ffurflenni gwisg yn 1994. Nid oeddwn yn disgwyl y byddai pob aelod yn ateb, ond siomedig oedd gweld fod cynifer ohonynt yn amharod i gydweithredu yn hyn o beth. Trosglwyddais yr holl wybodaeth a ddaeth i law i'r Ysgrifennydd Aelodaeth.

Pe teimlid, yn yr oes sydd ohoni, fy mod yn rhoi gormod o sylw i gysylltiad yr Orsedd a'r Eisteddfod â'r teulu brenhinol, rhaid cofio mai adlewyrchiad yw hynny o agweddau cyfnod pan oedd yr Eisteddfod yn ymladd am gael nawddogaeth brenhinol, a'r Orsedd yn awyddus i anrhydeddu aelodau o'r teulu.

Honnir fod Tywysog Cymru (George IV) yn bresennol mewn seremoni ar Fryn y Briallu yn 1793, ac yr oedd Victoria yn westai i lywydd yr Eisteddfod ym Miwmaris yn 1832, ac yn noddi Eisteddfod Frenhinol Gwent a Dyfed a gynhaliwyd yng Nghaerdydd yn 1834. Ymweliad Tywysog Cymru (Edward VII) a'i deulu â Chaernarfon yn 1894 a fu'n gyfrifol am gael urddwisgoedd trilliw i'r Gorseddogion, trwy haelioni'r uchelwyr a'r boneddigion.

Yn ôl E Prosser Rhys, golygydd *Y Faner*, presenoldeb Tywysog Cymru (Edward VIII) oedd 'y peth mawr' yn Eisteddfod Pont-y-pŵl yn 1924, ac yr oedd trefniadau'r Orsedd ynglŷn â'r ymweliad 'yn haeddu canmoliaeth'. Dilynwyd y Tywysog i'r llwyfan, am y tro cyntaf erioed mewn gorymdaith, gan y Gorseddogion, a derbyniwyd ef yn aelod anrhydeddus gan yr Archdderwydd Elfed. Yna galwyd arno i osod y Goron ar ben y Bardd Buddugol, neb llai nag E Prosser Rhys.

Urddwyd Dug a Duges Caerefrog (George VI a'r Fam Frenhines) yn Abertawe y flwyddyn ganlynol a rhoddodd eu presenoldeb ysbardun i'r Arwyddfardd newydd, Sieffre o Gyfarthfa, drefnu gorymdaith 'yn well o dipyn na'r arfer', yn ôl *Y Faner*.

Gwahoddwyd y Dywysoges Elizabeth i Aberpennar yn 1946 i'w hurddo, nid yn unig i gadw'r olyniaeth, ond am fod Cynan yn gweld fod angen rhywbeth i godi ysbryd y bobl ar ôl hirlwm y rhyfel.

Byddai'r Tywysog Siarl hefyd wedi cael ei dderbyn pe bai Cynan wedi cael byw.

Gwnaethpwyd ymdrech i gael nawddogaeth i'r Eisteddfod trwy Siarter Brenhinol mor gynnar ag 1880, yn Eisteddfod Caernarfon, a chodwyd y mater eto yn 1906. Awgrymodd yr Athro W J Gruffydd yn 1936 y dylid cael un, ac yn 1965 bu Emrys Roberts, yr Aelod Seneddol dros Feirionnydd, yn holi sut i gael Siarter Brenhinol i'r Eisteddfod. Byddai hynny'n cael gwared o'r orfodaeth flynyddol i ysgrifennu i Balas Buckingham i geisio nawddogaeth brenhinol. Ym mis Ionawr 1966 derbyniwyd llythyr o'r Swyddfa Gartref yn datgan 'parodrwydd y Cyfrin Gyngor i ystyried cais am gysylltu'r gair 'Brenhinol' yn barhaol â'r Eisteddfod Genedlaethol a thrwy hynny arbed ceisiadau blynyddol oddi wrth Bwyllgorau Lleol. Ar 11 Mawrth 1967 cafodd y Cyngor wybod fod llythyr wedi cyrraedd o'r Swyddfa Gartref 'yn hysbysu i'r Frenhines ganiatáu'r teitl "Brenhinol" fel un parhaol i'r Eisteddfod Genedlaethol'.

Mewn cyfarfod o'r Cyngor a gynhaliwyd ar 20 Mai 1991 cynigiodd y Dr Eirwen Gwynn 'bod y Cyngor yn trafod y priodoldeb o ollwng y gair "Brenhinol" o enw'r Eisteddfod'. Cyfeiriwyd y mater i'r Pwyllgor Gweithredol lle penderfynwyd argymell y Cyngor i wneud datganiad 'mai teitl cyfansoddiadol yr Eisteddfod yw *Eisteddfod Genedlaethol Cymru*. Yn 1963 rhoddwyd hawl barhaol i'r Eisteddfod ddefnyddio'r teitl *Brenhinol* fel y mae'n addas.' Y mae rhan gyntaf y gosodiad hwn yn gywir oherwydd esgeuluswyd newid yr enw yn y Cyfansoddiad i *Eisteddfod Genedlaethol Frenhinol Cymru*, ond y mae'r gweddill yn anghywir gan mai yn 1967 y cafwyd yr hawl, nid yn 1963, a hynny i'w ddefnyddio'n 'barhaol'. Nid oes air am ei ddefnyddio 'fel y mae'n addas', ac ni fyddid yn rhoi caniatâd mewn termau o'r fath.

Ceisiais ddarbwyllo'r Cyngor i'r perwyl ond pleidleisiodd yr aelodau bron yn unfrydol i dderbyn yr argymhelliad gwallus.

Aeth sôn am fwriad y Dr Eirwen Gwynn ar led a buan y derbyniwyd llythyron oddi wrth bobl fel Prif Weithredwr Cyngor Dosbarth Meirionnydd yn mynegi pryder ynghylch canlyniadau dileu'r gair 'Brenhinol' o deitl yr Eisteddfod. Sylweddolwyd y byddai gweithred o'r fath yn rhoddi cyfle i aelodau awdurdodau lleol nad ydynt yn llawn ewyllys da at yr Eisteddfod i wrthod, neu dynnu'n ôl, gefnogaeth ariannol eu hawdurdod i gorff y gellid dweud ei fod yn wrth-frenhinol. Ni ddylid, chwaith, anghofio geiriau Ernest Roberts, cyn-Ysgrifennydd yr Eisteddfod, pan wnaeth ein hatgoffa fod Deddf yr

Eisteddfod, 1957, wedi rhoi hawl 'i Awdurdodau Lleol gyfrannu at "Eisteddfod Gendlaethol *Frenhinol* Cymru" a gynhelid y tu allan i'w ffiniau', a thynnodd sylw at y ffaith nad oedd 'gan neb hawlfraint ar y teitl "Eisteddfod Genedlaethol Cymru" ', ac y gallai unrhyw gyfarfod cystadleuol ei alw ei hun felly pe dymunai wneud. 'Clywir weithiau,' meddai, 'y gri am ddileu'r gair "brenhinol" o deitl ein Prifwyl. Os gwneir hynny, byddwn yn dechrau ffidlan â hawl gyfreithiol Awdurdodau Cyhoeddus i gyfrannu tuag at yr Eisteddfod.'

Mater a achosai bryder i rai ohonom oedd gweld tyfiant tueddiadau gwleidyddol yng ngweithgareddau'r Orsedd, y tybiwn ei fod yn sefydliad i ddiogelu'r iaith a hyrwyddo'r diwylliant Cymreig. Amlygwyd y tueddiadau hyn yn arbennig mewn areithiau oddi ar y Maen Llog.

Yr oedd gofid ynghylch y mater hwn hefyd ymhlith swyddogion Llys a Chyngor yr Eisteddfod fel y dangoswyd mewn adroddiad yn canlyn 'Arolwg o Eisteddfod Genedlaethol Frenhinol Cymru a gomisiynwyd gan y Swyddfa Gymreig' yn 1987-88. Am ryw reswm nas esboniwyd, ni fu unrhyw ymgynghori â swyddogion yr Orsedd, na'r Bwrdd, ond eto yr oedd yna gyfeiriadau, nid canmoliaethus, at weithgareddau'r Orsedd. Yn ôl yr adroddiad, 'ceid cytundeb unfrydol' ymhlith swyddogion y Llys a'r Cyngor, 'fod rhaid i apêl yr Eisteddfod fod yn amhleidiol'. Yn eu barn hwy, yr oedd datganiadau gwleidyddol rhai o aelodau'r Orsedd dros y blynyddoedd yn gwanhau sefyllfa'r Eisteddfod.

Yn amlwg yr oedd hyn yn dyfnhau'r gagendor oedd wedi tyfu rhwng y Cyngor a'r Bwrdd a chyfeiriodd yr adroddiad at anghytbwysedd a oedd hefyd yn porthi hynny. 'Mae gan Fwrdd yr Orsedd a Chyngor yr Eisteddfod yr un statws o dan nawdd y Llys,' medd yr adroddiad, 'Daw cynrychiolwyr o Fwrdd yr Orsedd yn aelodau o'r Cyngor, ond nid oedd unrhyw fframwaith pendant ar gyfer cynrychiolaeth i aelodau'r Cyngor ar Fwrdd yr Orsedd.' Ceisiais gywiro'r anghyfartaledd trwy gynnig bod y Bwrdd yn gwahodd y Cyngor i ddewis dau o'i aelodau, a oedd yn aelodau o'r Orsedd, i fod yn gynrychiolwyr ar y Bwrdd ac anfonwyd gwahoddiad i'r perwyl at y Cyngor, ond nis derbyniwyd gan fod ei swyddogion yn teimlo nad oedd bwrpas i gael cynrychiolaeth ond gan rywun nad oedd yn aelod o'r Orsedd.

Nid aeth blwyddyn heibio, braidd, heb i rywun, neu rywrai fel arfer, fy nghyfarch yn ystod y dyddiau ar ôl Eisteddfod a dweud rhywbeth fel: 'Fe'ch gwelais ar y teledydd yn cario'r Cledd!' Nid yn unig y bobl gyffredin y byddwn yn eu cyfarfod yn y stryd, ond hefyd bobl y disgwyliwn iddynt wybod yn well. Er enghraifft, yng nghyfarfod dathlu chwarter canrif Pwyllgor Tywysog Cymru, mewn gwesty yng Nghaerdydd, wrth fy nghyflwyno i'w ferch, dywedodd gŵr a fu'n olygydd y *Western Mail* am flynyddoedd, ei fod yn siŵr ei bod hi wedi fy ngweld yn cludo'r Cledd yn yr Eisteddfod.

Am rai blynyddoedd ar ôl i mi orffen dal y swydd, yn 1966, ni chymerais fawr o sylw o'r camgymeriad ond gyda threigl amser, yn ymestyn i dri degawd, byddwn yn synnu mwy a mwy. Wedi'r cyfan, bu dau ŵr cadarn yn Geidwaid ar fy ôl i, ac ni fedraf gredu y gall cof pobl fynd yn ôl cyn belled ynghylch peth mor amhwysig. Teimlaf fod rhai o'r bobl hyn heb hyd yn oed wedi eu geni ddeng mlynedd ar hugain yn ôl, neu'n sicr yn rhy ifanc i gofio. Yr unig esboniad y medraf feddwl amdano yw y byddwn, fel Arwyddfardd, eto'n dal gwialenffon fy swydd yn fy llaw. Erys y mater yn rhyfeddod.

Ni fyddai'n bosibl i Arwyddfardd wneud ei waith heb ei Ddisteiniaid, a phriodol yw'r rheol sy'n rhoi'r cyfrifoldeb iddo ef i'w dewis. Bûm yn ffortunus i gadw'r un Disteiniaid am amseroedd, gan eu colli naill ai trwy farwolaeth neu trwy iddynt gael eu dyrchafu i Urdd y Derwyddon am eu hir wasanaeth i'r Orsedd. Dau Ddistain o bob lliw yw'r arfer, ond byddai angen atgyferthniadau pan ddisgwylid mwy nag arfer o aelodau i fod yn bresennol. Rhoddodd hyn gyfle i mi wahodd merched i ymgymryd â'r gwaith, heb i neb ofyn i mi wneud hynny, ac ni ddaeth neb ataf i gwyno na gwerthfawrogi fod hynny wedi digwydd. Gwerthfawrogais yn fawr yr holl gymorth a gefais yn y cyfeiriad hwn, ac y mae fy nyled i bawb a fu'n Ddistain yn fawr.

Gelyn pennaf Arwyddfardd yw y tywydd, gan mai ef sy'n gyfrifol am Orymdaith yr Orsedd ac yn gorfod penderfynu a fydd y tywydd yn caniatáu cynnal seremoni yn yr awyr agored. Ni ddisgwylid y byddai hynny'n achosi problem ar ddechrau mis Awst, ond ers rhai blynyddoedd bu'r tywydd yn ymddwyn yn debycach i'r hyn a wna ym mis Ebrill, gydag 'ambell i gawod embyd'.

Y mae'r Arwyddfardd o dan bwysau bob amser i gynnal seremoni allan, hyd yn oed pan fo'r cymylau duon yn ymgasglu, a gwŷr y tywydd yn darogan glaw. Digwydd hyn yn arbennig ar ddydd y Cyhoeddi, pan fyddo trefnyddion yr Eisteddfod a'r bobl leol yn awyddus i gael gorymdaith trwy'r dref er mwyn tynnu sylw at ddyfodiad yr Eisteddfod. Y mae'r un galw am gael cynnal y seremonïau boreol yn y Cylch, ar y borfa las ac yn lliw a llun yr amgylchedd, yn hytrach na gorfod cael addasiad tila dan do.

Ychydig sy'n sylweddoli nad oes neb yn fwy awyddus i weld y seremoni'n cael ei chynnal yn yr awyr agored na'r Arwyddfardd ei hun. Bu ef yn treulio llawer o amser, yn ystod y misoedd blaenorol, yn paratoi ar ei chyfer: yn mynd i weld a dewis neu gymeradwyo lleoliad y Cylch; yn ymweld ag Ystafelloedd Gwisgo; yn trefnu cwrs yr Orymdaith gyda'r trefnydd; yn gofalu bod y regalia a'r gwisgoedd mewn cyflwr da ac yn cyrraedd y mannau iawn; yn argraffu ffurflenni gwisg ar gyfer y Cyhoeddi ac ar gyfer yr Eisteddfod; yn paratoi ac argraffu tocynnau gwisg a thocynnau corlan; yn derbyn ceisiadau ac ar ôl sicrhau bod yr enwau ar y rhestr aelodau a'r tâl yn iawn, anfon allan docynnau gwisg a thocynnau corlan, tocynnau te, tocynnau parcio, a thei a bathodyn lle bo galw; dewis, gyda'r Cofiadur, Gyflwynyddion yr Hirlas a'r Flodeuged; hyfforddi Cludwyr y Faner, a dewis a hyfforddi Disteiniaid, heb sôn am ddelio â cheisiadau ac ymholiadau ynglŷn â gwahanol weithgareddau'r swydd. Bydd wedi bod yn gwylied tuedd y tywydd am ddiwrnodau ymlaen llaw, ac yn dilyn y rhagolygon yn ôl proffwydi'r tywydd ar y radio a'r teledydd; wedi codi gyda'r wawr i gael golwg ar yr argoelion, a lle bo unrhyw betruster, wedi bod mewn cysylltiad â'r orsaf dywydd agosaf. Droeon, bu'n rhaid penderfynu ar y funud olaf, ar ôl astudio hynt y cymylau, neu uchder hediad y wenoliaid, ond ni ellir gadael y penderfyniad i fod yn rhy hwyr gan y bydd y Pensaer yn gorfod gwneud trefniadau ynghylch cadeiriau'r gwahoddedigion a chyfarpar darlledu a phethau o'r fath.

Bydd yr Arwyddfardd yn dueddol o deimlo bod ei waith yn ofer os na fedrir cael gorymdaith a seremoni 'yn wyneb haul, llygad goleuni'.

Ar yr un pryd, rhaid iddo feddwl am y canlyniadau pe bai'r Gorseddogion yn cael eu dal yn y glaw a'u gwisgoedd yn gwlychu, a'u cyflwr ar gyfer y Coroni neu'r Cadeirio yn y prynhawn. Ac ni ŵyr neb beth a ddigwyddai i wisg ddrudfawr yr Archdderwydd pe bai hi'n gwlychu. Yn ystod y 30 mlynedd y bûm yn dal y swydd, paratoais ar gyfer 90 o seremonïau, a chawsom gynnal 68 yn yr awyr agored a 22 o dan do.

Yr un tro y mae'n edifar gennyf amdano yw'r bore dydd Iau yng Nghasnewydd. Bu'n rhaid i ni droi'n ôl fore dydd Mawrth, ar ôl cychwyn yr Orymdaith, oherwydd iddi lawio, ac yr oedd yr argoelion yr un fath fore Iau, ac ni feiddiwn fentro. Penderfynais fynd eto o dan do ond, am unwaith, cadwodd y glaw i ffwrdd, a theimlwn awydd cytuno â'r gohebydd lleol a ddywedodd y dylswn gael fy nghrogi! Ni wyddai neb faint o ofid oedd i mi i wrthod cael seremoni ar y man hudolus hwnnw a ddewisais, ar lan llyn, yn ymyl y plas ym Mharc Tredegar.

Cyflwynwyd Baner yr Orsedd i'r Archdderwydd Hwfa Môn gan Syr Arthur Stepney, Llanelli, ar y Maen Llog yn Eisteddfod Llandudno yn 1896. Yr oedd yr Eisteddfod wedi bod yn Llanelli y flwyddyn cynt a bu dau ddigwyddiad pwysig yno a effeithiodd ar ddyfodol yr Orsedd. Y cyntaf oedd apwyntio Thomas Henry Thomas (Arlunydd Penygarn) yn Arwyddfardd, y cyntaf i ddwyn y teitl: yr oedd Gwilym Alltwen wedi dal swydd debyg fel 'Marchog Feistr y Seremonïau', ac ef oedd wedi darparu'r ffedogau, tebyg i rai'r Seiri Rhyddion, a wisgwyd yn Eisteddfod Lerpwl yn 1884. Yr ail beth oedd presenoldeb Syr Hubert von Herkomer fel beirniad yn y celfyddydau, a alwodd ar awdurdodau'r Eisteddfod i roddi amlycach lle i'r adran gelf a chrefft. Yr oedd ef yn gyfeillgar â theulu Mansel Lewis y Strade ac yr oedd wedi gobeithio gorffen gwneud gwisg i'r Archdderwydd, a choron a dwyfronneg, i'w cyflwyno yn Eisteddfod Llanelli ond yr oedd wedi methu cael y defnyddiau ar gyfer hynny.

Yr Arwyddfardd Arlunydd Penygarn a ddyluniodd y Faner, gyda'r Ddraig Goch yn sefyll ar haul sy'n tywynnu â'i belydrau'n ffurfio'r Nod Cyfrin, a chylch o 'ddiemwntau', y cyfan ar gefndir o sidan asur wedi'i addurno â dail derw ac uchelwydd a chennin a daffodiliau. Ar ei thraws y mae'r geiriau 'Y gwir yn erbyn y byd' ac 'Yn wyneb haul, llygad goleuni' a 'Heddwch'. Gwnaethpwyd y Faner gan Lena Evans, Caerdydd, a dderbyniwyd i'r Orsedd fel Brodes Dâr. Erbyn 1960 yr oedd angen ei rhan-newyddu a gwnaed hyn gan Miss Iles o Frynsiencyn am £100 a dalwyd gan Señor Hywel Hughes, Bogota.

Yn awr yr oedd traul mawr arni ac yr oedd yn angenrheidiol ei hadnewyddu yn gyfan gwbl, a theimlais yr hoffwn wneud hyn ar ei chanmlwyddiant, a chyn fy mod yn ymddeol. Yr un fath â chyda gwisg yr Archdderwydd, darganfûm yn fuan nad mater hawdd oedd hyn i fod. Y tro hwn, cael gafael mewn gwneuthurwyr medrus am bris rhesymol oedd y broblem. Cefais enwau nifer o frodesau ond nid oedd un yn teimlo'n abl i ymgymryd â'r gwaith. Derbyniais ddyfynbris o £5,000 gan Toye, Kenning a Spencer. Yna anfonais Geidwad y Regalia i Hampton Court i weld Cyfarwyddwr Ysgol Frenhinol Gwniadwaith ac ymhen amser derbyniais ddyfynbris o £24,808. O'r diwedd gwnaeth cwmni South Wales Regalia yn Abertawe y gwaith am £1,500, gyda threth ar werth yn ychwanegol yn gwneud y gost yn agos i £1,800.

Yr oedd y Faner yn barod erbyn y Cyhoeddi yn y Bala, lle yr oedd yn rhaid ei defnyddio am fod yr hen un wedi cael ei rhwygo er mwyn defnyddio'r 'diemwntau' a mân bethau ar yr un newydd. Gofynnais i'r Archdderwydd beidio gwneud cyfeiriad ati yn y Cyhoeddi fel y gellid gwneud hynny yn Eisteddfod Llandeilo, gan mlynedd cywir ar ôl derbyn y Faner gyntaf yn Llandudno. Gwnaethpwyd hynny gan yr Archdderwydd newydd oddi ar y Maen Llog ar y bore dydd Llun.

Bûm yn ffodus i gael arian i dalu'r gost am wneuthur Baner newydd gan aelod haelfrydig a ddewisodd gadw'i enw'n gyfrinachol ar y pryd, fel y gwnaeth pan gyfrannodd fil o bunnoedd i goffrau'r Orsedd ar achlysur blaenorol. Simon Davies (Sim) oedd y cymwynaswr, brodor o Gastell Newydd Emlyn ac adroddwr buddugol yn Eisteddfod yr Urdd a'r Genedlaethol yn ei amser, a pherchennog cwmni siartredig blaenllaw o Syrfewyr Prisiant a Gwerthwyr Tai yn Llundain, lle mae'n gefnogwr a noddwr gweithgareddau Cymraeg a Chymreig.

Fe'm difyrrwyd yn aml gan y modd y byddai aelodau'n cyfeirio amlenni ataf. Gan amlaf byddai arnynt, yn syml, 'Dilwyn Cemais' neu 'Yr Arwyddfardd', ond weithiau cawn 'Dilwyn Cemais, Ysw.,' neu 'Dilwyn Cemais Miles', neu 'Capt. Dillwyn Cemais Miles', neu, fel y daeth unwaith, 'Syr Dillwyn Miles'. Efallai mai heb orffen y gair oedd yr aelod a anfonodd at 'Yr Arwydd Dilwyn Cemais', a cheisio bod yn or-gywir oedd y sawl a roes 'Arwydd Fardd Prydain Fawr'. Diau mai cymysg ei feddwl oedd anfonwr y llythyr at 'Yr Hybarch Arwyddfardd', ac mai gweniaith oedd wrth wraidd y sawl a ysgrifennodd ataf fel y 'Yr Arglwyddfardd'. Hyderaf mai camgymeriad, neu efallai gof am ddyddiau a fu, a achosodd i aelod gyfeirio ataf fel 'Yr Arwyddfarch': y mae'n bosibl ei fod yn cofio darllen mewn copi cynnar, cyn galw'r lleill yn ôl, o *Lawlyfr yr Eisteddfod* am 1988 a oedd yn cynnwys 'Adroddiad yr Arwyddfarch'.

Ni chredaf fod yna unrhyw anghwrteisi na drwgddiben bwriadol yn un o'r rhain, nac ym meddyliau anfonwyr un o'r 15,000 i 20,000 o lythyron a dderbyniais yn ystod y deg-mlynedd-ar-hugain y bûm yn dal swydd yr Arwyddfardd. Unwaith, derbyniais lythyr gyda'r stamp wedi'i osod wyneb i waered gyda'r bwriad o ddangos amarch i'r Frenhines ac, efallai am mai gŵr offeiriadol oedd yr anforwr, ni chododd wrthwynebiad pan atebais i ddweud nad oeddwn yn barod i dderbyn llythyr mewn amlen yn y modd hwn, a bu'n ddigon cwrtais i anfon ei amlenni yn y modd arferol o hynny allan.

Ni dderbyniais amlen arall o'r fath wedyn hyd fy mlwyddyn olaf, ac atebais y sawl a'i hanfonodd yn yr un modd, ond cwynodd wrth y Bwrdd a chafodd y mater gyhoeddusrwydd ar draws y wlad, gan gyrraedd y *Times,* y *Guardian* a'r *Evening Standard.* Mynnodd un o aelodau'r Bwrdd nad mater personol ydoedd fy ngweithred, fel y mynnai aelodau eraill, ond fy mod wedi ymddwyn fel swyddog o'r Orsedd, ac y dylai'r Bwrdd drin y mater, a hynny a wnaed. Hysbysodd Ysgrifennydd Llys yr Eisteddfod ac Ysgrifennydd Aelodaeth yr Orsedd y Bwrdd ei fod ef yn derbyn llythyron y ffordd bynnag yr oedd pen y Frenhines a chytunodd y Bwrdd y dylai ei swyddogion, o hyn allan, wneud yr un fath. Erbyn hyn, yr oedd fy olynydd wedi ei apwyntio, a minnau, yn ffodus, wedi gorffen.

Yr oeddwn wedi meddwl droeon pryd y dylwn ymddeol o swydd yr Arwyddfardd. Meddyliais wneud hynny pan fu Joyce farw yn 1976. Yna, ar ôl i mi ymneilltuo o'm gwaith yn 1981, a cholli'r cymorth a gawn yn fy swyddfa i anfon allan tua chwe chant o amlenni bob blwyddyn, ac yn awr yn gorfod gwneud hynny fy hunan, er fy mod wedi cael cymorth gan yr aelodau a ymatebodd yn garedig i'm cais i amgáu amlen ateb wedi ei chyfeirio atynt eu hunain. Bu bron i mi fynd pan gyrhaeddais oedran yr addewid, yn 1986, yn enwedig gan fod yr Eisteddfod wedi dychwelyd i Abergwaun y flwyddyn honno, hanner canrif ar ôl i mi gael fy nerbyn yno yn 1936. Cefais fy mherswadio bob tro gan gyfeillion i beidio â gwneud.

Gwneuthum adduned, er hynny, na fyddwn yn dal y swydd ond tra medrwn ei gwneud yn iawn. Penderfynais hefyd na fyddwn yn aros ar ôl cyrraedd pedwar-ugain oed, pe cawn gyrraedd yr oedran hwnnw, gan y byddwn felly wedi dal y swydd am ddeng mlynedd ar hugain, wedi bod ar y Bwrdd am hanner can mlynedd, ac yn aelod o'r Orsedd am drigain mlynedd. Bu bron i mi fethu cyrraedd y nod oherwydd salwch, ond yr oedd yn rhaid i mi fod yn y Cyhoeddi yn y Bala gan fod y Faner newydd gennyf i'w dwyn yno, ac yr oedd yn ddyletswydd arnaf fod yn seremoni urddo'r Archdderwydd newydd. Cefais ganiatâd meddygol i fynd yno ar y telerau na fyddwn yn arwain yr Orymdaith, fel y gwneuthum yn 1967, a gofynnais i'r Distain Oswyn Afan gymryd fy lle. Fe'm dygwyd i'r Cylch ymlaen llaw yng nghar Ifan Eryri, a fu'n gyfaill a chynghorwr da i mi gan ei fod yntau wedi dioddef o glefyd y galon ac yn gwybod y ffordd i roi cyfarwyddyd.

    Yn Eisteddfod Bro Dinefwr llwyddais i arwain yr Orymdaith ar draws lawntiau Ysgol Tregib i'r Cylch, ac i lwyfan y Pafiliwn, ac yr oeddwn yn falch odiaeth o fedru cyrchu Bardd y Gadair am y tro olaf.

MYNEGAI

❖

Ab Eos (T. W. Thomas) 46, 60, 94.
Abergwaun 9-11, 18, 48, 55.
Aberteifi 58, 60, 96.
Aberthged, Yr 11, 17, 25, 52, 76.
Aberystwyth 20.
Alan Llwyd 58, 61-2.
Aled Rhys Wiliam 73.
Amgueddfa Genedlaethol 15, 53, 59.
Amgueddfa Werin 53, 59.
Amwythig 14, 16, 22, 23, 30, 51.
Archdderwyddon:
    Dyfed (Evan Rees) 1906-23 73.
    Elfed (Elvet Lewis) 1924-28 7, 11, 12, 99.
    Pedrog (John Owen Williams) 1928-32 12, 23.
    Gwili (John Gwili Jenkins) 1932-36 7, 10, 11, 23,, 94.
    J J (J J Williams) 1936-39 11, 12.
    Crwys (William Crwys Williams) 1939-47 7, 12-18, 24, 37, 43, 94,
    Wil Ifan (William Evans) 1947-50 7, 12, 13, 18, 21, 43.
    Cynan (Syr Cynan Evans-Jones) 1950-54, 1963-66 11, 12, 14-18, 20-5, 27, 30,
        33-4, 38, 39, 40-52. 60, 76, 78, 90, 93-5, 99.
    Dyfnallt (John Dyfnallt Owen) 1954-57 7, 9, 13, 23, 25.
    Wiliam Morus (William Morris) 1957-60 27, 36, 38, 43, 64, 90.
    Trefin (Edgar Phillips) 1960-62 7, 10, 12, 18, 23, 29, 30, 31, 32, 33-4, 94.
    Gwyndaf (E Gwyndaf Evans) 1966-69 17, 36, 44-9, 51-3, 57, 60-1, 67, 68, 73,
        90, 92.
    Tisli (Gwilym R Tilsley) 1969-72 51-3, 61, 88.
    Brinli (Brinley Richards) 1972-75 29, 55, 57, 59-61, 66, 90.
    Bryn (Richard Bryn Williams) 1975-78 41, 61, 62, 64, 65.
    Geraint (Geraint Bowen) 1978-81 67, 71, 83, 88.
    Jâms Nicolas (James Nicholas) 1981-84 49, 56, 68, 72, 88.
    Elerydd (William John Gruffydd) 1984-87 32, 75, 88.
    Emrys Deudraeth (Emrys Roberts) 1987-90 82, 88.
    Ap Llysor (W R P George) 1990-93 59, 84, 88.
    John Gwilym (John Gwilym Jones) 1993-96 88, 95, 96.
    Dafydd Rolant (Dafydd Rowlands) 1996- 48, 56.
arglwyddi 89.
Arlunydd Penygarn (T H Thomas) 7, 104.
Arthan (Canon Arthan Harris) 13.
Arthur Llwyd (Arthur Lloyd Thomas) 46,
Arwisgiad Tywysog Cymru 44-8, 90.
Arwyddfardd 7, 11, 12, 14-8, 25, 32, 39, 40, 41, 44, 76-7, 102-4.
Aviemore 49.

BBC 12, 48, 75, 84.
Ball, Michael 68.
Baner yr Orsedd 104.
Bargoed 86.
Bathodyn yr Orsedd 37.
Beili Glas (D Rhys Phillips) 10, 13, 78.
Borne, Bertrand 77, 86.
Borth-y-Gest 80.
Brinli gweler Archdderwyddon
Brooke-Little, John 47.
Bryn gweler Archdderwyddon
Bryn Owain 95.
Brynallt (G Brynallt Williams) 13.
Burton, Richard 36, 73.

Caer 49, 86.
Caeredin, Dug (gweler Philip Merionnydd)
Caerefrog, Dug a Duges 12, 16, 99.
Caerwyn (O Caerwyn Roberts) 13.
Caerwys 39-40.
Callaghan o Gaerdydd, Arglwydd 47, 66.
Caradog Wyn (D Caradog Evans) 13.
Casmael 73.
Ceidwad y Cledd 12, 23, 29, 30, 32, 39, 72, 102.
Cerddores Moelfre (Ann Weeks) 29, 44, 74.
Cledwyn o Benrhos, Arglwydd 64, 89, 92.
Coedlan Castell Nedd 96.
Cofnodion, colli 38.
Cofiadur 51-2, 76-7.
Coombe-Tennant, Winifred gweler Mam o Nedd
Corn Hirlas 11, 17, 25, 76, 80.
Cronfa Mil o Filoedd 57, 61, 68.
Crwys gweler Archdderwyddon
Cyngor yr Eisteddfod 14, 15, 52, 67, 100-1.
Cymrawd 23.
Cymry ar Wasgar 20, 54, 58, 62.
Cynan gweler Archdderwyddon

Dafydd Rolant gweler Archdderwyddon
Davies, Syr Alun Talfan 9, 56, 88.
Davies, Aneirin Talfan 9.
Davies, Ednyfed Hudson, AS 62.
Davies, Ryan 65.
Davies, Simon 105.
Davis, James J. 97.
Deddf yr Eisteddfod 1957 100-1.
Delme Bro Myrddin (Delme Evans) 63, 72, 84-5, 97.

Derwydd Gweinyddol 23.
De Valera, Eamonn 25.
Dewi Emrys (D Emrys James) 19, 24, 33-4.
Dilys Cadwaladr (Dilys Scheltinga) 24, 49.
Dingle 81.
Donegal 64.
Douglas, Mona 79.
Dulyn 64-5, 82-3, 98.
Dungarvan 97-8.
Dyfed gweler Archdderwyddon
Dyfnallt gweler Archdderwyddon

Ddawns Flodau, Y 13, 75, 51.
Ddraig Goch, Y 27-8.

Edgar (Edgar H Thomas) 13.
Edmund-Davies, Arglwydd 36, 59.
Edwards Gareth 62.
Edwards, Owen 63.
Eirlys Peris (Eirlys Davies) 76-7.
Eisteddfod -
    Abergwaun 1936 10-11, 55.
    Rhos 1945 12, 13, 14.
    Aberpennar 1946 16, 17, 31, 90.
    Bae Colwyn 1947 16, 17, 18.
    Pen-y-bont ar Ogwr 1948 18, 19, 34.
    Dolgellau 1949 20.
    Caerffili 1950 20.
    Llanrwst 1951 20, 22.
    Aberystwyth 1952 24.
    Y Rhyl 1953 23, 24.
    Ystradgynlais 1954 25.
    Pwllheli 1955 25.
    Aberdâr 1956 26.
    Llangefni 1957 28.
    Glyn Ebwy 1958 26, 27, 29.
    Caernarfon 1959 27, 29.
    Caerdydd 1960 30-2.
    Rhosllannerchrugog 1961 30.
    Llanelli 1962 33-4, 36.
    Llandudno 1963 36, 67.
    Abertawe 1964 37.
    Y Drenewydd 1965 37.
    Aberafan 1966 38, 55.
    Y Bala 1967 41.
    Y Barri 1968 41, 91.
    Y Fflint 1969 48-9.

Rhydaman 1970 44.
Bangor 1971 51, 53-4.
Hwlffordd 1972 52, 55-7, 60.
Rhuthun 1973 55, 58, 61.
Caerfyrddin 1974 57, 58, 59.
Criccieth 1975 59.
Aberteifi 1976 58, 60-3.
Wrecsam 1977 60-1, 65.
Caerdydd 1978 61, 66, 67.
Caernarfon 1979 67, 68.
Dyffryn Lliw 1980 68.
Machynlleth 1981 56, 69, 72.
Abertawe 1982 72.
Llangefni 1983 72
Llanbedr Pont Steffan 1984 73.
Y Rhyl 1985 73.
Abergwaun 1986 76, 78-9.
Porthmadog 1987 80-1.
Casnewydd 1988 80, 103.
Llanrwst 1989 83-4.
Cwm Rhymni 1990 86.
Yr Wyddgrug 1991 85-6.
Aberystwyth 1992 83, 87-8.
Llanelwedd 1993 89-90.
Castell Nedd 1994 96.
Llandeilo 1996 72, 97, 106-7.

Elerydd   gweler Archdderwyddon
Elfed   gweler Archdderwyddon
Elisabeth o Windsor (Y Frenhines Elizabeth II) 16, 24, 30, 31, 46-7, 61, 66, 99.
Elisabeth o Wendraeth (Joan Rees) 46.
Elis-Thomas, Arglwydd 83, 89.
Ellis, Armon 46, 49.
Elwyn o'r Eifl (Elwyn Jones) 27.
Emyr ap Cynan (Dr Emyr ap Cynan) 50.
Emyr Cyfeiliog (W Emyr Williams) 13, 15, 25, 29.
Emyr Feddyg (Dr Emyr Wyn Jones) 46.
Ennis, Seamus 25.
Eostig Sarzhau (Pierre Loisel) 16, 29-30, 65.
Erfyl Fychan (R W Jones) 7, 18, 21-2, 37, 39, 43.
Ernest Huws (E Ernest Hughes) 13.
Euros (Euros Bowen 57, 66.)
Evans, Y Cyrnol D D Lloyd 16, 32.
Evans, Syr Geraint 67.
Evans, Gwynfor 78, 90-3.
Evans, Y Fonesig Olwen Carey 69, 80.
Evans, W R 40.

Fisher, Y Prif Arolygydd Vivian 63.
Flodeuged, Y 52, 76.
Fraser, Maxwell 19, 20, 34-5.

George, Eirwyn 72, 74.
Geraint   gweler Archdderwyddon
Glynfab (W Glynfab Williams) 10.
Gorsedd Cernyw 16, 53, 86.
Gorsedd Llydaw 15, 19, 29-30, 53, 60, 77-8, 86.
Griffith, Huw 41.
Griffith, Ifor Bowen 45, 48.
Griffiths, T Elwyn 16, 58.
Gruffydd, W J   gweler Archdderwyddon
Gruffydd, Yr Athro W J 13, 15, 100.
Guingamp 60.
Gunstone, Charles 68.
Gwas Catwg (Alexander Coombe-Tennant) 26.
Gwas Derfel (Y Brigadydd E O Skaife) 23.
Gwallter Dyfi (J Walter Rees) 12, 78.
Gwenc'hlan 71-2, 77, 86.

Gwili   gweler Archdderwydd
gwleidyddiaeth 101.
Gŵyl Cynan 93.
Gwyndaf   gweler Archdderwyddon
Gwyn o'r Blaenau (Gwyn Price) 79.
Gwynn, Dr Eirwen 100.
Gwynn o'r Llan (W S Gwynn Williams) 7, 13.
Gwynn Tregarth (T Gwynn Jones) 39, 66, 72, 90.
Gwynn Tudno (Gwynn Tudno Jones) 80.

HTV 84.
Hanes Gorsedd y Beirdd 88.
Harvard, Prifysgol 38.
Haydn Bencerdd (Haydn Morris) 13.
Henry, Dr Leigh 7, 14.
Hughes, D R 12, 23, 52.
Hughes, Hywel, Bogota 58, 104.
Hughes, Richard, Jeriwsalem 16, 22.
Hughes, T Rowland 12.
Hughes-Parry, Syr David 28-9, 52, 54-5.
Huw Tegai (Huw Davies) 46.

Iarll Farsial 44-7, 90.
Ifan Eryri (Ifan Lloyd Williams) 87, 106.
Ifor Morgannwg (Ifor Rees) 94.

Innisfree 65.
Iolo Morganwg 62, 79, 83, 95.
Isaac, Nora 9, 59.
Ivy Bush, Caerfyrddin 58, 90.

James, Rachel 10, 78.
Jeriwsalem 12, 58, 90.
Job, J T 10.
Jones, John Gwilym   gweler Archdderwyddon
Jones, Bedwyr Lewis 62, 67.
Jones, Dic 61.
Jones, Francis 47.
Jones, Syr Henry Morris 60.
Jones, Yr Athro T Gwynn 13.

Kaledvoulc'h 78.
Kaminski, Ken 58,
Kane, Vincent 54.

Lewis, Saunders 9, 45.
Lol 39, 40.
Luned (Eluned Phillips) 11.

Llandysul 9.
Llewelyn Fadog (T Llewelyn Hughes) 46.
Lloyd George, Iarll 13, 94.
Llyfr Swyddogaeth 95.
Llysor (William George) 12, 16, 29.

MacReamoinn, Sean 25, 64, 66, 82, 98.
Maelor, Arglwydd 28.
Mam o Nedd (Winifred Coombe-Tennant) 7, 13, 16, 17, 25, 28, 90.
Mari Glyn Rhosyn (Mari Evans) 11.
Meirion o Feirion (Meirion Roberts) 16, 90.
Menna, Y Fonesig 74, 93.
Meredydd Ardudwy (Meredydd Evans) 88.
Meurig Prysor (Canon Maurice Jones) 7, 10, 12, 23.
Meuryn (R J Rowlands) 7, 13.
Miller, Glen 69-70.
Mod 33, 49-50, 84.
Modrwy Insel 21-2.
Montrose, Cyril 19.
Montrose, Dug 19, 33.
Mordon (R Morton Nance) 19.
Morgan, Cliff 66.
Morris, John, AS 62, 66.
Morris o Borth-y-Gest, Arglwydd 31, 36.

Morus, Wiliam   gweler Archdderwyddon
Mostyn, Syr Jeremy 46.

National Geographic Magazine 36.
Nicolas, Jâms   gweler Archdderwyddon
Niclas, Rhys (W Rhys Nicholas) 74.
Nod Cyfrin, Y 28, 37, 56, 68.

Norfolk, Dug, Iarll Farsial 44-7, 90.
Northop 48.

Oireachtas 25, 54, 64, 81, 97.
Ó Laoghaire, Y Tad (Bendigeidfran) 62, 64, 88, 98.
Oswyn Afan (Oswyn Evans 46, 106.
Owen, Geraint Dyfnallt 9.
Owen, John, Y Fenni 21.

Paimpont 72.
Parry, Syr Thomas 36.
Parry-Williams, Syr Thomas 25, 31, 36, 58, 62.
Pedrog   gweler Archdderwyddon
Peri (Y Fonesig Hopkin Morris) 13.
Petts, John 58.
Philip Meirionnydd (Dug Caeredin) 24, 29-31, 46, 89.
Phillips, Sian 29.
Plas Tredegar 80, 104.
Prichard, Caradog 14, 21.
Prichard, Mati 14, 15, 21, 80.
Prif Lenor, Y 56, 87.
Pwlldeři 33-4.

Quimperlé 71, 77.

R S (R S Rogers) 11, 13.
regalia 15, 48, 53, 59, 103.
Rennes 72.

Roberts, Elfed 84.
Roberts, Ernest (Ernes) 14, 16, 21-2, 27, 50-2, 94, 100.
Roberts, Towyn 71.
Robinson, Robert 36.
Robyn Llŷn (Robyn Lewis) 90-2, 93.
Rolant, Dafydd   gweler Archdderwyddon
Roper, Frank 39.
Royal National Eisteddfod of Wales 35, 66.

Rhestr Aelodau 98
Rhys, E Prosser 99.
Rhys, Keidrych 19.

S B (Simon B Jones) 13.
Sain Dunawd 94-5.
Sain Ffagan 53, 59.
Secret of the Bards of the Isle of Britain, The 88, 97.
Selwyn Iolen   (Selwyn Griffith) 84.
Seren y Dwyrain 16, 58.
Sgrôl Gyhoeddi 16, 90.
Sheridan, Neil 59.
Sian Aman (Jean Huw Jones) 71, 74, 81, 83, 89.
Siarl o Ardudwy (Charles Gunstone) 68.
Siarter Brenhinol 100.
Sieffre o Gyfarthfa (Geoffrey Crawshay) 7-11, 12, 14-8, 25, 39, 78, 94-5.
Sim (Simon Davies) 105.
Sior o Donypandy (Iarll Tonypandy) 66, 69, 89, 91-3.
Snowdon, Iarll 47.
Steffan (Stephen J Williams) 46, 51, 54, 73.
Stirling 33.
Stornoway 84.

Taldir ab Hernin (François Jaffrennou) 15, 19, 78.
Tei yr Orsedd 68.
Telynores Dwyryd (Elinor Dwyryd) 13, 17.
Telynores Rhondda (Maude Thomas) 13, 17, 20, 25.
Ters, François (Stivellig an Dour Don) 29-30, 65, 71..
Thomas, Y Gwir Anrhydeddus George   gweler Sior o Donypandy
Tilsli   gweler Archdderwyddon
Tonypandy, Is-iarll   gweler Sior o Donypandy
Traherne, Syr Cennydd, KG 42, 59.
Trefdraeth, Penfro 10, 11, 18.
Trefin   gweler Archdderwyddon
Tybiefab (T H Lewis) 13.
Tŷ Ddewi 48, 82.
Tywysog Cymru 27, 31, 46-8, 60, 61, 66, 100.

Vaughan-Thomas, Wynford 44, 59.
Villiers, Alan 36.

Walters, Geraint 44.
Watcyn, Dr Morgan 13, 94.
Wessex, Gŵyl 14.
Western Mail 31, 40, 45, 61, 67, 95.
Wil Ifan   gweler Archdderwyddon
Wiliam Morus   gweler Archdderwyddon

Williams, Alun, y BBC 25, 27, 80.
Williams o Fostyn, Arglwydd 89.
Williams, D J 9, 18, 25, 45, 78.
Williams, Douglas 21, 37.
Williams, Edward 83, 88.
Williams, Emlyn 45.
Williams, John Roberts 63.
Williams, R T D 52.
Williams, Robin 63.

Y Corn Gwlad 74.
Y Cymro 70.
Y Drenewydd 61.
Y Faner 99.
Y Fedal Ryddiaith 87-8.

Yeats, W B 25, 59, 65.
Yn Chruinnaght 79.
Yr Wyddgrug 85-6.

BEYOND THE RAINBOW

"Philip," Kristi said hesitantly...

"There's something missing in me, I think my...capacity for love died with my father. I—no matter how hard I try, I can't seem to..."

Philip interrupted her with a kiss. "Don't worry about it," he said, smiling. She couldn't feel anything. Even with this beautiful, laughing man, she couldn't feel any excitement, any thrill, any of the thousand sensations she had read about in romance stories. She was there in his arms, moving with him, listening to his pleasure in her, listening to his promises of eternal love, wanting him to love her, wanting to love him because he was everything she'd ever wanted and *had* to love him, but still her body was getting colder and colder until surely Philip would have to notice that her flesh had turned to ice....

Margaret Chittenden has written both children's and adult novels as well as numerous short stories and non-fiction articles. She was born in England, but now lives with her family in Tacoma, Washington, U.S.A.

BEYOND THE RAINBOW is Margaret Chittenden's first novel for Worldwide.

Following the listing of the Talbot family, the reporter had lovingly described every detail of the engagement party Virginia Talbot Strang had hosted at Ma Maison, along with italicized references to the many well-known guests. Philip didn't bother to read this section. His internal clock was prodding him along. Setting the newspaper aside, he buzzed the front office and spoke into the intercom. "Let's get rolling."

Striding to the first examining room, he yanked a folder from the rack on the wall and and scanned the contents, humming tunelessly.

Hot on his heels, as always, his nurse Marcia waited until he was through reading, then congratulated him again. "Kristi's a lovely girl," she said, a smile lighting her plain, middle-aged features.

"Yes."

"Is anything wrong?" She was a sharp lady, Marcia.

He made an effort and grinned at her. "Paranoia. Now that I've finally got Kristi where I want her, I'm afraid she'll change her mind."

"Fat chance of that. You'll have a couple of centuries together, just like Jack and me."

"I hope so."

Marcia winked at him. "If she does leave you, let me know. I'm getting bored with Jack."

He managed to laugh, but superstitiously he wished he hadn't put his fear into words. He wasn't usually pessimistic, but ever since Kristi had agreed to marry him, he'd had this feeling hanging over him that it wouldn't happen, something would go wrong.

For a moment, the young woman looked at him as if he was God, then her eyes darkened. "The money for the bill, doctor," she stammered. "I don't know..."

Philip inclined his head. "Has anyone asked you for money?" he asked.

"No."

"Then stop worrying. The bills will be taken care of by a charitable organization."

A frown creased her forehead. "How can I thank them?"

"I'll thank them for you." He saw no reason to tell her—he had never told any of the patients—that *he* was the mysterious charity.

She hesitated, then smiled shyly. "Everyone says you are going to marry a very pretty lady, a model."

"*Very* pretty," he agreed.

"I think she is a fortunate lady."

"Thank you. I think I'm fortunate too."

THERE WERE FOURTEEN PATIENTS waiting for him in his clinic on Wilshire Boulevard. His secretary and nurse and the office staff called out congratulations as he rushed in through the side entry. His secretary had spread the *L.A. Times* View section open on his desk. Smiling, feeling his chronic fatigue lift for a moment, he slipped out of his sports coat and pulled on his starched white jacket, then skimmed the feature rapidly. There it was in print. It must be true.

There were several paragraphs about the Talbots. The family kept what the media referred to as a "low profile" so the press seized any opportunity to report their activities.

over her. "The anesthesiologist told me you and Kristi Johanssen are getting married."

"That's right," Philip said, showing all his teeth.

"Damn. Another good man gone." She paused. "Am I going to be okay?"

"Spectacular," Philip said.

Reassured, she sank back into dreamless oblivion.

Philip's next stop was in pediatrics, where a thirteen-month-old baby girl, scheduled for surgery the next day, had just been admitted for preoperative tests. During the early weeks of little Catalina's development in her mother's womb, the two palatine bones that should have grown in from either side to form the roof of her tiny mouth hadn't fused, resulting in a cleft palate and lip.

Tomorrow Philip would lift the muscle and mucosa lining off the bones on either side, stretch the lining to the midline and stitch the two halves to each other. At another time, he would cosmetically repair the lip. Later still, if the child had any speech difficulty, he might have to do a pharangeal flap operation.

Leaning over the high crib he grinned down at the little girl and smoothed her halo of dark curls. Catalina's eyes glowed and she gave him the closest she could get to a burbling smile.

Philip swallowed and recited his personal litany in his mind: You are nothing but a tailor, buddy, working with flesh instead of cloth.

Turning away from the crib, he smiled down at Catalina's mother, cupped her face with one hand and brushed her mouth lightly with his thumb. "One day soon, Catalina is going to be as beautiful as her mother," he assured her.

Chapter One

THE ENGAGEMENT of the eminent plastic surgeon, Dr. Philip Talbot, to Kristi Johanssen, the nationally known model, was announced on Friday, May 25 in the View section of the *Los Angeles Times*.
   The circulation of the *L.A. Times* that weekend was approximately 1.3 million, but most of the subscribers didn't give the Talbot feature and its accompanying photograph more than a passing glance. There was more significant news to brood over that day: an air crash in Florida, the president's latest comments on inflation and foreign policy, the decline of the Dow Jones average.
   All the same, to several readers, the engagement announcement was of vital interest. To one reader in particular it was to become a matter of life and death.

FOR PHILIP TALBOT May 25 was as frenetic as any other day. The morning began with a facelift that lasted five and a half hours. The patient, a news anchorwoman afraid of losing her job to a twenty-one-year-old homecoming queen from UCLA, came to in the recovery room at 2:30 P.M., her head swathed in a helmet of bandages. She peered groggily between eyelids that were stitched with what felt like barbed wire. "Is that you, Philip?" she mumbled to the bearded, scrub-suited, copper-haired giant looming

I am grateful to James R. Stilwell, M.D., Inc.,
P.S. for his invaluable help.

For every woman
who ever loved the wrong man.

All the characters in this book have no existence outside the imagination of the Author, and have no relation whatsoever to anyone bearing the same name or names. They are not even distantly inspired by any individual known or unknown to the Author, and all the incidents are pure invention.

All rights reserved. The text of this publication or any part thereof may not be reproduced or transmitted in any form or by any means, electronic or mechanical, including photocopying, recording, storage in an information retrieval system, or otherwise, without the written permission of the publisher.

First published in Great Britain 1988 by Worldwide Books, Eton House, 18–24 Paradise Road, Richmond, Surrey TW9 1SR.

© Margaret Chittenden 1986

ISBN 0 373 50924 3
10/8803

Printed and bound in Great Britain by Mackays of Chatham Ltd, Chatham, Kent

BEYOND THE RAINBOW

Margaret Chittenden

WORLDWIDE BOOKS
LONDON · SYDNEY · TORONTO

BERTICE DELON'S ROSY MOUTH was petulant, her young brow furrowed. "Are you sure about these baggy pants?" she asked.

"I'm sure," Adrienne said. "They look fantastic on you." With your hips, what else would you wear? she added silently. When a customer has just purchased four thousand dollars' worth of cruise wear, the designer/boutique owner pays compliments even when her teeth feel permanently clenched. In any case, it wasn't Bertice's fault that she was abnormally irritable today.

Nina Delon gave her daughter-in-law a soothing smile. "Everything looks wonderful on you, Bertie," she said. Reassured, Bertie disappeared behind a folding screen.

The three women had spent four hours outfitting Bertie for her Mediterranean vacation. Nina and Adrienne were both exhausted. Now that the ordeal was over, they relaxed with their capuccino on the sofa in the corner of the large dressing room.

Nina lit one of her gold-banded cigarettes, leaned back and fixed alert brown eyes on Adrienne's face. Here it comes, Adrienne thought. "I hear Kristi's going to marry Philip Talbot," Nina said. "I suppose you knew about it all along."

Adrienne set her cup and saucer down with infinite care and smiled brilliantly. "Kristi told me a week ago. Isn't it wonderful news?"

"Kristi who?" Bertice asked, poking her head around the screen.

Her mother-in-law sighed. "Kristi Johanssen, the model. Adrienne's protégée." When Bertice withdrew her head, Nina exhaled a stream of blue smoke toward Adrienne. "You discovered her, didn't you, dear?"

"Two years ago."

Two years. All that work so that Philip would see her, Adrienne, in a new and pleasing light. What would Kristi be now without her help? Nothing. Less than nothing.

Nina smiled. "I didn't think Philip would ever marry again. Serena was such a dear, dear, woman." Her eyes narrowed. "Actually, there was a time I thought you might be interested in Philip yourself."

"Really?" Adrienne's laugh was a masterpiece. It hit just the right note of amused denial. Hearing it, no one could suspect that ever since Serena's death she had bided her time, playing the part of Philip's friend and occasional lover, making sure he never felt threatened or trapped.

"Speaking of Philip," Adrienne murmured with a lift of her own eyebrows, "I had lunch with Claudia Boardman in the Café Rodeo yesterday. She looked marvelous. Has she had a facelift?"

Nina was successfully distracted. "I wouldn't be surprised. It was certainly time." She frowned at her own reflection, then lifted her chin with the back of one hand and turned her profile toward Adrienne. "Actually, I've been considering it myself. What do you think, dear?"

"Not for years yet," Adrienne said firmly, trying not to let her gaze settle too obviously on the telltale white scars that showed at the edge of Nina's right ear.

Nina smiled smugly, then let her glance touch lightly on Adrienne's face. "You look a little tired today, dear," she said, then leaned back. "Whoever decided

American women have to be eternally young?" she asked with a sigh.

Bitch, Adrienne thought. But Nina was right. Youth was the goddess men worshiped. It wasn't enough to be slender, intelligent, well-informed, ultrachic... a brilliant if rather far-out fashion designer, mistress of a Bel Air mansion as well as a sumptuous Manhattan apartment. Forget about Philip Talbot, she instructed herself, as she automatically smiled at Nina. Philip belonged to Kristi now.

A FEW HOURS LATER, wearing a Chinese red kimono, Adrienne padded barefoot across her exquisitely appointed bedroom to her dressing table. Expressionless, she sat down on the cushioned bench, leaned toward the oval mirror and examined her face and neck inch by inexorable inch.

Her faintly olive skin was as taut as ever over her high cheekbones. There was no droop to the eyelids above her tilted green eyes, no lines on forehead or upper lip, not a single strand of gray in her fashionably rolled dark hair. Only a slight deepening of the nasolabial folds from nose to mouth and a vague softness to the otherwise clean line of her jaw would tell a discerning viewer that she was less than five years away from her fortieth birthday.

She attempted a smile, then swore under her breath when the delicate skin beneath her eyes creased visibly. Damn Nina Delon and her knowing glances. She *did* need some more collagen injections. Not from Philip Talbot though. She didn't want him thinking of *her* as a patient.

She sat back and regarded herself blankly. How had she not seen this engagement coming? She hadn't suspected for one minute that Philip was romantically interested in Kristi. Surely there had to be a way to stop the marriage from taking place.

Averting her gaze from the despair that was reflected in the mirror, Adrienne began rearranging the many antique perfume bottles on the dresser, letting her conscious mind roam blindly, a trick that often opened up a pathway to the more creative sections of her brain.

As long as she could remember, she had been a collector of things: shells, pretty rocks, bottles, paper dolls. She had spent hours working with paper dolls, filling the lonely days of her childhood when her famous lawyer father was off snatching a client from the jaws of the gas chamber, or the electric chair. Bored by the paper clothing that came with the dolls, she had patiently drawn and painted her own designs, cutting them out carefully with little tabs to fold over the dolls' shoulders and around their waists. Later she'd switched to china dolls that she had dressed in her own hand-sewn creations of chiffon and silk and lace. Thank goodness for childhood hobbies.

Satisfied with the new positioning of the bottles, she sat back, relaxed and receptive now, waiting. An idea soon came to her that startled her with its simplicity. Of course. She would arrange for Kristi to meet Gareth St. John. What a truly *devious* idea, she thought, staring at her reflection once more, this time with admiration. A marvelously devious idea.

"Dorothy," Adrienne called pleasantly to her maid, still smiling at herself in the mirror. "Remind me to call Kristi Johanssen this evening, will you?"

IN A LARGE STONE HOUSE situated on an otherwise deserted, tree-studded island in Washington State's Puget Sound, Pee Wee Dexter poked his head around the doorway of his foster brother's den and found him at his desk, staring down at a newspaper brought over from the mainland.

Unobserved, he leaned in the doorway, noting the somber expression on Gareth's face, the strained stillness of his lean, muscular body. He was tempted to back away before Gareth saw him. He had a hunch it would be better not to learn what had prompted Gareth's obvious depression. But backing out was not Pee Wee's way; he had always met trouble head on. "Is something wrong?" he asked.

Gareth looked up, slowly pushing back the thick lock of dark hair that had fallen over his forehead—a charming, sensuous gesture that had been copied by hundreds of young men when he was one of the most popular movie stars in the country. With the other hand he indicated the newspaper. "Philip's engaged," he said.

Pee Wee forced a smile to his face. "So? You want to send him flowers?"

The small joke fell flat. "There's a photograph of him with his fiancée," Gareth said.

Pee Wee walked over to the desk, leaned over Gareth's shoulder and whistled softly. "Very nice. Isn't that Kristi Johanssen, the model? Philip always did have good taste."

In the newspaper photograph Philip and Kristi were both dressed for an evening on the town. Philip was wearing a white dinner jacket, Kristi a black dress with a halter neck. Her head came to Philip's shoulder. She must be tall—five feet ten at least. Which made her four inches taller than Pee Wee. He grinned. "I do love tall women," he murmured.

The girl's straight and shining blond hair was pinned up at the sides for this shot, bluntly cut so that it just cleared her bare shoulders. There was something about the arrogant angle of her head that reminded him of a young Princess Grace. I can't stop you from looking, but you'd better not touch, her posture said.

There was a surprisingly wistful expression in her eyes, though. Probably the fault of the photographer. Newspaper photographers always seemed to shoot women from below, creating shadows in the wrong places. Interesting though, that assured professional smile combined with those uncertain eyes.

"Lucky Philip," Gareth said heavily. "He gets the best every time."

Pee Wee let himself down in a leather chair near the desk. You once had the best as well, Gareth, he thought. You had it all: fame, adulation, any woman you wanted. Gray eyes narrowed, he studied Gareth's face. Gareth had drawn into himself as he so often did. His dark eyes were guarded, full of memories. Which memories, Pee Wee wondered, and suddenly he was seeing Gareth as he'd looked on the night of his first Academy Award.

"I'M NOT GOING TO GET IT," Gareth whispered.

Pee Wee looked at him, exasperated. "That's what you said about the nomination."

Gareth nodded, but his face didn't lose its stubborn negative expression. Pee Wee had never managed to convince him that it was always best to expect to win at everything—at least then you had the joy of anticipation. And there was every reason to expect Gareth would win the award. All the critics had praised his performance in *Dark Torment*, his first movie. Excerpts shown tonight had generated tremendous excitement. The movie had already won in ten categories. Oscars had been awarded for the best supporting actor and actress, director...even the score had been judged best of the year.

"Smile," Pee Wee ordered, knowing the television cameras would be trained on Gareth as the five nominees for best performance by an actor were read.

Gareth smiled dutifully, though uncertainly. When the envelope was opened and his name was announced he didn't move. On his other side, Philip and Serena Talbot were both beaming with pride. "Go get it," Pee Wee said.

Finally, after an agonizing pause, Gareth rose and walked down the aisle, dazed, certain it was all a mistake. Yet, before he reached the stage, a transformation occurred. As he received his Oscar, he kissed the young woman who presented it with a fervor that drew a roar of approval from the audience. He turned triumphantly to face his peers. His acceptance speech was brief and modest and, standing there in the glaring spotlight, he looked assured and outrageously good-looking in his tuxedo. He was a magnificent specimen of the successful American male, his smile brilliant and confident, his head held high.

Pee Wee applauded harder than everyone else. He even exchanged a smiling glance with Philip. A rare moment of accord. Gareth was going to make it. He was going to be okay.

It wasn't until years later that he realized that Gareth had been playing a role that night. Walking down the aisle Gareth must have slipped himself into the character of an Oscar winner as played by Gareth St. John.

"ARE YOU GOING TO SIT THERE staring at that picture all day?" Pee Wee asked in the lightest voice he could manage.

"Of course not," Gareth said, but he didn't raise his head.

Pee Wee had a sudden strong feeling of apprehension, a chill certainty of trouble ahead that tightened the skin at the back of his neck and sent a flicker of fear down his spine. He wished he knew what Gareth was thinking. Was it going to begin again? Could it possibly happen again?

BERRY LANSING read the engagement announcement while he was drinking a glass of wine with Lin, his new assistant, a little Oriental flower who had appeared in his photographic studio a week ago demanding that he teach her everything he knew. He had been trying to oblige, in more ways than one, ever since. At the moment the girl was pooped out following three hours of darkroom work and an hour of lovemaking and she was lying naked on her back on the chaise longue.

"Shit!" Berry exclaimed. "Kristi's going to marry Philip Talbot."

Lin jumped when he swore, spilling a few drops of wine on her bare belly. She wiped them off idly with her hand. "When am I going to meet the incomparable Kristi Johanssen?" she asked in a voice loaded with sarcasm. Her almond-shaped eyes narrowed even more when he didn't answer. "What's the matter, Berry, you want to keep all your models for yourself?"

Berry grunted, striving for self-control. He had to be careful here. He wasn't about to tell her the real reason for his anger. He'd better tone it down a bit, at least until she left. "Models always say they're going to keep on modeling after they get married," he said carefully. "Next thing you know there's a baby on the way, or darling hubby puts his foot down and says no wife of his is going to show off her bod for other men to drool over. And Kristi's such a super, super model. She's got the bone structure of a Garbo, the kind of skin that probably won't wrinkle until she's eighty. She'd have been good for another ten years, maybe more. She's got Cheryl Tiegs all beat to hell."

"Lucky Kristi," Lin said with spite in her voice.

Berry cocked an eyebrow at her. "No need to get jealous, love. I haven't bedded her."

"I suppose you didn't even make a pass at her?"

He grinned, though his face felt like a rigid mask. "Sure I did. I have to keep the record straight."

When Lin first met Berry, she, like everyone else, had automatically assumed he was gay. As though an effeminately pitched voice and a slight build weren't enough of a problem, he'd been blessed from birth with a heart-shaped face, a rosy cherub's mouth, bright chestnut curls, slightly pointed ears and wide hazel eyes. His hands and feet were narrow and graceful. He looked like Peter Pan and talked like Tinkerbell, his aircraft-mechanic father frequently complained. His father's opinion didn't much matter to Berry. Anyone who'd christen a kid Beresford

Lansing III when his genes dictated he'd turn out to be five feet four deserved whatever he got.

Berry had always cheerfully accepted his appearance, even exaggerated it with the way he dressed. It was good for trade. And the contrast between his elfin appearance and his outrageous sexual advances often startled some women so much that they tumbled into his bed before they guessed what was happening. Like Lin.

Not Kristi Johanssen though. "I'm not interested in sex," she had told him firmly.

"God, you should have seen Kristi the first time Adrienne brought her here. She was twenty then. Slim body, long, long legs and the kind of features you could photograph from any angle. Bit of a haughty style to her. Took me forever to get her to relax in front of the camera." Oddly enough, it wasn't until he'd developed and printed those first photographs that he'd really noticed her eyes. Something vulnerable there—an interesting contradiction to the aloof personality she projected.

Studying the newspaper photograph with a critical eye he decided it didn't do Kristi justice. Too many shadows. But her regal look, the look he'd created for her, came through. Though Berry hated to admit it, and certainly wouldn't do so out loud, Philip photographed magnificently as well, though it was obvious that he was considerably older than Kristi. His smile was the smile of a conqueror—one whom the gods had favored. "Bluff King Hal, home from the wars," he muttered.

Berry stood up abruptly, ignoring Lin, and strode downstairs to his office. He pulled open a drawer and removed a folder labeled *Kristi J.* Opening it on top of the cabinet, he leafed through the contents: full-color advertisements, editorial fashion shots and glossy magazine covers. *Vogue. Town and Country. Harper's Bazaar. Glamour.* He had been the first to photograph her. He'd *made* her. Built her up from a photogenic nobody to a top-ranking model. Dollar for dollar his most successful model. Feeling his anger rising again, he closed the file folder and trotted back up the stairs. He didn't want Lin wondering what he was up to, asking questions.

Lin was sitting up when he returned to the studio. Looking at him from under her plush eyelashes, she watched him walk past her, one finger tracing patterns on the wineglass, her face wry. "I bet you have trouble in public toilets," she teased, rising languorously as he sat down again. When he didn't answer right away, she headed toward the dressing room, her satin-skinned rump swaying.

"Every once in a while I have to fight for my life," he admitted, still struggling to maintain control.

She turned at the door, glancing back teasingly over her shoulder. "You do fight?" she asked. "You're sure you're not bi?"

He glared at her with a ferocity that wasn't all feigned, but his annoyance didn't disturb her. She merely pouted her full lips and blew him a kiss, sure of her sexuality, sure of her power over him. Then she disappeared into the dressing room.

Berry picked up his glass and took a hefty swallow of wine. No one ever took his anger seriously. It wasn't at all unusual for a model to reach out and ruffle his curls when he was at his most furious. And he could never stay angry with any woman. From the time he could walk, he had adored women, beginning with his mother. Unfortunately, only one woman had ever, for any length of time, treated him as the dominant male he wanted to be. He had lost her a long time ago.

He glanced at the newspaper article lying face up on the floor where he'd dropped it. Kristi Johanssen and Philip Talbot. He'd known she was friendly with Philip, of course, but nothing had led him to believe she had marriage on her mind. Adrienne must be in a snit. "Hell hath no fury..." he murmured.

Carefully, he folded the newspaper and set it tidily in the magazine rack next to his chair. For a while he stared bleakly at the stark white studio wall, drumming his fingers on the wooden arm of his chair, trying to decide what to do. It was bad enough that she'd decided to marry. Why the hell she'd picked on Philip Talbot was beyond him. Philip Talbot, the man he hated more than any human being on the face of the earth. No way could he stand idly by and watch her marry *him*.

EMMA TALBOT tried unsuccessfully to ease her aching shoulders against the unyielding leather back of her wheelchair, letting the newspaper slide from her lap. Holding her head with its coronet of silver braids high, she glared at her nurse, Stephanie, who was tripping around the brick courtyard in shorts and a halter, looking most unprofessional, examining the colorful pansies that spilled from redwood tubs.

"Why on earth does Philip want to bring another woman into this house?" she muttered.

Stephanie turned, flipping her glossy brown hair behind her shoulders. "Beats me, Miss Emma."

Emma's narrow, arthritic hands fluttered over the ruffled front of her white crepe blouse. "Sometimes

Beyond the Rainbow 23

I'd like to throttle Philip," she said. "I'm perfectly capable of arranging things here, with help from Charles and the other servants. Philip doesn't need a wife. When he comes home from the clinic or the hospital, I'm always here. I listen to him talk about his patients. I even laugh at his jokes." She glanced at Stephanie, who had bent down to pick up the newspaper. "You didn't know Serena, did you? Philip's first wife?"

Stephanie shook her head. "Before my time."

"She was an interfering woman. Always acting as though this was her house. I wasn't a bit sorry when she died."

"Kristi's a beautiful girl," Stephanie said soothingly.

"She's twenty-two years old," Emma snorted to Stephanie, who was twenty-three. "Sixteen years younger than Philip. She's after his money, of course."

"But she's nice, Miss Emma."

"She *acts* nice. 'Yes please, Miss Emma. Thank you, Miss Emma. Shall I bring you a lap robe, Miss Emma? Is your arthritis bothering you today?'" Emma snorted again. Of course her arthritis was bothering her. It always bothered her. And sometimes her head was foggy and she couldn't remember things. She was old. You had to expect those things when you were old.

She gently smoothed the ruffles at her wrists. She still took pride in her appearance. When Philip came home, she wanted to look nice for him. She might be old, but she wasn't dead yet. "I'm not *going* to die," she muttered. "If Philip does marry Kristi, she'll have to take second place. If she knows what's good for her she'll be content with second place. If she's not content..."

She broke off. Stephanie was looking at her alertly. "I'd better get you some medication," she said.

Medication. She couldn't even hold a conversation without someone deciding to sedate her. She didn't need sedation. She needed a clear head. She needed to think of a way to stop Philip from marrying that girl. With difficulty, Emma reached out to the nearest redwood container, plucked a purple pansy and systematically tore it to shreds.

IN A BASEMENT, later that day, one of the people most interested in Philip and Kristi's engagement announcement studied the newspaper photograph one more time before putting the clipping into an envelope. Kristi Johanssen really was an astonishingly beautiful young woman. And very young. It would be too bad if she had to die.

KRISTI READ THE NEWSPAPER ACCOUNT of her engagement that evening, sitting in a canvas chair on the tiny deck outside her Beverly Hills apartment. The printed announcement looked so factual, so official. Was it safe to believe it could really be true?

Kristi wondered if anyone else would notice how little had been written about her. "The nationally known model." Nothing else. All the emphasis was on the Talbots. Every member of the clan was listed, beginning with Jason Talbot, who had opened the original Talbot bank in Los Angeles in 1906 when he was only thirty years old, and had later set up the Talbot Corporation to own his bank's stock and to acquire other banks and businesses. By the time Jason passed the reins to his son, Kenneth, the Talbot Corporation owned not only banks, but insurance companies and finance companies, and more real estate, at home and abroad, than most people realized.

Now that Jason and Kenneth were both dead, the Talbot family consisted of Kenneth's widow, fondly known as Miss Emma; Philip, her oldest son; a second son, James, now president of Talbot Corporation; and one daughter, Virginia Talbot Strang, who was the first woman to serve on the board of directors. James was married to the former Claire Denton of Houston, Texas, and Virginia was the wife of Tom Strang of the shipping Strangs. Tom was also a ranking executive of the corporation—the Talbots believed strongly in nepotism. The feature even included a paragraph about Philip's first wife, Serena, the prominent socialite and committeewoman, who had died two and a half years ago, following an automobile accident.

And that, Kristi thought, was an odd thing to include in a girl's engagement announcement. Kristi's name looked like an afterthought, though the absence of hard facts was not necessarily the reporter's fault. Philip had charmed her into forgetting to collect any concrete facts about his bride-to-be. Which was the way Kristi had wanted it. Nobody needed to know who or what she had once been.

The thought reminded her of another article, one she'd read a week ago when she was at the beauty salon. "Kristi Johanssen is a ringer for Hans Christian Andersen's Snow Queen, 'all shining, glittering ice,'" the male reporter had declaimed. "It's no wonder this classy model with the flawless skin, perfectly chiseled nose and hair so straight it looks freshly ironed is in such hot demand by top fashion designers and manufacturers of luxury autos. Such luxuries are obviously her birthright."

The part about her "chiseled" nose was pretty apt, Kristi had conceded. But she hadn't really been amused. She had caught herself fingering her nose, making sure it was still straight. Odd how she could always "sense" the original nose, like the phantom limb that is said to haunt an amputee.

She glanced at the newspaper photograph again. Philip looked confident, pleased with himself. She looked wistful rather than happy. But she *was* happy, of course. Her life was turning out exactly as she had planned. How many people could say that? A lot of women would give anything to be in her shoes. Philip was a fantastic man. A good man. And he loved her. She had a huge emerald-cut diamond cutting off the circulation in her ring finger to prove it.

Shivering, she realized the sun had gone down. Picking up the newspaper, she moved indoors, closing the French windows behind her, catching sight of her own ghostly reflection wavering in the shadowed window glass. White silk shirt, white cotton slacks, pale skin and hair. The Snow Queen. All the descriptions of her were similes or metaphors for cold. Didn't any warmth show? It was impossible for her to tell. When she looked into a mirror, all she saw was a flat person. A photograph was just as flat. A sculpture might help her to see herself, she supposed, but even that wouldn't be real; the facial expression would be frozen in place.

As she drew the draperies, the telephone rang, startling her.

"Darling, I've had the most *marvelous* idea," Adrienne's voice announced. She frequently spoke in italics. "What do you say to a leisurely drive up the coast? We could take a week or so, stop when we felt like it—maybe even go as far as Washington State."

Kristi frowned. Coastal drives were not something she associated with Adrienne. Adrienne traveled first class in limousines purring through capital cities—London, Paris, Rome. "Isn't the coast road supposed to be rugged?" she asked.

"Winding, darling. Scenic. Oregon has some charming offshore rocks. Seastacks, I believe they're called. What do you say? Just the two of us?"

Kristi considered. She hated to refuse Adrienne anything. Adrienne had done so much for her that she could never repay. And even though she'd be taking time off for her honeymoon in August, she had planned to take a week off soon—a well-deserved breather after the hectic spring fashion season. She'd thought she'd just sit around her apartment, catch up on some reading; there were three best-sellers piled neatly on her coffee table now. She should do something about a trousseau, too; her wedding was only a little more than two months away.

But still, Adrienne's idea sounded inviting, intriguing, different. And Philip was going to be even busier than usual; his partner in the clinic had gone to Europe for a month and he'd be filling in for him. There was nothing to stop her from getting away.

"Okay," she said impulsively. "I'd love to."

"Terrific, darling," Adrienne purred. "I'll work it all out... maps and things."

What was Adrienne up to, Kristi wondered as she prepared her evening salad. It wasn't unheard of for

Adrienne to do something on the spur of the moment, but everything she did had a reason. Another love affair gone sour, perhaps. She shrugged and continued grating carrots. Perhaps she and Philip should consider the coast for their honeymoon, she thought. She had offered to decide on the place.

She scooped the carrot shavings into the salad bowl and began slicing a cucumber paper thin, trying to make the meal look bulkier. Catching herself concentrating on the task as though it were of tremendous importance, she sighed deeply. She was often amazed at her mind's ability to veer away from troubling thoughts. Not that it was surprising that she avoided thinking about the honeymoon, considering her problem. Fortunately, Philip was a very understanding man. Time and marriage would take care of everything, he'd assured her. She hoped he was right.

Setting her salad on the table in her little dining alcove, she sat down and spread a linen napkin across her lap. The movement brought Philip's diamond into her range of vision and she stared at it for a moment. She really was going to marry Philip. Dr. Philip Talbot of Beverly Hills. How unbelievable it seemed. What a long, long way she had traveled from the girl she had once been, the girl called Chrissy Jones.

Chapter Two

LONG AGO, a storm had slammed into a group of maples that grew on the bank of the Illinois River near Chrissy Jones's house, wrenching up most of their roots so that the trunks leaned drunkenly toward the water. Every year, the tops of the trees drooped a little more until their leafy crowns touched the ground and formed a fragile cave. Here, on sunny days, Chrissy brought books she'd borrowed from the county library and wandered happily in a dream country where frogs became princes, coaches were made from pumpkins, and houses from gingerbread.

There was a day that Chrissy Jones always remembered, not because it was different from any other, but because it was so much the same. She was crouching in her maple-tree cave, shivering, her skinny arms clasping her knees. She wasn't cold; the sun hadn't yet gone down—a few warning rays still slanted into her hideaway. She was shivering because she was afraid.

"Chrissy, get your butt in here."

Beyond the jagged curtain of leaves, Chrissy could see Sophia's angular, overmade-up face scowling as she tossed a remark about "that damned brat" over her shoulder to Erik, Chrissy's father.

Chrissy slowly gathered her books into a neat pile and covered them with a green dishcloth she'd taken from the kitchen drawer. Without warning, Sophia appeared barefooted beside the maple trees, reached in to yank Chrissy out and dragged her, unresisting, into the house. When Chrissy stumbled over the threshold, she backhanded her, then slapped her again to get her in front of her where she could stare down into her eyes.

Chrissy drew in her breath, but she didn't cry. She had learned it was safer not to cry.

"Didn't I tell you to cook your father's dinner today? Didn't I?"

"I was going to."

"I was going to, *Mama.*"

"I was going to, Mama."

"When?"

Chrissy fixed her gaze on the twin blotches of rouge on her mother's cheeks, trying to guess the right answer. "Soon?" she ventured, then tried to rock with the next slap. She had learned that if she moved with the direction of her mother's hand, she could lessen the amount of pain. "Now?" she offered, and felt the breath leave her body in a sigh of relief when her mother nodded sharply.

"Isn't it enough that I risk my immortal soul every night with the work I have to do?" Sophia said in a weary voice, her hand gripping Chrissy's upper arm. "Is it too much to ask for some help in this house?"

Chrissy slid a glance toward her father. He was huddled in the room's only armchair, his gaze fixed on his hands, loosely clasped between his knees. He had been ill for a long time. There was something wrong with his liver. Sensing her despairing gaze, he tried to smile encouragement, but the smile slid sideways off his mouth. "Don't do that to Chrissy," he said but not loud enough for Sophia to hear.

Sophia's grip on Chrissy's arm tightened. "What were you doing under the trees this time?" she demanded, her brown eyes narrowing with suspicion. "Were you reading trash again?"

"No, Mama. I was...thinking."

"About what?"

Chrissy knew the correct answer to that question. "About God," she said firmly.

The fingers relaxed on her arm. "That's a good girl," Sophia said softly. She patted Chrissy's head and leaned down to kiss her cheek. "I love you. You know that," she said, straightening. "I only yell at you so that you'll become worthy of God's love." A strange light entered Sophia's eyes and Chrissy braced herself, but she muttered only, "Spare the rod and spoil the child. I'm going to get ready now," she added calmly and turned on her heel.

Chrissy ran for the kitchen, but she still didn't cry. Soon Sophia would be going out to work and Chrissy could creep back under the maple trees to cry in private. Sometimes she wondered what kind of work her mother did. Her father wouldn't tell her. He just looked at her wryly when she asked. All she knew was that her mother spent an hour on her knees every morning asking forgiveness for whatever she had done during the night. "We're all headed for damnation," she'd told Chrissy many times.

After dinner, her father washed her swollen eyes and told her to look in the mirror and see how pretty she looked now. She didn't like mirrors. She hadn't liked them since she'd heard one of the neighbors talking about her nose. It was too bad, the neighbor had said, that the one feature Chrissy had inherited from her mother was her Roman nose. She already knew that her nose was a joke. The kids at school called her "Eagle Beak," but she never paid any attention to them. They wouldn't play with her anyway; for some reason that had to do with her mother, *their* mothers wouldn't allow them to have anything to do with her. She'd heard them whispering about her mother in the playground, their voices whirring around her like crickets at sunset. She didn't want to know what they were saying.

After he'd washed Chrissy's face, Erik combed his thinning hair and splashed on a little Old Spice to disguise the funny smell about him that Chrissy didn't like.

Chrissy retrieved her books from under the maple tree and climbed up beside Erik on his rumpled bed. She usually read aloud to him until he could sleep. He cuddled her while she read to him about Charlotte's web, chuckling while she read. He stroked the patches of red on her cheeks with tender fingers. "My honey, my little love, my baby," he said.

She stopped reading and smiled at him. "You're going to get better soon, aren't you, Daddy?"

He nodded, not looking at her now. "Things will change," he told her. "One day I'll buy you books of your own, pretty dresses, new shoes. We'll buy a house on the other side of town and live there together—just you and me. Or maybe we'll go to California. It's nice in California."

It was a promise he often made. Chrissy always believed him. The slurred thickness of his voice didn't make his promise less of a promise, did it?

"Why does Mama hit me all the time?" she asked as she had asked before.

He touched her hair lightly with his long, scholarly fingers, then cuddled her close again. "I don't know, baby. Maybe because her mama hit her." It was the answer he always gave her.

He looked at her silently for a minute. It always surprised her how blue his eyes were. Perhaps the color was emphasized by the yellowing parchment of his skin. "You mustn't blame your mother, Chrissy," he told her. "She's a very disappointed woman."

Chrissy nodded solemnly, still keeping her place in the book with her finger. She knew why her mother was disappointed. She'd heard Erik and Sophia arguing about it as long as she could remember. Sophia, the daughter of an immigrant farmer, had expected that a schoolteacher would provide her with more money, less drudgery. When she discovered how little a small-town schoolteacher earned, she'd been forced to go to work at her mysterious job. Sometime after Chrissy had been born, Erik had been fired, *because* of Sophia's job, which didn't make much sense to Chrissy.

Another thing she knew. Her birth had been an accident. Sophia had told her that. "God knows I didn't want any kids, with your pa never drawing a sober breath. Hadn't been for my sister's wedding, you wouldn't be here."

Celebrating at her sister's wedding, Sophia had drunk too much red wine and had allowed Erik some mysterious privileges she had sworn would never again be his until he turned up sober. "Which was as good as saying he was barred from my bed for life," she'd told Chrissy with a rare burst of laughter.

The result of Sophia's lapse had been Chrissy—a skinny, gawky, daydreaming kid with dark blue eyes and stringy blond hair like her father's and a nose like her mother's.

"Shall I read some more, Daddy?" she asked.

Erik didn't respond and she looked at him and saw that he'd drifted off without hearing her. Carefully, she disengaged herself from his embrace and settled the pillow more comfortably under his cheek. For a while, she gazed at his thin sleeping face, listening to the faint rustle of his breath in his chest. His mouth was twitching at one corner and she wondered if he was dreaming. What kind of dreams did he have?

It wasn't until later, after she'd washed her own face and crawled into her own bed that she remembered tomorrow was her birthday. She would be eight years old. I should do something nice, she thought. She didn't have any money to go to the movies, which was her favorite thing to do next to reading, so she would go to see the houses on the other side of town. She often walked across the railroad tracks to look at the big old houses. When the weather was hot, she would crouch down and squint at them through the water cast by sprinklers set into the manicured lawns. Sunlight flashed colors into the arcs of water—red, orange, yellow, green and blue. "Looking through the rainbow," she called the game, and dreamed that one day Chrissy Jones would discover how to travel through the rainbow so that she could live on the other side.

SURPRISINGLY, Erik Jones lived until Chrissy was sixteen years old. And he didn't die of cirrhosis after all. His death was sudden and violent and unexpected, though not perhaps unpredictable.

Chrissy had "become a woman" a week before, much later than most of the girls at school. The delay hadn't worried her. She had thought perhaps she wouldn't ever be afflicted with what Sophia called "the curse." She was apparently so different from other people in so many ways, why should she be the same in that?

Her body was changing. She had shot up to the five feet ten that was to be her height, and small breasts had budded on her chest. She worried about the new feelings these changes had produced. Always a dreamer, she had become aware of new, barely defined yearnings that her books could not satisfy. After much thought, she decided she was lonely, but she had no idea how to relieve her loneliness.

It was on a Wednesday night, after watching a movie on television, that Chrissy went to her father's bedroom, hoping he would be awake and would comfort her. There were tears in her eyes. The woman in the movie had found love and happiness, twin experiences that seemed unlikely to happen to Chrissy Jones. Erik tried to smile at her. "What's-a-matter, honey?" he asked.

She detected a note of real concern that was her undoing. Sobbing, she flung herself at him, pouring out her feelings of loneliness. Erik had been lying on his bed when she entered and he pulled her up beside him and held her, stroking her hair, not saying anything.

She could not have said afterward how long she lay beside him before the quality of the silence changed. The air became charged with something she couldn't understand. He was holding her very tightly. But he'd always liked to do that—he'd always liked cuddling and kissing, even tickling sometimes when he wasn't too drunk. Chrissy had never liked the tickling, though she'd never told him so. It gave her a sick feeling, though she didn't understand why.

Uncomfortable, she tried to wriggle away. "S'all right, honey," he said and wouldn't let her go. His hands held her pinned to the bed and his eyes were wide, staring, incredibly blue, not looking away from her as he did things to her—things she'd seen sometimes in the movies, things she'd heard about in school—things boys did to girls if they caught them alone. But this wasn't a boy, this was her father.

His body was heavy, rubbing against hers as he pulled off her clothes. He was making funny little noises like the puppy from next door that sometimes visited her in her maple-tree cave. His breath smelled fetid—a mixture of stale whiskey and Old Spice and bile. And he wouldn't stop. He just wouldn't stop. Even when she shouted at him and beat on his back with her fists and scratched at him—even when she cried out in pain.

When at last he passed out, she dragged herself sobbing from under his weight and into the bathroom to wash herself over and over again as though Ivory soap and water could scrub away the memory and the pain as well as the blood.

In the morning, Erik Jones awoke to the horror of what he had done to his daughter in the night. Scrabbling through the dresser where he kept his whiskey, searching for forgetfulness, he came across a pistol that had belonged to his father—a victim of World War II.

Chrissy heard the shot. Running to her father's room, she found him lying on the floor. There was blood under his head and across the floor and splashes of it down the dresser and nearby wall. The air smelled strange. Erik had fallen against the dresser, knocking over his bottle of Old Spice. It had hit the mirror and bounced to the floor. The mirror had shattered. How strange, she thought. Surely the bottle couldn't have hit it so hard. The mirror must have been weak to start with—some unsuspected fault in the glass. Or else Erik had thrown the bottle at the mirror before using the gun.

She should do something for him, she thought. She shouldn't leave him lying there, looking so ugly, so obscene. Her mother would be furious if she didn't clean up the mess. What should she do? She couldn't seem to think straight. Something gray and monstrous was forming deep inside her, filling her body until she could feel herself swelling with it. She had to close her mouth tightly so that none of it would spill on the floor. She was shaking uncontrollably and the peeling bedroom walls seemed to be moving, closing in around her. After a while, she thought to close her eyes. At once, the monstrous gray thing moved outside her, whirling around her, shrieking and howling, rocking the house, raising it higher and higher, carrying her away.

Policemen came. Three of them. One in a dark suit, the others in uniform. They were very brisk. Just a few questions, they said. Had she noticed anything unusual about her father's behavior the day before? Had he seemed depressed?

She had noticed nothing, she said.

Did she know where Erik got the deep scratches on his back?

"He was forever scratching himself up," Sophia said. "Always falling down, dead drunk, bruising himself, scratching himself."

The policemen's attention switched to Sophia. She hadn't come home all night?

"That's right," she said, with a belligerent thrust to her jaw.

The questions continued, but Chrissy had the feeling none of the policemen was terribly concerned about Erik Jones's death. Their eyes surveyed Sophia and the shabby little house with ill-concealed contempt. Could they really blame Erik Jones for killing himself?

But Chrissy noticed that the policemen kept looking back to her. She stared back as directly as she could, giving nothing away.

"What the hell happened?" Sophia demanded as soon as the policemen left.

Chrissy shook her head. "Nothing," she whispered.

Sophia took a step forward, glaring at her daughter, then slapped her face hard. "You're lying. I always know when you're lying. Go down on your knees and ask God for forgiveness, then come back and tell me the truth."

"I'm not lying," Chrissy said. She raised her head and looked directly at her mother, ignoring the pain that was burning her cheek. "Don't hit me again," she said. And it was not a plea—it was a command. "Don't ever hit me again."

Sophia raised her hand but Chrissy didn't back away, cowering, as she usually did. She held her ground, her gaze fixed on her mother's face. And Sophia couldn't look at her daughter's eyes. Something funny had happened to them. They looked...empty, as though Chrissy Jones had gone away.

Slowly, Sophia's arm dropped to her side.

Chapter Three

A RECORD SNOW FELL in Illinois that winter and Chrissy did something she hadn't done since she was a small child. She built a snow fort beside the maple trees—the biggest, strongest fort ever. She worked on it after school, building the walls higher and higher, packing the snow hard and tight with her mittened hands. When it was done she climbed inside, taking with her a couple of blankets. She sat in her fort and stared at the white walls, letting her mind go as blank as possible. Each day she reached down inside herself until eventually she found a cold place to stay.

The social workers who visited the house from time to time thought Chrissy's desire for solitude was due to the trauma of her father's death. She must be grieving, they decided, though you certainly couldn't tell by looking at her. Such a cold girl, Chrissy Jones.

They didn't see that Chrissy Jones had gone away. In her place, she had created someone who moved, spoke, ate and drank and did all the things real people did; all except feel.

At night she dreamed that Erik Jones was looking down at her with those blue, blue eyes. Sometimes she dreamed that the policemen were standing around her, pointing at her. "Guilty, guilty, guilty," they said.

But she always woke up. And then she would remember what her father had said and she would repeat his promise in her mind. "I'll buy you pretty dresses and books of your own and new shoes. We'll live in a big house on the other side of town or maybe we'll go to California."

When spring came, she brought pencil and paper to her maple-tree cave and wrote the promise down, then stared out at the wide, sun-bright river, seeing nothing of the present or the past, only the future—dreaming of how she would escape.

She would go to California by herself. In the movies everyone there was beautiful. Chrissy wanted to go where people were beautiful. She would find a job, dress in pretty clothes and she would marry a rich man who would buy her a house like the houses across town. The man would love her and take care of her and she would live happily ever after.

TWO PEOPLE came into Chrissy's life during the next two years. One was Miss Ashley, a willowy middle-aged brunette with large sad eyes who owned a small and not very successful ballet school in town.

Chrissy had watched a television documentary about ballet one night and was entranced by the sylphlike bodies flitting so gracefully across the stage.

"Sixteen is far too old to begin dancing," Miss Ashley told her.

"I can pay for the lessons," Chrissy said earnestly. "I have a part-time job."

"Doing what?" Miss Ashley asked gently.

Chrissy flushed. "I clean, at the high school." She fixed her gaze on Miss Ashley's face. "I don't expect to be a real ballerina. I just want to learn how to do something pretty."

Miss Ashley looked at her closely. The child was much too tall and coltish and fiercely shy and impossibly homely—the nose alone— But she had remarkably blue eyes and there was something special about her—a withdrawn, aloof air that intrigued and attracted the older woman. In any case, Miss Ashley couldn't resist the determined note in the young voice. She'd once had dreams herself.

Chrissy worked hard. She was dedicated, oblivious to pain. She treated her body like the good machine it was meant to be and she developed a surprising gracefulness.

Carl Samson was brought into Chrissy's life by Sophia. Somehow Sophia had snagged the attention of the burly long-distance trucker. She was not unattractive and she quoted the Bible frequently, which Samson's late wife had also done. Carl Samson was a lonely man. He began to visit the shabby frame house whenever he was in town.

He was a generous man. He bought pretty dresses for Sophia and Chrissy, even insisted on paying for Chrissy's ballet lessons. This earned him Chrissy's gratitude and even affection—an emotion she hadn't expected to feel again.

Privately, Carl thought the classes were so much foolishness, but he acknowledged that they'd done a lot for the kid's body. When she worked out at home in her blue leotard and tights, he had to remind himself constantly that she was just a kid.

One night Sophia was gone when Carl returned unexpectedly from a long haul. After slaking his thirst with beer, he realized the thumping sound he could hear was Chrissy working out a ballet routine in her room.

He found himself opening her door, just wanting to watch, that was all. If the kid hadn't panicked, he wouldn't have laid a hand on her. But she stopped an arabesque in midair when she saw him watching her and started to scream that he mustn't look at her like that—her father had looked at her like that. She wouldn't stop screaming, and he couldn't let her do that.

Afterward he was deeply ashamed. "But it's not as if you were a virgin," he muttered.

As soon as Chrissy could pull away from him, she scooped up some clothing, ran out of the house and spent the rest of the night in her maple-tree cave. The next day in a matter-of-fact way she told Miss Ashley what had happened.

Horrified and sickened, Miss Ashley insisted Chrissy leave home at once. "I've an older sister in Los Angeles," she told her. "She works at a big department store called Spencers. I'm sure she'll help you."

Between them they came up with enough money to put Chrissy on a bus. They went to Chrissy's house and packed a few things in a suitcase. Carl Samson wasn't there. Sophia was, but she made no attempt to stop Chrissy from leaving. Chrissy would find out what real life was like, she said; she'd soon forget all that nonsense about ballet and trying to make herself better than everybody else, when all the time she was worse. "God *knows*," she said. "God knows what you did. He sees everything. He won't take care of you. He doesn't have any use for damaged goods like you and me."

The phrase stuck in Chrissy's mind. Damaged goods.

CHRISSY ARRIVED IN LOS ANGELES, mecca to hundreds of other hopeful runaways, on a clear sunny Friday. She was broke, hungry, clutching a cardboard suitcase and wearing a too-short cotton dress that Sophia had discarded long ago. She had left behind the clothes Carl Samson had bought her.

The elder Miss Ashley proved as kind as her sister. She arranged for Chrissy to sell scarves and hosiery at Spencers, which from the first day seemed like a fairyland to the dazzled girl. Chrissy herself found her second job, cleaning the women's rest rooms to make extra money for ballet lessons. She had a new identity at Spencers. After much thought, she had renamed herself Kristi Johanssen. The name matched her Nordic coloring and it had a ring to it, she felt. It was the name of a somebody.

She found her own apartment, a one-room flat in an area of Los Angeles that had once been wealthy but was now little more than a slum. She loved this room. For the first time she could lock her own door. In her small amount of free time, she painted the walls sparkling white, bought white curtains, white slip covers for the shabby furniture, a white rug for the floor.

She found out that not everyone in California was beautiful. Sometimes men spoke to her or followed her when she was walking home from the bus stop after work or school. She soon learned to walk with purposeful steps, on the heels of a group of people if possible. She learned not to make eye contact, to stride along inside her own inviolable space.

At Spencers most men left her alone, but a few asked her out to dinner or a movie. She was not interested in sleeping with them, she tried to make these men understand, but she would like to have friends.

She was surprised by their reaction. They seemed to think she was playing some kind of game—playing hard to get—which they took as an insult. They reacted in one of two ways. Either they didn't ask her out again after the first date, or they kept up a constant sexual pressure on subsequent evenings, insisting that if she didn't go to bed with them there must be something wrong with her.

After a year in Los Angeles, Kristi graduated from night school. Wanting to celebrate, she allowed one of the young men from her class to go with her to her studio apartment. He was a year older than Kristi and good looking in a boyish, fair-haired, freckle-faced way. He seemed kind, a little shy. Stroking her straight, blunt-cut blond hair, he told her she was pretty.

She smiled gratefully at him, sitting next to him on her lumpy white couch. And then he leaned toward her and she felt his breath warm on her face. His hand slipped into the neckline of her white cotton blouse and touched her breasts. She stiffened.

"Relax," he said. "I'm not going to hurt you."

She tried to but her body remained rigid. The young man tried everything he knew to loosen her up but as the time dragged by, Kristi became aware that the grayness was curling up inside her, getting ready to pour out of her mouth. Her fists clenched, pushing into her abdomen to hold back the nausea, and she curled herself into a ball against the pain.

The young man sat back and stared at her. "What the hell's the matter with you?" he demanded. Disgusted, the young man adjusted his clothing and left.

Obviously, Kristi told herself, she was different from other women. She had always been different. She was damaged goods. Accepting this, she curled in upon herself even more tightly and refused the most innocent sounding overtures from the men she met. It was better to be lonely than to suffer such indignities. There were worse things than being alone.

But still she didn't give up her dream of the perfect life she would lead someday. The man she was to marry would somehow see beyond the damage that had been done to her. He would still want her to be his wife. He had to want her to be his wife.

ON A SUMMER FRIDAY AFTERNOON, Adrienne Armitage wandered through Spencers during a break in a showing of her fall fashions. Adrienne was in a rotten mood that day. The night before she had quarreled with Philip, the man she intended to marry. She had forgotten that Miss Emma had invited her to tea. Well, not really forgotten. Bored at the prospect, she had spent the afternoon at her health club, relaxing in the sauna and afterward receiving the most heavenly massage from a new and wonderfully handsome male attendant. Satisfied as a well-stroked kitten, she had drifted off to sleep and missed Miss Emma's tea party. Philip had accused her of being totally selfish and hedonistic. "You've never in your whole life put anyone else ahead of your own pleasure," he told her.

"Since when has anyone done anything unselfish for me?" Adrienne drawled back, seemingly unmoved. Yet for some reason she was terribly hurt by Philip's accusation, though she wasn't about to let Philip know that.

Kristi couldn't take her eyes off the exotic-looking slender woman who walked with such authority and style. When she spoke, Kristi was fascinated by her languid drawl. "Scarves are so wonderfully versatile," she murmured, ruffling through a pile, selecting a gauzy silk square in vibrant shades of blue. With deft flicks of her long fingers she transformed the scarf into a turban, a halter, a floating sash, and then let it drift back to the counter as her interest waned.

"How do you do that?" Kristi marveled, and there was such awe in her voice that Adrienne's eyebrows arched with amusement. She took a closer look at the girl. Not so bad if you ignored the nose. The rest of the bone structure was impeccable. The skin was flawless, like porcelain with light showing through. And the hands were graceful. For a few minutes, Adrienne lingered at the counter, watching the girl serve another customer, moving lightly from counter to cash register and back again. She wasn't sure why she was so taken with her. A glance at her wristwatch told her it was time to leave, but she was strangely reluctant to do so. For a moment more she watched Kristi reverently fold the disarranged scarves. Then she lightly tapped the back of Kristi's right hand. "You have lovely hands," she said as she turned away. "You must always take proper care of them."

Later in the day, upended over one of the toilet bowls in the ladies' room, scrubbing valiantly with a long-handled brush, Kristi heard those same exaggerated vowels behind her. "What *are* you doing, child?"

Flushed, uncomfortable at being caught at her other job, Kristi backed out of the cubicle and tried to summon a smile.

"They pay me extra," she explained.

Adrienne was shocked. "I would bloody well hope so." She looked Kristi up and down. "I'm glad you have the sense to wear rubber gloves, but I can't understand why you are wasting your potential like this."

"Potential?" Kristi echoed. She caught a glimpse of herself in the rest-room mirror. Hair all over the place, eyes watering from ammonia fumes. Her nose was its own inglorious self; the contouring powder she'd recently learned to use had worn off—not that it helped much anyway. "What potential?"

"I was watching you earlier," Adrienne confessed. "You move *most* gracefully. You've studied ballet?"

Kristi nodded.

Adrienne gazed at her a moment more. Was it possible that the girl was model material? Why not? "If you can clean toilets you must have stamina," she murmured. She turned to look in the mirror, settling her hat squarely on her head and smoothing errant hairs back into the stern chignon she wore at the back of her head.

"That nose is a disaster," she said with a sigh. "And I'm not sure—have you done any acting? Do you know how to project emotion?" She chuckled, watching Kristi in the mirror. "Well, that answers that question. You're emoting quite a bit right now, aren't you, dear?"

Humiliated, Kristi began to turn away, but Adrienne's fingers reached for her chin and turned her face this way and that in the light. "Haven't you ever heard of plastic surgery?" she demanded.

Kristi had dozens of clippings about rhinoplasty in a folder back in her room. "I can't afford it," she said stiffly. "Maybe some day, but not yet."

Adrienne frowned, then quickly smoothed her forehead with her fingertips. "Someday won't do, child. You have to do it now, while you're young enough to get started."

Kristi stared at her. "Get started at what?"

Adrienne was suddenly businesslike. "You are how old? Eighteen?"

"I'll be twenty next week."

Adrienne nodded. "That settles it. I'm going to give you something for your birthday. I'll teach Philip Talbot to call me selfish. I'll be your fairy godmother."

Kristi was becoming convinced that this glamorous but distinctly odd woman must be mad.

That night Adrienne went home with Kristi, expressed horror at the district where she lived and amusement at the all-white decor. "It looks like a convent cell," she commented.

"I like it this way," Kristi said.

Adrienne shrugged. She took a cloth tape measure from her purse and measured every part of Kristi's body and face, twisting the girl this way and that, muttering to herself.

"Just as I thought," she announced in triumph when she was done. "Everything is absolutely perfect, except for the nose. And the nose can be *fixed*. You can pay me back when you're rich and famous. I know just the man to do it for you."

Chapter Four

THE CLINIC THAT PHILIP TALBOT SHARED with another surgeon was located on Wilshire Boulevard. The luxurious waiting room overwhelmed Kristi, who was already nervous enough. It was an immense, thickly carpeted room, furnished with upholstered sofas and chairs. There was even a pond, complete with gurgling waterfall and brilliantly colored carp. Beyond the pond, exotic plants reached up toward the skylights in the cathedral ceiling as though trying to escape.

As far as Kristi could see, none of the men and women waiting with her had a single flaw or blemish. Yet they were *there*. She was sure nobody could be in any doubt about the problem that had brought her to the clinic, but the pretty receptionist asked, "What exactly did you want to see Dr. Talbot about?"

Half an hour later, a nurse ushered her into an examining room and Philip erupted through the doorway. He was running late as usual. So many people needed help. There were never ever enough hours in his day so he was always in a hurry to get somewhere else. Because of this most people thought of him as an impatient man. Yet plastic surgery required an infinite capacity for self-control and in the O.R. he was enormously patient, his voice unhurried, his long tapered fingers steady and delicately skilled. When he first saw Kristi, something in him slowed and he felt the stillness come over him that never failed when he needed it most.

Looking up at him, Kristi saw a towering handsome man with strong features that were put together in a pleasing, good-natured way, accented by his red-gold beard. His thick hair, side-parted, shone with the luster of a new-minted penny. His eyes were the cloudless blue of a summer sky. That first time, she compared him in her mind with Richard the Lionhearted, hero of romantic tales of dash and daring. She imagined him striding off to the Crusades in a white tabard with a huge cross embroidered on it, swinging a great double-edged sword.

But far from striding off, he appeared to have all the time in the world, drawing diagrams on a small blackboard, showing Kristi exactly what he could do for her nose. "I'll have to shave some of the bone from the bridge," he explained. "Then I'll take some of the cartilage from the tip, fracture the bones and push them inward."

When Kristi swallowed visibly, he rubbed his own nose and winced. "You won't feel a thing until afterward," he said hastily, then went on to assure her that there wouldn't be any visible scars. "Look at it this way," he added kindly when she asked if he thought she was vain. "Your nose was just an accident of birth. It isn't vanity to correct it, but simple common sense."

He listened patiently as she haltingly explained that Adrienne thought she could be a model. To her amazement he agreed. Conscientiously, he explained to her the few things that could go wrong, assuring her there wasn't any real danger. "I'm going to give you a perfect nose," he told her. She didn't doubt him for a moment.

For several days after the operation, her nose felt as though a maniac had twisted it with a pair of pliers. But Philip kept her well supplied with codeine. Gradually the pain lessened, but her nose was still tender when she went back to the clinic to have the plaster splint removed.

The tension was almost unbearable as Philip lifted the dressings away. Suddenly losing her confidence, Kristi half expected her nose, shriveled and shrunken like a head-hunters trophy, to drop into her lap.

Philip was silent for a long moment. Leaning against the examining room wall, his arms folded across his chest, eyes narrowed, he regarded her face intently. Then a smile lifted the corners of the sensual mouth that was so attractively framed by his neat beard. Slowly, the smile widened. "Did I ever happen to mention that I do damn good work?" he asked, handing her a mirror.

Kristi shrank back in horror. Her nose was swollen and black-and-blue. The skin under her eyes was a bilious yellow.

Philip's exuberant laugh boomed out. "It's only in the movies that the doctor lifts off the bandages to reveal instant beauty, Kristi. The swelling will go down. Underneath it you have a perfectly straight nose."

He took her hand to help her from the table, lifted her chin and looked into her eyes. "You're so lovely," he murmured.

As Kristi stared at him, he kissed her lightly on the lips. She left the clinic in a daze, her fingers to her lips, her mind filled with the glowing image of this wonderful, golden man. He had fixed her nose. He said she was beautiful. He was a miracle worker who could fix any kind of damage.

KRISTI'S POSTOPERATIVE VISITS ended with a photographic session. Full face, three-quarter and profile. "Your first modeling job," Philip called it.

Comparing her before-and-after pictures, even Kristi had to concede that her nose was perfect. She could hardly recognize herself. Changing her nose seemed to alter the size of her eyes and the shape of her cheekbones and chin and forehead. The girl in the photographs was a stranger—a delicately beautiful stranger with haunting blue eyes. So why, when she looked in a mirror, did she still see Chrissy Jones?

Philip frowned at her with mock seriousness, lifting her chin with one bent finger. "You'd better be prepared, young lady. Men are going to be all over you." She turned away abruptly, setting the mirror down. He was silent for a moment. Then he said quietly, "Who hurt you so badly, Kristi-girl?"

When she didn't answer, he put his hands lightly on her shoulders. She stared up at him, so gravely that he caught his breath. "You mustn't be frightened, Kristi, especially not of me." He hesitated, then grinned. "I may not be able to resist you myself."

She wasn't frightened of him at all. This was Dr. Talbot, the man who had finished the job Adrienne had begun, the man who had done away with the last traces of Chrissy Jones, the man who had made her, finally and irrevocably, into Kristi Johanssen. Confidently, if a little tremulously, she smiled in return. Philip "adopted" her. He became her big brother, her father, her friend. Accompanied always by Adrienne, he took her to fine restaurants and art galleries, even to concerts and the theater, both of which bored him out of his mind. He took her sailing and beach-combing and showed her how to improve her swimming style. When she mentioned casually that her school hadn't possessed a tennis court his eyes widened in mock disbelief, and he insisted on teaching her to play, holding back on his usual driving serve for her benefit.

He encouraged Adrienne's interest in her and Adrienne grew fonder of the emerging young woman. She increased her efforts on Kristi's behalf. She introduced her to Berry Lansing, the photographer, took her to Marie Simon's modeling agency. She encouraged her again and again, even when Kristi despaired of ever learning how to sit, stand, walk, to use make-up, to care properly for her skin and hair, to hold a pose indefinitely.

There were hundreds of test shots in Lansing's studio, then long days spent taking her portfolio around, being looked over at "go-sees," or "cattle-calls" as some of the girls called them; all those girls who looked as though they'd been born knowing how to act in front of a camera. And finally, there was the slow acceptance, the increased number of bookings, the thrill of her first cover, her first television commercial. The beginnings of fame. Looking back Kristi could see how fast she had traveled along the road to fame, but at the time the days blurred into weeks and the weeks into months and only Philip's constant encouragement and Adrienne's determination had seen her through.

Philip hadn't made a single pass at her. He treated her like a younger sister, who needed to be taught and teased at the same time. She was grateful that she hadn't had to display her sexual inadequacies, grateful that he spent so much of his precious free time with her. She enjoyed everything they did together, and she was proud that he and Adrienne seemed to enjoy being seen with her. But sometimes she remembered his comment about not being able to resist her and wondered sadly why he'd changed his mind. He must be in love with Adrienne, she decided. He was helping her because of Adrienne. Adrienne often had affairs with other men, but Kristi had always suspected that she expected Philip to marry her some day.

Unexpectedly, one May evening, Philip invited her to his house for the first time. Adrienne was otherwise engaged, he told her. And besides, he wanted to talk to her alone. She tried not to speculate. She was afraid Philip was going to tell her he wanted to marry Adrienne. She was afraid he wasn't going to be interested in Kristi Johanssen anymore. She would smile and tell him she understood, she decided. She would never let him know that Kristi Johanssen had dared to dream.

Philip's grandfather, Jason Talbot, suffering from homesickness, had built his house in Beverly Hills in the style of his native Stratford-upon-Avon. According to Jason's journal, which had been handed down to his son Kenneth, then on to Philip, one of the earliest impressions of Stratford had been recorded by John Leland, an experienced traveler. "The houses are reasonably well buyldyd of tymbar," Leland had written.

Large, cool and gracious, Jason's Elizabethan house was structured of stone striped with thick wooden beams, topped with steep pitched roofs and set among terraced gardens that featured many of the trees, plants and flowers in Shakespeare's plays. Having parlayed a minor inheritance into a fortune at London's stock exchange before coming to America and becoming a magnate in the classic capitalistic sense, Jason had been able to indulge all his whims.

As soon as she entered the Talbot house Kristi knew it was her rainbow house—the house she had been dreaming of all her life. She walked spellbound through room after golden room, hardly daring to breathe, her hands tentatively reaching out to touch a carved balustrade, a velvet cushion. "You look like a starved urchin," Philip teased.

She felt like a starved urchin. She was overwhelmed by the beauty of his home, the serenity of it, the enormity of the wealth that must have gone into its construction and furnishings. She wanted that house with a yearning stronger than anything she had ever felt in her life. Unexpectedly, when the tour was over and Philip was pouring her a glass of Perrier, she burst into tears.

Dismayed, Philip bundled her up in his arms and carried her up the magnificent staircase to his gloriously draped English Regency bed. Without intending to, she found herself telling him about her childhood poverty and Sophia's cruelty and Erik's suicide and Chrissy Jones looking through the rainbow.

As she talked, Philip's usually healthy complexion paled and his arms tightened around her. She had thought when he pretended dismay at her ignorance of tennis that he would never be able to understand what her life had been like. How could he; he had no experience to compare it to. He had been wealthy all of his life—he hadn't even had to struggle through medical school as so many of his colleagues had. But his understanding and horror were genuine and she couldn't bring herself to tell him about the unmentionable, unthinkable things that Erik Jones and Carl Samson had done to her. Philip Talbot was a good man, a decent, honorable man, a perfect man. He must never, never know about the gray ugliness that was locked away inside her. He must never know she was damaged goods.

When she stopped talking, exhausted, he touched her hair lightly, smoothing it away from her face. "It's all over now, Kristi-girl," he said, smiling. "From now on you don't have to worry about anything," he said confidently. "I'll take care of you always. I love you. I want you to be my wife."

For a few seconds Kristi could only stare at him, astonished. Then she stammered, "But what about Adrienne, I thought that you and Adrienne..."

Philip laughed. "Adrienne and I are old friends," he said as though that excluded any possibility of romance. "I've wanted only you from the moment I first laid eyes on you. The day I took your bandages off, I wanted to sweep you right off your feet and into my bed."

"But you didn't. You've never said anything."

He laughed again. "You were such a kid—a baby. And so damn frightened. Those blue eyes of yours kept looking right at me as though I was a gamekeeper and you were a frightened little rabbit. I could see that you wanted to trust me, but you weren't sure if you could. You scared me. I was afraid if I wasn't patient I would frighten you into some dark hiding place where I might never reach you again." He grinned at her. "Even I was surprised at how enormously patient I could be."

"Philip," she said hesitantly, wanting to be fair. "There is a hiding place. I'm not sure I can come out of it." She hesitated, but she still couldn't tell him, not all of it. "There's something missing in me," she admitted instead, hoping he wouldn't press for an explanation. "I think my... capacity for love died with my father. I— No matter how hard I try, I can't seem to..."

He interrupted her with a kiss. "Don't worry about it," he said, still smiling.

Kristi couldn't believe that the last of her fantasies was coming true. This wonderful golden man was offering her his name, his family, his history, a place in the world—his world. Gratitude overwhelmed her. In his arms, she felt like someone who had battled through a snowstorm to reach a safe haven and on arrival had been wrapped in a soft, thermal blanket and given brandy to drink. Muscles that had been tensed against the cold relaxed, blood that had slowed to a sluggish trickle began to pump healthily through every vein. She felt rescued.

When he gently eased his body over her, she didn't resist. His red-gold beard was like a warm nest to burrow in, soft and sensuous. She wanted to rub her face against it and in it, and her arms clasped the bigness of his body tight against her, dreading what he was going to do, but knowing too that she couldn't keep avoiding sex forever. Not if she wanted Philip to marry her. And she did so want him to marry her.

At first there was pain, but she had expected that. Sex was supposed to hurt—it was meant to hurt. She felt herself stiffening, but she fought against it. Eyes tightly closed, she gritted her teeth and lifted with the pain, lifted and dropped and lifted. The antique bed shuddered and creaked and Philip laughed at the noise. Startled, she opened her eyes to stare at him. She hadn't known anyone could laugh while having sex. Philip couldn't seem to stop laughing, and after a while, she started laughing too, laughing at the ribbons of sweat pouring down Philip's bearded face, laughing at him laughing, laughing at the fact that it didn't matter if anyone heard them in that huge wonderful house; it didn't matter if anyone knew.

The laughter seemed to wipe out old memories, to send them winging off into the darkness of the past. Soon, she didn't hurt anymore, she didn't feel any pain. She didn't feel anything. Even with this beautiful, golden, laughing man, she couldn't feel any excitement, any thrill, any of the thousand sensations she had read about in romantic stories. She was in his arms, moving with him, listening to his pleasure in her, to his promises of eternal love, wanting to love him, because he was everything she'd ever wanted and she *had* to love him. Still her body was getting colder and colder until surely Philip would have to notice that her flesh had turned to ice.

But he didn't notice. And she said nothing about her lack of feeling, her lack of enjoyment of what were supposed to be the most wonderful moments a woman could share with a man. It would get better with practice, she told herself—she'd read that somewhere. Philip would make it get better.

PHILIP INTRODUCED KRISTI to his family at a dinner party at the Talbot house. The whole clan was there, including James and Claire's two sons, Joshua and

Carson. Virginia and Tom didn't have children; Virginia said she was too busy.

After dinner they played games in the library. One was called fictionary, where everyone wrote down crazy definitions of words no one had ever heard of. Then charades. Book titles. They all loved charades.

With the exception of Miss Emma, they reminded Kristi of frisky animals, intelligent and boisterously friendly. She thought it would be wonderful to be part of such a family. But later, when they sat around in the huge gracious living room, enjoying tea and a delicious poppy-seed cake, she began to wonder if she could ever become one of them.

She was sitting on the seven-foot sofa, flanked by James and Virginia. "I understand you're a well-known model," James said, smiling, looking as Philip might look without his beard.

"Gosh yes," Virginia said with a wide smile before Kristi could answer. "Her face has been splashed all over the mags. Not only her face," she added, looking askance at Kristi's electric-blue, low-cut gown. "Her body too, sometimes in a *bikini*."

Philip laughed. He was sitting at Kristi's feet with his long legs stretched out in front of him, looking wonderfully handsome and tan in his tuxedo. "You're only jealous because you don't have the build for it," he accused his sister.

Apparently unoffended, Virginia grinned genially and punched her brother's shoulder. "Talbots don't often pose for outsiders," she told Kristi. "Once in a while, if we're supporting some worthy cause, or entertaining somebody who's deserving of public attention..." She paused, pouting thoughtfully. "I'm not sure how I feel about a future Talbot having her face plastered all over magazines and television screens. Philip tells me you also do TV commercials," she added, idly poking a strand of red-gold hair behind one ear with a beautifully manicured finger. "I suppose that's unavoidable. I haven't seen you, I'm afraid. I don't usually watch television. I'm much too busy. Someone has to keep track of family finances." The last comment was accompanied by a sidelong glance at Philip.

He responded by turning his head toward his sister and baring his teeth in a feral grin. "My family doesn't approve of *my* vocation either," he explained to Kristi.

"Why *did* you choose it?" she asked hesitantly. "I mean..." She gestured vaguely around at the luxurious room and the servants who were clearing away the Georgian silver and the Waterford glasses and Royal Doulton dishes.

"He started getting ready for it when he was a little kid," Virginia said before Philip could answer. "He was forever repairing birds and animals. Would you believe that at one time he had a three-legged dog, two of the mangiest cats you ever saw, four sparrows and three starlings all recuperating from their injuries in cages in his bedroom? Starlings! I ask you!"

"Starlings have a right to live too," Philip interposed mildly.

"The maids had to set off flea bombs in the house every few days," Virginia went on as though he hadn't spoken. "And it never stopped. Mice, squirrels, even a fox. A rabbit with a broken leg hopped into the garden one day, obviously looking for Philip. Word had gotten around."

To Kristi, Virginia's words seemed scathing, as though Philip's compassion was a weakness rather than a virtue. Kristi rested her hand on his shoulder, letting him know she appreciated the child he had been. He tipped his head back against her knee and grinned up at her, not a bit put out by Virginia's sarcasm. "I was going to be a regular doctor," he told Kristi, "but then in college, my friend Doug and I came off a motorcycle on one of those god-awful roads up around Big Sur. I was barely bruised, but Doug's face was totally wrecked." He was silent for a moment before going on. "I was impressed by the reconstructive work the plastic surgeon did. So nothing would do but that I should become a plastic surgeon myself."

His voice was light, but there was a hard edge to his usual good-humored grin. "My sister has no faith in humanitarian motives," he said dryly. "She's always insisted I became a doctor because I didn't want to fill my appointed slot in the family business."

"*Did* you want to get out of it?" Kristi asked.

He laughed uproariously and twisted around to face her. "That's a good girl," he said, patting her knee. "Always go straight to the heart of the question." He tilted his head to one side. "Actually, I would have looked for a loophole," he admitted. "I never did have patience with boredom. But all the same," he added, "Doug's face was the best job I've ever seen. The very best. Miraculous."

"Well, I believe you chose your career because you're a wonderful, compassionate man," Kristi said.

He looked up at her with an expression of horror. "Lord, don't let *that* get around." He gave Virginia a devilish grin. "There's not so much difference between the two occupations, anyway," he told Kristi. "Corporate executives cut people up just as much as

I do without any benefit to the victims. Without anesthesia either."

"Touché," Virginia said.

Philip grinned again. "Don't let her fool you, Kristi," he said. "James and Virginia were happy to take my place."

"And don't let *him* fool you either," Virginia added sweetly. "Philip doesn't avoid all involvement. The bulk of his income comes from dividends on the stock he owns either directly or through family trusts. He doesn't ever turn up his nose at the money."

Brother and sister were laughing now. Was it possible, Kristi wondered, that they enjoyed this verbal fencing? She decided to be wary of Virginia. Her loyalty belonged to Philip. She was beginning to realize more and more that he was a truly admirable man, even if he did make jokes about his motives. The rest of the Talbots were attractive on the surface, she decided, but there were undercurrents that were hard to understand. Was this the way all families behaved?

As though she had read Kristi's mind, Virginia began questioning her about *her* family. Fixing her rather prominent blue eyes on Kristi she asked, "Where are you from, dear?"

"The Midwest," Kristi answered evasively.

"Well, that's unfortunate. But then, California *is* a melting pot, isn't it?" Tilting her head to one side, she murmured, "Johanssen. Johanssen. Is that Swedish?"

"Possibly."

"Don't you know?"

Kristi didn't hesitate to lie. "I don't have any family alive."

"None at all? Did you just grow?"

"Ginny," Philip said warningly. His sister made a face at him and subsided.

But Kristi knew she wasn't satisfied. "My parents were poor," she said flatly. "They died when I was very young. I've taken care of myself since then."

Virginia touched her finger to the corner of her mouth and smiled. "How very resourceful of you, dear."

Kristi was taken from this awkward moment by Virginia's husband, Tom Strang, a handsome darkhaired man with a bland face that gave away none of his thoughts. He pulled her to her feet and led her over to Miss Emma, Philip's mother.

Miss Emma had once been a beautiful woman; there were still traces of the imperious self-confidence beautiful women develop from the time they see themselves reflected in other people's eyes. But the years had thinned the once-creamy skin to the consistency of tissue paper and softened the regal line of her jaw. Her head with its crown of silver braids was still held arrogantly high, but her shoulders had lost their once proud posture. Her hands were gnarled and freckled with age. They lay twisted together in the lap of her lavender silk dress.

For a few minutes she studied Kristi's face, then her lips pulled tightly inward and her eyes grew hostile. "Don't bother me, Serena," she muttered at last, looking away.

"I . . . I'm not Serena," Kristi stammered. "I'm Kristi. Kristi Johanssen."

"I don't care who you say you are, Serena. Go away and leave me alone."

Virginia took Kristi aside then, into one of the bedrooms, giving the excuse that they both needed to freshen their makeup. Peering into a dressing-table mirror, outlining her full mouth with a plum-colored lipstick that matched her dress, Virginia said slowly, "Don't worry about my mother. She rarely makes sense. She's become senile." Virginia sighed heavily. "Perhaps I ought to tell you about Serena. Philip can't bear to talk about her. It seems to me you ought to hear from someone what she was like."

Moving over to the bed and patting the space beside her, Virginia leaned conspiratorially close to Kristi as she sat down. Gradually, as she talked, a picture of Philip's first wife built up in Kristi's mind. Serena had been gracious, charming, virtuous—her days filled with civic activity, charity committees and tennis at the country club, where every member wondered whether her beauty was natural or the result of Philip's skill. Often they decided Philip *was* responsible and they flocked to his clinic, hoping for like miracles for themselves. Serena had been the consummate homemaker, a gourmet cook, an arranger of parties, a sympathetic listener when Philip talked about his patients or some other aspect of his work. "And a very sexy lady," Virginia added with a sidelong glance at Kristi. "She was fair, too, and almost as tall as you."

And much more beautiful, Kristi added silently, remembering the portrait of Serena that hung in Philip's study. Serena had obviously been a perfect wife.

Serena had died following an automobile accident when she was thirty-five. She had not died immediately. She had lingered in a coma for six months. Her death had shattered Philip.

Kristi tried to imagine a shattered Philip. He was so strong, so vigorous. She pictured a piece of mirrored glass with invisible fault lines radiating across its surface, imagined it suddenly exploding into fragments.

"All Serena ever really wanted was to be a wife and mother," Virginia said. "She wanted babies badly. Her one chance at immortality, she said. But Philip kept putting her off. He was concentrating on getting through medical school and interning. Then he had to put in three years of general surgery, two more of plastic surgery. After that he had to get himself established. I don't know that he ever wanted to become a father, frankly. We both decided pretty early to leave the dynasty-building to James. Philip may change his mind, of course," she added thoughtfully. "But I doubt it. In any case, it's too late for poor Serena."

Virginia's blue eyes were bright with an undefinable emotion. Kristi knew she was expected to make a response, but she had no idea what to say. She felt that Virginia wanted her to know she didn't measure up when compared to Serena. Which she already knew.

Kristi wasn't really surprised that Virginia didn't approve of her. She always seemed to affect people in negative ways, as though they saw through the outer attractive shell that was Kristi Johanssen to the lost, ugly child called Chrissy Jones. Because of Virginia's attitude, as Kristi returned to join the rest of the family, something inside her that had begun to thaw when Philip asked her to marry him, something that was anxious to reach out and make friends, retreated a little. It didn't exactly go back into hiding, but it stood guard, ready to dive for cover if it became necessary.

James noticed her discomfort. "My boys want to ask you what kind of cameras fashion photographers use," he told her with a jovial smile, leading her toward his sons.

At fourteen and twelve, Joshua and Carson were fascinated by cameras and could be counted upon to pop flashbulbs off in people's faces at the most unlikely times. Kristi was unable to get out of demonstrating, for the two boys and their jointly owned Nikon, just how a model posed in front of a camera, aware all the time of Claire and Virginia's sardonic smiles.

At first, Kristi had thought Claire was the one member of the clan she would be able to relate to. She was not as boisterous and her coloring was more subdued, similar to Kristi's. Kristi liked Claire's soft slow voice and the faint Texas accent that lent it charm. But Claire too seemed obsessed with "family." Her own family was every bit as prominent as the Talbots, she assured Kristi—her daddy being in oil, as his daddy and his granddaddy had been before him.

The party set the pattern for all future get-togethers with the Talbot family, including Philip and Kristi's engagement party. "They don't seem to like me very much," Kristi said carefully to Philip as they drove away from Ma Maison.

"Of course they do," Philip said. "You just have to get used to the way they are. They haven't been rude, have they?"

"Not exactly. No." She hesitated. "Virginia did say one thing that upset me tonight. She was telling Miss Emma not to worry about all the publicity our engagement would bring and she said, 'Once Kristi is a Talbot, she won't be modeling anyway.'"

Philip didn't say anything for a moment, and Kristi felt a rush of panic. She hadn't for a moment considered giving up modeling when she married Philip. The only side of herself that she really knew was the sophisticated-looking young woman featured in all those magazine covers and advertisements and editorial pages. Looking at pictures of herself on Madison Avenue, the Champs Elysées or Tokyo's Ginza, she could sometimes catch a glimpse of herself as she appeared to other people. This was Kristi Johanssen, the "nationally known" model, the person invented by Chrissy Jones.

"I do want to go on working after we're married," she told Philip hesitantly.

Philip took one hand from the steering wheel and placed it over her hands, which were clasped tightly in her lap. "Have I asked you to give it up?"

Chapter Five

TWO WEEKS AFTER her engagement was announced, Kristi and Adrienne started on their trip north. Within three days, they had reached Washington State and were on a ferryboat in Puget Sound.

They had started out to explore the coast, but Adrienne had driven rapidly, stopping rarely, and had announced the previous night that she wanted to visit a previously unmentioned relative who lived on an island in the Sound.

What was Adrienne up to, Kristi wondered, as she turned to lean on the boat's rail. Why had she insisted they come to this out-of-the-way spot? The island they were circuitously approaching resembled a mirage, mysteriously appearing and disappearing between drifting plumes of mist, teasing Kristi with glimpses of dark fir trees, a hint of rocky shoreline and flashes of red-barked madronas topped with tufts of light green leaves.

The entire scene reminded Kristi of the movie, *Brigadoon*. According to a Scottish legend, Brigadoon was a village that appeared from the mists of the Highlands for only one day of every century. The last thing she wanted at this moment was to step onto an island and disappear for a hundred years. Island living was about as far from the life-style she now enjoyed as anyone could get. And this particular island looked primitive, abandoned, the only sign of human existence a single spiral of smoke curling up above the tall trees.

Adrienne had been vague about the length of their stay. They had brought overnight bags onto the ferry though, leaving the rest of their Vuitton luggage locked up in Adrienne's Aston Martin—$75,000 worth of car left standing on the dock.

Where would they spend the night, she wondered, closing her mind automatically against thoughts of the past. Surely they weren't going to stay in a cabin? Realizing the absurdity of Adrienne *camping*, Kristi laughed aloud just as Adrienne, tired of flirting with a deckhand, joined her at the rail.

"I'm glad you're in such good spirits," Adrienne drawled. "They do say that fresh air is wonderfully beneficial."

But her voice sounded dubious. Adrienne was notorious for her avoidance of the outdoors. Kristi laughed again but sobered when she saw Adrienne's green eyes regarding her intently. "Why all the mystery? Who is this relative of yours?"

Adrienne flushed and hesitated before answering, one hand going to check that her dark hair was still neatly folded in place. Kristi was instantly alert. Adrienne was not a hesitant person. "He's, well, I guess I didn't make it clear, he's not a relative of *mine*, Kristi." She took a deep breath. "In actual fact, he's a relative of Philip's. His half brother."

Kristi stared at her, bewildered. "Philip doesn't have a half brother," she said at last.

Adrienne returned her gaze, her green eyes innocently wide. "Oh yes he does. He just doesn't talk about him. Because he's a bastard." She paused, then gave her musical chuckle. "I don't mean that in the pejorative sense. He's literally a bastard, which is why he's such a skeleton in the Talbot family's cupboard."

"You mean that Kenneth Talbot..." Kristi began.

"Not Kenneth. Miss Emma."

"Philip's mother?" Kristi's voice rose with incredulity.

Adrienne nodded. "Philip's father wasn't the only one to play around. Miss Emma had her moment of glory when Philip was about six years old. James was five, Virginia four. I understand Kenneth had a vasectomy after Virginia was born, so Miss Emma couldn't pass the new arrival off. Turned out the father was the family chauffeur. It never did get out. Kenneth probably felt it was better not to make a fuss in case Miss Emma aired some of *his* soiled linen. So the baby was farmed out to some of Miss Emma's distant relatives, the Dexters. She insisted on naming him after his father though." She paused dramatically. "His name is Gareth St. John."

For several seconds, Kristi couldn't find her voice. "The movie star?" she squeaked at last. "The one who disappeared?"

"The ex-movie star, yes." Adrienne looked at her with a rueful smile. "I know this is a shock to you, Kristi. I've never told anyone about it before. You know how people are—you can't trust them not to talk." She stopped, chuckling again. "Not that I've anything against gossip myself.

"I wanted to tell you about Gareth a long time ago," she went on. "You told me once that you were a fan of his in that mysterious childhood of yours."

Even through her shock, Kristi caught the barbed note in that reference to her childhood. Adrienne always wanted to know everything there was to know about anyone's past and she had never forgiven Kristi for not telling all. Nor had she given up probing.

"I wasn't just a fan," Kristi blurted out. "*Fan* implies one of a group. I adored Gareth St. John. I saw *Dark Torment*, his first movie, four times. I still remember the character he played—a psychiatrist, Jonathan Lessing. He was fantastic. There was a time I kept a picture of him under my pillow."

"Well, he's Philip's half brother," Adrienne said.

"Why didn't Philip tell me? I even told him about the crush I had on Gareth St. John and he didn't say a word."

Adrienne shrugged. "Their relationship is one of the best-kept secrets in the country, darling. None of the gossip columnists ever caught on. Even I didn't know for the longest time, and I've known the Talbots forever. Gareth used to sort of hang around, but I didn't know where he fitted in. Eventually we became friends and one day, out of the blue, he told me Miss Emma was his mother."

"But I'm going to be Philip's *wife*." Kristi felt utterly crushed that Philip had kept this fact of his life concealed from her. She had thought of him always as an open, honest, trustworthy man. Learning that he had deceived her, even if only by omission, made her wonder what other secrets he harbored. Her safe, secure world beyond the rainbow was rocked.

"Philip doesn't talk about Gareth to anyone," Adrienne said. "And I suppose one can't really blame him. Gareth's brought him nothing but..." Adrienne broke off, pretending a sudden interest in a sea gull that was circling the ferryboat, screeching loudly.

Kristi stared at her. "Gareth's brought Philip nothing but what?"

For a moment, Adrienne didn't answer. Kristi could almost see her shrewd mind sorting through words, selecting the right ones to say. At last, she shrugged. "Naturally, Philip was *upset* by Gareth's strange behavior. The way he disappeared..."

"You know why he disappeared?"

Again Adrienne looked uncomfortable. "Nobody knows *that*, darling. He just bolted away from Hollywood three years ago and shut himself up on this island. I tried to find out why, but none of the Talbots would tell me, nor would Gareth. I go to see him whenever I can. His foster parents, the Dexters, come over sometimes, but they live in Gstaad now, so they only visit him once a year or so. He also has a rather faggy friend who's fairly devoted, not that Gareth has any tendencies in *that* direction. Milton somebody. Supposedly, no one outside Gareth's family and Milton knows where he is, except for me." She sighed. "I can't imagine how Gareth gets along without women. He was never a monk, though he hasn't ever married. But the only person in the house besides Pee Wee Dexter is the housekeeper, Hannah, and *she* must be going on ninety."

"Pee Wee Dexter?"

"Gareth's foster brother. His parents raised Gareth. Pee Wee used to be Gareth's agent."

"Where did he get a name like Pee Wee?"

Adrienne's aristocratic nose twitched. "Terrible name, isn't it? But his real name is Rupert, which isn't a whole lot better. Pee Wee rather suits him, I think. You'll see why when you meet him." She laughed shortly. "He's quite a character. He's been married and divorced four times. The alimony must be horrendous. No children though." She paused. "I'm really quite interested in what you'll think of Gareth."

Kristi was stunned. She couldn't believe she was actually going to meet Gareth St. John. Philip's *brother*. "There's nothing wrong with him, is there?" she asked. "There were all kinds of rumors."

"I know. Everything from disfigurement to alcoholism to drugs. No, the gossip's not true. The official story is that Gareth simply became disenchanted with Hollywood. He already owned the house on the island, had it built five or six years ago. The Garbo Syndrome, maybe."

"He can't be very old. You say Philip was six when he was born? That would make him thirty-two now." That meant Gareth was only twenty-five when she "discovered" him, the year before her father died.

Kristi stared unseeingly at the approaching island, remembering the first time she had seen Gareth St. John. It was a Friday afternoon. Chrissy Jones had expected the library to be open, but a sign on the door told her it was closed for inventory. She stared at the sign, wondering what to do. She didn't want to go home, Sophia was there. Snow lay thick on the ground, and she couldn't hide in her maple-tree cave. She stamped up and down on the library's doorstep to stay warm. Disturbing the snow, she discovered a miracle. Someone had dropped a silver dollar, enough to pay her way into a matinee at the local movie theater.

The theater was crowded, but after the film's first few minutes, Chrissy Jones lost awareness of the other people in the theater. She was aware only of Gareth St. John.

In hundreds of cinemas that winter and over the next few years, Gareth St. John thrilled all his female viewers, not only with the brilliance of his acting, but with the quality of his understanding, his caring. He always played a rebel *with* a cause. With him women found relief from the dreariness of their own humdrum lives. His on-screen anger excited them, for it was directed against the "establishment," the ubiquitous "they," the cold unfeeling people who came between Gareth St. John and those he loved. His anger was righteous and his audiences thrilled to it, just as they thrilled to the look of him and the sound of him and the warm, wry humanity in his crooked smile.

That first year, *Dark Torment* swept up eleven Oscars and Gareth St. John was named Best Actor of the Year. But Chrissy Jones paid no attention to other people's acclaim. Gareth St. John was hers alone. All the despairing loneliness of living with a mother who hated her, all the sadness of watching her adored father killing himself by degrees, faded away when she could look into Gareth's dark eyes, listen to his vibrant voice, dream....

She vividly remembered hitchhiking into Peoria to see Gareth's movies, squirreling away cleaning money so her mother wouldn't find out, so she could sit in the dark alone, with Gareth St. John talking to her, caring about her. Even during her first year in Los Angeles she managed to put aside enough to see his movies. Watching him had made her isolated existence easier to bear.

And then, abruptly he disappeared. Ending what had been a relatively short career, his disappearance touched off a movie-fan frenzy. Only a sworn affidavit, signed by Gareth to prove he was still alive, had quieted everyone down. Gradually, Gareth St. John became a cult figure. In his absence, he became idolized, adored. The Hollywood publicity machine, knowing a good thing when it saw one, produced endless stories about him, speculating on the reasons for his disappearance. But no one had come up with any answers so far.

The ferryboat rocked, bringing Kristi out of her reverie. "Does he know we're coming?" she asked abruptly.

Adrienne was looking at her oddly. "Where *were* you, darling?"

Kristi shrugged. "Sorry. Daydreaming, I guess. *Did* you tell him we were coming?"

Adrienne nodded. "I telephoned from Portland last night. He *does* have a phone, though Lord knows everything else is terribly primitive. They heat and light the place with bottled gas." Adrienne's eyebrows arched as she looked at Kristi. "Maybe this wasn't such a good idea after all. I'd have warned you earlier, but I was afraid you'd refuse to come. I did want to see Gareth. It's been over a year. Anyway, I thought you ought to know about him. And he's anxious to meet you."

"He knows about me? Philip told him?"

"No. His friend Milton told him and then he saw the newspaper announcement, he said. As far as I know he has no contact with the Talbots now. I've kept him up-to-date on Talbot doings ever since—" she paused, then continued smoothly "—ever since he left Hollywood. He's always interested and..." She hesitated again. "He does have a right to know what's going on," she added defensively.

Kristi frowned. Something about Adrienne's story didn't ring true. All those hesitations. She was leaving something out. The official story, she had said. Did that mean there was another story, another explanation for Gareth St. John's disappearance?

"I'm going to have a lot of questions for Philip when I get home," she said slowly.

Adrienne looked at her sideways. "Perhaps it would be better if you kept our visit a secret. Philip might be angry if he knew I'd brought you here."

"Well, I can't pretend I don't know about Gareth. I can understand the Talbots' desire for secrecy; a scandal involving Miss Emma would be the last thing they'd want revealed, even at this late date. But Philip should have told *me*. I want to know why he didn't."

Adrienne sighed. "Well, let's see how the visit goes. Then you must do whatever seems right to you."

The island was very close now. Kristi could see the ferry slip and several No Trespassing signs. To give the last sign force there was a large German shepherd standing guard under it, not moving, looking straight at Kristi. Any second the ferry would be docking and she would meet Gareth St. John, Miss Emma's illegitimate son, Philip's brother. The prospect seemed unbelievable, unreal. What could Adrienne possibly gain by bringing her here?

Chapter Six

NO ONE HAD EVER CALLED Pee Wee Dexter dumb. For one thing, he belonged to several groups that admitted only the intellectual elite. For another he held a black belt in karate. But right now, he felt he deserved to be called dumb. He should have caught that telephone call last night and told Adrienne she was not to bring Kristi Johanssen to the island.

He was fairly sure there was a reason behind this unexpected visit—a reason that would benefit Adrienne. Yet, in spite of this insight, the prospect of seeing Adrienne again excited him. He had to be careful not to give himself away. He never had, sensing it would be a mistake to let her know she had a hold on him. She'd find some way to use it.

Sighing, he poked up the glowing wood embers in the huge stone fireplace and threw in a few more logs. It was cold this morning. Adrienne and Kristi would be chilled after their ferry ride.

God, he wished Adrienne wasn't bringing Philip's girl here. Things had been going so well. Gareth had actually been writing. And Pee Wee had thought if Gareth could get the story down on paper—though for sure it could never be published—he might be able to face the facts, to do something about the problems that had brought him here. But Pee Wee knew such thinking was an exercise in futility.

Had he done the wrong thing in agreeing to Gareth's exile? At the time it had seemed the best solution. For once he'd been in agreement with Philip Talbot. But suddenly, after three years, he wasn't so sure. And now a Talbot was coming to the island—a prospective Talbot anyway—and as he had when he came across Gareth reading the engagement announcement, Pee Wee sensed trouble in the air.

"What do you think?" Gareth asked behind him.

Pee Wee turned his head. Gareth was holding a couple of wine bottles toward him—a Bordeaux and a Cabernet Sauvignon. "This one with dinner and the Bordeaux with lunch?" Gareth asked.

Gareth looked as well-groomed as always, maybe more so—he'd had Hannah trim his dark hair the previous evening, and he was wearing new slacks and a shirt that hugged his lean muscular torso. Very *G.Q.* The New Masculinity. Pee Wee stood up and dusted off his hands. "Look Gareth, this girl, Kristi. You won't forget she's engaged to Philip?"

Gareth smiled the famous, wonderfully slow, sideways smile that always started in his eyes and only touched his mouth as an afterthought. "Cheer up, Pee Wee. How often do we have beautiful women over here?"

Pee Wee's answering smile was dry. "Fairly regularly."

Gareth laughed. "Not like these two. You know you covet Adrienne's body." He grinned. "Even for you that's dangerous living. Adrienne's liable to eat you alive."

"Oh, I do hope so."

"On the other hand," Gareth said, laughing, "maybe Kristi Johanssen will fall madly in love with you and get you in trouble with Philip Talbot."

Pee Wee studied Gareth's face carefully, not sure what he was looking for. He was certainly in high spirits. Was that good or bad? "Not much likelihood of that," he said.

Gareth's dark eyes were suddenly devoid of light. "Hey, listen, stop being a party pooper, okay? It's not like you."

"Kristi Johanssen is Talbot property, Gareth."

Gareth's face tightened perceptibly. "No human being is anybody's property."

"You know what I mean," Pee Wee said.

"Sure I do." Gareth's usual wry smile was back in place. Shifting one of the bottles to his other hand, he tapped Pee Wee affectionately on the shoulder. "Don't worry, I'll be good." With that, he strode from the room, clutching both bottles in one hand like a pair of Indian clubs.

Pee Wee watched him go, wishing a time would come when he could stop worrying about Gareth getting hurt. He wouldn't worry if he didn't care so damn much. He'd cared about Gareth St. John ever since Emma Talbot placed the blanket-wrapped baby on the sofa in the Dexters' living room. "You will take good care of him?" she'd begged his mother.

"Of course," his mother had said and he had echoed her promise, repeating it with all of an eight-year-old's solemnity to the dark eyes blinking up at him. "I'll take care of you."

Boy, he'd sure botched that job. He might have succeeded if Emma Talbot had left Gareth alone. Her interference—that was what had caused all the trouble, and the tragedy. It was too bad she hadn't died when Gareth was born. Gareth would have been dispatched to an orphanage and grown up in a wholly different direction. No, he couldn't really wish that. If he'd never known Gareth his life would have lacked a certain richness and texture—and chaos, his cynical mind added.

The present intruded on past memories as he heard the mournful sound of the ferry whistle. Always expect the best, he told himself, even when experience proves it's the worst that generally happens. He poked at the fire once more and went to tell Gareth that their guests were arriving.

ONLY THE GERMAN SHEPHERD met Kristi and Adrienne at the dock. He padded along in front of the two women—a self-elected, silent-footed guide—leading them along a narrow footpath. Kristi felt sure they were an incongruous sight, walking crabwise between the head-high vines and uncontrolled salal.

The house sprawled before them suddenly, unexpectedly. It was built of fieldstone rocks of so natural an appearance they might have pushed up from the ground during some long-ago earthquake. Tall shrubs pressed close to the walls, as though to hide them forever from human eyes. Kristi wondered why the windows were so small. Given a location like this, anyone with any sense would have chopped down a hundred or so trees and walled the house with glass, opening it up to a view of majestic Mount Rainier and the islands in the Sound. She was reminded of old English castles with slits in the walls, designed so that archers could stand safely within, loosing their arrows at the enemy outside.

The place had an aura of silence, even though crows cawed and small animals scuttled in the bushes. When the front door opened on a dim hallway, Kristi almost expected to see Miss Havisham of *Great Expectations* sitting inside, presiding over her cobwebbed wedding feast, waiting for the bridegroom who never came.

But it was Pee Wee who let them in. Later, Kristi's memory of that first visit to Gareth's house had gaps in it, like a dream sequence that jumped from happening to happening without pause. But she did remember meeting Pee Wee, a rather short, tough-looking man with brown hair brushed back above an intelligent, sardonic face. He was wearing a dark blue T-shirt, blue jeans and Adidases. He was smiling, but she thought his smile looked uneasy, as though she and Adrienne weren't really as welcome as he was trying to make them feel.

After that her memory always jumped to the large, shadowy living room that was so surprisingly furnished in a stark contemporary style, and Gareth St. John coming toward her with outstretched hand, smiling that famous, crooked smile. She could almost feel the pupils of her eyes widen with pleasure until they were big enough to be filled with the height of him and the lean muscular grace of him. The intense gaze of his dark, intelligent eyes seemed to see right into her soul, understanding everything that was there, searching out and finding all the hidden loneliness of the past and promising to drive it away.

In that first fraction of a second she stepped back into her past and sensed Chrissy Jones in her place, smiling with excitement, whispering in her ear that every second and minute and month of her life had led up to this moment, this man.

He took her hand gently in his as Adrienne introduced them. "Kristi, hello," he said as though he was greeting her after a short absence and not meeting her for the first time. She remembered the warm, tender cadence of his voice as though it had echoed in her memory for years.

She said something that might or might not have made sense and he tightened his grip on her hand, causing a reciprocal tightening in her stomach. For several minutes, they simply looked at each other. Gareth St. John was even more attractive than he'd appeared on the screen. He was lean and lithe, casually elegant in a body-hugging black knit shirt and tan gabardine slacks. His features were just sufficiently asymmetrical to be interesting. He had a wry look, covered over with a kind of melancholy. It didn't seem possible that he and Philip had emerged from the same womb. His hair, thick and unruly, was as dark as his eyes, and fell over his forehead in a way that made her want to smooth it back.

Kristi didn't have enough strength to remove her hand from his. And he seemed content to go on holding it. Apparently, he had forgotten, as Kristi had, that anyone else was in the room. It was as though a cameraman, recording the scene, had slipped a soft-focus filter over the camera lens; the room, the furniture, Pee Wee and Adrienne had faded into mist.

And then he did release her hand and all of her strength flowed out of her fingertips, following *his* fingertips, and she knew she had to sit down before the floor dissolved and she went hurtling down into free-fall.

It was a while before the room came back into focus. When it did, Kristi found herself sitting on a sofa covered with a stylized print that looked like a Leger painting. At some point she had taken off her jacket. She vaguely remembered Pee Wee offering to hang it up. Though she was wearing only a thin cotton sweater with her jeans, she felt flushed in face and body, as though she'd contracted a tropical fever. She pushed up her long sleeves, then lifted the heavy straight hair away from the back of her neck, but neither action cooled her. Gareth was standing with his hands in his trouser pockets, his back to the fireplace, looking at Kristi. The German shepherd, whose name she had somehow learned was Pendragon, was stretched out on the green and gold carpeting, his muzzle resting on Gareth's shoe. Logs were burning in the fireplace.

"I'm glad you came, Kristi," Gareth said.

Kristi nodded. "Me too." Inane words, she thought. The real dialogue was going on in every glance and body movement.

She sensed Adrienne and Pee Wee were exchanging glances, wondering what lightning bolt had struck. They were talking about the ferry trip and the weather, the kind of small talk people use to cover up awkward situations. Kristi thought she ought to join in, to say something, but she couldn't get her voice to cooperate.

Time passed. They ate a light lunch and the others drank Bordeaux. As always, Kristi refused the wine. She never drank anything alcoholic. Alcohol was forever associated in her mind with violence and death.

The edges of her consciousness recorded a small bustling woman dithering around throughout the meal. Hannah Paterson, the housekeeper. Not ninety after all, but past middle age. She didn't approve of Kristi or Adrienne, and she kept up a continual muttering, complaining in an atrocious cockney voice.

The dining room was considerably brighter than the living room, though the single window was no larger than any of the others. Here the prevailing gloom was lightened by the brightness of silverware against woven green and purple placemats, the white parsons table and tubular steel dining chairs with purple seat cushions. Kristi thought the furnishings probably reflected Pee Wee's taste rather than Gareth's, an opinion that was confirmed when she was taken on a tour of the house after lunch. Gareth's bedroom was a contrast to the rest of the house—traditionally furnished with large-scale mahogany pieces upholstered in a charming Nottingham Toile of blue and white.

For a moment, she lingered beside Gareth's bed and rubbed her hand over the round wooden knob on top of one of the bedposts. It was a massive bed, made specially for Gareth by a Canadian craftsman, Pee Wee said. Shipped from the mainland in pieces, and assembled on arrival.

"Isn't it marvelously phallic?" Adrienne drawled.

Kristi's hand caressed the bedpost, so smooth, satiny in its finish. Adrienne and Pee Wee began discussing a framed painting that hung on the wall—a brilliantly colored picture of a flower girl holding a basket of violets. One of the Impressionists, Kristi thought. Philip had taught her all she knew about painting.

Philip. She had to remember Philip. Dear, solid, dependable, cheerful Philip.

Gareth was standing next to her now. He reached out and covered her hand with his as though it were the most natural thing in the world to do. There was a stillness inside her. She could feel the heat of his hand dissolving her bones. As though it had been programmed to do so, her own hand turned over and clasped his and their hands dropped together between them, separating as Adrienne turned around. Without either one of them looking at the other, a message had been passed, a contract signed.

Adrienne's sharp glance moved from Gareth to Kristi and Kristi spoke hurriedly to dispel the electricity in the air. "That's a beautiful painting. Violets are my favorite flowers."

Gareth quoted Shakespeare's Ophelia, his voice amused. "'I would give you some violets, but they withered all when my father died.'"

His voice was light, but the words seemed to hang between them. Kristi was afraid to look at him.

There was a small gymnasium at the back of the house, equipped with body-building gear, including a rowing machine and an exercise bench and weights. The muscular strength of Gareth's body was explained. Behind the gym was a cleared patch of garden where Pee Wee grew vegetables. Enough trees had been chopped down to allow the sun to penetrate. The sunshine felt warm on Kristi's scalp, but her body was cool now. Gareth hadn't come with them to the garden.

He joined them again in the basement, in what he called his den. The words made Kristi think of an animal hibernating through the long winter dark, breathing slowly, curling around the submissive body of his mate.

Actually, it was a very practical room, complete with portable typewriter, leather chairs and an executive-type desk. "Gareth's writing his life story," Pee Wee said.

Gareth stood for a moment looking down at the typewriter, not smiling. A thin sheaf of manuscript lay beside the machine, covered secretively with a blank page held down by a paperweight—a clay model of a dog, a German shepherd so lifelike the alert ears might prick up at the next sound.

"Pendragon?" Kristi asked.

Gareth nodded. "I do some sculpting from time to time."

Kristi remembered the random thought she'd had some time ago, of posing for a sculpture so she could see herself more clearly.

"Gareth sells a lot of his work in Seattle," Pee Wee told her. "He uses a pseudonym, of course."

He mentioned the name of an art gallery and Kristi was suddenly filled with acquisitive greed. She wanted to go at once and buy every piece, to own everything that had ever been made by Gareth's hands. She spoke abruptly, something inane about him being a man of many talents.

"I try to keep busy," Gareth said and Kristi was struck by the sadness in his eyes. For a moment she glimpsed his loneliness. It was a quality she always recognized.

In the living room, sweet-smelling cedar still burned in the fireplace, filling the room with fragrance, the firelight softening the stark lines of the contemporary furnishings with flickering shadows. They sat for a while in silence, watching the flames, listening to the snapping of the logs, then they began talking about books. She was delighted to discover that Gareth was as compulsive a reader as she. The extent of Philip's reading was the *Journal of the American Society of Plastic and Reconstructive Surgeons.*

Pee Wee and Adrienne were forgotten as Gareth and Kristi enthusiastically discussed *Moby Dick, The Scarlet Letter, The Old Man and the Sea, Robinson Crusoe, David Copperfield, Lord of the Flies,* moving easily between centuries, from English to American literature and back again. They discovered a mutual interest in Arthur Miller's plays and Kristi remembered that Gareth had started out in the theater. Gareth quoted Logan Pearsall Smith: "'People say that life is the thing, but I prefer reading,'" without any ironic stress. Kristi felt he knew her soul.

She loved the low, warm, intense sound of his voice. When he stopped talking she didn't always reply, wanting him to go on. What was happening to her, she wondered in a crystal moment of terror. For years now she had planned her life step by step. And everything she had planned had come to pass, not always in the way she'd expected, but still according to plan. Her perfect world was in place. Married to Philip she would live in his beautiful house and go on with the work that was more the embodiment of fantasy than a job. When she was too old to model she would take up some of Serena's causes and learn to run the house and she would be a perfect wife living a perfect life.

Was she now caught up in a new fantasy? Was she a victim of a groupie complex because Gareth was a movie star? It wasn't as though she hadn't met movie stars before. Often they were a disappointment. But Gareth St. John was even more dynamically attractive than he'd appeared on the screen—irresistibly attractive—but it wasn't just the way he looked that was affecting her. When she looked into his eyes she felt complete identification, a feeling that they had shared a similar past. And that was ridiculous. Even if he hadn't been acknowledged, even if she couldn't imagine him as part of the Talbot family, he was still Philip's brother and Emma Talbot's son.

She became aware that Gareth had asked her a question. "How is Miss Emma?" he repeated when she looked at him.

"She isn't—she's not very—I mean, she's having a few problems," she managed.

"She's ill?" he asked, alarmed.

She quickly reassured him. "Not really. It's just that she's not always sure what's going on. She gets confused. And she's not able to get around except with a walker. She has arthritis. She sometimes has to use a wheelchair."

He averted his gaze. "She was very beautiful, you know."

"Yes. I've seen pictures. Actually, she's still beautiful. She has the loveliest silver hair." She hesitated. "I'm really in awe of Miss Emma. She doesn't think much of me though. She doesn't approve of Philip marrying again."

"She tried hard to be a good mother to me," he said in a low voice. His eyes were full of unhappy memories.

Kristi wanted to go to him so badly, wanted to put her arms around him and tell him that everything was going to be all right. The sensation was so strong that she thought she might have risen to her feet, but she hadn't actually moved at all. It was Gareth who stood up.

Adrienne had Pee Wee laughing at her tales of the calamities that were constantly befalling the store.

Because of its location on Rodeo Drive, the elderly building cost her enough to buy out Fort Knox, she insisted, but it was always falling apart. "I live in constant danger of being brained by pieces of falling plaster," she said. "Once I stomped my foot and I went right through the floor into the showroom window."

"I think you stole that story from Rumpelstiltskin," Pee Wee said, grinning at her.

Adrienne looked at him solemnly. "It's the absolute truth," she insisted. "It was three days before passersby distinguished my poor prone body from the mannequins."

Kristi tried to join in the laughter. She realized that Pee Wee was watching her watch Gareth. She tried to look elsewhere—at the dog, the shaggy carpet, the dramatic black leather chair Pee Wee was sitting in, but always her gaze was drawn back to the lean dark man standing in front of the fireplace. She couldn't seem to *stop* looking at him. There was an arrogance in the way he held himself, a studied elegance in his gestures and the angle of his head. He was all actor, all star.

And yet, his eyes contained all the sadness in the world. When his face was in repose, the pain showed even more, his skin pale, like that of a scholar who refused to venture far from the library. She was imagining things, she told herself; her skin was pale too. But then, because of her "image" she wasn't allowed to expose herself to the sun. Why had this beautiful successful man incarcerated himself on this lonely island so far from other people? Was it possible that his solitude had not been his own choice?

Dinner interrupted Kristi's thoughts. She had no interest in the food and took very little of what was offered.

"Wot's wrong with the scalloped potatoes?" Hannah demanded from behind her.

Kristi smiled an apology over her shoulder. "They look delicious, Mrs. Paterson, but I've really had enough to eat."

"How come you're picking on Kristi?" Pee Wee asked. "At least she ate something. All Adrienne did was push food around on her plate."

Adrienne made a face at him. "We have to watch our weight."

Hannah snorted. "Looks to me like there's not much there to watch."

Kristi was beginning to feel uncomfortable. "I suppose it might seem that way," she said placatingly.

Hannah glared at her then snorted even more loudly and took Kristi's plate away.

"Does that woman always have to be so hostile?" Adrienne asked.

Pee Wee grinned. "Always. But she's loyal and she doesn't mind living out here." He turned to Kristi. "Hannah's sour because she was done wrong to," he explained. "She was a G.I. bride. Came to the States after World War II, but her husband deserted her almost immediately, leaving her with a son to raise in a country where she didn't know a soul. She was too proud to go home. But she never forgave her 'ex,' as she calls him, and the experience soured her on the human race. I ran across her in Tacoma soon after we came to the island. She needed a job because her son had just married and as you might expect, her daughter-in-law didn't want her around."

Gareth smiled at Kristi. "We have to be careful who we employ," he said. "The one thing in Hannah's favor is that there's no chance of her granting interviews to the newspapers. Which is to our advantage. We don't want anyone to know where I am."

Kristi nodded, then frowned. "Surely if the news got out, it would just be a nine-day wonder. Would it really matter?"

Pee Wee laughed shortly. "Did you ever read about Valentino's funeral? Or the crowds who hung around Graceland, Elvis Presley's home? People aren't always rational about stars. Our privacy is *very* important to us." There was such emphasis in his voice that Kristi flushed.

"Hey, listen, you don't have to worry that I'll tell anyone anything."

"We know that, Kristi," Gareth said quietly.

There was a short silence which Adrienne broke, asking Pee Wee about a film director who had recently published his autobiography. Pee Wee had several behind-the-scenes stories about the director and his Hollywood friends.

Then Gareth spoke abruptly. "Hollywood is a lot like Samuel Butler's *Erewhon*."

Kristi stared at him, once more feeling a sensation of déjà vu. *Erewhon*, a nineteenth-century novel, an intellectual fantasy, was one of her all-time favorites. This man's reading life paralleled her own.

"People in Hollywood worship success," Gareth continued. "Just as the people in Erewhon did. And both countries are inhabited by members of a handsome, superior race who have no room for those who don't measure up."

But *he* had measured up, Kristi thought. Everyone had admired his talent. Even the gossip columnists had given him nothing but praise, always excusing his occasional lapses into "temperament." As recently as a month ago, Kristi had seen a mention of him in the *L.A. Times*—another rumor that he was going to return. According to the writer, Hollywood definitely wanted him back.

"But wasn't Erewhon supposed to be Utopia?" Kristi said.

That slow smile traveled from his eyes to his mouth and her heart did about the twentieth in the series of cartwheels it had been performing all day. "You've read it?" he asked, and smiled again when she nodded. "Utopia isn't always a place where everything is perfect," he explained. "Utopia is the Greek word for 'not-a-place,' and Erewhon is 'nowhere' spelled backward. Hollywood is certainly 'nowhere.'"

Kristi caught herself frowning. There were undercurrents in the analogy Gareth had drawn. Had he felt rejected by Hollywood? He had certainly been rejected by the Talbots. She had known Philip for two years, the rest of the family for several weeks, yet she hadn't heard one of them mention Gareth's name. Pondering this, she missed much of the small talk that followed, only vaguely hearing references to world affairs and current trends.

At bedtime there was a mildly bawdy discussion about sleeping arrangements. There was a king-size bed in his room, Pee Wee said. Maybe they should all sleep together there. Gareth was silent, looking at Pee Wee. Kristi certainly had nothing to say. Pee Wee was joking of course. She hoped he was joking.

It was finally decided that Kristi would sleep in the house's one guest room. Adrienne was to be given the use of Pee Wee's bed. Pee Wee would sleep on the couch. "I take up less space than most people," he said.

Kristi looked at him then, sensing an habitual defensiveness. He *was* short for a man. There must be eight inches between him and Gareth's six foot two. Yet he was really quite attractive, especially when he smiled. He was obviously fond of Gareth. Kristi noticed that as the sleeping arrangements were discussed, Pee Wee had glanced several times from Gareth to her and back again.

Adrienne had led Kristi to believe the facilities were primitive, but there were two perfectly functional bathrooms. "Do you need anything?" Pee Wee asked her.

"Nothing," she said.

He hesitated a moment, still holding the knob of the bathroom door. He seemed about to say something more, but to Kristi's relief he changed his mind, smiled and turned away.

PEE WEE LAY ON THE COUCH, hands behind his head, staring up at the ceiling, watching the flickering shadows of the dying fire, listening. Kristi was taking her shower now. In a few minutes he would know. He laughed under his breath. As though he didn't know now. He'd known from the minute she and Gareth greeted each other. A blind man couldn't have missed the signals.

So. Once again the worst was about to happen and he couldn't do a damn thing about it, but he would be expected to put the pieces back together again. Well, he'd done that before, he could do it again.

Kristi had been something of a surprise. He'd expected her to be beautiful—the camera didn't lie. But he hadn't expected such vulnerability. Someone, sometime, had hurt that girl terribly. It showed in her eyes. She smiled a lot, even laughed, but only with her mouth. Not her eyes. Her eyes looked, not empty, but filled with a sadness as deep as Gareth's. She looked like Shelley's lost angel, he decided. His mind searched for and found the quotation. "Lost Angel of a ruin'd Paradise! She knew not 'twas her own; as with no stain she faded, like a cloud which had outwept its rain." Fanciful, Dexter, fanciful, he chided himself, but he knew it was no fancy that this girl had been hurt. There was a fragility in the defensive, almost haughty way she carried herself. And from time to time she lifted her blond hair and twisted it around her hand, like a little girl combating shyness. Sometimes she seemed afraid to speak in case someone argued or disagreed, or shouted at her. In spite of himself he felt drawn to her, as though he wanted to protect her. He certainly didn't want her to be hurt again, even though he might have to have a hand in it.

A sound at the doorway took him by surprise. Turning his head, he peered around the curved end of the couch. Adrienne was standing there, the firelight illuminating her white nightgown. She'd taken her hair down and it hung loose and dark around her face, softening the sharp planes of her cheekbones. She was smiling.

"What are you up to, Adrienne?" he asked softly.

"Who? Me?"

"Don't give me that innocence crap. Why the hell did you bring Kristi Johanssen here? How much did you tell her?"

She shrugged as she moved farther into the room, closer to the couch. "I didn't tell her anything important. I simply thought she should know the Talbot family had secrets before she married into it."

"Sure. It wouldn't be that you want to make trouble so you can get Philip for yourself?"

She chuckled softly. "Now, Pee Wee, honey, don't you think your imagination is running a little wild?"

"Maybe."

"What were you thinking about so solemnly when I came in?" she asked.

"Inevitability. There's a lot of it around tonight. Did you ever hear of James Russell Lowell?"

She shook her head.

"Not many people have, but he was a very wise man. Lots of common sense. A true nineteenth-century gentleman. One of the things he said was, 'There is no good in arguing with the inevitable. The only argument available with an east wind is to put on your overcoat.'" He narrowed his eyes. "Speaking of inevitability, what do you want with me?"

Her smile was demure, her eyes wide. "I merely wondered if you were really intending to spend the night on that couch."

He twisted into a sitting position and stared at her. Well, hell, it had happened at last. He had a sudden hunch that this was a diversionary tactic, but he didn't much care. He'd waited a long time for this. He grinned at her. "I always did like a straightforward woman," he said.

Beyond the Rainbow

In the flickering firelight, he saw one of her eyebrows rise quizzically. Then she turned and left the room, the white silk gown floating around her. He was right behind, grinning again as he passed the guest bedroom. Heavy traffic in the hall tonight, he thought. No doubt Kristi would be next one out. No. She wouldn't be that forward. She was no Adrienne. Gareth would have to go get her. Which he would. He hoped again that she wouldn't have to get hurt, then put all thoughts of Kristi out of his mind as he entered his own bedroom. Kristi Johanssen would have to find her own overcoat.

WARM FROM HER SHOWER, Kristi lay on the narrow single bed, naked under the smooth percale sheet, waiting. Her hair lay on the pillow, fanned out damply under her neck. The room was dark with a darkness more intense than was possible in Beverly Hills. The silence of the island was an almost palpable presence throbbing with the sound of her own pulses. She was a castaway, washed up on a deserted beach. Or a dreamer, floating through a dark sky without a star to guide her, aware of nothing but the darkness.

The opening of the door made no sound and no light filtered through. There was no sound of footsteps on the carpeting. Yet she knew the instant Gareth entered her dream landscape. A moment later, his fingers touched her face. "Come with me," he said softly. Without a word she rose up, wrapped her robe around her slim body and padded behind him to his room.

Here, bars of moonlight through the trees and the small window covered their bodies with shadows that moved when they moved. Gareth helped her remove her robe and looked at her for a long time. His hands lifted her hair in front of her shoulders, stroking down beyond it over her breasts. "You are incredibly beautiful," he said softly. "You must know that."

What was it that people saw when they looked at her, Kristi wondered. When she studied herself in the mirror all she could see was Chrissy Jones. Suddenly panicked, she stared back at him. She was going to make a mess of this as usual. He was going to know her for the failure she was. "Gareth," she blurted out. "I—maybe I ought to tell you I'm not really, well, I've got this sex problem. I can't seem to respond to men the way they want me to. I'm—I'm sort of frigid, I guess."

She was sitting on the edge of the bed now, one foot pressed on the floor, ready to run. Gareth smiled down at her. "You don't look frigid to me," he said softly. "Do you mean you can't respond sexually to Philip?"

She wished he hadn't brought up Philip's name. She was suddenly awash with guilt. Just one night, she thought. Surely one night wouldn't hurt Philip. He wouldn't know. This was only a dream, divorced from reality. Soon it was going to fall apart. "I—I'm not quite as—I don't respond as well as Philip would like me to," she stammered.

Gareth touched her cheek. "Poor Philip," he said. Then he reached up to pull the lined blue and white drapes across the window, blocking out the moon. Kristi let out a breath she hadn't realized she was holding. It was better in the dark. In the dark it was easier to pretend this was only a dream. And in the dark, she wouldn't have to witness his disappointment in her when it came.

He eased her down on the bed and they lay facing each other for a few moments, their heartbeats quickening, breath mingling between them. When Gareth moved, Kristi felt his body against hers through all its length, as though every pore was touching. For a long time he seemed content to hold her close to him, unmoving, not talking, just holding on. And then his hands touched her face, her breasts, moved on to stroke her pubic hair, to feel the wetness that told him she was ready.

He took her then, without any preliminary play, thrusting into her, filling her. Her body moved to his rhythm, her mouth making whimpering sounds against his smooth-skinned shoulder.

He came quickly. For a second, Kristi felt the usual disappointment she'd come to expect with Philip. But Gareth wasn't done with her. He didn't move away from her and turn his back, leaving her to feel deserted, humiliated by the act. He stayed over her, growing again as his hands touched every part of her delicately, as though he were a blind man and she an object of beauty to be discovered and memorized through his fingertips.

His kisses were gentle at first, then harder and rougher. His tongue explored her, skimming the edges of her lips gently, probing more deeply as her mouth opened to him, welcomed him, devoured him. His head moved lower, his tongue flicking fire through hardened nipples, then his mouth brushed across her thighs and she amazingly came alive with movement of her own, rolling with the pressure of his mouth, feeling unbearable tension building up inside her until she thought it would burst from the top of her head and rush speeding out into the night. She was outside herself, watching, wondering at the incredible tense stillness of her body in the instant before great shuddering lunges signaled the start of the first orgasm of her life.

He held her, his hands gentling her until the spasm lessened, and then he was inside her again and she was quickening again, and again, and again, and both of them were tumbling together, tumbling like Alice and the white rabbit, down, down, down the rabbit hole into Wonderland.

She couldn't remember, afterward, how many times they made love through the long night. Thinking about it, she could almost hear Adrienne's slow witty voice drawling, "But who ever keeps *score*, darling?"

Everything about the experience seemed astonishingly right. Even the fact that they talked so little, a few words of endearment murmured, small meaningless questions asked. He said her name over and over, passion slurring his voice so that it sounded to her as though he whispered, "Chrissy, Chrissy," and the hurt lost child inside her heard and was comforted. Her body felt on fire—alive. When Gareth said, very softly, "You are the least frigid woman I have ever known," she felt she had waited a lifetime to hear those particular words.

When Gareth went to sleep, Kristi lay quietly next to him amazed, marveling over what had happened to her, not thinking of repercussions or consequences, only of the experience itself. She was reminded of some colored rocks her father had bought her when she was a small child. Magic rocks, he had called them. Following his instructions, she had immersed the rocks in "magic solution" then watched, astonished, as they sent up stalagmites of color to form miniature coral castles in the glass.

Such vivid colors. Such a wonderful dream. She was smiling when she went to sleep in his arms.

Chapter Seven

THE MORNING AFTER. The words were captions for cartoon pictures of men with hangdog eyes, ice packs held to aching heads; or memories of Erik Jones trying to struggle out of bed. Lonely words.

The morning after her night with Gareth, Kristi woke to find herself held close against him in his massive bed. He was asleep, his breath on her face. The curtain was still closed, the room dim. She had no idea of the time of day. She let her mind wake slowly, reluctantly, as she looked around.

Someone—Gareth?—had brought her tote bag sometime in the night. She was grateful to be spared the embarrassment of sneaking along the hall in her robe. She began to ease carefully out of Gareth's arms and he stirred and held her more tightly. "Kristi," he murmured.

She lay very still against him, suddenly fully awake, every detail of the night clear in her mind. What on earth had happened to her? She had never needed to consult a psychiatrist to find out why she couldn't respond to men. Rape was rape, even if she had been past the formative years. But Gareth had managed to find an opening in her armor; she herself had provided a door. Somehow he had established an emotional connection. Why had her usual defenses been missing with Gareth St. John?

And what now? This thing that had happened with Gareth could tear down the whole fabric of her life if she allowed it to. Her perfect life would be over before it had begun. Gareth St. John was Philip's *brother*. If Philip ever found out...

Eyes tightly closed, she hid her face against Gareth's neck and swallowed the panic that was welling inside her. Think now. She had to think. But it was impossible. Every impulse in her body was telling her to stay here, in this comfortable cocoon of a bed with this man who had loved her so expertly, so thoroughly through the night. But she couldn't give in to those impulses, didn't dare give in. The situation was impossible. She wanted to stay, she had to go.

"Kristi," he murmured again. "Are you awake? We have to talk, make plans."

"Plans?" She sat bolt upright and looked at him defensively. "What kind of plans?"

His eyes were dark with affection and there was a kind of confidence in them that had not been present the day before. "I can't let you go back to Philip," he said firmly. "You have to stay here, with me."

"On this island?"

"Why not? It's not the end of the world, Kristi. Believe me, it's a very pleasant place to live. Besides, you said you couldn't respond to Philip. Yet you responded to me." He reached to touch her mouth with his fingers, his other hand around her waist, exerting pressure, pulling her back down to him.

She resisted the pressure. "I can't stay here, Gareth," she protested. "I'm a working woman."

He smiled at her. "I have plenty of money, Kristi. You wouldn't need to work."

"But I love my work." She tried to lighten her voice. "I don't know how to smile unless there's a camera pointed at me. All that attention..."

"I can give you all the attention you need. Besides, you can't be a model forever."

She knew that. She tried never to think about it, but she knew. As long as she could look forward to becoming a woman like Serena the thought didn't panic her. It was possible to live beyond the rainbow without being a model. Serena had proved that. She looked at Gareth and finally used the argument she should have used the first time. "I'm going to marry Philip. You know that."

He shook his head. "Everything's changed now. You and I—"

"Oh no. You don't understand." Panic was filling her. He sounded so confident, so sure. As of course he had every reason to; she'd given him every reason to. "I have to go," she said, struggling out of his grasp.

He stared at her as she dragged on her robe, supporting himself on one elbow, his eyes wide with shock and something else—fear? Why should he be afraid? Of course he wasn't afraid. He pushed the tousled dark hair from his forehead with the slow movement of a man who had been drugged, then shook his head from side to side like someone awakening from a dream. "Kristi, you can't marry Philip," he said slowly, evenly. "You don't know what he's like."

"Of course I do. He's a wonderful man."

"Kristi—" There was a pleading note in his voice now. How dark his eyes were, how lean and beautiful his body.

Regret twisted inside her. "I'm sorry, Gareth," she said softly. "I didn't expect anything like this to happen. I didn't mean it to happen. I didn't know it *could*. You must understand. I have to go back to Philip." Her tote bag under her arm, she bolted out to the hall and into the bathroom, not even hearing his cry of protest.

"LET HER GO," Pee Wee said grimly.

Sitting on the edge of his bed, struggling into his trousers, awkward in his haste, Gareth looked up, determination alight in his eyes. "No," he said firmly.

Pee Wee sighed. "You really want me to take off for Seattle and not come back?"

Gareth had risen to fasten his trousers. Now he sank back on the bed, his eyes showing shock. "You wouldn't desert me."

"To avoid trouble with Philip Talbot I would."

For a minute Gareth stared at his foster brother, then his shoulders slumped and he looked down at the floor. "What do you want me to do?" he asked.

"ADRIENNE'S IN THE SHOWER and Gareth's locked himself up in the gym," Pee Wee informed Kristi cheerfully when she appeared in the kitchen, dressed and made up, her hair neatly plaited into a French braid. He glanced at her sideways. "You found your bag okay, I see."

Did he have to make it so clear that he knew? Kristi felt her face flame. "Thank you, yes," she said lightly to cover up, then hesitated. "Gareth's *locked* himself in the gym?"

"Figuratively speaking. Sometimes he gets to working out and forgets to stop."

She studied Pee Wee's profile. He seemed to feel quite comfortable with her there, as though it was normal for him to share the kitchen with a woman who had spent the night in Gareth's bed. She was conscious of a sense of anticlimax. Was Gareth merely *offended*? Surely he hadn't really expected her to agree to stay on the island with him? How long had he expected her to stay? Forever?

"Why did Gareth come to live on this island?" she asked abruptly.

Pee Wee didn't turn around. "Philip didn't tell you?"

"I didn't even know Gareth was his brother."

"I'm not surprised."

"What does that mean?"

Pee Wee shrugged. "The Talbots and Gareth have an agreement not to reveal their relationship."

"But that doesn't explain why he left Hollywood, why he's living here."

"No, it doesn't. I'm afraid you'll have to ask Philip if you want the story, Kristi." He laughed shortly. "I wouldn't if I were you. The mere mention of Gareth's name is enough to send friend Philip into an apoplectic fit."

"Philip doesn't like him? How does Gareth feel about Philip?"

"He respects him and admires him. And he has a healthy fear of him."

"Why?"

Pee Wee turned from the stove at last and regarded her for a few seconds. "When I was a kid," he said slowly, "I used to go with my father—he was a realtor—to look at new listings. He used to chew me out because I was always poking into things, especially if the former tenants hadn't removed their furniture yet. I didn't pay any attention until one day I got into a refrigerator that belonged to a man who had fish tanks all over the house. I opened up an interesting-looking container and there was a mass of the most revolting-looking white worms wriggling around in some moss. Fish food. After that I learned not to look into things unless I was sure I wanted to know what the contents were."

Kristi stared at him in shock. His eyes were an unusually light gray, attractive as Gareth's in their way, but they lacked Gareth's intensity, his soul. He held her gaze until she looked away. "Are you telling me there's something about Philip that I'd rather not know?" she managed at last.

"I'm telling you to mind your own business, my dear."

Kristi felt uncomfortable in the ensuing silence. He broke it by offering to cook breakfast for her. After that story? She declined with a shake of her head and he poured coffee into a yellow mug and set it on the kitchen table in front of her. His manners were irreproachable, his face devoid of expression.

Had Gareth told him that she'd hightailed it out of his bedroom like a panicked teenager, she wondered. Was that why he was treating her like a child who had to be dissuaded from curiosity by horror stories?

She felt foolish now, unsure of the situation and herself. Her fingers trembled as she picked up the mug. She hoped Pee Wee wouldn't notice, but he did. He hesitated beside the table and frowned. "Look, Kristi, Philip's dislike for Gareth is old news. It really doesn't have anything to do with you."

Kristi flushed. "I wasn't probing out of idle curiosity," she said.

"I know that. It's just that—" He broke off. "If I were you I wouldn't talk to Philip Talbot about this adventure. Okay?"

Abruptly, his expression softened, surprising her. "I hope you didn't expect, I mean I hope Gareth didn't promise—" His voice had an edge of nervousness now.

She glanced at him and shrugged with a carelessness that cost her an effort. "I don't have any expectations of Gareth, if that's what you mean."

Pee Wee's smile was benign, approving. "I should have known you'd be sensible," he said warmly. "You are a sophisticated model, after all."

Obviously Gareth hadn't told him he'd asked her to stay and that she'd turned him down. If he had Pee Wee wouldn't have felt it necessary to point out that this had been a one-night stand. Why should his doing so annoy her? That's all she'd wanted it to be, wasn't it? The night was only a dream, a fantasy in which Kristi Johanssen had acted like a normal flesh-and-blood woman.

Why had Gareth disappeared into the gym like that? Had she hurt him by her refusal to even consider his proposal? Should she have tried to explain? What could she say? *I'm sorry, Gareth. You're a wonderful lover and you made things happen in my body that I never ever expected to happen but I can't take it seriously. I've got this terrific life that I just put together and I can't turn my back on it for a man who's an outcast from his family, from his career.* No, she couldn't explain. But she would like to apologize to him for bolting like an idiot. It would be better if they could part as friends. She could at least tell him that she'd enjoyed the night, that she'd never enjoyed lovemaking before— No, it wouldn't be very smart to do that either.

But surely he would come out to see her before she left. At the very least he would come out to say goodbye.

She sat staring into her coffee cup. *You are the least frigid woman I've ever known.* It had been an incredibly wonderful night. But life had to go on. Adrienne had arranged for the ferry to pick them up at noon. They would drive directly back to L.A. In a few days she was due at Berry Lansing's studio to do an advertising layout for Rose of Sharon, designers and manufacturers of fashions and cosmetics for the "romantic" woman. Her agent, Marie Simon, head of Simon's prestigious model agency in L.A., had hinted that Kristi might be signed to an exclusive contract with Rose of Sharon. She was very excited about the prospect.

But she had to talk to Gareth—tell him—tell him what? She forced herself to appear calm. Gareth would turn up soon. When she saw him, she would *know* what to do, what to say.

But Gareth didn't come out of the gym at all. Pee Wee and Adrienne tried to act as though that was quite normal. "Gareth never did like goodbyes," Adrienne said.

Hannah Paterson looked at Kristi as though she'd grown two heads when she suggested the housekeeper might let Gareth know they were leaving soon. "Can't disturb 'im, 'e's probably working out," she said flatly.

After her earlier behavior, Kristi didn't have the courage to approach the exercise room herself, though she did stand in the garden for a while with Pendragon, pretending an absorbed interest in a pine cone she'd picked up, thinking perhaps Gareth would see her through one of those small windows and come out to talk to her.

"You're upset, aren't you?" Adrienne said when they were once more on the ferry. Her voice was neutral, but her sidelong glance was measuring Kristi's reaction.

"I did think Gareth would come out to say goodbye," Kristi said. Eyes narrowed against the darting flash of sun on water, she stared at the receding island, almost expecting it to disappear beneath the surface of the Sound. But the island looked more substantial in the glaring light of noon than it had in yesterday's mist, the fir trees less gloomy, the red madrona bark more vivid than before. Above her head sea gulls circled, screeching, sometimes swooping down to investigate the ferryboat's wake.

She couldn't believe she was actually leaving the island without seeing Gareth again. She supposed they had both acted childishly. Yet surely he hadn't expected her to agree to stay just like that, without any argument, or discussion, or explanations.

She looked down at the water rushing past the side of the boat and unexpectedly imagined herself tumbling into it, sucked down into its murky depths, her lungs filling with water as she opened her mouth to scream. She found herself gripping the rail with both hands. What was the matter with her? Why was her throat aching? Why did she feel that if she tried to say one more word she was going to burst into tears? How could she admit, even to herself, that she hadn't wanted to leave Gareth? In one night he had made her feel more alive than she had ever felt before.

She took a deep breath and swallowed hard. She was acting like a heartsick schoolgirl. She had to pull herself together. Apart from anything else, Adrienne was looking at her oddly and she didn't want her to know anything was wrong.

"Perhaps bringing you here wasn't the thing to do," Adrienne said gloomily.

Kristi forced a tight smile to her mouth. "Don't be silly. I'd never have forgiven you if you hadn't brought me along."

Adrienne's perfect eyebrows arched.

Kristi stared unseeingly at the ferryboat's wake. "Let's get out of the sun, okay?" she said at last. "Berry will be furious with me if I turn up with a pink nose." Where was that bright, brittle voice coming from?

The passenger lounge was crowded, and there was no chance for them to talk privately again until they were back in the Aston Martin, purring toward I-5. "Tell me about Pee Wee Dexter," Kristi said before Adrienne could bring up Gareth again. "Does he live on the island all the time?"

Adrienne shook her head. "He has a condominium in Seattle. He commutes back and forth. He has a boat he keeps on the island. It's in for repairs right now, or he'd have picked us up when we arrived. And Hannah Paterson's son lives on the mainland. He does the shopping and so on. He owns a small boat too, so the island isn't as cut off as you might think." She hesitated. "Pee Wee's really quite brilliant, and attractive, don't you think? Though he's usually overshadowed by Gareth when they're together. As you may have noticed."

Kristi couldn't bring herself to answer that. "Pee Wee does have a life of his own then?" she asked. She had to keep the conversation going, not give herself a chance to think, to remember, to feel.

Adrienne nodded. "He's a business doctor."

"A doctor?"

"Not *medical*, darling. He buys businesses that are on their last legs, makes them over, puts them on their feet, then turns them over to other people to run. Before Gareth...retired, Pee Wee had his own agency, literary and dramatic. But he gave that up to move in with Gareth. Like Gareth, he's not exactly averse to women so he goes off the island quite often to kick up his heels."

"But Gareth doesn't?" Kristi hadn't meant to speak of Gareth, hadn't thought she could even say his name, but there it was, leaping off her tongue.

"So it seems. The first year or so, Gareth used to go off from time to time too, but now, according to Pee Wee, he *never* leaves the island. Evidently he's quite content to stay there all the time." She hesitated again. "Dear old Hannah informed me the two of them bring women in from Seattle quite often. I got the impression she was inclined to fit us into the same slot. I gave her a fair-size piece of my mind."

Kristi felt sickened, unclean. At last she asked the question that was pushing up to the forefront of her mind. "Adrienne, have you and Gareth ever...I mean..."

"No," Adrienne said quickly. She darted a glance at Kristi's face, then looked back at the road. "Gareth and I have never been more than friends."

There was guilt in her voice. Why? Was she thinking about the sporadic affair she'd had with Philip?

Adrienne had no idea that Kristi knew about that. Philip had told her. It had begun soon after Philip's first wife died. It had lasted right up to the time Philip had asked Kristi to marry him. But it hadn't meant anything, Philip had assured her. He and Adrienne were just comfortable old friends. Why was she thinking of that now? Why did she care? No one else seemed to take sex very seriously.

Adrienne laughed suddenly. "I must say you surprised me, Kristi. I always thought you were above that kind of thing. And with Gareth St. John, of all people."

"I guess you must think badly of me," Kristi said lamely.

Adrienne chuckled. "Don't give it another thought, darling. You ought to know by now that I'm no prude. I agree with Ellen Terry. It doesn't matter what you do as long as you don't do it in the streets and frighten the horses."

She smiled sideways at Kristi. "To tell the truth, I wasn't a very good little girl myself last night."

It took a moment for this confession to register, then Kristi turned to stare at her. "You and Pee Wee?"

"Why not? As I said earlier, he's an attractive man. And he's no Little Caesar. He doesn't feel the need to overcompensate for being short. His only real flaw is that he's not rich enough for me." She turned her head and smiled mischievously at Kristi. "You look horrified, darling. Are you going righteous on me?"

"Of course not. It's just that—I guess I've never been able to treat sex lightly."

"But there's no other way to treat it."

"You don't think it should be special? A commitment between two people?"

"All very well if that's the way it turns out, but you can have an awfully long dry spell waiting for something like that. Do you feel you have a commitment with Gareth?"

"Of course not. I was thinking of Philip." She hesitated. "I think it would be best not to tell Philip I went to the island," she said, trying to keep her voice casual.

"You're probably right," Adrienne agreed.

"As you said yesterday, Philip might be angry with you if he knew you'd taken me to meet Gareth."

She watched Adrienne think over that possibility. "Perhaps so," Adrienne drawled. "Discretion might be the better part of valor after all."

Why *had* Adrienne taken her to the island, Kristi wondered. It was obvious to her now that the whole trip had been designed for that single purpose. But she didn't for a moment believe Adrienne had simply felt it was time she learned of Gareth's existence. She could have told her the story in L.A. No, for some reason, Adrienne had wanted Kristi and Gareth St. John to meet. She knew it was no use asking Adrienne straight out, but she might be able to work out her motivations if she could get a little more information. And talking would distract her from thinking about the previous night. It would definitely be best if she never again thought about the previous night.

"Tell me about Gareth and the Talbots. I gather they saw each other often when they were growing up."

Adrienne had a sudden mental image of Gareth as a boy, ten years old, too tall for his age, and skinny, leaning against a wall of the Talbots' ballroom. Philip's sixteenth birthday party. That was the first time she'd met Philip. Kenneth Talbot had persuaded her father and a few other wheelers and dealers to put up money for a movie that was going to net all of them millions. A movie based on the life of Howard Hughes. What had happened to that movie? Probably Hughes had sabotaged the project. Kenneth and her father had remained friends. No, not friends. Drinking partners. Womanizers both.

She hadn't noticed Gareth very much. All her attention had been for Philip Talbot, the golden boy. She could still remember the sheer impact of his masculinity, his happy sensuality. On later visits to the Talbots she'd seen Gareth hanging around, always on the fringes, quiet, sulky, showing no sign of the sensational magnetism he would develop later. She hadn't really noticed him much until he was discovered. He had spent more time at the Talbots' house after that. Philip's house by then. Philip's and Serena's.

Adrienne became aware that Kristi was looking at her curiously, waiting for an answer. "Miss Emma used to bring Gareth over to the house whenever Kenneth was away. She told everyone he was a cousin's child, but the family knew better. I didn't know they were more closely related. Not until Gareth told me himself."

"Why didn't Philip tell me about him, do you suppose?"

"I've no idea, Kristi." She paused. "I'd really rather not talk about it. It's not *my* business, after all."

"You made it your business when you took me there."

Adrienne looked offended. "I'm sorry," Kristi said. With an effort, she shrugged and tried to look unconcerned. "I'm just curious, I guess." She hesitated. "Pee Wee implied that Philip doesn't like Gareth. In fact, I got the idea it might be stronger than that, that he was telling me Philip *hated* Gareth." She remembered Pee Wee's story about the worms and shivered. Whatever had happened between Gareth and Philip must have been very serious. Philip wasn't the type to bear a grudge. Or was he? Did she really know?

"Pee Wee tends to exaggerate," Adrienne said. "I wouldn't worry about it if I were you." She sighed. "I must say it was too bad of Gareth to shut himself away this morning. I was really surprised. I thought the two of you hit it off rather well." She glanced sideways at Kristi and when she didn't answer, sighed again and went on. "I think he really likes you. I wouldn't be at all surprised if he gets in touch with you."

Kristi didn't want to think about that possibility. She couldn't believe how stupid she had been. She might have jeopardized her whole wonderful life. If Adrienne told Philip what she'd done... Suddenly cold, she pushed her hands deep into her jacket pockets. Involuntarily, the fingers of her left hand twisted Philip's diamond around and folded it safely into her palm. Her right hand encountered the pine cone she'd picked up outside Gareth's window. A souvenir of stupidity. Quickly she pulled it out and dropped it on the floor of the car. How naive she had been, letting herself be seduced by a movie star. An *ex*-movie star.

Yet still she couldn't stop thinking about the touch of Gareth's hands, his gentleness, tenderness, her own eager response. Her mouth still remembered the impression of his, her body still tingled from his touch. She had never expected to be loved like that, had never expected to love.

She wished that Adrienne would let her drive, but knew she trusted no one's driving but her own. Leaning back, she closed her eyes. Somewhere in the back of her mind, pain was building, getting ready to explode. But she couldn't give in to it now, couldn't give in to it ever.

"Are you okay?" Adrienne asked.

"I'm fine," Kristi said hastily.

"Kristi, there's something I want to ask you."

Nervously Kristi glanced at Adrienne's set face, then away. "Go ahead."

"Are you quite sure you *want* to marry Philip?"

Kristi stared at her. "Of course I am. Why shouldn't I be?"

"You don't seem too excited about the idea."

"Of course I'm excited." Catching the miserable note in her own voice, Kristi winced. "I'm not the excitable type, I guess," she offered as explanation.

"But there are problems, aren't there?" Adrienne's voice was perfectly casual. She glanced at Kristi, made a small sound of impatience and looked at the road. "Come on, Kristi, you can trust me. I'm your friend, remember? You're sitting there looking like the personification of angst and trying to make me believe you're delighted to be marrying Philip. What's wrong, darling?"

Kristi sighed and tried to think of some way of distracting Adrienne. "Well, the family's not too happy about the prospect."

"That doesn't matter to Philip, surely? He's never been ruled by family opinion."

Adrienne was right of course, but Kristi wasn't about to tell her the real problem. Adrienne of all people knew that Philip was a lusty man. It would be hard for her to believe he'd got himself stuck with the Snow Queen. Especially considering the way Kristi had behaved last night.

She wrenched her thoughts back to Philip. She could picture him clearly, filling her mind with his presence, his energy. At thirty-eight, Philip had more energy, more sheer raw drive than men half his age. And she loved him. Of course she did. As much as she was able to love any man.

An image of Gareth superimposed itself over Philip. Gareth standing in his den, looking down at the typewriter, so still, dark, brooding.

Quickly she banished the image from her thoughts. She would never see Gareth St. John again, didn't want to see him again. For a very short time she had forgotten to stay frozen, safe, and she had almost destroyed everything. She must never forget again.

Perhaps she should ask Philip to postpone their wedding. Perhaps she wasn't really ready to get married yet. She sighed, knowing such a request would make Philip very unhappy. And he deserved to be happy. He had done so much for her, was prepared to do so much more.

She could ask him to wait a little longer though. The Rose of Sharon contract was important. It would prove something. She should give it all of her attention. Surely Philip wouldn't mind waiting a few extra weeks?

She was rationalizing, she realized. Why? Was she thinking of delaying the wedding to give Gareth plenty of time to get in touch with her? Why? So he could talk her into leaving everything behind to go live with him on that lonely island? He was hardly likely to do that when he hadn't even troubled to come out of the exercise room to say goodbye. Probably he'd already forgotten she had even visited him. Of course he'd forgotten. Just as she was going to forget. Totally and completely. Now.

DRIVING THROUGH OREGON, Adrienne saw a hawk in the clear sky to the right of the freeway. It was circling slowly, riding a thermal. A second glance showed her the hawk's intended prey—a small bird perched on a fence post, preening itself, unaware of the danger above. *Silly bird, move, fly away.* The car was past before she could tell if the hawk attacked, but she thought it probably did. She could almost feel the rip of its talons, the tearing pain of its beak.

She glanced sideways at Kristi and saw that she had fallen asleep. She was relieved. She didn't want to feel those hurt cobalt eyes on her anymore. Now that her scheme had worked even better than she'd hoped, she kept having second thoughts and she didn't appreciate such discomfort, even though she hadn't ever meant for Kristi to get hurt. Knowing Gareth, she'd expected him to make a move on Philip's girl, and knowing Kristi, she'd thought it possible she might be vulnerable. She'd been perfectly willing to let fate take it from there.

What had possessed Gareth to disappear this morning? Didn't he mean to follow through? He had responded to Kristi far more than she'd expected. What had gone wrong?

She sighed, hearing an echo of her father's voice, long ago. Tony Cilenti had looked at her with the same level, appraising gaze he used on a witness for the prosecution and said, "When you interfere in people's lives, Adey, you have to be prepared for surprises. People aren't always predictable."

She remembered what had occasioned the lecture. After Leslie, his third—or was she his fourth?—wife, had snitched on her for smoking pot with a couple of friends who'd come over for a slumber party, she happened to mention to her father that one of his investigators was picking up Leslie in his BMW, outside the main gates, three afternoons a week. "Is Leslie helping on a case?" she'd asked in her most innocent voice.

Her father promptly fired the investigator and divorced Leslie, but almost immediately married a younger, even more spiteful beauty who persuaded him to dispatch Adrienne to a boarding school in South Carolina. Within six months Adrienne wished Leslie back. How old had she been? Twelve, thirteen?

She had hated the discipline of school. During her first ten years of life, the servants had spoiled her rotten. Sorry for the poor motherless bairn, Isa McAdam, the housekeeper, had waited on her hand and foot, bathing her, brushing her long shining hair, not even allowing her to put on her own socks and shoes. She could remember the feel of Isa's callused hands stroking the lace-trimmed ankle socks in place, while she sat on her bed, legs stuck straight out, impatiently waiting for the shiny black shoes to be fastened. Isa was too slow, she'd complained to her father, who had promptly retired the housekeeper with a generous pension, leaving Adrienne even more alone.

She knew her mother, Claudette, only from her wedding photograph—a slender shy blonde, a Frenchwoman who according to Tony had already felt homesick for her native Paris when they married. Apparently Claudette had never felt at home in California, which was the center of Tony's universe, and she'd complained bitterly of the whirlwind of work that took him away from her again and again. She had meant to leave him once the baby was born, but she had died instead. Would Claudette have taken her along, Adrienne sometimes wondered. How different her life would have been. How could she have lived, so far from her father?

Anthony Cilenti had been the sun around which Adrienne's world revolved. Big, bluff and hearty, he had zoomed into her life at irregular intervals, depending on his schedule, showering her with gifts: a puppy, a pony, a pearl necklace, an emerald ring. He'd taken her with him everywhere while he was home, then disappeared again, leaving Adrienne waving goodbye at the airport. Adrienne had inherited his glossy dark hair and green eyes, his love of constant mobility—his major purchases had been airplanes, boats and cars—and his tendency to overweight, which she controlled with semistarvation diets.

Anthony Cilenti had died at the age of fifty-one, in his prime, tanned and prosperous-looking in his casket, showing no trace of the brain hemorrhage that had struck him down. A thousand people attended his funeral.

Adrienne, twenty-three, had promptly married his best friend, a fifty-five-year-old movie producer named Lawrence Armitage. She had expected to go on being spoiled and adored and Lawrence—nobody ever called him Larry—hadn't let her down. Unfortunately, it hadn't occured to her that a husband of any age would expect certain considerations not required by a father. When he died eight years later of a long-expected heart attack, she had vowed she would never touch sagging flesh again and had turned in relief to a series of empty-headed, but trim, muscular young men—movie extras, waiters, carhops—whom Philip had promptly christened "Adrienne's beachboys."

The novelty of the beachboys had eventually palled. She had looked about her then and had fixed her sights on Philip Talbot, recently widowed, saddened, but still exuberant and full of life, as well built as any beachboy, with the added attraction of a well-developed brain. And she remembered that she'd loved Philip Talbot when she was in her teens.

Philip. Sitting upright behind the steering wheel, her back ramrod straight, Adrienne shot another glance at Kristi. She was still asleep, her face as smooth as a child's, lips parted, not making a sound. "Sorry, Kristi," Adrienne murmured.

She wanted Philip Talbot for herself. She mustn't lose sight of that fact. She mustn't soften at the eleventh hour. Philip was *hers*.

Chapter Eight

TWO AND A HALF DAYS after they left the island, Adrienne helped Kristi carry her bags into her apartment, then did something totally uncharacteristic. She put her arms around Kristi and held her awkwardly. Kristi was moved and a little embarrassed. "Hey, Adrienne, listen, I'm okay."

Adrienne stepped back, her face solemn. "I want you to know, Kristi, that whatever I do, it doesn't mean I'm not fond of you. You're the only woman friend I have. I want you to remember that."

As Kristi frowned, puzzled, Adrienne handed her a slip of paper with a number scribbled on it. Kristi looked at it blankly. "Gareth's telephone number. It's unlisted," Adrienne said and left hurriedly. Kristi sat down on one of the straight chairs beside her gate-legged table. All her attempts to seem cheerful and unconcerned during the long journey and their two overnight stops had been useless. Adrienne had seen through her after all.

Kristi looked around blankly. The apartment seemed dusty, bare and far too quiet. Since she'd agreed to marry Philip, she'd practically lived at his house when she was in town. The furniture was nice though—mostly antiques she'd hunted up with Adrienne. She'd recovered from her all-white phase and had decorated this apartment in varying shades of blue. But the place didn't feel like home. She could never forget it belonged to someone else.

The herbs in their clay pots in front of the picture window were drooping from lack of moisture in spite of the soaking Kristi had given the gravel-filled tray beneath them before she left. After carefully putting the slip of paper in her pocketbook, ignoring the small voice in her mind that was telling her to throw it away, she stood up and busied herself with watering. Then she unpacked carefully, sorting clothes for the laundry and the dry cleaner, putting her shoes away on their trees.

Finished too soon, she vacuumed and dusted, then showered and changed into a blue cotton shirt and white shorts, rebraided her hair and carried a cup of instant coffee out onto her tiny deck. The evening was hot and humid, the meager breeze from the south bringing disconnected sounds to her ears: the screech of tires, a siren, someone's stereo playing too loudly. Lonely sounds.

She returned to the living room and picked up the phone and checked in with her answering service.

"Marie Simon at the agency," Connie told her. "And that photographer." Connie didn't approve of Berry Lansing.

"No other calls?" Kristi asked.

"No. But the agency and Lansing wanted you to call as soon as you got in. Okay?"

"Okay." Kristi hung up, began to dial Marie's number and hesitated. Tomorrow would do. If she called Marie or Berry they'd want to know about her trip and she wasn't up to talking about it. She found herself removing Adrienne's slip of paper from her pocketbook. She jammed it back, then riffled through the stack of mail she'd picked up on the way in. There was always a lot of mail since one of the tabloids had released her address. "You can reach lovely Kristi Johanssen at..."

Marie kept telling her she didn't have to read the mail, some of it was pretty raw. All celebrities who appeared in print or on TV were exposed to the weird fantasies of people who weren't quite sane. One of her regular correspondents was a man who self-published books of obscene poetry, then sent them to Kristi autographed, with certain significant passages marked.

Letters came from religious fanatics calling her Jezebel for putting her body on display. Sometimes she wondered if her mother wrote those letters under assumed names. Other correspondents were jealous of her success. She supposed these people must get relief from their own problems by venting their hostilities on paper. But occasionally the letters were complimentary, even flattering, and some were from young girls who wanted to be models, wanting to know the magic key that would open the door to Kristi's paradise. Such touching letters. How could Chrissy Jones ignore such heartrending pleas?

Today's stack included a few bills, which she set aside, and a letter from her mother, no doubt asking for money again. Carl Samson had disappeared right after Kristi left Illinois. Sophia had never heard from him again. At first there had been other men, but now Sophia was getting older and depended on Kristi for support. Kristi lived in fear that if she didn't send Sophia money she would someday turn up in California. She put the letter down unopened. Tomorrow would do for that, too.

She was about to drop the whole pile on the coffee table when she noticed a white business envelope with a typed address. The postmark was Los Angeles. It had been mailed yesterday. There was no return name or address.

For no real reason, except that she needed distraction, she decided to open this one now. The letter was typed and unsigned. That was unusual, she had never before received an anonymous letter. "Dear Kristi, you should marry a prince and live in a palace with a thousand servants at your command. Don't marry Philip Talbot. He doesn't deserve you."

Shades of Chrissy Jones's favorite fantasy. But what was Philip if not a prince? And his wonderful house was as close to a palace as Beverly Hills could come. What did her fans expect? Prince Charles was already taken. She shook her head, smiling ruefully. She supposed she'd get more of this kind of thing now that her engagement had been announced. Harmless, except for that dig at Philip. *He doesn't deserve you.* The implication was similar to Pee Wee's.

Feeling distaste for all the letter writers, she dropped the letter and its envelope in the wastebasket alongside her desk. Perhaps Marie was right, she thought, she should stop opening this stuff. Such a waste of time. Why did she open it? Vanity maybe? Perhaps the compliments she received satisfied some narcissistic need. But was that enough to balance the oddballs? Probably not.

Without realizing what she was doing, Kristi opened her billfold again and drew out the slip of paper. Panic-stricken, she pushed it back, grabbed her car keys from the table and left the apartment.

WHENEVER SHE DROVE her little white Fiat up the winding road to the Talbot house, her mind always filled with the memory of Chrissy Jones yearning in front of other people's houses. She wasn't ever sure then whether she should laugh or cry. Chrissy Jones, imaginative child that she had been, could never have imagined Beverly Hills, the exotic gardens, the spectacular architecture designed for the comfort of the successful and the famous—business giants, movie stars, wizards of fashion and beauty. Kristi's own area of Beverly Hills was not the best, though it was fantastically expensive, but Philip's house, farther up in the hills, was definitely on the other side of the rainbow. "*Buyldyd of tymbar*," Kristi repeated to herself as she drove around the circular driveway in the twilight blue of evening and looked up lovingly at the beautiful Elizabethan house.

Charles came down the wide steps to greet her, as tall and as dignified as his warrior forebears. Kristi often thought he'd have been a natural to play one of the natives in *King Solomon's Mines*, standing on a hillside in a loincloth with a spear in one hand. Officially, Charles was one of Philip's servants, his majordomo, Philip called him when he wanted to tease. Unofficially, Charles was general manager of the whole family, and also Kristi's friend.

She knew at once by the regretful expression on his face that Philip wasn't at home. Well, she hadn't been able to tell Philip exactly when she'd arrive. Obviously he hadn't expected her so soon. She'd go in anyway, she decided, she couldn't bear to go back to that empty apartment now.

"You have a good trip, Miss Kristi?" Charles asked as they walked up the steps together.

"Mmm," she said, not committing herself. "Is Philip working late?"

"Emergency." Charles's eyes didn't quite meet hers. That was unusual. "He should be home soon," he added. "He'd want you to wait."

"Mmm," Kristi said again. She sniffed hungrily at the lemon-wax smell in the front hall. Every time she entered the Talbot house she wondered how she could have brought herself to leave it. The interior was peaceful—an atmosphere created by miles of golden parquet floor, soaring spaces, period furnishings and the fine paintings and books Jason Talbot had shipped from his old home. Kristi looked around, feeling at peace with herself for the first time since she had left the island.

Charles was watching her, not smiling, only his eyes showing his pleasure that she was back. Kristi had always envied Charles. He was one man who knew exactly who he was. "The old family retainer," he called himself. He had come out to Hollywood to play an old family retainer in a movie. Kenneth Talbot, Philip's father, saw the rushes—the director was a friend of his—and was so impressed by Charles's bearing he had offered him a position in his household. Charles had accepted at once. "I knew no matter how many bit parts I played, I'd never have a chance to live in a house like this," he told Kristi once. A generation later, her reaction to the house had been much the same.

She could not think of Charles as a servant. For one thing, Chrissy Jones had never expected to know anybody's servants. For another, Charles's dignity was immense. He ran the entire household like a king. The rest of the residents were his subjects, including his wife Winnie, the cook, Lila and Theresa, the two maids, the gardeners and Philip and Miss Emma. Charles had even potty-trained all three Talbot children, which had probably annoyed their nanny and Miss Emma.

Philip was the eldest of Miss Emma's three children, who were all born within three years, after Miss Emma had given up hope following four miscarriages. Kristi corrected herself. She had *thought* Miss Emma had three children. Counting, she realized Miss Emma must have been well over forty when Gareth was born. What a terrible trauma to have an illegitimate baby at that age and in that family. No wonder Gareth had been swept under the rug.

"You want to go see Miss Emma?" Charles asked as Kristi hesitated in the hall. "It's Stephanie's night off, so she's alone right now."

"How is she?" Kristi asked.

"Okay." He sighed. "She had another spell though, a bad one, three days after you left. Middle of the night, she got up and found Stephanie's cigarette lighter, set fire to the window drapes in the east-wing parlor, then went back to bed."

Kristi stared at him, horrified. "Was anyone hurt?"

He shook his head, his lined face grim. "I smelled the smoke and doused it quick." He allowed himself a small smile. "Sure was a panic. But the only damage was a bit of charring around the window frame and one ceiling beam. Doctor Philip hired a male nurse to help Stephanie. He starts tomorrow, so I'm watching Miss Emma tonight. His name's Graham. Miss Emma doesn't like him much." Charles's tone of voice indicated he didn't either.

"I could sit with her," Kristi offered.

He shook his head. "You just got here. Dr. Philip will be looking for you soon." He hesitated. "Guess I could use a cup of coffee though."

Kristi smiled at him. "Take all the time you want." She entered the east wing nervously, not knowing what to expect. The rooms seemed quiet and the air smelled the same as usual—a mixture of disinfectant and the paraffin Stephanie heated daily to make soothing "gloves" for Miss Emma's arthritic hands.

In the dim night light, she thought at first Emma was asleep. She was lying on her stomach, her head turned to one side on the spotless white pillow, her silver braids curved over one shoulder. As Kristi hesitated, looking down at her, Emma murmured, "My bottom hurts."

"Would you like a backrub?" Kristi asked softly.

Emma opened her eyes. "You're not Stephanie," she said.

"I'm Kristi, Miss Emma."

Emma grunted. Kristi wasn't sure if the grunt was to acknowledge her identity, to express displeasure or to accept her offer. Hoping for the best, she undid the ties of Emma's hospital gown, picked up a bottle of baby oil from the bedside table, and began to massage the old woman's back and buttocks with gentle, circular motions. Emma's flesh was so thin as to be almost transparent, but soft as a baby's, smelling like a baby's now too. She made a quiet little cooing sound as Kristi massaged her, and Kristi remembered reading somewhere that the end of life was like the beginning. She hadn't understood the statement when she read it, but she thought she understood it now.

By the time Charles came back, she had washed her hands and settled herself in an armchair, sure this time that Emma was sleeping. "Off you go now," Charles whispered, pointing firmly at the door when she would have argued.

The old woman's quavering voice stopped her on the threshold. "Why are you so kind?"

Kristi glanced at Charles and saw him raise his eyebrows and shake his head. Evidently he too had thought the question had sounded like an accusation. "Because I care," Kristi said at last. She had no idea if Emma accepted or rejected her answer. There was only silence from the bed, followed in a moment by the sound of even breathing. Carefully, quietly, Kristi closed the door.

For a while, she prowled around the rooms on the ground floor. In spite of the new worry over Miss Emma and her problems, it was good to be back. She belonged here. Of course she wasn't going to ask Philip to delay their wedding. She was home. All she had to do was pick up her life where it had left off before Gareth—no, she wouldn't even *think* his name.

Philip came home an hour later. Kristi heard his footsteps in the hall a moment before the parlor door burst open and he stood beaming at her, looking big and solid and as healthy and hearty as a safari guide in khaki shorts, his shirt flapping open to show his superb golden torso. In one smooth motion he grabbed her off the sofa in a lusty bear hug, swung her around, then collapsed on the sofa with her on his lap.

"Welcome home, sweetheart," he said between exuberant kisses. "Sure missed you. Place like a tomb. Mother had another episode—did Charles tell you? How was your trip? Sorry I wasn't home. Damn emergency."

Philip didn't usually talk like a telegram. And there was something shifty about his eyes. He didn't smell right either. He smelled of Raffinée. Hardly his usual after-shave. She remembered that Charles had been vague about the nature of the "emergency." She remembered too that Emma's nurse Stephanie used Raffinée. And this was Stephanie's night off.

Perhaps Pee Wee and her unknown correspondent had been referring to Philip's womanizing when they criticized him? They didn't know of course that she was fully aware by now that Philip couldn't resist women. Nor did they know she had decided to turn a blind eye. How could she expect Philip to be satisfied with her own tepid responses? She was lucky he wanted her at all. She felt obscurely relieved that she'd worked out the reason for Pee Wee's horror story. All the same, perhaps to distract herself from the memory of her own guilt, she couldn't resist needling Philip just a little. "Did you go to the hospital dressed like that?" she asked tartly.

"The hospital?" He glanced down at himself and grinned sheepishly. "Hot out today," he said. "I went for a swim at the country club when I was through."

And came out smelling of Raffinée?

He pulled her close again. "Lord, I missed you," he said. "I'm so glad you're home."

"Me too," Kristi said, letting him off the hook. She hadn't pulled away from Philip's embrace, even when she felt his immediate response against her. When he bent his head to kiss her, she experimented, deliberately, letting her mind remember—the act, not the man. When Gareth had kissed her, she had melted against him, just so. There was no reason why it should be any different with Philip.

But it wasn't the same. It didn't feel the same. She could feel herself stiffening, her body rebelling.

After a moment, Philip released her, smiled at her rather tensely, then set her down next to him on the sofa. With one more casual kiss on her forehead, he stood up and strode over to the bar. After mixing a vodka martini for himself and pouring a Perrier for Kristi, he sat with her on the sofa and talked about the family, about Miss Emma's episode and the fact that Virginia and Tom were on a trip to Paris, that James and Claire were planning a birthday party for Joshua, their elder son. After a while, he fell silent, looked into his empty glass for a moment, then glanced up, giving her a boyish grin. "You look wonderful," he said. "One of the things I love most about you is that you always look as if you just stepped out of a shower." He reached over to tweak her braid. "Squeaky clean." His face sobered and he set down his glass and turned toward her. "What do you think, sweetheart?" he asked.

With only a moment's hesitation, Kristi went into his arms. A minute later, Philip had shed his clothes and helped her out of her shirt and shorts and wispy bra. Then he drew her down to the ancient Persian rug in front of the fireplace.

Philip's lovemaking had never been unpleasant to Kristi. He was an exuberant lover and he enjoyed himself so much only a stone statue, or a Snow Queen, could fail to feel some kind of response. Kristi tried. She always tried desperately to find a place inside herself where he could reach her. She wanted to please him. She had learned to relax with him, but she could never be more than submissive. She could never *feel* anything. Philip seemed to understand. He didn't try to force her response. He knew how Kristi felt about sex, though he didn't know why. She'd get over being frigid in time, he'd decided.

How often had she been told she was frigid? Or cold? Too many times. But now she knew she wasn't frigid after all. There was someone inside her who was warm and alive and passionate. She had feelings she hadn't suspected she possessed. Gareth...

She was suddenly consumed with guilt, hating the memory of her body's response to Gareth, the fact that sex with him had been exciting, glorious, unforgettable.

She smiled tentatively at Philip as he rolled onto his back. Her face felt stretched tight with the weight of guilty knowledge behind it. It was too bad, she thought bitterly, that after her "breakthrough" with Gareth, her new awareness of sexual pleasure hadn't carried over to her lovemaking with Philip. That would have simplified her life. "Don't look so worried," he said lightly. "It wasn't all that bad, was it?"

She shook her head and smiled her stiff smile again.

Philip looked tired, she thought. He was having trouble staying awake while she told him an expurgated version of her trip with Adrienne. Sex usually put him to sleep. But just as she thought he was about to succumb, his eyelids shot open and he asked, "Did you decide yet where we should spend our honeymoon?"

Kristi managed to smile once more. "I've decided to leave the decision up to you. Why don't you surprise me?"

He hugged her, delighted. "I'll try to come up with something special," he promised.

"I'm sure you will." She hesitated. "Have you always been a happy person?" she asked.

He grinned. "What a question. Nobody's happy all the time." He hesitated. "Yes, I guess I've had it pretty good. Why wouldn't I be happy?" He had looked away from her and for a moment there were shadows around his eyes. A trick of the light? Was he thinking about Serena? Why wouldn't he ever talk to her about Serena? She found herself thinking again about invisible fault lines in glass.

"You are *sure* you want to marry me?" she asked.

"Of course," he said, cheerful again.

"Even though I'm not—not crazy in love with you?"

"Even though." He grinned. "You worry too much. Always analyzing everything. You do like me, don't you?"

"You mean everything to me. You know that. But I'm serious, Philip. Don't you think you deserve someone who doesn't have hang-ups like mine, someone who would be able to adore you unconditionally the way Serena did?"

He was silent for a moment and again she wondered, but then he made a face, refusing to take her seriously, refusing to discuss Serena. "Who says I'm worth adoring?" he asked. He touched his fingers to her face, roughly tracing the line of her cheekbone. "Maybe the fact that you have hang-ups, as you call them, is one of the reasons I fell in love with you. I always did enjoy a challenge."

He was teasing her, Kristi decided. She smiled uncertainly.

"I can't imagine why I love you," Philip said in the same jocular tone. "You're amazingly beautiful, you know."

She looked at him helplessly. Was that really the reason he loved her? Any beauty she had was his doing. Had he fallen in love with his own handiwork, as Pygmalion had done with Galatea? The thought made her uneasy.

Philip was frowning now. "To go back to your original question," he said. "Yes, I'm sure I want to marry you. Absolutely sure. Don't ever doubt it."

She was relieved. He didn't mind having only half a woman. She didn't have to try so desperately to be whole. She touched his cheek, then ran her hand across his beard. "Me too," she said softly.

After he went to sleep, she lay looking at him for a long time in the light from the shaded lamps. His strong features had relaxed, making him look younger and more vulnerable, but no less self-confident. She wondered why she'd questioned him. Philip was no introvert; everything he was showed right there on the surface. All the same, he hadn't told her about Gareth. What *would* his reaction be if he knew that she had been with Gareth St. John? Would he throw her out of his house, out of his life? What other secrets might be hidden behind that open, cheerful facade?

He was sound asleep now. His bearded face was tan from hours of sailing. His sailboat was named *Serena*, which was probably one of the reasons Kristi had never felt comfortable on it. *Why* would he never talk about Serena? He was shattered when she died, Virginia had said.

Even in sleep, Philip's red-gold hair seemed to give off sparks of energy. He was smiling. She could see the curve of his mouth between the neatly trimmed mustache and beard, the gleam of his teeth. What a beautiful, vigorous man he was. The Talbot coloring was such a contrast to Gareth's. And their personalities so different. All of the Talbots were forceful, sure of themselves, energetic, outgoing. Actually, she preferred Philip's coloring, she told herself. And maybe she *would* fall in love with him one day. What was being in love anyway? Obsessive thinking about someone? She'd kept forgetting Philip when she was with his brother, but she didn't seem able to get Gareth off her mind.

How could she have risked losing Philip by making love with his brother? Philip was willing to accept her just as she was, with all her flaws, and he was willing to give her so much, this house, security and the gift of his laughter. There had been little laughter in Chrissy Jones's life. Most important of all, Philip loved her—what human being could ask for more?

Philip was snoring lightly. His snoring had a musical sound. How magnificent he was in sleep, lying flat on his back now, golden beard jutting, arms and legs spread wide, king of the night world, secure in himself. When he woke up he would wake instantly, just as securely at home in the daylight hours.

How different Gareth looked when he slept. So quiet, drawn into himself.

Shivering, she stood up, walked to the sofa and began to collect her clothes. Dressed in her shirt and abbreviated shorts, she hunted up a blanket and draped it over Philip. Charles wouldn't be surprised to find him there in the morning. Philip often went to sleep wherever he happened to be.

Letting herself out of the house, she walked down the steps, shivering again in the cool air. Starting the Fiat, pulling up the seat belt and securing it, she glanced back once, as she always did, at the house, admiring the way the steeply pitched roofs soared against the night sky. Her house soon. Hers and Philip's. Forever.

Forever. Why did the word seem to have such an ominous sound?

Lost in thought, she drove for some time, heading down toward Sunset, before realizing something was wrong with the brakes. She had to almost stand on the pedal as she came to a curve. The brakes gripped sluggishly, but at least they held. A moment later, the pedal went down all the way to the floor and stayed there. She glanced unbelievingly at the brake pedal, lifting her foot. Was it jammed? She pumped it once, twice, but felt nothing. It was useless. She was going down a steeper grade now, with another curve ahead. The car was gathering momentum.

Panicking, she shut off the ignition, not at all sure that was the right thing to do. But it didn't do any good, the car continued speeding down the hill. All the movies she had ever seen about this kind of situation unrolled in front of her eyes as her mind scurried frantically, searching for an escape.

She was going to die. She would never see Gareth again, never again feel his arms around her, his mouth on hers, never hear his voice. *You are the least frigid woman I have ever known.*

Suddenly, her mind cleared. Ahead was a stop sign. An intersection. If she could turn onto the cross street, get off the slope, maybe she could slow down. But even as she gripped the steering wheel, she saw a small produce truck move into the intersection. She was on a collision course with no way to stop. Her foot stamped desperately again on the brake pedal, getting no response at all. She was going to crash.

She wrenched the wheel over, praying she'd get around the truck. And then her mind produced the memory of somebody in one of those movies remarking, "Why doesn't the damn fool use the emergency brake?" and she reached down between the bucket seats and yanked up on the handle.

The Fiat stopped dead, inches from the produce truck. Kristi was flung hard against the restraining seat belt, knocking all the air out of her lungs. For a moment, she hung over the steering wheel, nauseated, gasping for breath, her left hand over her face in an automatically protective gesture. The ribs on her left side crackled with pain.

She heard a door slam in the produce truck, then a voice shouting outside her closed window. Almost afraid to move, she carefully straightened herself and rolled down the window with nerveless fingers.

The man kept right on shouting. "Didn't you see that stop sign? You crazy or something?" His face was screwed up in a ferocious scowl, his fists clenched chest high.

She thought for a moment he was going to reach in and hit her and she flinched away from him. "My brakes failed," she managed in a very small voice. "I couldn't stop. I just couldn't stop."

His expression changed to a puzzled frown. "Your brakes?" he echoed.

Kristi nodded, swallowing. "I pushed and pushed on the pedal and it didn't do any good." She took a shallow breath, testing. Pain zigzagged through her left side. She looked at the man, wincing. "Are you okay?"

He nodded and opened her door. "How about you, missy? You look like you got hurt."

"My ribs are bruised, that's all." She tried to get out of the car, realized the seat belt was holding her back and released it, thinking gratefully that she was glad she made a practice of using it.

The little man was still frowning. She stood up next to him, towering over him, holding her side. "It's a good thing there wasn't any traffic," she said faintly.

"You said it, missy." He was smiling apologetically now. "I'm sorry I yelled at you. You scared me. Just a minute, I'll get my truck out of the road and call for a tow truck, okay? I have CB," he added proudly, then gave her a sidelong glance. "No damage done, no need for police, okay?"

"Okay." Kristi managed to get to the side of the road, though her legs felt as useless as rubber and she had to lean against a stone wall that surrounded someone's estate. She could breathe a little deeper now, she discovered.

The little man took charge. He was very efficient once he got over his fright. Within half an hour a tow truck had picked up Kristi's car and gone off with it to the dealer's repair shop.

The produce truck driver, "Mr. Matsui," he told her with a bow, offered to drive her home and she accepted gratefully. Now lying in bed, totally exhausted, her whole left side aching, she allowed herself to think about what had happened, and what might have happened. She had no idea what had gone wrong with the brakes. There had been no rain, so the brake linings couldn't have gotten wet. How had the car developed a problem sitting in the carport while she was gone? She'd left it often enough before. And the brakes had seemed fine when she drove up to Philip's house; she must have used them nine or ten times.

Life was so precarious, she thought suddenly. One unexpected malfunction and it could all be over, poof, just like that. She sighed. It was no use lying awake all night worrying about a crash that hadn't occurred. She didn't want to remember that she had thought of Gareth when it seemed she was going to die. It was Philip who mattered to her, only Philip.

Pain throbbed dully against her ribs now, making her catch her breath. If she had more energy she'd get up and take a couple of aspirin. But probably she needed sleep more than anything else. Tomorrow she would call the mechanic at the repair shop and find out what had gone wrong. Tomorrow. Thankfully, she felt herself sinking down into sleep.

Chapter Nine

PHILIP WAS VERY DISTRESSED about the accident when Kristi called him the next morning. He questioned her over and over about the details until she felt like a criminal undergoing a third degree. Then he insisted on taking her to a radiologist to have her ribs checked, even though the pain had lessened. Just as Kristi had thought, there were no fractures. But Philip the doctor still wasn't satisfied. Nothing would do but she should have a complete physical examination. "I have to go to work," she protested as he ushered her back into his Porsche.

His face was unusually grim. "It won't take long." His voice brooked no argument. He drove her to a physician colleague's office where she was examined ahead of everyone in the waiting room, much to her embarrassment. Apart from a couple of bruises there was nothing wrong with her at all. Afterward, Philip drove her to pick up her car and she prayed he wouldn't grill the mechanic as relentlessy as he had his doctor friend. Her prayer was wasted.

The mechanic, a young man wearing white overalls and a billed cap, was short and skinny and inclined to be defensive in the face of Philip's barrage of questions. At the same time, he openly ogled Kristi in her blue and white striped T-shirt and white jeans, which didn't please Philip either. "Start from the beginning and tell me exactly what happened," he snapped at the young man, patently unsatisfied with the answers he'd provided so far.

The mechanic rolled his eyes at Kristi. "Somehow," he said, "the bleed valve on the left front wheel came loose. All the brake fluid leaked out."

"But I had brakes when I started out," she said.

"The fluid didn't *pour* out," he explained with the mildly patronizing patience auto mechanics always seemed to use toward women. "Every time you stepped on the brakes you lost a little more. Finally there wasn't any fluid left. Bingo, no brakes."

"How could the valve come loose?" Philip demanded. "The car was sitting in a carport for over a week."

The mechanic carefully adjusted the angle of his cap, frowning. "Could have happened last time she drove it, I guess. Shouldn't have though. You have any other mechanic work on the car?" he asked Kristi.

"No."

"Then I don't know. I thought maybe someone got careless, happens sometimes. But not here," he added sharply.

Kristi and Philip exchanged glances, realizing he was afraid they were going to blame him. He'd done the warranty check on the car not too long ago.

"It had to be somebody's fault," Philip insisted as he held the Fiat door open for Kristi. She looked up at him and saw that he was frowning. His eyes were intensely blue. She hoped she would never make him angry if this was how his anger looked.

Kristi fastened her seat belt and smiled up at him. "I'm still in one piece. That's the important thing."

"But what if you'd been on the freeway?" Philip said. He was still frowning as she drove away. She was astonished by his behavior. What had happened to her usually cheerful fiancé? True, she had come fairly close to disaster, but she had survived. She hadn't suspected that he could be so overprotective or so ready to blame someone for what was obviously an accident. In the future, she would keep quiet about anything that happened to her, though she hoped there would never again be anything like that to tell.

"CIRCLES," Berry Lansing complained, his voice pitched even higher than usual. "You've got fucking black circles under your eyes. You were supposed to be on *vacation*. What the hell happened?"

He was quite a sight standing in the middle of his studio, chestnut curls gleaming under an umbrella light suspended from the ceiling, slender hands splayed on narrow hips, jaw thrust out belligerently.

"Concealer will take care of it, Berry," Kristi soothed, relieved to have something to be amused about. Before he could find something else to criticize, she headed into the dressing room where Rose of Sharon's makeup man was waiting and the stylist had a selection of clothes ready on a rack. The wonderfully misty shades of red and pink and purply blue had been chosen to match the Rose of Sharon flower—the company's signature.

"Keep the look soft," Berry ordered through the open doorway. "And wear something flowing for the first go-round."

The makeup man cast his eyes heavenward, then stopped to arrange a headband around Kristi's hair. The top of his head was reflected in the mirror. Gray roots were showing through the blond rinse he used, Kristi noticed. She had realized before that he used a permanent on his frizzed long hair, but not that it was bleached. His fingers, as he eased the headband into place, had a tremor in them. Nerves or age, she wondered. He was painfully thin. Whatever diet he was on was too severe. There wasn't anyone quite as pathetic as an aging homosexual who was trying to look eternally young. What was his name? Gregory. He used only the one name. Probably assumed. Many people in the fashion business changed their names, especially if their own names were unpronounceable or unattractive. Gregory was very good at his job. He had to be. Through Kristi, he had to convince thousands of women that they too could look romantically beautiful if they would only switch to Rose of Sharon cosmetics right now.

Kristi looked at herself in the mirror as Gregory put the finishing touches on her eye makeup. The concealer had completely covered the faint tracings of fatigue beneath her eyes. They hadn't been as bad as Berry had suggested anyway, though she certainly hadn't slept well the previous night. Over and over, she had relived the nightmare of those few minutes when her Fiat had hurtled downhill.

"How you coming?" Berry demanded, sticking his head in the doorway.

"Getting there, Berry," Gregory said with a placatory smile.

Berry studied Kristi's face in the mirror and frowned. Kristi sighed. As a matter of principle, Berry was never satisfied with the way a model looked the first time. "Did I ask for Theda Bara?" he asked Gregory in his most sarcastic voice. "Soft, I said. Delicate tones."

Gregory shrugged his narrow shoulders philosophically and reached for a box of makeup remover pads. His fingers were steadier now. Kristi saw his sidelong gaze follow Berry's exit. There was definitely a gleam in his eye. No wonder people mistook Berry for a homosexual, she thought. Coupled with the way he looked and sounded was the fact that known gays like Gregory were forever looking at him with their mouths watering.

When Kristi emerged from the dressing room, Berry finally professed himself satisfied. A snap of Berry's fingers sent his assistant, a pretty Oriental girl Kristi hadn't seen before, running to activate the sound system. While Berry tinkered with cameras and lighting, Kristi prepared herself mentally for the romantic mood he wanted, then when he was ready she moved into the music, pink and purple chiffon wafting around her.

"Moisten your lips, love," Berry directed as she swayed in front of him. "Not quite a pout, more like a kiss. Now make a happy face. Okay. No, that's too happy. Give me just a small, small smile—secretive—Mona Lisa. Great. Wonderful. Let your head feel like it's falling, let it go, let it go, that's it. Good girl. Now bring it slowly up. You want to make love, you want it now, you can't wait for it. Yeah. Coming right along. Yeah, yeah, yeah, you're getting into it."

Kristi often wished Connie could hear Berry talking up a seductive atmosphere during a photographic session. She'd know for sure then that he was a heterosexual male. Especially if she saw him reaching mischievously for Kristi with the excuse that her pose wasn't quite right and he had to move her thighs just a little more apart.

"Give me warmth, love," he demanded. "Let's get a little more blatant, okay? Pull the dress down a bit, let me see the tops of your beautiful breasts. Come on, sweet girl, show me you *care*."

Bright lights, hazy lights, red lights, blue lights—a fan to blow her hair—a spritz of water to imply dewy freshness. She was in and out of the dressing room several times during the afternoon, ripping off clothes, scraping off makeup, her head starting to ache from the lights and all the tugging and pinning and rearranging of the clothes. She didn't really object to Berry's dictatorial ways though. She'd learned long ago that if anyone could make her look gorgeous on film it was Berry Lansing, whose photography often achieved the status of High Art. There were other photographers with more stable personalities and less exhausting standards of perfection, but none that was Berry's equal behind the camera.

"Warmth," Berry pleaded again. "Don't give me that Snow Queen shit—Rose of Sharon wants warmth."

Snow Queen. So he'd read the magazine article too. Everybody had. The Rose of Sharon people had been hesitant about using her because of the cold rich bitch look she was known for. It was Berry who had convinced them she could project a warm, seductive, romantic aura just as well. She mustn't let him down. She thought deliberately of Gareth, felt him holding her, loving her, kissing her. His hands were sliding slowly over her body, while his mouth brushed against hers, playfully touching and withdrawing, her own mouth responding, her lips following his, her tongue darting to find the tender corner of his mouth. Now her hands were moving across the ridged muscles of his back, pulling him closer, closer.

"That's it, love, that's it, give it to me." She could hear the camera clicking like mad. Berry was performing his usual gymnastics, dancing around her in a crazy counterpoint to her own movements. She could feel the magic happening between them and knew with some isolated part of her mind that she was giving him exactly what he wanted. Oh Gareth, she thought, love me, love me.

"That's bloody fantastic," Berry crooned. "Show me your pretty white teeth now. Oh you are beautiful, beautiful. Eyes half-closed now, let's see that eye shadow. Sensational. Keep it going, don't stop, let it happen. Shit. What the hell went wrong?"

Turning too quickly she had winced. "I banged up my ribs last night," she explained hastily.

"Why the hell didn't you say so? What happened?" Berry was so immediately concerned that Kristi wished she hadn't said anything. He was incensed when she told him the story. "Bloody idiot mechanics," he exploded. "You can't trust anyone to do a good job."

"We don't know it was the mechanic's fault, Berry," she pointed out, but Berry had decided that was where the fault lay. Even after they started back to work he kept muttering under his breath. Finally he had to admit they'd lost the magic.

"Enough for today," he said at last. He looked as fresh as he had when he started. Kristi felt drained and depressed.

He offered her wine after everyone else had gone and she'd changed back into her striped shirt and white jeans. She refused it, but accepted her usual

Perrier and stretched out on the chaise longue that stood against the stark white wall, flexing the stiffness out of her toes.

"I'm ecstatic," Berry said, giving her his pixyish grin as he flopped down in the sling-back chair opposite her. "If Rose of Sharon doesn't like the shots we got today, my names's not Rembrandt."

Kristi smiled weakly.

"What do you think about this trip to Israel?" he asked.

She looked at him blankly and he pointed an accusing finger at her. "You didn't check with your agency today."

"Yes I did. Marie has a cold. She was going to be late getting in."

"Oh, pardon me." He grinned again, conspiratorially. "Marie may kill me for stealing her thunder, but I don't see why I shouldn't tell you. If these shots pass muster, and they will, we're going to Israel within the month. *Sophisticate* magazine wants to do a six-page layout on Israel. Makeup by Rose of Sharon. Clothes by Rose of Sharon. Text by Sam McKee—he's the guy who wrote that bloody terrific history of Seventh Avenue. Photographs, naturally, will be by Lansing. The entire project, in fact, is to be produced by Lansing. And you—" his girlish voice broke off for a dramatic pause "—you, my darling Snow Queen, will be the numero uno model."

Kristi felt a surge of pleasure. She loved the traveling connected with modeling. Not that she ever had much time to see the scenery, but she enjoyed getting at least a glimpse of different parts of the world. And if she was busy getting ready for a trip, she thought, she wouldn't be tempted to give in to the insane temptation she'd been fighting ever since Adrienne gave her Gareth St. John's telephone number.

"You really think I'll get the Rose of Sharon deal?" she asked eagerly.

Berry heaved an exaggerated sigh. "When are you going to develop some self-confidence, Kristi? I've told you a million times you're one of the people Oscar Wilde meant when he said, 'There are just some people the camera loves.' *My* camera loves you *desperately*. If you can't have confidence in yourself, at least have some in me. The P.R. people will pant their tongues loose when they see today's shots. Apart from anything else, the colors look great on you and the styles fit your bod."

"Well, at least we'll have some new pictures for our portfolios," Kristi interrupted, only half teasing him. She was always afraid to count on success, to present too much of a challenge to the gods.

Berry made a face at her and got up to pour himself more wine. She relaxed against the back of the chaise, getting herself together for the trip home. Four o'clock. The traffic would be horrendous. She closed her eyes against the sudden image of cars skittering like lightning bugs in and out across the freeway lanes, fighting the return of the fear that had engulfed her when the Fiat's brakes failed.

EMMA TALBOT OPENED HER EYES just a crack and peered out warily. She was propped up against pillows in her own bed. Graham, the new male nurse who looked more like an army drill sergeant, was sitting close by in the big wing-backed chair reading a paperback book. Sunlight was streaming through the casement window behind him, backlighting his bald spot.

Around four o'clock, she judged. So what was she doing in bed? And why did she feel so spaced out, as her grandson would say? Had they given her some kind of drug?

"Did I have another spell?" she muttered.

Graham shot her an amused glance over the top of his book. "Did you ever."

"What did I do this time?"

"Don't worry about it, dearie. It'll come back to you."

Dearie. That was the worst of growing old, having to put up with such indignities.

These "spells" were very unsettling. She could remember a time when her mind had been clear and sharp. Kenneth had teased her that she never forgot anything, not even names of people she hadn't seen for years. Physically, she wasn't in very good shape either. She was almost crippled by arthritis, and the arteries to her brain had begun hardening years ago. She had begun to withdraw from her formerly active social life even before Kenneth died.

Kenneth had died of a massive coronary during intercourse with one of his secretaries, a situation that would have shocked even scandal-inured Beverly Hills, if Beverly Hills had been allowed to hear of it. It was okay to have a mistress, of course, but you weren't supposed to die in her bed.

Following Kenneth's death, Emma had isolated herself in the east wing of the Talbot house. But in spite of her luxurious surroundings and excellent medical care, her mental condition had deteriorated. Lately, she found herself concentrating more and more on her bodily functions. "I haven't shit for three days," she had informed Philip yesterday, shocking him speechless. Emma had been opposed to vulgar language all her life, but lately she seemed to enjoy shocking people, especially her family. She wasn't sure why.

Concentrate, she told herself. She had spent a lot of time lately brooding about Kristi Johanssen, the beautiful young woman Philip wanted to marry. Sometimes it was hard for Emma to distinguish Kristi from Serena, Philip's first wife. That wasn't all her fault. There was a considerable resemblance. That was one of the reasons she had trouble being nice to Kristi. Emma was one of the few people who hadn't adored Serena Talbot. Serena had been trying to get Winnie, the Talbot cook, to poison her, Emma felt sure. At least, *sometimes*, she felt sure. And Serena had wanted Philip to put Emma in a nursing home.

Emma always planned to behave graciously to the girl, but sometimes her eyes would cloud over, making people look like the negative images of photographs, and then she'd confuse Kristi with Serena again and throw things at her when she came to her rooms. She was sorry afterward, because Kristi really seemed like a kind girl. Emma might even have grown to like her if she hadn't intended marrying Philip, but she did, and an old woman had to look out for herself.

Emma's "spells" had shown themselves previously in various ways. On one occasion she had propelled her wheelchair into Philip's study, managing to carry on her lap a case of Sheffield cutlery that had belonged to Jason Talbot. Taking careful aim, she had hurled the knives, forks and spoons—one at a time like darts—at Serena's portrait on the wall. Unfortunately, she had done little damage. The last time she'd checked, Serena was still smiling serenely.

Another time she had trundled herself in her wheelchair into the garden, pulled up a handful of daffodils, snipped off the flowers with the scissors from her leathercraft kit and started eating one of the bulbs. Luckily, Charles had caught up with her before she could swallow the first bite. She wasn't sure right now why it had seemed a good idea to eat the daffodil bulb. Certainly, as she had assured everybody when they made a fuss, she hadn't known daffodil bulbs were poisonous.

Emma hadn't felt the need to create mayhem—Philip's term—for a long time, not until Kristi, (or was it Serena?) went off on a trip with her friend—what was *her* name? *Adrienne*. Then one night, Emma had seen her nurse's cigarette lighter lying around and it had seemed a good idea to set fire to the drapes.

Before that night she had often wondered why Stephanie stayed on. She was a very attractive and shapely brunette who could probably have found a much more exciting job somewhere else. Philip paid her well though and she was never really bothered by Emma's spells. "Get a little bored, don't you, dear?" she would say. "I guess you're just looking for attention." Emma had been quite fond of her until she found out why Stephanie was really hanging around.

Yes. Stephanie had definitely been involved. She might even have triggered the spell. Which was maddening when Emma had made up her mind she wasn't going to give way to those sudden impulses again. Whenever she had one of the spells, her children talked about putting her in an institution. She'd begun to feel that threat hanging over her head like Damocles' sword. James and Virginia were scared to death she was going to cause a scandal someday. She'd almost caused one before. She let them think she didn't remember it, but how could she forget? She only had to close her eyes to see Gareth standing there, looking at her with those brooding dark eyes.

"That baby should never have been born," she said aloud, opening her eyes.

Graham sighed, put down his paperback and leaned toward her, clucking his tongue in what was probably meant to be a soothing way, but that irritated her enormously. "It was Kenneth's fault," she told him. "I loved him. And I thought he loved me."

"Sure you did, dearie."

She could remember vividly the terrible day a friend had sent her a picture of Kenneth sitting at a table in a nightclub in Las Vegas when he was supposed to be in New York on business. His arm was around a girl, a blowsy redhead who looked as though her vocation was the oldest in the world. It was one of those pictures taken by a roving photographer—not a good shot, though it was a fair likeness of Kenneth. He always did photograph well.

Looking at that photograph she had wanted to die. Kenneth had not only lied to her about the trip, he'd spent the time with a tramp. She had felt sickened, humiliated, betrayed, furious. She had confronted him with the picture, slapping it down on the breakfast table so hard that a cup bounced to the floor and broke.

"She's a nobody," he said.

"She's a tramp," Emma shouted.

"Of course." He was amused by her anger. She had been raised to think it was bad manners to show temper and he'd never seen her do so before.

"She was just a girl I happened to meet," he assured her breezily, flicking the photograph aside as he bent to pick up the pieces of china from the floor. "None of those girls mean anything to me."

"You do this kind of thing all the time?"

He flushed sheepishly, then laughed his loud, boisterous laugh. "Surely you didn't think she was the first?"

She went after him with her fists then, beating against his barrel chest like a madwoman.

He held her off easily, still laughing, until he realized she was in tears. Then he became gentle, which disarmed her as always. "I'm sorry, Emma," he said, stroking her hair, tenderly kissing her face, kissing the tears away. "If it means that much to you, it won't happen again."

But it had, again and again. And she had been suffering through miscarriage after miscarriage at the time. He'd been careful, but not careful enough. And every time she discovered he was seeing another woman she felt another stab to her heart. Gradually, though, she realized that Kenneth had told her the truth. The girls meant nothing to him. He always came home to her.

And then she was unbelievably, happily pregnant with Philip. She'd known right from the start that she would carry this baby to term. Kenneth had been an appreciative and delighted father, showering her and the baby with attention and gifts. He'd always wanted a son, had begun to think despairingly that the Talbot line was going to end with him. As though such a thing could come to pass, Emma often thought wryly. The Talbots were descended from a long line of Northern sea warriors, a proud, golden race of pagans who had gleefully raided the Christian west in the ninth and tenth centuries. Generations of intermarriage with rural Britons had toned down their warlike tendencies, if not their rich coloring and size, but they had retained their energy and sense of family pride. It would have been unthinkable for Kenneth to die without siring a son.

When Emma crowned her success with James and then Virginia, she had thought she would never have to worry about Kenneth straying again.

Then, when Virginia was four years old and she complained to Kenneth that it looked as though she wasn't going to get pregnant again, he had frowned at her. "Three kids are enough," he said.

"They aren't enough for me. I don't feel right without a baby to care for. What do you suppose is wrong?"

Kenneth looked sheepish then, arousing her suspicions. "Well, you are past forty, sweetheart," he pointed out with a disarming smile.

"That wouldn't stop me from getting pregnant. I haven't reached menopause yet."

Finally he admitted that while she was still recovering from Virginia's birth, he had gone to a doctor for a vasectomy.

"Without even telling me?" Emma shouted.

"We have enough kids," he said doggedly, but his face flushed guiltily and she suddenly realized that he had had the operation so he could continue his old ways without running the chance of getting one of his other women pregnant. So that he could indulge his own filthy appetites, he had destroyed her chances of having more babies.

The discovery had made her coldly furious. With deliberation she had looked around her for a suitable candidate to assist her in revenge and had noticed for the first time that the chauffeur was an extraordinarily good-looking man—slender and dark and young. Not that she cared about him. She'd been perfectly content to see him paid off and sent back to his original home in Wales. She'd chosen him simply because she wanted to have a child who looked nothing like Kenneth, so there could be no mistake.

It hadn't occurred to her that there was no way she could keep the child and Kenneth too. When it came to the choice, the baby hadn't had a chance. It was only when the baby was born that she'd even thought about him being a real person, until then he'd been simply an instrument of revenge.

"Forgive me, Gareth," she whispered into the silence of her bedroom. Immediately, she looked quickly around. Graham had dozed off over his book. No one else was in the room. It wouldn't do for any of them to hear her talking about Gareth, she reminded herself.

She'd really been very silly, Emma thought wearily. How foolish to have an illegitimate baby to get back at Kenneth when she had loved him more than anything in life.

She and Kenneth had enjoyed some marvelous times in this house. She could remember the parties they used to have as though they'd taken place yesterday. She enjoyed talking about those parties. She could people the rooms for Stephanie or Kristi or Claire or anyone else who would listen, rattling off anecdotes about directors and business tycoons and movie stars whose names were still household words.

Such stories would often cheer her up and she would haul herself out of her wheelchair and bump along in her walker to the elevator, taking herself down to the basement room where she worked on leathercraft, which she'd learned from a therapist Philip had hired. Because of her arthritis, she couldn't work very fast, but the results were usually pleasing. She had recently tooled a purse for Virginia. When she felt well, she didn't mind spending hours punching holes in the leather with an awl, then lacing the pieces together.

She looked up at the beamed ceiling in triumph. She remembered now. It was the awl that got her into trouble this time. Today, while she was working in the basement, Graham had left her to go to the kitchen for his lunch. She hadn't wanted him to leave right then. It wouldn't have hurt him to wait a while. But off he'd gone, leaving her alone with Stephanie. She had been working on a billfold for Joshua's approaching birthday. Stephanie had bent over her to help with something, her long shining brown hair falling forward over her face like a curtain. Emma had smelled her perfume—Raffinée, a delightful smell with far from delightful associations. She'd remembered then that she didn't like Stephanie. And she'd remembered why. Stephanie was playing around with Emma's son.

Her hand had lifted, holding the awl, and had plunged the sharp point into the nurse's right hand. Blood had spurted out, frightening Emma so that she'd pulled the awl free. She couldn't quite remember what had happened after that. Lying in bed, she tried to remember, but the rest of the afternoon wouldn't come clear.

That was the first time she'd attacked another person, wasn't it, she thought sleepily. She couldn't remember attacking anyone before. Apart from the time she'd beaten her fists on Kenneth's chest. That didn't really count. Nor did throwing things at Serena's picture, or throwing food at people who bothered her when she didn't want to be disturbed. The incident with Stephanie had left her with a surprising feeling of pleasure. She felt that for the first time in years she was in control of her life.

THE TELEPHONE RANG LOUDLY, startling Kristi. "Philip Talbot," Berry told her with a grimace, gingerly handling the receiver between thumb and index finger. Kristi never had figured out why Berry didn't like Philip. And he wouldn't explain. "I don't like people who cut other people up" was the only excuse he'd given. Which was ridiculous. Philip helped people—men, women, little children. Perhaps Berry was jealous of Philip's physique, or maybe his dislike was because he felt his models ought to belong exclusively to their work. That was the reason he'd given for his fury when he found out she and Philip were getting married. "Models shouldn't marry until they are wrinkled old crones," he'd told her.

She smiled at him with exaggerated sweetness when she took the phone from him. Berry glared at her, then stomped out of the room and down the basement stairs to his darkroom.

"Miss Emma had another episode," Philip told her.

Kristi's heart sank.

He sounded weary. "It's a bad one this time. She stabbed Stephanie in the hand with one of her leathercraft tools."

"Is Stephanie all right? And Miss Emma?"

"Yeah, well— Do you think you could come by, sweetheart? I don't want to talk about it on the phone."

"I'll be right there."

Hastily, she pulled on her shoes, packed her gear in her tote bag, called goodbye to Berry and left the studio, worried by the unusual note of defeat in Philip's voice.

She was relieved to see Dr. Kretschmer sitting with Philip beside Miss Emma's bed. At the time of the daffodil bulb incident Philip had arranged for Ruth Kretschmer to come in and talk with his mother once a week. Kristi liked the psychiatrist, a sturdy no-nonsense woman who dressed in the kind of loose shapeless garments that Kristi always thought of as vaguely artistic. She had an expressive, somehow endearing face. She never wore makeup and her hair looked like black yarn that had been raveled by a mischievous kitten. She radiated a calm that everyone around her found soothing.

Philip looked strained. Kristi knew that he worried constantly about his mother and felt frustrated that none of his medical skill could restore Miss Emma's physical and mental health. She sometimes suspected that in spite of all his medical training, Philip believed that if you wanted to be healthy you would be healthy. He talked a lot about positive attitudes.

Ruth gave Kristi a reassuring smile. "She's okay. She'll probably sleep for a while."

Philip got up to greet her with a restrained hug. "Are you feeling better?" he asked. "Your ribs okay? I've been worried about you all day. I'm sorry to throw this at you on top of your own accident."

"I'm fine," Kristi assured him. "Tell me about Miss Emma. She's more important right now."

Philip nodded. Haltingly, in a voice that bore no resemblance to his usual boisterous tone, he told Kristi what had happened after his mother stabbed her nurse in the hand. Charles had heard the nurse's screams coming from the basement and had run down the stairs to find Miss Emma holding the awl, threatening to strike again if Stephanie came anywhere near her. She had surrendered her weapon peaceably to Charles.

"Charles called me at the hospital, but I was in the middle of an operation and couldn't leave right away. Charles put Graham in charge of Mother, then drove Stephanie to the hospital for treatment." Philip paused. "Fortunately there wasn't any severe damage to Stephanie's hand." He was rubbing the back of his own hand as he spoke. "Stephanie was kind. She told the E.R. doctor that she'd slipped and stabbed herself. But when Charles brought her home, she packed her bags and left." He hesitated again. "I gave her a pretty substantial bonus. It seemed only right."

"She's gone?"

"She wouldn't stay on," Philip said gloomily.

"I guess we can't really blame her," Kristi said carefully. "It's too bad, though. Miss Emma will miss her. So will I. She was a nice girl."

Philip winced and Kristi regretted her barbed remark. Who was she to make Philip feel guilty? "You mustn't blame yourself," she said in a kinder voice. "You can hardly watch Miss Emma night and day." She glanced at Ruth. Even that sensible woman looked a little more frazzled than usual.

"Why don't you two go have a drink and some dinner?" Kristi suggested. "I'll stay with Miss Emma. I take it Graham's off duty?"

Philip nodded. "He'd worked a long enough day. We have a new nurse on the way. I'm afraid we may have to put Mother in a nursing home," he added wearily from the doorway. "As soon as Tom and Ginny get back from Paris I'm going to call a family meeting."

"We'll talk about it later," Kristi said softly, not as sure as the others that Miss Emma was sleeping.

Her face looked as pale as the pristine pillowcase. Her thick silver braids lay neatly in front of her shoulders and her face was innocent of makeup. She looked as fragile and clean as a freshly scrubbed child. But there was tension in the corners of her mouth and eyes and in the corded veins of her neck. What long-suppressed anger caused her to strike out from time to time, Kristi wondered.

"Are you okay, Miss Emma?" she murmured.

Unexpectedly, Emma's eyes popped open and she looked directly at Kristi. "I may not like you, Serena," she said clearly. "But Philip had no business doing that. Like father, like son. Now they want to get rid of me and it was their fault." Her chin quivered and she closed her eyes tightly and set her jaw.

Like father, like son. She'd heard about Kenneth's misdeeds. So Miss Emma had guessed about Stephanie. And had acted. Kristi shuddered at the violence of the act. But how could Miss Emma be held responsible? She looked so pitiful, so afraid. "Don't worry," Kristi said gently. "I won't let anyone send you away."

The older woman's eyelids relaxed then and she seemed about to drift into sleep. Impulsively, Kristi said, "Tell me about Gareth, Miss Emma."

Emma's eyes opened but their blue irises looked cloudy. "They sent him away," she said.

"Who sent him away?"

She clicked her tongue against her teeth. "Kenneth made me send him away," she said crossly. "But Gareth was mine. He was a person, not a thing. Kenneth couldn't stop me from seeing him whenever I wanted to."

Her gaze darted around the room, then back to Kristi. "Did you see it in the newspapers?" she whispered. "They said Gareth has disappeared, but I knew better. I heard them talking. They sent him away again. They sent him to live on an island. Did you know that?"

Kristi nodded. Her heart was beating very fast. "Who sent him away again?" she asked.

Miss Emma's mouth worked, but no sound came out. Her knotted hands pulled and twisted at the floral bedspread and she began to cry, silently, like a hurt child. "Where is he?" she asked. "What have they done to him? Have they killed him?"

Her voice had risen and Kristi was terrified someone would hear. The old hands moved, clutching at Kristi's, pulling at her fingers. "It's all right," she said soothingly. "Gareth's all right. I saw him a few days ago. He's quite safe."

For a few seconds Emma's gaze searched Kristi's face. Whatever she saw there seemed to reassure her and she relaxed against the pillow, her eyes closing again, leaving Kristi to ponder her own heartlessness in questioning this defenseless woman about something that must have caused her great pain. After a while, Emma seemed to sleep, but her face twitched in odd little movements as though she dreamed.

They sent him away again. Gareth *hadn't* left Hollywood of his own accord. Was Philip responsible? Was that why Pee Wee had warned her? Could she ask Philip about Gareth? Could she pretend Miss Emma had mentioned Gareth without any prodding on her part?

No. Philip wasn't stupid. Nor was he blind. He would trust her as long as she didn't deliberately lie to him, but he had a doctor's discerning eye. She couldn't possibly speak of Gareth and not give herself away. And what was the point anyway? Gareth was out of her life.

When the new nurse arrived, Kristi went to join Ruth and Philip in the dining room. Philip had gone to finish his hospital rounds, Ruth informed her. "He chomped down his sole meunière in five minutes flat," she said gaily. "Does he always eat like Pac-man?"

Kristi nodded. "He does everything fast."

Ruth's shaggy dark eyebrows lifted. "Everything?"

"Except when he's dealing with a patient," Kristi said, ignoring Ruth's suggestion. "What are we going to do about Miss Emma?" she asked. "What could have made her attack poor Stephanie like that?"

Ruth hesitated and Kristi guessed that Philip had confessed his affair with Stephanie. Should she tell Ruth she knew? No, she didn't want to talk about it.

"Maybe we should wait until you've finished eating," Ruth suggested. "Not a good subject for the dinner table. Tell me about your trip to Oregon. Did you have a good time?"

Somehow Kristi managed not to flinch with guilt. She talked about the beauties of Oregon while she ate, not mentioning Washington at all. When she'd finished her sole, they took tea out to the brick courtyard at the back of the house and relaxed in lounge chairs. Ruth questioned Kristi about her accident. Philip had told her about the brake fluid. "Freud said accidents are never really accidents," she said without any inflection in her voice.

"Are you suggesting I let the brake fluid out myself?" Kristi asked.

"Did you?"

Kristi laughed. "Do all psychiatrists answer questions with questions?"

"Absolutely. It saves us having to think up answers."

Kristi made a face at her, then told her about the possible trip to Israel for Rose of Sharon, which Ruth said made her green with envy.

Looking out at the lovely grounds, admiring the red and white roses Jason Talbot had planted decades ago, Kristi wasn't really concentrating on the conversation. Her mind kept darting off to thoughts of Gareth and Miss Emma.

Gradually she became aware that Ruth was talking about some of the causes of Miss Emma's condition, and suddenly something Ruth said brought her to attention. "Whose hermitlike existence?" she asked.

Ruth blinked and worried the front of her hair with one hand, tangling it even more than usual. "Miss Emma's of course. It's not good for her, not good for anyone. I know there's not much the family can do about it. They can hardly increase her social life, considering her erratic behavior. It helps that Charles or

Philip takes her out for drives once in a while, and she enjoys television. And certainly with all the family and the servants she gets a lot of company. Yet she's still isolated in a way. This intermittent violence worries me. I'm going to change her medication, but I have to think of the other people in the house. Miss Emma would probably be better off in a nursing home anyway. I know one in Santa Monica that's better than most. A change of scenery might help."

Her voice was doubtful. She knew as well as Kristi did that Emma would regard such a move as a betrayal. Parted from her beloved house, she might decide just to die.

"Couldn't you wait until you see how the change of medication affects her?" Kristi suggested. "If we all watch her more carefully? If the new medicine helps, she might stop having these attacks."

"It's possible," Ruth said.

There was a pause, then impulse overcame discretion and Kristi blurted out, "That thing you said about a hermitlike existence. What makes people become hermits?"

"Well, as I said before, Kenneth's sudden death, Miss Emma's physical condition..."

"I didn't mean Miss Emma."

Ruth's rather small brown eyes were suddenly alert. For a moment, Kristi was nervous. But Ruth hadn't met the Talbots until recently. She couldn't possibly know about Gareth St. John.

Kristi plunged recklessly on. "I heard of this person who wasn't even thirty, a movie star, and the person gave it all up—the fame and everything—and went to live on an... in a very lonely place."

"Hmm." Ruth set her cup down and steepled her fingers under her chin. "If you're talking about a movie star, that's a whole other story. Actors and actresses are often insecure. That's why some of them become performers in the first place; they don't think their own selves are good for anything, so they become somebody else."

Ruth was leaning forward now. "The more fame such people have, the less some of them can handle it. Fear of failure becomes much more disturbing when failure is so public. Also, there's the fact that most people expect success to bring them happiness. If they *aren't* happy, they have to face the fact that something must be wrong with them. So sometimes they kill themselves, or take refuge in drugs and alcohol. Or if they aren't that self-destructive, they might hide themselves away."

"People do that then? I mean of their own free will."

"Sometimes. Often a famous person just drops out of the limelight and makes a new life for himself; several former stars have done that successfully. Does this person you're talking about live completely alone?"

"No. A couple of other people live with... live there. But it is very cut off, and suddenly to withdraw like that doesn't seem, well, *normal*, does it?"

She glanced at Ruth's face, afraid she'd realize Kristi was carefully avoiding giving a name, or indicating sex. But apparently Ruth hadn't noticed. Her lips were pursed, her brown eyes narrowed. "A lot would depend upon the circumstances that caused him—" she paused "—or her, to withdraw," she said after a moment. "If I've learned anything in the practice of psychiatry it's not to jump to conclusions.

Apparently abnormal behavior is no more likely to have a single cause than do such traits as height and weight and personality. Usually, there are a number of factors to be considered—biological, psychological, the pressures of society or a combination of all three."

"I suppose it's impossible to figure it out when you don't know the person involved." Kristi hesitated, wondering why she was pursuing this. Why was she probing possible reasons for Gareth's odd life-style, like someone probing an aching tooth with her tongue? She had no answer, but still she couldn't stop. "Do people who shut themselves away like that ever go back to their old lives again?" she asked as casually as she could.

Ruth reached for her teacup and took a sip before replying. "Again it depends on the circumstances: the reasons for the disappearance, the mental condition of the person concerned. And whether or not the *person* wants to go back."

There was a slight edge of amusement in her voice as she repeated the genderless term. "You look confused, Kristi," she said with a grin. "Remember, I'm not saying this person you heard about is mentally disturbed. Mental illness is a label psychiatrists apply to people who deviate from what we have agreed to be normal behavior. Yet who are we to say what is normal or not normal? Is it normal to live in today's world *without* going crazy?" She laughed. "Quite often, odd behavior can be easily explained. Perhaps your friend is in hiding because he or she committed a murder or robbed the Bank of California."

"I hardly think that's likely." Kristi attempted a smile that didn't quite come off. "He's quite a talented sculptor and he writes, as well," she said, remembering aloud, not realizing until too late that she'd given a pronoun away.

Ruth laughed again. "Almost every movie star in Hollywood is turning into an author nowadays. But you know, Kristi, artistic types often disappear for months at a time. I once had a lover who was a novelist and I couldn't go near him when he was working on a book. Once he met his deadline he was deliciously horny though. All those weeks of celibacy culminated in one vast sexual drive."

Kristi was able to smile more naturally, picturing Ruth with a lover. She felt encouraged too by Ruth's description of a writer's habits, until she remembered that thin sheaf of manuscript on Gareth's desk. Three years. But of course the rest of the manuscript could have been put away. All the same, he had lived on the island for three years.

Ruth was eyeing her openly now, making no attempt to conceal her curiosity.

Kristi shrugged. "Well, I just wondered. It's not as though I know him personally or anything. Just somebody I heard about."

"Mm-hmm." Ruth's voice was carefully noncommittal.

"I do have a friend I'd like to ask you about sometime," Kristi added impulsively.

"No time like the present," Ruth said, sitting back in her chair, completely relaxed, an almost visible aura of calm surrounding her.

"My friend was raped when she was sixteen," Kristi blurted out.

Ruth waited, saying nothing.

"She... the experience turned her off sex."

"Hardly surprising," Ruth murmured.

"But then, recently, she met someone who, well, I guess you could say, turned her on, sexually. It seemed strange to her. Unexpected."

"Hmm."

Kristi looked out at the landscaped grounds, shimmering green in the late sunlight. A butterfly was dancing over the lawn.

"Your friend hadn't met this man before?" Ruth asked.

"Not exactly, no, but she'd had some...I guess you could call it contact with him before, when she was a child."

"Before she was raped?"

"I...yes."

Ruth was silent for a while, her wide brow furrowed with thought. "Interesting," she said at last. "That could be the answer, I suppose. She associated him in her mind with happier times."

Ruth was looking directly at Kristi now, her intelligent eyes slightly narrowed.

Kristi panicked. Laughing shortly in a way that sounded false to her own ears, she averted her eyes and picked up her teacup. "I'm sorry, Ruth," she said evenly. "I shouldn't be picking your brain to satisfy my curiosity about other people. You'd better send me a bill."

"I'll tack it onto the Talbots'," Ruth said breezily. "Or write it off against Winnie's wonderful sole." After a moment's silence in which Kristi sensed her curiosity, Ruth rose to go. "I'll look in on Miss Emma," she said briskly. "I want to talk to the new nurse." She hesitated. "Let me know if you have any more questions. The subject of movie stars and their neuroses interests me—I see enough of them, Lord knows. And the aftereffects of rape are endlessly fascinating." She hesitated. "You might do a little worrying about Philip while you're in the mood. I don't like the way he's going."

Startled, Kristi stared at her. Why was everyone suddenly warning her about Philip? "What do you mean?" she asked.

"He's continually moving too fast, burning himself out. He needs to take a little time to stand and stare."

"Oh that." Kristi felt relieved. "I can't get him to slow down. Anyway, he had his annual physical recently and he was in great shape—a little high on blood pressure maybe."

"Uh-huh. Well, you tell him from me, or better yet, I'll tell him myself, that every machine needs to stop for an oiling once in a while." Half turned to go, she turned back and fixed Kristi with her steady gaze. "How's sex with Philip?"

Kristi blinked, astonished. "It's not the greatest thing we do together," she admitted awkwardly after too long a pause.

"So do something about it. Tell him what your needs are. Preferably before you get married. Great sex might not make a marriage, but bad sex can mess one up faster than anything else. You do love Philip, don't you?"

"Of course," Kristi said automatically, then looked up at Ruth helplessly. "I'm not sure I know what love is. Do you?"

Ruth laughed. "Ask a thousand people, you'll get a thousand answers. Our capacity for love is determined by what we learn about love in childhood, and everyone's experience is different. I have an idea your experience wasn't too good."

Kristi swallowed. "You might say that."

"You want to talk about it? Did you have any kind of trauma? Like your friend's, for instance?"

"No," Kristi said firmly, in control again.

"Mmm. Try this then: Webster's dictionary defines love as a strong affection for, or attachment or devotion to a person."

"Well, I have all that for Philip."

"But the chemistry isn't there?"

"Chemistry?"

"Passion, then."

"I don't..." Kristi took a deep breath and looked directly at Ruth. "No. I don't feel passion for him." She hesitated. "Is passion absolutely necessary?"

"It helps." Ruth grinned ruefully at Kristi. "It's hell being a woman, isn't it?" She paused. "Another definition of love that I rather like is this: Love is friendship that has caught fire. Maybe in your case, the kindling isn't cut fine enough." Ruth picked up her teacup and looked into it, then laughed. "You realize, Kristi, that everything I've just said is about as reliable as reading these tea leaves. No one has ever been able to define love satisfactorily. Or infatuation. Or given any guidelines for telling the difference. People often love the most unsuitable partners and are serenely happy doing it. The heart knows no logic." She made a face. "I'm getting maudlin in my old age. Sorry I can't be more help."

Kristi smiled rather stiffly at the older woman. "Thanks for trying, Ruth."

Ruth's expression was serious. "You *can* trust me, Kristi. I wish you would."

With that, she carried her teacup and saucer into the house, leaving Kristi feeling that she'd given far too much away. And nothing had really been settled about Miss Emma. She hoped it wouldn't be necessary for Philip to send her away. "They sent him away," Miss Emma had said, speaking of Gareth. She had to stop thinking about Gareth. Whatever had happened between Gareth and the Talbots was no business of hers. Pee Wee had made that clear. And Philip would decide what to do about Miss Emma. He and Virginia and James would have one of their family meetings and decide if Miss Emma should stay or go. Had they decided Gareth should go? *Was* Philip responsible for...?

She leaned back in the deck chair, suddenly weary. She couldn't let her mind go around in circles anymore. It had been a very long day. The session in Berry's studio seemed to have taken place in another era. As for her catastrophic trip to the island—that might have happened a hundred years ago.

Actually though, her life was no different than it had been before she went to the island. For one day and a night a hole had been torn in the wall that had protected her for so long. But it was patched over now. With time, the seam wouldn't even show. Philip would settle Miss Emma's problems. He always knew what to do. And she didn't have to worry about Gareth. She loved Philip, not Gareth. That was all she had to remember.

Chapter Ten

WHEN CHRISSY JONES WAS SIX YEARS OLD, her father gave her a doll that had belonged to his mother. It was an old-fashioned doll with a soft kidskin body and a china head. The real human hair it had once possessed had molted over the years and the eye mechanism had somehow become reversed. As long as the doll was held upright, the eyes were closed. When it was laid down, the eyes popped open.

Kristi felt like that doll now. During the day she could close her eyes to her own thoughts. She could rush from booking to booking, concentrating on whatever role she was required to play, the Snow Queen wrapped protectively in mink, the bride in virginal white, smiling, always smiling.

At night, the moment she put her head on her pillow, her eyes popped open and memories jumped to life. Images of Gareth flickered in her mind like jerky little scenes from old movies, shifting suddenly, breaking, moving on. Gareth standing with his back to the fireplace, looking at her. Gareth staring down at the manuscript on his desk, his dark eyes brooding. Gareth standing naked beside his bed, smiling at her. Gareth touching her.

The same scenes played over. She was furious with Gareth for invading her mind so obsessively, furious with herself for letting him in. Yet she seemed unable to stop the process. In exasperation, she increased her nightly ballet exercises from thirty minutes to an hour, hoping that if she exhausted her body her brain would follow suit.

And then, one hot evening, after she'd driven through rush hour traffic that seemed more frenzied than ever, when she was thinking only of a cool shower and bed, she came home to flowers.

She saw them the moment she got out of the car. Violets. She knew at once, with a curious jerking of her heart, whom they were from.

The florist's basket was the largest she had ever seen. It took up almost all of the tiny porch at the top of her apartment steps. There must be a thousand violets in it, she decided as she slowly, almost reluctantly, climbed the steps.

There was no card. As she picked up the basket and fumbled with the door key, she could hear Gareth's amused voice declaiming, "'I would give you some violets, but they withered all when my father died.'"

Why send flowers now, she wondered.

She set the basket on her dining table and went off to take a shower. After she had changed into a white halter top and shorts, she combed her straight hair from its side part with a wide-toothed comb until it was almost dry. Then she collapsed on the sofa with a tall glass of iced tea and sat staring at the violets for a long time. She knew what she should do. She should take them downstairs, put them in somebody's garbage. Forget them, forget him.

But that wasn't what she was going to do. She was going to keep them, look at them, and remember the night she had spent with Gareth, just as he intended her to do. She would remember the way his body had moved against hers, the feel of his mouth on hers, the sound of his voice, those soul-shaking moments when she had come and come and come.

When the doorbell rang, she jumped. Philip, she thought. But Philip rarely came to her apartment, knowing she preferred his house. Besides, Philip had a hospital meeting tonight. After that he was playing racquetball with his partner Ben. Why had she thought it would be him? Guilt?

Adrienne stood on the doorstep, dressed in black silk trousers and a black and white chambray shirt with extra-wide shoulders. She'd had her dark hair cut very short—sleek to the nape of her neck—accentuating the well-molded shape of her head. Only Adrienne would dare go from long to short quite so drastically.

"Terrific," Kristi said.

"Naturally." Adrienne had moved past Kristi into the apartment before Kristi remembered the flowers. Adrienne's sharp glance fell on the enormous basket immediately. Kristi could almost see her computer mind calling up a picture of the painting on Gareth's bedroom wall.

It was significant that Adrienne made no comment. Only the lift of her eyebrows and the small moue of her mouth betrayed her interest.

"I'm just in from New York," she said. "I've decided to get rid of my condo there—too much trouble to maintain." For a moment her face looked bleak, then she smiled. "I heard about your proposed trip to Israel and the Rose of Sharon contract. Congratulations, darling."

Kristi murmured a thank-you, then offered tea. Adrienne nodded acceptance, then sat down on one of Kristi's straight dining chairs; she always disdained a couch or any seat that encouraged less than perfect posture. When Kristi brought in the glass of iced tea, she sat sipping it delicately, her thoughtful green gaze resting casually on the violets.

Adrienne was skilled in the use of silence. She knew people abhorred a vacuum as much as nature did and that sooner or later they would rush in to fill the void with words. Kristi knew this, yet she found herself falling for Adrienne's tactics just the same. "I guess Gareth must have sent the violets," she blurted out. "Did you give him my address?"

Adrienne nodded without looking at all apologetic.

"Why?"

"He asked me for it when we were on the island."

As always, Adrienne sounded calm and assured, an attitude that inevitably made Kristi feel that she was making a fuss about nothing. "Why do you suppose he sent the flowers?" she asked.

Adrienne shrugged, disinterested. "When are you going to Israel?" she asked.

Kristi sighed. Would she ever learn how to take control of a conversation the way Adrienne did? The way most people did. It seemed so easy for them. If they didn't want to discuss a topic they just dropped it in favor of another. Kristi had never learned how to do that, or how to insist on answers to her questions. "At the end of the month," she answered dutifully.

"And the wedding? Is everything arranged?"

After a moment, Kristi nodded.

Adrienne caught her hesitation, of course. "Is anything wrong?" she asked.

"Not exactly." She didn't really want to discuss her wedding with Adrienne right now. She wanted to find out why Adrienne had encouraged Gareth to get in touch with her. But Adrienne wouldn't tell her if she didn't want to. And she would probably be offended if Kristi pressed the point. She sighed again. "Philip wants us to have a fairly big wedding," she explained. "He wants us to invite everybody who is anybody, really make a splash. I thought that as it was his second wedding, he would prefer..." She broke off, feeling vaguely disloyal for complaining.

Adrienne was looking the picture of the delighted friend. "Philip's right," she said. "If you're going to do it, do it magnificently. I must design your wedding dress," she added. "My gift to you. Not white. White is passé. But don't worry, I'll stay traditional, can't get too outrageous with a wedding gown. Cream color, perhaps. I have some *fabulous* antique lace I picked up in Belgium that will set off your skin perfectly. You must look pale, pure, virginal. No color at all."

Adrienne was being very voluble, but something had changed in her face. There was a look of strain around the Siamese-cat eyes, a look that Kristi now realized was there whenever the wedding was discussed. How important had that affair with Philip been, she wondered. Philip had never loved Adrienne. At least that was what he'd said. But Adrienne—was she still attracted to Philip? Their affair had lasted a long time. How did Adrienne really feel about Philip marrying Kristi Johanssen?

She started, aware that she hadn't responded to Adrienne. Adrienne was still talking, measuring Kristi with a practiced eye, deciding out loud that Kristi's measurements probably hadn't changed since the first time she wrote them down.

"I said Philip *suggested* a big wedding," Kristi interrupted. "I didn't say I agreed."

"You mean you actually had a fight?" Was that a hopeful note in Adrienne's voice?

"Not exactly. We compromised. The church service will be fairly quiet, with a simple ceremony. The reception will be larger, held at the house." Her voice sounded too cool, she realized, not excited enough for a prospective bride. She tried to infuse it with some enthusiasm. "We want you as a witness, of course, and probably Ben Carmichael."

"Philip's partner? The man who looks like Paul Newman?" Adrienne brightened perceptibly, then arched her eyebrows. "James isn't going to be best man?"

"The family feels it would be awkward, because he was best man last time. The family will all be there, of course."

"Really?" The corners of Adrienne's mouth turned down in wry amusement. "All except Gareth, I suppose. Of course Gareth's not one hundred percent family. No reason for Emma to own up to him after all this time. Unless you invite him yourself. When you call to thank him for the flowers."

"You know I can't invite him. I'm not going to call him anyway."

"Why not?" Adrienne's green eyes were bright with mischief. "Aren't you just dying to?"

Kristi averted her own eyes. She was always forgetting how perceptive Adrienne was.

"I may be mistaken of course," Adrienne drawled, "but I had an idea you were rather violently attracted to Gareth."

Kristi neither agreed nor disagreed. She simply kept silent, which was probably the wrong thing to do. Adrienne looked at her sideways. "You really think it's fair to marry Philip when you're carrying a torch for his brother?"

"I'm not carrying a torch, Adrienne," Kristi said fiercely. She sighed. "Besides, Gareth has no real interest in me and..." Adrienne was looking pointedly at the flowers, smiling faintly. Kristi broke off abruptly. "I *am* going to marry Philip," she said sharply.

Adrienne raised her eyebrows. "Well, of course you are, darling. Forgive me. I was merely thinking how amusing it would be if you did invite Gareth."

Kristi didn't comment and after a moment Adrienne shrugged. "How about *your* family? Isn't anyone going to sit on your side of the church?"

"I don't have any family. You know that." On occasion, when Adrienne had pressed her, she had come close to telling her about Sophia. But she had always managed to hold back. She didn't want any overlap between her old and new lives.

She wished she had exercised the same discretion where the subject of Gareth was concerned. She hadn't needed to tell Adrienne the flowers probably came from Gareth. Adrienne had guessed, of course, but she hadn't *known*.

What she absolutely should have done was to tell Philip right away that she'd met Gareth. Which she might have been able to do if she hadn't slept with him. If he found *that* out...

No. There was no way he could find out. Adrienne wouldn't tell him. And Gareth surely didn't want him to know. The flowers were probably meant as an apology for his failure to say goodbye to her. In which case she would hear nothing more.

A WEEK LATER, Kristi opened her apartment door to a florist's delivery boy who was almost hidden behind another huge basket of violets. And again a week after that.

Determined to put an end to this ridiculous campaign, she picked up the telephone receiver, dialed the number she had somehow memorized and listened to the ringing sound, a counterpoint to the erratic beating of her heart.

Hannah Paterson was reluctant to bring Gareth to the phone. "'E's working," she said stubbornly. But just as Kristi was preparing herself to be rude, she heard a male voice murmur something; the telephone switched hands and Gareth spoke to her. "Kristi, is that really you?"

"Yes." Just the sound of his voice had the power to destroy her. She was gripping the telephone receiver so tightly her upper arm was shaking. "I called about the flowers."

"They got there then. I was beginning to wonder."

"They got here. But Gareth, you mustn't send any more."

"You don't like them? Would you prefer roses?" His voice lowered. "I've thought about you so much, Kristi. I've tried to put you out of my mind but I can't. I keep remembering..."

Don't do this to me, Kristi thought. Aloud she said stupidly, "Yes, me too."

"Listen to me, Kristi, you mustn't marry Philip."

The letter, she thought. Had Gareth written the letter? "Why not?" she asked carefully.

"You don't love him. You love me."

She had no answer for that.

"When can you come back to the island?" he asked urgently.

"I'm leaving for Israel on Sunday." Why had she given that as an excuse? "It's for Rose of Sharon," she said woodenly. "I have a new contract with them."

"Can't you get out of it?"

"Gareth," she began again, "I didn't call you to discuss my travel plans or my feelings for Philip. I called to—"

"Maybe I should meet you there. In Israel," he interrupted.

Her heart did a somersault. She took a firmer grip on the telephone. "Gareth, you know that isn't possible. I shouldn't even be calling you. I just couldn't let you go on sending flowers."

"Don't you *want* to see me?"

Yes, she thought. I do want to see you. I want to be with you. I want you to hold me, to love me. I want to know once again what it's like to leave my body and then to come back into it in a great sliding rush.

"Gareth," she began again.

"You're staying at the Hilton in Tel Aviv, aren't you?" he said.

Kristi took the receiver from her ear for a moment and blinked at it in astonishment. "How on earth did you know that?"

"ESP?" There was amusement in his voice. She could see his crooked smile, the light warming his dark eyes.

"You mustn't come to Israel," she said frantically. "There'll be a whole crew of people with me—a photographer and his assistant, a male model, the stylist, the Rose of Sharon makeup man, a writer—Philip would hear about it for sure."

Why had she blurted all of that? Why couldn't she just tell him she didn't want him to come to Israel, that she didn't want to see him again? Because it wouldn't be true. "I'm going to marry Philip," she said firmly. "Nothing can change my mind about that."

"It would be so wonderful to be with you in Israel," he said as though she hadn't spoken. "Believe me, I really want to—"

He broke off and she heard voices at the other end, muffled as though he'd put his hand over the mouthpiece. He was arguing with someone. There was a rising note to the other voice. Hannah? Or Pee Wee?

"Kristi?" His voice was suddenly brusque.

"Yes, I'm here."

"I have to go now."

He had hung up. Shocked, Kristi stared at the dead receiver in her hand. Obviously either Pee Wee or Hannah had interfered and he hadn't been able to finish. Did he really intend coming to Israel? She felt panic rising. If he did follow her that would be the end of her engagement to Philip. What then? Even if she wasn't going to marry Philip, even if Gareth asked her go live with him on his isolated island, would she do it? Would she want to do it?

The answer was clear. No. To do so would be to give up all her dreams, to turn her back on her fixed and almost perfect world, her life beyond the rainbow. All right then, if Gareth came to Israel and Philip found out, what would she do? Her whole body was shaking as though she were being buffeted by a cold and brutal wind.

WORRYING ABOUT GARETH and his possible plans, Kristi had almost forgotten about the failure of the Fiat's brakes. When the next accident occurred she didn't even put the two together at first. She was walking across Wilshire Boulevard, on her way to Brentano's to pick up a couple of paperbacks to take on her trip to Israel. When she was halfway across the street, a closed brown van with a sunset painted on its side shot across the intersection and headed straight at her. She caught only a glimpse of the driver, an anonymous shape wearing a golf cap and sunglasses.

She froze. And then a man shouted and grabbed her from behind, lifting her off her feet and swinging her to safety. Off balance, they landed together in an ungainly heap in the middle of the road, the skirt of her blue cotton dress flying up around her thighs. Several passersby rushed to help her and her rescuer, a Mexican man with a Pancho Villa mustache and a sturdy muscular body. When she stammered her thanks, he shook his head and spread his hands as though he didn't understand English, then melted away into the crowd.

Shaking, her heart pounding with relief and shock, Kristi stood on the sidewalk for several minutes, assuring everyone that she was fine. Actually, she had banged up one hip pretty badly, but she didn't want any more fuss. "Maniacs like that shouldn't be allowed behind the wheel of a car," an elderly woman said emphatically. Kristi nodded agreement.

When her legs would function, she entered the bookstore, telling herself she must stop daydreaming when she was out in traffic. But she could have sworn the light was green. It occurred to her that she seemed to be becoming accident prone. First her brake failure, now this. For a moment she wondered...

She didn't mention the incident to Philip when she saw him that night. When he commented on the purple bruise on her hip, she told him she'd bumped into a piece of furniture in Berry Lansing's studio.

The next day she received another anonymous letter. The envelope and type were the same as before. For a second, she debated with herself but curiosity won out and she tore open the envelope.

"Listen to me, Kristi. Don't marry Philip Talbot. You'll be sorry if you do."

He was getting as persistent as the obscene poet. Could it be the same man? Had the announcement of her engagement sent him off the rails in a different direction? Or was Gareth sending her the letters? Surely he wouldn't stoop so low. The letter was postmarked Los Angeles anyway. No, the letter writer had to be some kind of crank.

She dropped the letter and its envelope in the wastebasket, then rubbed her arms, feeling a sudden chill. She laughed, a little nervously. She was acting like an idiot, taking the childish letters seriously, which was what such cranks hoped for. And of course there wasn't any connection between the letters and her two accidents. Coincidences did happen. They happened all the time.

HE PUT THE FOLDER full of Kristi Johanssen's pictures in the drawer where he kept it, then admired himself in front of a full-length mirror on the wall. The Arab robes lent him an air of dignity, he thought. Combined with the *kaffiyeh*, the traditional Arab headdress, and dark sunglasses, he had an effective disguise. The theatrical costumer he always used never let him down.

The headgear was especially effective, he thought. He struck an aggressive pose, à la James Cagney. Then laughed, unable to picture Jimmy Cagney in an outfit like this. Hardly the right image. But perfect for his role. Next time, he felt sure, he wasn't going to fail.

THE NIGHT BEFORE SHE WAS DUE TO LEAVE for Israel, Kristi and Philip played a cutthroat game of tennis at the country club. They ate dinner in the courtyard at the Talbot house, still dressed in their white shorts and shirts, their senses sharpened by their exercise and the heady perfumes of the flowers in Jason's garden.

It was a clear evening. After several days of smog a breeze had come up and blown the valley clear, but now the wind had died. Kristi felt ill at ease, her guilt over Gareth added to by the small silences that were beginning to mount. But she had to deceive Philip in order to protect him. She couldn't even tell him about her second near-accident, or the anonymous letters. He would worry and it would only cause him more stress. And then she'd feel even guiltier because he cared so much. She had at least telephoned Gareth to tell him to stop sending flowers. And she'd told him very firmly that she was going to marry Philip. Now all she had to do was put him completely out of her mind. Gareth wouldn't go to Israel. Of course he wouldn't. Someone would recognize him, and he'd made it clear he didn't want that.

After dinner, they listened to Beethoven in Philip's study. They didn't talk very much. Philip seemed as restless as she felt. While she lay back in his recliner, concentrating on the sunny, forthright music of the

Spring Sonata, consciously making her body relax, he roamed around the study, examining the spines of medical books on the shelves, flicking the pages of a book on anatomy that was lying on his desk.

When the sonata came to its expressive end, he stopped his nervous fidgeting and faced her, squaring his broad shoulders like someone in front of a firing squad, thrusting one hand through his thick hair. It was odd that Gareth had a similar gesture, she thought suddenly. Except that Gareth's way of doing it was slow and sensuous and made her want to do it for him. Go away, Gareth.

"There's something I want to talk to you about, Kristi-girl," Philip said.

Why did her heart start hammering?

"I...Stephanie and I...we had a mini-affair. That's why my mother was angry."

Relief stopped her from telling him she already knew. A *mini*-affair, she thought. It sounded so innocuous put that way. Was that what she'd had with Gareth? Was that a polite way of referring to a one-night stand? Philip had spent more than one night with Stephanie, she suspected.

"It didn't *mean* anything," he said. "It was just, well, she was there and you weren't, and I..." His mouth tightened. "Dammit, Kristi, a man has needs."

Was that supposed to be a criticism of her? Was he blaming her for his "mini-affair"? Was it her fault? Probably. She couldn't bear to see him looking so unhappy. "It's okay, Philip," she said. "I understand."

His blue eyes lit with relief at once. "I knew you would." He leaned over her and kissed her lightly on the forehead. "I'm glad I told you. I feel better about it now."

She wasn't glad. As long as she had just suspected he'd made love to Stephanie she could ignore the fact of it. Now that she knew for certain, she was forced to picture the two of them together, Stephanie's curvaceous suntanned body writhing under Philip's, giving him the responses Kristi couldn't seem to dredge up. Somehow, his infidelity was harder to take *because* of her inadequacy. It seemed to her that the lesson was clear. Other women can respond to me. Why can't you?

Philip selected another record and resumed his restless pacing. There was still something on his mind. Twice as he adjusted the stereo controls he looked up and said, "Kristi," tentatively, then shook his head.

Each time her heart stopped beating and she thought *Gareth*. Had Philip confessed so that she would reciprocate? Did he know? But he never asked and the evening dragged on.

To her relief, he didn't attempt to make love to her that night. "You seem nervous," he said as he dropped her off at her apartment. "Trip giving you the jitters?"

Kristi smiled noncommittally. Better he think that than wonder what else might have caused her nerves.

Philip started to turn away as she inserted her key in the apartment door, but then he turned back and pulled her close, holding her uncomfortably tight. "You will take care of yourself, won't you, sweetheart?" he murmured. "I couldn't bear it if anything happened to you."

She forced a smile, feeling guilty again. Had he sensed somehow that she'd come close to having another accident? Should she have told him about it?

Why make him worry? "Don't be silly," she said evenly. "Nothing's going to happen to me."

"Well, don't go running off by yourself. Okay?"

After she was in bed she wondered why Philip had made such a point of her safety. Probably it was his overprotective instincts coming to the fore again. The brake incident had upset him out of all proportion. And he was a white-knuckled flyer himself, so he would naturally worry about her taking such a long flight.

Satisfied that she'd worked out the reason for Philip's concern, she began the relaxing procedures she'd learned to help her get to sleep. All she had to do was concentrate on that cold place inside her body and imagine herself entering into it, counting off the seconds until the whiteness was all around her, shutting out thought. Ten, nine, eight...

One last stray thought went with her. She was glad that she had never feared flying. She loved the exhilaration of feeling the plane's wheels lift off the tarmac, the sudden cutting of contact with earth and its problems. Not that she had problems. Not if she kept her head.

Chapter Eleven

THE FLIGHT WAS UNEVENTFUL—Los Angeles to New York, then from New York by El Al to Tel Aviv. The trip was marred only by Berry Lansing's prima donna behavior. He seemed determined to worry and complain about everything and kept nagging the flight attendants. Their luggage was bound to be lost, Berry fussed. It always was. Or if not lost, it would be damaged. The clothes to be worn by Kristi and Lewis Meredith, the popular soap opera actor who also worked as a model, would be strewn all over the airport when they arrived. He complained about what he called the "plastic" airplane food and he was convinced that the pilot, whom he'd seen chatting to one of the stewardesses when they boarded, was far too young to be entrusted with his precious life.

Kristi was at a loss to pinpoint his irritation until she noticed that he kept glancing darkly over his shoulder. Lin, his new assistant, was giggling over glasses of champagne with Sam McKee the writer.

Kristi felt sorry for Berry and his obvious insecurities and hoped the luxuries of the Hilton in Tel Aviv would soothe him into a better temper.

But if anything, Berry's mood the next morning was even crankier. He rousted them all out of bed at a ridiculously early hour, and told them to get dressed in jeans and cotton shirts. As soon as they'd finished their breakfast of cheeses, eggs, fish and fruit, he shepherded them all into the twelve-seater Jeep he'd hired. They were going on a tour of the Plain of Sharon while the light was good, he informed them.

The party included Kristi and Lewis and Lin, Gregory, the Rose of Sharon makeup man—he'd touched up his roots, Kristi noticed—the fashion stylist, Berry and Sam McKee. Sam spent most of his time talking into a pocket tape recorder or flirting with Lin, ignoring Berry's dark glances. Gregory flirted just as outrageously with Lewis, the male model, who looked his usual beautiful but bored self, but did show an occasional flicker of interest in the aging homosexual. The fashion stylist stayed aloof, her plain, middle-aged face showing disapproval of them all.

Berry was determined to be grouchy. He decided right away that he didn't like the driver, a tall, bronzed, vigorous young man by the name of Meier. Kristi tried to mollify Berry by pointing out sights along the way, but her efforts were wasted. Berry continued to complain. The humidity was going to ruin his cameras. The driver was going to kill them all.

Kristi had to admit to being unnerved by the driver herself, charming as he was. He was constantly turning around to talk to her and Lin even while swerving around corners. Coming out of Tel Aviv, he narrowly missed running down two children and an elderly gentleman.

The highway from Tel Aviv to Haifa ran along the coast. On one side the Mediterranean sparkled in the early sunlight—on the other lay the verdant Plain of Sharon. Berry ordered Meier to stop the Jeep at one point and tramped around, frowning to show how unimpressed he was. "Bloody orange groves," he snorted. "We could have shot orange groves in L.A. This isn't the sort of thing I want at all."

"*Savlanut,*" Meier said.

Lin, equipped with guide and phrase books, translated that to mean "wait and see," which earned her an approving smile from Meier, and didn't help Berry's temper at all.

"Look at the olive trees, Berry," Kristi said hastily. "And through there—look."

She pointed to where cypresses stood like tapered green candles in the distance, then caught sight of the whitecaps of the Mediterranean, glinting with iridescent light between yellow sand dunes. "Such brilliant colors," she murmured, remembering the magic rocks she'd thought about when she was with Gareth. On the heels of that thought, he walked alive into her mind, smiling at her, his dark eyes lighting up. She sighed. Apparently her memories of Gareth were going to be slow to fade. If he did show up at the hotel she knew she would go straight into his arms as though she belonged there. Which she didn't.

She realized that Berry was gazing at her thoughtfully, "Olives belong on pizzas or in martinis, depending on their bloody degree of ripeness." He stamped back to the Jeep and directed Meier to take them on to Haifa.

He did cheer up a little when he saw the excavated Roman amphitheater at Caesarea, and Haifa itself impressed him with its tier on tier of white stone houses rising up the mountainside. He stood for a long time on Panorama Boulevard, looking down at the curve of Haifa Bay and the bustle of cranes in the port, intrigued, he said, by the sight of minarets poking up amid the flat roofs. He studied angles and perspectives until Sam McKee made a comment about needing food. When Lin snapped at him that he shouldn't worry about eating when Berry was obviously *working*, Berry allowed himself his normal elfin smile and treated them all to a meal of gefilte fish washed down with a good white hock at the Dan Carmel Hotel.

Meier entertained them at lunch with stories of his childhood on a kibbutz, which Sam McKee carefully recorded. Meier had left the kibbutz, he admitted, because he could make a lot more money as a chauffeur. He told them he had recently driven a party of American tourists through the Negev, the southern part of Israel, which had once been a sandy waste, but was now dotted with small settlements, though it still contained miles of desert. "As an artist, you should see it," he told Berry. "The desert light adds tints and shades to colors that you would not believe."

Meier's recognition of Berry as an artist completed the restoration of Berry's good humor and he was happily thoughtful on the return drive, sitting in the back of the Jeep between Lin and Gregory. "Tomorrow will be a holiday," he announced after a while. The whole crew cheered.

"You want to go shopping with me?" Kristi asked.

Berry shook his head. "I have arrangements to make," he said mysteriously. Then he sank deeply into thought again.

In the evening, Berry posed Kristi and Lewis against an outdoor performance of Israeli folk dancing. Kristi admired the picturesque costumes and enjoyed the singing, but she couldn't enter into the high spirits of the rest of the party. In spite of all her efforts, she could find no relief from her memories of Gareth. He continued to haunt her as though he were present in the flesh. She kept feeling that if she turned quickly, she would see him watching her, his dark eyes intent, devouring her.

Berry was in his element, joining in the dance when he wasn't taking pictures. He was beginning to get the feel of Israel, he informed Kristi as they sat on a bench watching a group of young men vigorously dancing.

He looked at her sharply when she smiled vaguely in response. "What's on your mind, love?" he asked.

Kristi looked away from his suddenly sharp scrutiny. "I was just thinking of someone," she murmured evasively.

"Darling Philip, I suppose?"

Kristi smiled at the waspish note in Berry's high-pitched voice, then shook her head. "No, just a man I know. He used to be an actor." Why had she told Berry that? She certainly couldn't question him about Gareth. He would have heard of him, of course, but he wasn't likely to know any more about him than she did, probably less.

Berry made a face. "You need something better than that to occupy your mind."

"You don't like actors?"

"Actors are like puppets. Look at Lewis. An actor can't even function without a director. In every situation he has to ask the director, 'What am I feeling? What should my reaction be? What should I say?' After a while he doesn't have a thought of his own in his head."

Kristi gestured at the costume she was wearing and the camera in Berry's hand. "Are *we* real, Berry?"

For a moment, his pixie face looked bleak, then he grinned. "Oh no you don't. I'm finally in a good mood. If you get me started on philosophy I'll be depressed again." He glanced at her sideways, raising both eyebrows puckishly. "How come you were daydreaming about an actor, anyway? Is darling Philip losing his appeal?"

"Of course not."

"You're still set on marrying him?"

"I am."

Berry studied her face for a moment, then he smiled rather wickedly. "Maybe you and I do live in a fantasy world, love. Are you sure you want to move into reality? Philip Talbot might be more reality than you can handle. He's a bit of an ox, don't you think?"

"He is not," she objected. "He's a fine man, a wonderful man." She wondered how Berry would react if she told him that marrying Philip was part of her own personal fantasy, her world beyond the rainbow.

"Marriage should only be for love," Berry said solemnly.

She winced, but managed to smile at him. "I didn't know you were such a romantic," she began, then stopped, remembering that Berry had once planned on marrying.

She had seen a picture of Berry's girl on his desk at the studio. A curvaceous, freckle-faced redhead with a shy but warm smile. For some reason the marriage hadn't taken place. Often, when Berry's glance fell on that photograph, Kristi had seen an expression of longing on his face. He'd obviously loved her. It must have hurt him terribly when they broke up. He'd shown no signs of wanting to marry anyone else.

"Hey, Berry," Kristi said softly. "We're getting rather heavy, aren't we?"

He seemed startled when she spoke. He recovered his composure rapidly though and smiled at her, though the smile didn't quite reach his eyes. "Right, love," he said briskly. "Time we got to bed. You need your beauty sleep even if you do have a day off tomorrow."

Though his voice was cheerful when they said good night, Kristi felt that Berry Lansing was a troubled man. She went automatically through her nightly ritual of face cleaning and exercise, but found herself frowning as she climbed into bed. Life beyond the rainbow was not nearly as carefree as she'd once imagined it to be.

KRISTI WAS ABLE TO SLEEP LATE the next morning, a rare luxury. When she appeared downstairs at noon, dressed protectively in a long-sleeved shirtdress and white straw hat, she found that Berry, Gregory and Meier had gone off somewhere, and the rest of the crew were lazing beside the swimming pool. She felt too restless to join them. She couldn't sit in the sun anyway. Her fair skin burned easily and in any case Rose of Sharon wanted her pink and white and romantic rather than tanned and sexy. "Doesn't anyone want to go shopping with me?" she asked.

Sam groaned and waved her away. Lin, stretched out on a chaise in a microscopic bikini, smiled and shook her head. The stylist looked at her blankly. Lewis, also stretched out and wearing the briefest swimsuit Kristi had ever seen, his muscled body oiled and gleaming, didn't bother to open his eyes. Lucky Lewis, she thought. It was okay for him to have a tan.

Just as pleased to have some time to herself, Kristi took a cab to Old Jaffa, Tel Aviv's "Montmartre."

For a long time she wandered the streets, delighting in the juxtaposition of boutiques and art galleries and ancient Roman ruins. The shopkeepers were wonderfully polite, helping her to translate Israeli lira and agorot into dollars and cents and assisting her in the selection of gifts. She bought a sheepskin coat for Philip, some traditional Yemenite jewelry that she knew would delight Adrienne, some small gifts for Philip's family—what could she possibly buy the Talbots that they didn't already have?—and a nightgown rich with Eastern embroidery for herself. She felt reassured by this purchase—it was such a normal thing for a prospective bride to buy. She managed to talk herself out of buying a lovely old Persian pot that she could imagine filled with foxtails on the table beside Gareth's huge bed. Even to *think* of buying a gift for Gareth was insane. Thinking of Gareth at all was insane.

By three o'clock the temperature had soared and she headed back to the place where the taxi had dropped her off. At least she thought she was heading in that direction. But she was soon lost in a maze of streets that seemed to lead nowhere. She turned another corner and looked around. No one was in sight. Sensible people were probably taking a nap. She'd just have to keep walking until she saw someone.

A car shot across the end of the street, but she didn't have a chance to flag it down. However, if a car was there, maybe it was a major street. Sighing, she took a firmer grip on her bulky packages and set off in the direction the car had taken. The street wound around for a while, then suddenly ended at a blank wall. So much for logic. About to retrace her steps, she noticed an alley at right angles to the street. She decided to try that rather than go all the way back.

Another mistake. The alley curved back and forth like a serpent between the buildings and its pavement was badly cracked and potholed. Unfortunately, she hadn't thought to wear sensible shoes. Clutching her packages, she kept her gaze fixed on her feet. After a minute or two she heard a car's engine again, but the alley was narrow and the sound echoed and she couldn't tell where it was coming from. She turned around and saw a burly blond man walking into view around the last curve. The sun was in her eyes, but she thought the man looked vaguely familiar. Hadn't she seen him in one of the stores? Perhaps he was an American and she could ask him for directions.

As she took a step toward him, he started shouting at her and waving his arms. "Look out," he yelled, and she realized that the sound of the car engine was much louder now. She jerked around just in time to see the car bearing down on her. It covered the uneven ground rapidly, the driver making no attempt to slow down. Unbelieving, she stared, hypnotized by the sun reflected in the windshield. The driver was wearing an Arab headdress and sunglasses. Why wasn't he stopping?

The man behind her was still shouting. Finally realizing the car wasn't going to stop, she jumped aside, throwing herself into a narrow doorway just as it zoomed by.

She fell heavily and felt her knees and hands burn as she slid across unyielding stone and cracked her head against the wooden doorjamb. Her hat and her packages were strewn across the street. Dazed, she stayed on her knees for a second, gasping for breath, then forced herself to her feet, reeling out of the doorway just in time to see the car swerve around the corner. The blond man was chasing after it.

She stood still for several minutes, taking deep gulps of air. Her hands and knees were stinging badly and she looked down at them, seeing them through a blur. They were grazed and dirty and her stockings were hanging in rags. Bending with effort, she picked up her hat and put it back on, then managed to gather her bundles together. She stuffed them all into the one paper bag that was untorn.

"Are you all right?" a voice asked behind her.

She jumped at the sound. Turning to face him, she felt dizzy again. The air seemed to be dancing like water across her vision, distorting his face, but she could hear him wheezing. He must have chased the car quite a distance.

"I'm fine," she managed. She attempted a smile. "I guess you saved my life."

He smiled in return, still gasping for breath. "Too many cigarettes," he managed to get out.

Her vision was clearing now. He was a nice-looking man, she saw. Maybe forty, of medium height and broad-shouldered with a humorous-looking face, a neatly clipped mustache and graying blond hair curling around his ears and down to the collar of his blue short-sleeved shirt. "You sure you didn't do any serious damage?" he asked.

"Only to my panty hose. The rest of me is a bit battered, but I guess I'm okay."

"Do you know who the man was?"

"I've no idea. Did you get his license number?"

"I'm afraid not. My reactions are usually fairly quick, but I had to jump out of the way myself. I guess we'd better find a policeman, tell him—"

"No. No police," Kristi said hesitantly. Policemen made her nervous, especially after her early experience when her father killed himself. In any case, she had no proof that the Arab had meant to run her down. The police would dismiss her as a hysterical woman looking for attention, or publicity. "It was just an accident," she said, trying to put some conviction into her voice. "I expect the sun was in his eyes. I really don't want to get involved with the police—one of my friends got mixed up with the police in Mexico once, and she was delayed for weeks. I'm only in Israel for a few days." She lifted a hand to make sure her hat was on straight, and catching the edge of the bruise on her forehead, winced.

At once he was concerned. "Maybe we should get you to a doctor."

She shook her head. "I really am okay."

"Well..." He smiled again. He had a nice smile, fresh and youthful. "I guess there's no sense standing here discussing it." He took the unwieldy package from her before she could protest. "Why don't I see you back to the Hilton?"

"Oh that isn't..." Kristi paused. She still had no idea where she was. It would be foolish to refuse his offer of help. "How did you know I was staying at the Hilton?" she asked.

He actually blushed. She couldn't remember seeing a man his age blush before and it endeared him to her. "I saw you there," he admitted. "I'm staying at the Hilton myself. Vacation." He grinned. "You're not exactly someone who goes unnoticed, Kristi Johanssen. I've seen you on TV of course. Most of the tourists at the hotel have recognized you and Lewis Meredith, I'm afraid. They're all buzzing, and watching your group with great interest. One of the hazards of your profession, I suppose." He inclined his head. "I'm David Jordan by the way. I'm in insurance."

"I guess I'm lucky you happened along." She looked at him questioningly. "You did just happen along, didn't you? You weren't following me?"

He laughed, then tucked his free hand under her arm and gently urged her along the alley. Kristi studied his face for a moment. He'd avoided her question. What was he doing in this out-of-the-way alley? She remembered that Philip had warned her to be careful. This man seemed harmless enough, but...

He knew all the right corners to turn, and soon they were back at the shopping area. An elderly Israeli taxi driver answered his hail and they both sank gratefully into the back seat of the cab.

David wanted to take her to a hospital but she insisted on going back to the hotel. She was afraid he was going to be insistent, but once they reached the hotel, and he'd escorted her to her room, he gave her a smiling salute and left.

She was glad no one had seen them enter. Even the tourists were resting during the heat of the day. After a bath and some attention to her grazed knees and hands, she began to feel human again. She could use a nap, she thought, but she had an idea that she shouldn't go to sleep in case she had a concussion. She did feel very tired though. At last, she gave in to her exhaustion and stretched out naked on her bed.

She awoke at six o'clock with a slight headache, and her knees were stiff and sore. The bathroom mirror showed a purple swelling on the right side of her forehead. She stared at it, realizing it was going to take a lot of makeup to cover it. Berry would be incensed. In the fashion business any kind of blemish was a major tragedy. And this was more than a blemish.

She leaned against the bathroom sink, thinking about the accident. It had all happened so quickly. That car hurtling toward her had looked deliberate, like a juggernaut. She was very grateful to David Jordan. There were times when a man looked pretty wonderful to a damsel in distress.

Frowning, she moved back into the bedroom, pulled on her pink cotton robe and sat down on the edge of her bed. The phrase "damsel in distress" had reminded her of the gothic novels she enjoyed reading. She enjoyed them because no matter how many harrowing experiences the heroine went through, she always survived. Some books in the category were excellent, but some were just plain silly. And they were usually ridiculous, Kristi thought now, because the heroine refused to face up to reality. Even after several flowerpots had been bounced off her head, or she had been locked out on the slippery sloping roof of the castle for the third time, or she had "fallen" down the stairs twice in twenty-four hours after hearing footsteps behind her, she had still refused to believe anyone meant her bodily harm.

Was she guilty of the same ostrichlike behavior? Could anyone have three car "accidents" within as many weeks?

Her mind veered from any other possibility. Of course they had all been accidents. Only the combination of an ancient alley and a mysterious Arab had turned this particular incident into a gothic mystery. There was no reason for an Arab to want her dead. Gothic novels were big on motivation and the villain always turned out to be someone the heroine knew. She didn't know any Arabs. The only people she knew here were the members of the crew—and Meier, who hardly seemed homicidal. A lot of other people knew about the trip of course: the entire Talbot family, everyone at the agency, Ruth Kretschmer, Adrienne, the staff of *Sophisticate* magazine, all the people at Rose of Sharon. Possibly a gossip columnist or two. And Gareth, who hadn't come to Israel after all. Not yet, anyway.

A wave of longing for the sight of Gareth's tall, lean body, the sound of his low-pitched voice swept over her. She sat very still for a moment, trying to ignore the foolish yearning, and then gave in to it.

It took a while for the radio telephone call to go through. It was about eight-thirty A.M. in the western United States, the operator told her. Kristi sat listening to the sounds of holidaymakers splashing in the hotel pool, imagining herself reaching out across continents and seas, across the width of the United States to that lonely island in Puget Sound, trying to convince herself that this was not a stupid thing to do.

Pee Wee answered the phone, his voice distorted by static on the line. "Kristi," he repeated blankly when she gave her name. "I understood you were in Israel."

Her heart was pounding. "I *am* in Israel. I wanted to— Is Gareth there?"

His voice was drowned out momentarily by a rushing noise on the line, then came back strongly in her ear. "Yes, he's here, but he can't come to the phone right now."

"He *is* there," she repeated stupidly. Of course he wasn't on his way to Israel. He had never intended coming to Israel.

"He's not too well," Pee Wee said. "We're letting him sleep late."

"What's wrong?"

"Nothing serious. A cold. He gets under the weather sometimes, just like anybody else."

"I see." She didn't see at all. Was Gareth really sick? Or was Pee Wee refusing to call him to the phone? Had he interfered before when she'd called Gareth from L.A.?

"Kristi," Pee Wee said. "I don't know how much Gareth's told you, but I think you should know he can't leave the island."

"He *can't* leave?"

Pee Wee's voice was lost in another burst of static. She had an idea whatever he was saying wouldn't be too informative anyway. She sighed. "Maybe it would be best if you didn't tell him I called," she said finally.

"Whatever you say, Kristi." There was warmth in his voice now and he hung up the receiver gently. She could imagine him smiling his benign smile. She had been sensible again.

Gareth *can't* leave the island. Why not? She shook her head. The mystery of Gareth's exile seemed destined to remain a mystery. She wasn't even sure why she thought of it as exile. Gareth had said he might come to Israel. He wasn't in jail. Pee Wee wasn't his keeper. He could have come to Israel if he'd wanted to. So he hadn't wanted to. And she hadn't wanted him to. She didn't even know why she'd called him. The accident had shaken her, but if she'd wanted comfort she should have called Philip, not Gareth. Why hadn't she?

SHE HAD EXPECTED BERRY TO BE FURIOUS with her for getting herself bruised. But instead, when she met him for dinner, he was concerned and wanted to take her for X rays or at least send her back to bed. She managed to convince him that she was okay, but she couldn't convince him that she'd fallen over her own feet.

He sat her down in one of the lobby chairs and stood over her, arms akimbo. "I've seen the way you move, love," he said. "You're never clumsy."

"My heel caught," she insisted.

His hazel eyes studied her. "You're a terrible liar, Kristi. Your eyes give you away."

Kristi sighed. "Okay. You win. I almost got hit by a car in an alley. I guess the Arab driver didn't see me. The sun was pretty bright."

"An Arab? Did you get a good look at him? Could you describe him to the police?"

"If we complain to the police we'll get into all kinds of problems. Anyway, there's not much I could tell them. He was wearing Arab clothing and sunglasses. He might have been Lawrence of Arabia for all I could tell. The car was big and green—European, I think. And no, before you ask, I didn't get the license number. There was an American man there, but he didn't get the number either."

"Did you know the American? Perhaps we could ask him."

"No, I didn't—don't know him. He said his name was David Jordan. He's staying at this hotel. He just happened to be there." She sighed. "Let it go, Berry, okay? Maybe the man had some kind of religious prejudice. Maybe he was just anti-American."

Berry's eyes narrowed. "You think it could have been deliberate, don't you? That's your second accident recently, Kristi."

He didn't know about the third of course. Nobody did. She sighed. "They *were* both accidents, Berry." Anxious to distract him, she asked, "How did *your* day go?"

He looked at her sharply, then shrugged. "Okay, Kristi, if that's the way you want it." He sat down in the neighboring chair and leaned back tiredly. "I had quite a day. I thought I'd have everything fixed by noon, but I didn't get back here until one. I meant to take a shower and a nap, but then Meier called and said he hadn't been able to get a plane, so I had to go see to that too. Everyone else had conveniently disappeared. It always works out that way. I always end up doing the whole job myself."

Kristi frowned. "Why do you need a plane?"

He gave her a Cheshire cat smile. "Don't worry your pretty head about that, love. Berry's got everything under control." He stood up. "Let's go to dinner, okay? I want you to get an early night. We've got a big day tomorrow." He frowned at her and lightly touched the bruise on her forehead. "We'll have to shoot you in profile."

"When I wash my hair in the morning, I'll part it on the other side," she suggested.

"You think you'll be up to working?"

"Of course I will," she assured him.

The next day, though, she wasn't quite so sure. She woke with a pounding headache. Her hands and knees were still sore. But aspirin helped and in a way it was a relief to be plunged into action.

Berry's mysterious arrangements were revealed when he called everyone to breakfast before the sun was up. He'd arranged for them to fly from Tel Aviv to Elat—gateway to the Negev.

"Only an hour's flight on Arkia," he said. "Meier's going with us. He's arranged for a bus at the other end."

"A bus?" Lewis echoed loudly, his voice querulous.

"An air-conditioned bus," Berry soothed. "Plenty of room for everyone and the clothes."

"But the Negev is desert," Gregory protested.

Berry smiled winsomely. "I know that."

"How can you tie Rose of Sharon in with the desert?" Kristi asked.

He stood up and set both hands on the hips of his white chinos. "The Rose of Sharon is biblical, right? Song of Solomon. The desert is part of the Holy Land and Elat is on the shores of the Red Sea. You can't get more biblical than that."

Sam McKee laughed. "Outstanding logic, Berry," he said.

"Anyway," Berry added, "the whole idea of fashion photography is to attract attention. Unexpected backgrounds startle people, make them look twice at the clothes."

No one could argue with that, and an hour later, they took off from Tel Aviv in a twin-engine plane. The plane lurched from time to time as they flew above silver beaches and blue-green sea. Gregory, in an irritable mood, already began to look slightly green. Everyone on this trip was taking a turn at being temperamental, Kristi thought. Even Sam McKee seemed nervous. He kept talking to the fashion stylist about New York and Seventh Avenue. Kristi got the impression he was trying to reassure himself that he *would* return to civilization some day.

As they flew farther inland, the earth below them grew yellow. Settlements were few and far between. At last the plane settled down on an airfield, jerked several times and screeched to a halt. Within minutes they were all in the bus with Meier at the wheel, heading off into the desert. Meier was delighted by the whole adventure. "You got a lot of chutzpah," he informed Berry, who beamed at him in response.

Staring out of the bus window, Kristi wondered if Berry had finally gone mad. His insanity had been prophesied by more than one model. Who but Berry would think of photographing a fashion collection in a desert filled with crags and craters—a frantic tumble of shapes and forms and masses winding out endlessly beyond the horizon?

Berry was exulting in the light, which sometimes seemed luminous gray, sometimes almost white, constantly changing as they drove. The road was a narrow asphalt ribbon clinging to the sand, and the bus rattled and swayed across it at breakneck speed.

They made several stops, Berry taking pictures of Kristi and Lewis and the Rose of Sharon collection whenever a particular crag or pile of rocks appealed to him. Kristi posed with Lewis wherever Berry suggested, switching her smile off and on, moving from pose to pose, trying not to dwell on the craziness of standing out in the open under the relentless sun.

Berry gave her frequent breaks in the cool bus, so that Gregory could replace the sunblock and makeup that kept melting off her face. Gregory had come up with some ice cubes from the bus's miniature refrigerator, using them to cool Kristi's skin. He was still irritable, though, and as he worked on Kristi's makeup he kept muttering about Berry. In spite of the air-conditioning, sweat was pouring down his gaunt face. He was using either a very strong deodorant or a medicinal mouthwash. The smell made Kristi feel vaguely nauseated. His frizzed hair was matted and damp.

The day seemed interminably long. As they were returning to Elat, the sun dropped suddenly, disappearing almost instantly. They finished the journey in a darkness that was lightened by stars that seemed to be made of gold, and almost close enough to touch. Yes, the desert was beautiful, Kristi thought, but it was not a place she would want to stay in for long.

A picture of a silent, wooded island rose up in her mind, as desolate in its own way as this desert. Why had Gareth shut himself away there? And why did she care? She couldn't care about Gareth *and* Philip. She had chosen Philip. No one was forcing her to get married to Philip.

THE SHEER BLISS of the clean, cool rooms at the hotel in Elat was heightened by their contrast to the nightmare heat of the day. Everyone but Berry was exhausted. He was still on a high, ecstatic over the shots he'd taken.

At dinner, Kristi and Gregory threatened Meier with dread consequences if he said another word to Berry about the glories of the desert. Meier complied with a grin, promising instead to talk about the wonders of looking into the sea through a glass-bottomed boat. Luckily, fish and marine life left Berry unmoved, but the following day he managed to come up with a camel and he had them all out by the Red Sea as dawn came up. He was delighted with the way Kristi looked in her floating pink and purple petaled dress, the colors echoed by the sunrise, but the camel was bad-tempered and disinclined to pose. "All camels are bad-tempered," Meier said.

But Berry liked the camel. "He looks biblical," he pointed out to Kristi with an elfin grin.

They spent two more days at Elat, then another three, thankfully, back on the Mediterranean coast. Gregory recovered rapidly from his irritable mood. He even joked about becoming an expert in ice-cube skin care. Once or twice, after their return to the Hilton, Kristi thought she saw David Jordan in the distance, but he wasn't close enough for her to be sure.

Berry took pictures of Kristi in the nearby Plain of Sharon and in Haifa, then brought everyone back to the suburbs of Tel Aviv. Meier pointed out a stretch of sand dunes along the shore where Richard the Lion-hearted had defeated Saladin's hordes and Kristi was reminded forcibly of Philip. She felt optimistic. Everything was going to be all right, she decided. She did love Philip. She really did.

Preparing for bed on her last night in Israel, she remembered that Philip hadn't suggested they make love the last time they were together. Out of consideration for her? Guilt over Stephanie? Or because he hadn't wanted to?

She closed her mind to the thought, determined to hang on to her new mood of optimism. Probably Philip had just been tired. He worked much too hard.

Two messages were relayed by Kristi's answering service the afternoon she returned to L.A. One was from Philip. A man had gone through an automobile windshield on the Harbor Freeway. It would take Philip most of the night to repair the damage the glass had done to the man's face.

The other message was from Adrienne. It was rather cryptic. Kristi was to watch KABC-TV, channel seven, at 9:00 P.M. Curious, Kristi checked the television section of the *Times*, her heart jolting when she saw the listing. "*Dark Torment*," starring Gareth St. John.

Would watching Gareth on TV help her get over her obsession with him, she wondered. Or would it aggravate the problem? It didn't really matter either way, she thought despairingly. It didn't matter either that she suspected Adrienne's motives in sending the message. Nothing would keep her from being glued to the TV set at nine o'clock.

Within seconds of the movie's beginning, Kristi found herself entering into the role of Maria, the disturbed girl, just as she had when she was fifteen years old, even though Maria was dark and petite and witty and outgoing, all the things Kristi wasn't. As the young woman inevitably fell in love with her devastatingly handsome young doctor, Kristi identified with her completely.

Gareth filled the screen with his presence. He was younger, of course, his face a little smoother, his dark eyes not as weary, but still intense and melancholy.

Entranced, Kristi sat on the edge of her sofa, watching the story unfold, telling herself she was being drawn into it only by the power of Gareth's acting. He *was* good—she'd almost forgotten how good.

She was still sitting there as the story concluded, watching as Jonathan Lessing sent Maria away from him because he wasn't right for her and he knew it, as she knew it. And at the end there was only Gareth standing beside his desk alone, looking at Kristi.

Kristi turned off the set. What she had really wanted all along, she admitted to herself at last, was for Gareth to follow up on whatever had happened between them on the island. Some ghostly remnant of Chrissy Jones had wanted him to come galloping after her to Israel, riding off with her into the sunset in the best romantic tradition. Marriage to Philip be damned.

She sat up straight, swallowing hard. She wasn't going to cry. No, she really wasn't going to cry. She was just going to continue to sit there, alone in the silent room, with her arms wrapped around herself, because if she didn't hold on tightly she would fly apart into a million pieces and go hurtling out into space.

Chapter Twelve

AFTER OPERATING well into the night, Philip grabbed five hours of sleep then played two games of racquetball with Ben, swam six laps in the country club's Olympic-size swimming pool and was still in the clinic before nine in the morning.

No one else was in yet but they'd all be turning up in a few minutes and he'd be off and running again. He pulled on his white jacket and sat down in his swivel chair, turning to look out the window at the traffic on Wilshire Boulevard.

He was anxious to see Kristi. He wouldn't believe she was really all right until she was in his arms where she belonged. He wanted to call her this morning, but he figured she'd still be asleep after her long flight. Besides worrying about her to the point of agony, he had missed her terribly while she was in Israel. Even though their schedules didn't allow them much time together when she was home, when she was away he felt as though his center of gravity was missing.

He was rarely given to self-analysis. He had found life was a lot more comfortable if you just lived it and didn't worry about what happened yesterday, or what tomorrow might bring. Because of this philosophy he felt that he was a civilized man, a simple man. He'd seen enough people ruin their lives—or someone else's—because they'd developed a habit of searching their souls. Adrienne had once called him a fatalist and he supposed she might be right.

However, lately he had found himself examining his life. Not only was he worried about his mother and the infernal messes she managed to cause, he had begun to wonder what it was about Kristi that made her so important to him. Life-and-death important. He really didn't think he'd want to go on living if anything happened to her, or if she left him, which would be even worse, because it would be deliberate.

When Serena died, he'd grieved terribly. Her accident had been a hell of a shock and the six months she'd been in a coma had been hell on earth. He closed his eyes momentarily and glimpsed a memory of the horrors he'd gone through. He opened his eyes at once and squared his shoulders. Serena's death was in the past. And he sure hadn't worried ahead of time that something might happen to her.

So why was he so deeply concerned about Kristi? And why did she matter to him so much? She was beautiful, of course. Breathtaking. Those cobalt eyes. That skin. He remembered the first time she came to the clinic, so shy and innocent and frightened. With that unfortunate nose. He had felt so grateful that he had the skill to correct it, but even he had been surprised by the resulting perfection.

All the same, the world was full of beautiful women—he had helped *make* many of them beautiful. And had fallen for quite a few of them afterward, Kristi included. Why had his love for her persisted? Chemistry? Or the fact that she was never completely his? Even in their most intimate moments, she always held something back. Kristi was every man's idea of the gothic heroine, pure and innocent and undefiled. Perhaps it was that very purity that he loved in her. Yet sometimes he came close to despair. Only hard physical exercise gave him any relief. The trouble was that while he came to orgasm easily when he made love to her, he could never feel satisfied. Making love to her was almost like masturbating, temporarily satisfying, but never complete. He wanted her more after he made love to her than he did before. Sometimes he wanted to go on thrusting into her until she was forced to respond to him. But he sensed that if he wasn't careful, always patient, she would turn away from him forever.

He was glad he'd told her about Stephanie. She had taken it well. He had been scared to death his mother would have a lucid moment and tell Kristi herself. He should have quit that affair when Miss Emma set fire to the drapes, her way of letting him know she was on to them. No use fretting about it now. It had cost him plenty to get rid of Emma's nurse, even though he'd let her know right at the start he didn't have anything permanent in mind. Why did women always start out so agreeable and then get so demanding? They all did it. Except Kristi. She didn't demand anything from him. He wished she would.

In spite of himself, he had to admit to a sneaking admiration for the way his mother had handled the situation. How direct she had become in her senility. She hadn't liked Serena so she threw knives at her portrait. She didn't approve of his affair with Stephanie so she stabbed her in the hand.

He swung his chair back to the desk and looked at the photograph of Kristi he kept there. Kristi was smiling in the photograph, but her smile was enigmatic. Mona Lisa, he thought, could have learned something from Kristi Johanssen. If only he could arouse her. He didn't seem to have any difficulty arousing other women. And dammit, he *knew* there was passion in her somewhere. He'd thought for a few minutes after her trip up the coast with Adrienne that it was going to come through. There had been something different about her for a little while, but it hadn't lasted. It wasn't that she didn't *want* to respond to him; she always tried, like a conscientious child trying to please, doing her duty.

Perhaps she'd missed him on this trip. Perhaps he'd be able to awaken some response tonight. He hoped so. Much as he wanted her, much as he loved her, he wasn't sure he could be a faithful husband without some kind of help from her. Maybe he could have Ruth talk to her? He sighed. Ruth knew too much about the family's affairs already. She'd told him Miss Emma had muttered something to her about Gareth and she'd wanted to know who Gareth was. He hadn't told her. He still wasn't sure it had been a good idea to bring a psychiatrist in. There were some things in the Talbot family history that were better left decently buried. Gareth was one of them.

With one finger, he stroked the gilt frame of the photograph and sighed. Sooner or later, he'd make a breakthrough with Kristi. It was just going to take time.

Hearing the outer clinic door open, he cleared his mind with relief and set himself to studying a medical article he'd been putting off for weeks. A few minutes later the office door opened and his secretary appeared, fresh and attractive in her white uniform.

"There's a man here to see you, Dr. Talbot," she said, gesturing vaguely to the outer office. "He doesn't have an appointment, but he insists you'll want to see him."

"Does he have a name?" Philip asked. For some unknown reason, Jill could never simply offer information, she always had to have it dragged out of her. But she did keep the books balanced, which was more than the last one had done. And she was good to look at.

Her pretty face brightened. She nodded. "David Jordan," she said.

Philip inhaled sharply. "Send him in."

He stood up and waited, nervously straightening his tie. When David appeared, he offered him a chair, but waited to speak until Jill had closed the door.

"Is Kristi okay?" he asked.

"Sure," David said.

Philip let out the breath he'd been holding and sat down. "I was ready to get on a plane and fly over there when I got your Telex," he said. "You did a damn poor job, David. Kristi could very easily have been killed."

David's eyebrows shot up. "I'm not God, Philip." He sat down and crossed his legs. "I did save her," he pointed out mildly. He pulled a crumpled cigarette pack from his shirt pocket. "Do you mind?"

Philip managed a smile. He hadn't meant to jump all over the man right away. "Not if you let me bum one. I quit a few years ago, but every once in a while—"

"Say no more. I'm the champion quitter of all time."

Philip hesitated after handing the pack back to David. "You look different," he said.

David tapped his upper lip and Philip realized he'd shaved off his mustache. He'd had his hair cut too. But there was something else. "I didn't know you wore glasses," Philip said.

"I normally wear contacts. The idea is that if Kristi—you don't mind if I call her Kristi?—if Kristi sees me she's not so likely to recognize me."

"Where is Kristi now?"

David hesitated, taking a deep drag on his cigarette. "She's at home, but you've brought up a point I want to discuss with you, old friend. You hired me to protect Kristi. I didn't agree to spy on her. There may come a time when she goes somewhere or does something she wouldn't want you to know about, however innocent. I may have to draw a line somewhere on what I tell you. How does that sit with you?"

Philip frowned. "Fair enough, I guess."

"Okay, let's get down to it then."

Philip stubbed out his cigarette in an ashtray on David's side of the desk. "I can't understand how you could let her disappear into the desert right after that maniac tried to run her down."

"I had no idea the crew was going to take off in a plane. I waited outside the hotel, figuring they'd probably be going on a photography session. I tailed them to the airport. There was no way I could get on that small plane." He shrugged. "It's not the easiest job in the world to protect someone who isn't supposed to know she's being protected."

"I guess not." Philip leaned back and combed his fingers abstractedly through his hair. "I'm sorry, Dave. I know you do a good job. Your reputation is solid. And I trust you. That's why I called you after all those years. This thing's got me all wound up. I was absolutely terrified when—" He broke off. "I wish you could have found out something about that car. It was bad enough your guy let that damn van get away."

"He was more concerned with getting Kristi out from under the wheels." David's voice was still mild, but there was steel in it.

Philip took a deep breath. "I'm sorry. Of course it was more important to make sure Kristi was okay."

David leaned forward. "I do have some progress to report on the incident in Israel. I managed to track the car down after mailing the report. I told Kristi I didn't get the license number, but I did, of course. My main thought at first was to get her safely back to the hotel. The car was rented for the day. By an American, the girl at the agency said. She didn't remember much more than that. She wasn't even sure if it was a man or a woman. Unfortunately the information on the rental agreement hadn't come through legibly onto the agency's carbon copy. Which was probably deliberate."

Philip stared at David. "The driver could have been a woman?"

"The girl couldn't remember. There were a lot of tourists in town—people in and out."

Philip made an exasperated sound. "Everything's so intangible. We can't even prove any of the incidents were deliberate."

"Not too many Americans would dress up in a *kaffiyeh*, I should think. If the driver did it to conceal identity, it would seem to imply a certain amount of malice aforethought, as they say on TV."

Philip winced. He deserved the sarcasm, he guessed. "I'm going to have to talk to Kristi about it," he said slowly.

"I agree. She might have something to add that I missed." He looked at Philip. "You should also tell Kristi you've hired me. It would make it a damn sight easier to keep an eye on her."

Philip frowned. "I don't want to scare her."

"I think you're underestimating her. She's liable to be nervous, yes, but she's got plenty of guts. She was shaken by the car incident, but there was no sign of hysteria. She was remarkably calm, probably calmer than me."

"You don't have to tell me how brave she is," Philip said. "After what that girl went through just growing up, I—" He broke off and looked away from David's suddenly curious eyes. He shook his head. Beneath his beard his mouth was set in a stubborn line. "I think it's better if she doesn't know about you. She's pretty independent, used to taking care of herself. She's likely to shake you or whoever you have following her. She has a thing about privacy."

"You want her to be a private corpse?"

Philip blanched.

"I'm sorry," David said quickly. "But you're not facing up to the facts. The idea is to *protect* Kristi, and if she has to get scared in the process, better that than she should get herself killed. Besides, she's liable to get a lot more frightened if she realizes I'm following her and doesn't know why."

Philip's head tilted as he considered David's words. "I'll think about it," he said at last. "And I will talk to her about the latest 'accident.' Which is likely to be a problem if she doesn't tell me about it. She probably won't. She didn't tell me about the last one."

"You seeing her soon?"

"Tonight."

"Well, she's probably got a bruise on her forehead still. She was developing quite a lump when I left her. That ought to give you an opening."

Philip stood up and leaned both hands on the desk. "I wish we had something concrete," he said impatiently. "I hoped when I hired you after Kristi's brakes failed that I was overreacting, but now... How can I tell Kristi someone wants her dead?"

David smoked in silence for a while, looking at Philip. Then he said, "You still think it's some creep who has seen her picture in a magazine, maybe read your engagement announcement?"

Philip nodded. "She's so damn beautiful."

"Yeah."

Philip straightened and looked at him sharply and David laughed, raising his hands palms upward. "Don't go getting worried about me. I've a terrific wife of my own."

Philip grinned. "I'm getting edgy I guess. Sorry." His face sobered. "What do you think, Dave? Is Kristi still in danger?"

"We have to proceed on the assumption that she is. Three failures might have scared him off, but I doubt it. Personally, I think it's more likely to be a man. Something about his grip on the steering wheel." He sighed. "Whoever's plotting this thing seems willing to take his time. Maybe he wants her to worry. Maybe he wants *you* to worry. Who knows what goes on in a mind like that? He's a cold-blooded bastard, for damn sure. This guy wants her death to look like an accident." He paused. "What we should do now is take what we have, which admittedly isn't much, to the police and—"

"No police," Philip interrupted.

David's eyes narrowed as he stubbed out his cigarette. "I didn't question you a whole hell of a lot when you hired me, Philip. You're an old friend and if you felt Kristi needed protection, who was I to argue?"

"But?"

"But now I find myself wondering why you leaped to the conclusion that someone was out to kill your girl just because her brakes gave out. I agree with you now, but anyone else would have thought the first incident was an accident. So I ask myself why you didn't believe that and I remember that your first wife died in a car accident."

Philip didn't comment right away and David looked at him sharply. "Look, Philip, you want me to protect Kristi, but you're hamstringing me at every turn."

"I'm sorry, Dave. You're quite right. I haven't been totally honest with you." He hesitated. "I've always felt I could have done something to prevent Serena's accident. I didn't mention it to you because I don't like talking about her. It brings it all back."

"I think you'd better tell me what happened."

Philip sighed. "Okay. Three years ago, Serena's car went over a bluff on Highway One, the coast road. She was thrown clear, but badly injured. She never regained consciousness. She died six months later. When Kristi's brakes failed, I felt threatened, as though it was all going to happen again. Irrational, I suppose."

"You think someone killed your first wife?"

"No."

"What made her car go off the road, then?"

"She went into a skid and missed the turn. It was raining hard. I was having trouble myself. The windshield wipers couldn't handle the deluge and there was fog, pretty hazardous all around. My own car was almost hydroplaning on the road."

David straightened in his seat. "You were there?"

Philip averted his eyes. "I was driving some distance behind Serena."

David waited.

Philip swallowed before going on. "We were going north, just a short trip, but I intended coming back earlier than Serena, so we were driving up separately."

"Police get involved?"

"Yes. They couldn't come up with much. The car was totaled. I saw her go over, but I was too far back to see exactly what happened. I stopped and climbed down to Serena right away, of course."

Philip was looking directly at David now, and his blue eyes looked candid, yet David had the feeling he was holding something back. There was tension in his face and a muscle at the side of his mouth, under his beard, was moving as though it was under too tight a strain. Of course, he *was* talking about his wife's death, he couldn't be expected to be too calm about it. But still.

"Was Serena alone in the car?" David asked on a sudden hunch.

"Yes." Philip's gaze flickered sideways then came back to David. "The police asked me a lot of questions at the time. It bothered them that we were driving separately. I got the idea they thought I might have had something to do with the accident."

"Did you?"

"God no."

The exclamation was heartfelt and David felt fairly sure Philip was telling him the truth now. "The fact that the police were suspicious—that's why you don't want to take this thing with Kristi to them?"

"Partly. I'm also afraid of word leaking out. Kristi's too well known. She'd be hounded by the media and maybe end up the target for some other creep."

"Okay," David said. "I'll go along with you for now. But you'll have to be prepared to go to the police if this goes on. I can't overstep certain boundaries."

"I understand."

David stood up. "I'll keep a close watch on Kristi. It will be easier here. I can change operatives from time to time. And I'll keep working on the list of people who have anything to do with Kristi. I've got to tell you though, if it *is* some kook who has just seen her picture in a magazine it will be next to impossible to find out who he is. If it's anyone close to her, we might have a chance. What about grudges? Do you know of anyone who hates Kristi enough to want to kill her?"

"Who could hate Kristi? If the bastard was threatening *me*, I could understand it. I've made a few enemies in my time—I've no patience with fools and I let them know it. And I've made a few mistakes and in my kind of work you can't just erase a mistake like an accountant can. But it's not me, it's Kristi."

"How about jealousy? It could be some guy she jilted."

"There wasn't anybody serious before me."

"You're sure about that?"

Philip nodded then hesitated as though he was remembering something. "There *was* someone before me. But it wasn't—" He rubbed the back of his neck with an impatient hand. "Oh shit, I might as well tell you. *Somebody* made love to her before me, but Kristi assured me it happened years ago, when she was in her teens, before she came to California. Some teenage boyfriend, she said. It only happened a couple of times."

"If we can't find a reasonable motive, we may have to look for an unreasonable one. Maybe I'm wrong. Maybe it's not a man. Are there any women who might be jealous of Kristi?"

Philip looked vaguely sheepish. "Hell, Dave, there have been hordes of women. But I can't imagine any woman being crazy enough about me to want to kill Kristi."

"Could a woman be crazy enough about the Talbot money?"

"There is that, isn't there?"

"Who were you involved with immediately before Kristi?"

"Adrienne Armitage off and on."

"The fashion designer? You had an affair with her?"

Philip nodded. "I broke it off when Kristi and I got engaged." He sat silently for a moment, then shook his head. "Adrienne can be a bitch, but she wouldn't hurt anyone, not physically. Besides, she's Kristi's closest friend."

David laughed. "I wouldn't have thought of you as naive, Philip. Given the right motivation, close friends can make the deadliest enemies. I'll check on Mrs. Armitage just in case. See where she was when Kristi was in Israel. Call me after you talk to Kristi, will you?"

"Right." Philip came around the desk and extended his hand. "Thanks, Dave. Let's play some racquetball when this is all cleared up. That'll cure you of smoking." He hesitated, his eyes holding David's. "Nothing must happen to Kristi, David," he added flatly.

Studying Philip's tall, powerful frame and the eyes that were suddenly the blue of a polar glacier, David thought, Lord help whoever's threatening this girl.

"Yeah," he said expressionlessly.

Outside the clinic, he stopped to light another cigarette before getting into his car. Newspaper files first, he decided. He was pretty sure his old friend Philip Talbot had kept something out of his account of his former wife's death. He frowned as he got into his car. There were too many automobile accidents involved here, and he wasn't much of a believer in coincidences.

BERRY LANSING didn't get around to unpacking until midmorning. When he was done, he drove to his studio, wandered downstairs to his basement office, sat down and studied his favorite picture of Bridget. She was sitting on a rock at a Malibu beach. Her freckles showed clearly. She'd complained that he should have airbrushed them out. But he'd loved those freckles. He'd loved *her*. He sighed, leaning both elbows on his desk, propping his chin on his hands. The pain of her loss was as wrenching now as it had been on the day Philip Talbot told him she was dead. Three and a half years ago. Six months before their wedding day. He would have been married to Bridget for three years. Damn Philip Talbot. Damn him to hell.

How could Kristi want to marry him, he wondered as he stood up and turned away. She was too delicate for that butcher. Too innocent. But it looked as though she'd made up her mind to go ahead with the wedding. Wasn't there anything more he could do to stop her, to save her? His efforts so far had failed completely. He felt helpless, useless. It was a feeling he loathed. There ought to be some way for a man to get revenge.

Chapter Thirteen

EMMA TALBOT was getting more and more confused. She had been sitting in her wheelchair in the courtyard for an hour, listening to Virginia tell her all the reasons why Philip shouldn't marry Kristi Johanssen, and now Virginia was saying that they ought to have a shower for the bride.

Perhaps she'd missed something. She often did, though lately she'd been feeling much better. Ruth had prescribed a change of medication and her mind seemed clearer. Until now. "Virginia," she protested at last. "How can you want to give Kristi a shower when you don't like her?"

"Just because she's not a suitable wife for Philip doesn't mean I should ignore the conventions." She sighed deeply. "I wish we knew more about her. She finally admitted to Claire that she comes from some little town in Illinois that nobody ever heard of. And she told us her family was poor, remember? How do we know some awful relatives won't turn up later and suck us dry?"

"I don't think that's too likely, dear," Emma said in a matter-of-fact voice. "Kristi only has a mother alive. She's a whore, but I doubt she'll bother us as long as Kristi keeps supporting her."

Virginia's eyes widened and her mouth dropped open. Emma felt a healthy twinge of satisfaction.

"Her mother's a what?" Virginia exclaimed. "How do you know that?"

Emma frowned, trying to remember. "I expect I did a little checking, dear. There are ways." Her voice strengthened as something stirred her memory. "You can hire people to do almost anything, you know. It's quite simple."

Virginia was staring at her as though she'd suddenly displayed her underwear. "Did you check up on Tom before I married him?"

Exasperated, Emma sighed. "Why would I do that? Tom's background was obviously impeccable."

Virginia looked relieved, then she laughed. "I just can't believe you actually checked up on Kristi. Good for you. Does Philip know?"

Emma nodded glumly. "Evidently Kristi had already told him all about her past. He was very angry with me."

"I imagine he would be." Virginia sat up straighter in her lounge chair, tucking her thick red-gold hair behind both ears. "You're full of surprises, aren't you, old girl?" she murmured. "What else did you find out? Did Kristi have a legitimate father?"

Emma detested being called "old girl" almost as much as she hated being called "dearie," but she didn't feel strong enough to get in an argument with her headstrong daughter. She sighed. "Her father and mother were married, surprisingly enough. He was a failed schoolteacher and an alcoholic," she added slowly, trying to remember exactly what the man she'd hired had reported. She'd received the report over a month ago. "He committed suicide when Kristi was sixteen. He shot himself. Kristi discovered the body."

She hesitated, thinking. "She was called Chrissy Jones then."

"Good God," Virginia exclaimed. "What on earth is Philip thinking of?" She sighed loudly and shook her head. "It really won't do, Mother. I suppose it's possible that Kristi's more to be pitied than blamed, but think of the sensation if the story got out. A drunk and a whore. My God!"

She stood up abruptly and started walking rapidly around the courtyard, hands thrust in her skirt pockets.

How had she raised three such energetic children, Emma wondered, feeling fatigued just watching the flashing stride of her daughter's long sturdy legs. Kristi was at least restful to be with. And caring. She hadn't forgotten that it was at Kristi's insistence that she'd been allowed to stay here after the incident with Stephanie. Emma didn't like to think about that. She resented having to feel grateful, it made it hard to be strong. If she weakened now Kristi would be running the household before she could turn around.

"Kristi is definitely not the right wife for Philip," Virginia said positively and loudly, coming to a halt in front of Emma's wheelchair.

Emma nodded. "I agree." She paused, then said sadly, "I remember saying the same thing about Serena but it didn't do any good."

"You were right too," Virginia agreed glumly. "Serena certainly wasn't a good wife at the end."

"She was never a good daughter to me," Emma complained.

"You think Kristi will be?"

"Of course not," Emma said peevishly. "She tries too hard. Anyway, it wouldn't matter who the girl was, I don't want Philip to get married again. There was too much trouble the first time."

"He could do a lot worse than Kristi, of course," Virginia said thoughtfully. "I was afraid for a while he would marry Adrienne Armitage. She'd have tried to take over Talbot Corporation, and probably succeeded. At least Kristi won't do that." She grinned cheerfully at her mother with one of the fast changes of moods that always surprised Emma. "I guess we might as well accept the inevitable anyway, old girl," she said. "If Philip knew all that about Kristi and still asked her to marry him he's not going to be swayed by anything we might say. And she's really not a bad sort. At least we know she has strength of character. Not many people could overcome such awful beginnings." She nodded. "I guess I will have a shower for her. Philip will expect me to."

"Whatever you think is right, dear," Emma said. Obviously Virginia wasn't going to help her get rid of Kristi. So she had to handle the problem herself. There was a glimmer of a suggestion in her mind that seemed promising and she wished Virginia would leave so she could examine it. Another memory had popped up along with the memory of Kristi saving her from the nursing home. Emma was sure Kristi had mentioned Gareth. If she concentrated hard, perhaps she would remember exactly what Kristi had said.

GARETH WAS IN THE GYM working out on the rowing machine. A magazine lay facedown on the floor.

Pee Wee watched him for a while. Gareth was grimacing with pain every time he pushed forward and leaned back, obviously punishing his body unmercifully, keeping it fit. For what? Sweat was streaming down his face, but he showed no sign of slowing down. Pee Wee glanced out the small window. The sun was hot and high, slanting wide bars of light between the tall trees. That's where Gareth should be, outside, rowing on the Sound if rowing was what he wanted to do, breathing in the pine-scented, salt-scrubbed air, soaking up sunshine.

"So how's it going?" he asked over the creaking of the exercise machine.

"Fine." Gareth didn't slow his pace.

Pee Wee glanced down at the magazine. "You've been reading?"

Gareth stopped rowing and handed the magazine to Pee Wee. It was the June issue of a slick women's monthly. One of Hannah's favorites. On the cover was a photograph of Kristi Johanssen in a bridal gown, looking virginal and demure—untouchable.

"I thought you'd quit on that," Pee Wee said sharply. "You swore to me before I went to Seattle this last time that you weren't going to moon over Kristi Johanssen anymore."

Gareth stood up and walked to the window. He stood looking out in silence for a moment. "I'm not a child," he said quietly. "Don't treat me like one."

Pee Wee took a deep breath, then let it out. "Sorry. I shouldn't have brought it up." He shrugged and took a step toward the door.

"I want her back, Pee Wee," Gareth said without turning around. "I shouldn't have allowed you to talk me into letting her go like that."

Pee Wee stood very still. "Hell, Gareth, I offered to bring you a woman from Seattle. Why did you turn me down?" He paused. "You want me to call that little dark girl, Jeannine? You liked her, remember? She made us laugh." He waited a few minutes, then realized he wasn't going to get an answer.

Gareth had turned around. He was looking at the magazine in Pee Wee's hands. "Why didn't I meet her before Philip did?"

Would you have wanted her if she didn't belong to Philip, Pee Wee thought, but didn't ask. "You might have met her first if you'd stayed in L.A.," he said mildly.

Gareth's head came up sharply. "Don't start that again. I'm not leaving the island. I'm not leaving this house. I can't. You know that."

Pee Wee stood his ground. "So what would you do with Kristi if you got her then? Sit her on the living room mantelpiece like a goddamn trophy? Or were you thinking of building a glass case for her in your bedroom like the dwarfs did for Snow White? How long would she be satisfied, living here, supposing, of course, she did come? We had this whole damned argument when she was here, remember? She didn't want to stay then and I told you to quit trying to persuade her to stay. She's a model, Gareth. She's used to glamour and travel, luxurious surroundings, fame. Not to mention the fact that she's going to marry Philip Talbot." He lowered his voice to a more reasonable tone. "Anyway, you sent her flowers behind my back and what did that get you? She called to tell you to quit. What do you want—a hand-lettered sign telling you to leave her alone?"

Gareth walked purposefully toward Pee Wee and took the magazine. He glanced at it and set it down on the exercise bench, his expression unreadable. "Okay, Pee Wee, you've made your point."

"So let me call Jeannine, okay? You need to put Kristi out of your head. And you need to get busy around here, writing or sculpting."

Gareth picked up a towel from the bench and began to wipe his face. "Sure." His voice was listless.

Pee Wee conjured up a vision of Gareth striding across a brilliantly lit theater stage, his face glowing, alive, his voice ringing out. "Hey, come on," he said softly. "Who's being a party pooper now?"

Gareth gave him a shadow of his crooked smile. "Don't worry, Pee Wee, I'll survive," he said heavily. "But no Jeannine, okay? I don't feel like seeing anyone for a while."

"It's not good for you to cut yourself off from people—you have to have some kind of contact."

"Why?" Gareth's voice was bitter. "What's the point? If I could see Kristi again, then maybe—"

Pee Wee sighed. "I wasn't going to tell you this, Gareth, but Kristi called again."

Gareth dropped the towel and took a step toward him, fists clenched. For a second Pee Wee thought he was going to hit him, but then realized that Gareth's aggressive pose was due to tension, not anger. An indefinable emotion was flaring in his dark eyes. Excitement? Triumph?

"When?" Gareth demanded.

"When she was in Israel. A few days ago. You were still in bed. It was when you had your cold."

"You could have told me before this."

"Yes, I could have."

"You're not God, Pee Wee." Gareth's voice was cold. His anger was never hot, always frosty, biting, bitter.

"No more I am," Pee Wee said lightly.

"What did she say?"

"She just wanted to speak to you. But then she said not to tell you she'd called."

"I'm going to call her right now."

Pee Wee moved hastily in front of him. "No. It's too late. If you mess up Philip's marriage plans he'll kill you."

"Not Philip. He thinks of himself as a civilized man."

He stood still for a moment, thinking deeply. "If she called again, it means she's interested in seeing me, and I want to see her. I got the feeling with her that I could start over, maybe even go back." His voice trailed away.

Pee Wee studied him intently. He had realized that Kristi Johanssen had made a strong impression on Gareth, of course, but until this moment, he hadn't known how important an impression it had been. If there was any chance, any chance at all of Gareth returning to his proper place in life...

God, how stupid he had been! He'd botched everything again. If he'd had any idea Gareth was thinking along these lines he'd never have interfered. Pee Wee made a quick decision. He wasn't going to let things go on the way they were. To hell with Philip Talbot. He was going to do what was best for Gareth. If it would help even a little, he'd try to get Kristi back here. If it wasn't too late.

All he had to do now, he thought wryly as he headed for the bathroom, was to figure out how to do it.

ONE OF KRISTI'S FAVORITE PLACES in Los Angeles was the Bonaventure, a space-age hotel composed of five bold circular towers, fronted with gleaming glass. The hotel appealed to the love of fantasy that had always been an integral part of her nature. She loved everything about it, from the atrium lobby with its café and sitting areas surrounded by moats of water to the glass elevators that shot upward from inside to outside the building, offering a breathtaking view of the sprawling city.

Philip didn't much care for the Bonaventure. None of the Talbots approved of any building that wasn't at least a hundred years old. All the same, the night after her return from Israel, he indulgently took Kristi to dine at the Bonaventure's Top of Five restaurant. After dinner, they moved down a story to the spectacular revolving cocktail lounge.

Kristi sat quietly looking out at the lights of the city while Philip ordered their drinks. There had been a restraint between them during dinner and it seemed to be increasing now. Was it her doing or his? Probably hers. Since watching Gareth on television last night, she'd felt listless and apathetic, as though she were a puppet and someone had dropped the string. And today Connie had told her she'd had a phone call from a Rupert Dexter. It had taken her a moment to place the name. Why would Pee Wee want to reach her? Should she or should she not return his call?

When the waitress served them, Philip lifted his brandy snifter and toasted Kristi's return. She sipped at her own Perrier and lime and forced herself to meet his gaze. His bearded face looked strained in spite of the usual warmth of his smile. There were shadows beneath his eyes and his red-gold hair and beard seemed dimmer than usual. Probably he'd been working too hard, she thought, and was trying to call up the energy to sympathize when he spoke. "Are you ever going to tell me about it?" he asked.

Gareth. Adrienne must have told him about her and Gareth. For one awful moment, her heart skidded downward and she couldn't breathe. And then Philip's hand reached across the table, stroked her hair aside and gently touched the bruise on her forehead. "Who bopped you?" he asked.

"Oh, *that*." Relief made her dizzy and she gulped her water, giving herself time. "I had a tussle with a doorjamb," she said lightly. "It won."

"Mm-hm." He lowered his hand, picked up her hand from the table, turned it over and studied the grazed palm. "Must have been quite a fight."

Kristi sighed. "I had a sort of an accident in Israel."

Philip waited.

"A car—I was walking in a narrow alley and a car came at me. There wasn't much room. I had to jump aside." She attempted a smile. "I ruined a pair of Givenchy panty hose."

"Were you going to tell me about it?"

"Well, I... No."

"That's what I thought." He released her hand, set down his glass and looked at her gravely. She felt another tremor of alarm. "Do you remember," he said, "before you left, I asked you not to go wandering off alone?"

"Yes."

He took her hand again as she looked at him. "I don't want to worry you, Kristi-girl, but I have to make you understand that it's necessary for you to be on your guard. I'm afraid none of your accidents was an accident. It looks very much as though someone's trying to kill you."

The beeper he always carried in his jacket pocket chose that moment to go off and he immediately excused himself and went in search of a telephone. Kristi stared down at the lime floating in her glass, waiting numbly for him to return.

All her life, someone had been trying to hurt her. Beginning with Sophia. Hitting her because she'd said or done something wrong. Never knowing what it was. Once again everything was out of her control. There was always, inevitably, someone who wanted to hurt her.

Looking out at the light-spangled darkness it seemed to her that a wide band of filmy gray was descending, like a fog creeping in from the ocean, a fog that would smother and obliterate all forms of life.

"Nothing to worry about," Philip said when he returned and for one stunned moment, she thought he meant her life, then realized he was talking about his telephone call. He reached a hand across the table and she gripped it as though it was a life preserver he had thrown to her.

"You really believe someone's trying to kill me?" she whispered.

He nodded. There was compassion and determination on his face. "It's probably some miserable creep who has fallen for your picture and wants to put some kind of excitement into his empty life. It might even be a woman. Unfortunately we—*I* haven't been able to find out for sure who your Arab was."

She stared at him, jolted out of her fear. "I didn't mention an Arab, Philip."

He let go of her hand, leaned his elbows on the table and clasped his head. "I'd make a hell of a secret agent, wouldn't I?" There was a wry note in his voice.

Kristi studied his bent head and understanding dawned. "David Jordan," she said softly.

Philip nodded without looking up, then he straightened, pushed a hand through his hair and looked at her directly. "I was going to keep all of this from you. I didn't want to scare you. But yes, I hired David. I knew him in high school. I hadn't seen him for years, but I'd heard he had his own P.I. agency." He gave her an apologetic smile. "He wasn't spying on you, he was protecting you, supposedly."

Kristi gazed at him in silence for a minute or two, then smiled faintly as she surprisingly saw a humorous side to this revelation. "It must have been a problem for him when we took off for the Negev."

"It was." He hesitated. "Are you angry with me?"

She considered for a moment. "Not angry exactly. I wish you'd told me though. I don't like the idea of someone following me around when I didn't even know—" She stopped. If David had followed when she and Adrienne went to Gareth's island— "When did you hire David Jordan?"

"After the brakes failed on your Fiat."

It was difficult not to let her relief show.

Philip was looking at her oddly and he reached to clasp her hand again. He must have sensed the trembling that had started inside her. She had to offer him something to throw him off the track.

"I had a couple of strange letters," she said slowly. "I mean stranger than usual. They weren't exactly threats, but they *were* anonymous. The gist was that I shouldn't marry you or I'd be sorry, something like that."

"When was this?"

"When I got back from my trip with Adrienne, and again before I went to Israel. I threw the letters out. I thought they were just the usual kind of crank thing, which they probably were. And the accidents were probably just accidents." She wanted to believe it, had to believe it.

"Apparently the Arab wasn't really an Arab, Kristi. He, or she, was an American dressed up to look like an Arab."

She turned to look out at the view again, trying to establish some sense of reality. "That does make everything look a bit more deliberate, doesn't it?" she said at last, turning back to Philip. "What do we do now?"

"First, we make sure you're never alone. If I'm not with you, David or one of his men will be."

"No, Philip," she began, but he interrupted her. "It's either that or we go to the police."

Kristi subsided. "You really think someone wants to kill me?" she asked again, hoping for reassurance.

Philip's mouth was set in a unusually grim line. "I don't want to think so, but David feels it's safer to assume the worst. Have you any idea who it could be?"

She shook her head. "I went through all possible suspects when I was in Israel," she told him. "I eliminated everyone I know. There's no motive."

He was staring at her with a wry expression on his face. "You suspected all along that someone was trying to kill you?"

"It did cross my mind," she said dryly. "Three car accidents in a row." She broke off, remembering she hadn't told Philip about the van on Wilshire Boulevard. Deceit added to deceit. And then she realized he wasn't surprised. He must know about that accident too.

"The Mexican man who pulled me out of the way of the van," she said slowly. "He worked for David Jordan?"

He nodded. "I waited for you to tell me, Kristi. Why didn't you?"

She'd hurt him. He was trying not to show it, but she could see the pain in his eyes. "You got so upset when my brakes failed," she said gently. "And I guess I'm used to taking care of myself. I didn't want you to worry." She took a deep breath. "Anyway, I can't think of anyone who'd want to do away with me."

Philip sighed. "David was right. You do have guts. I suppose it's too late now to chew you out for being so damn secretive. Tell me who you eliminated."

"Well, all the crew. No motive. And nobody else was in Israel."

"As far as we know."

She shivered. "Think hard, Kristi," Philip insisted. "It could even be a woman."

"But who would have a motive?" She forced a smile, trying to lighten the atmosphere. "Adrienne still has a yen for you, I think, but she'd hardly kill me to get you."

"It doesn't seem too likely," Philip agreed. "David suggested some woman might be after me for my money and had to get rid of you first. Adrienne would hardly fit in there—she has money of her own."

It didn't seem possible to Kristi that they were sitting there calmly trying to decide who might have some twisted reason to *murder* her. "Adrienne is my best friend," she said firmly. "I won't even consider her as a possibility. It's ridiculous."

"Well, can you think of anyone else, anyone who has acted strangely?"

"No." There was only one person who had acted strangely toward her. And he had nothing to do with this. He had wanted her to go to him, he didn't want to get rid of her. In any case, Gareth had been on his island when she was in Israel. Pee Wee had said so. *Should* she call Pee Wee?

"What are you thinking?" Philip asked.

She swallowed. "It's probably someone like my obscene poet," she said. "In which case..."

"In which case there's no way to find out," Philip finished for her. "We'll just have to rely on David to keep you safe and to hunt down clues to this person's identity." He sighed. "I'll feel a lot better when we're safely married. If it is one of your 'admirers' or some woman jealous because you're marrying me, they might just give up then."

"Let's hope so."

And there they left it. For the remainder of the evening they talked of other things, both of them trying to be as lighthearted as a prospective bride and groom should be. But it was an impossible task and finally Kristi asked Philip to take her home, pleading the fact that her internal clock was still on Middle Eastern time.

Naturally enough, even though he knew she was tired, Philip took it for granted that he'd be coming in—she had been gone for several days. And what was the sense of refusing him, Kristi thought. They would be married soon. She would be expected to enjoy sex on a regular basis. And Philip's lovemaking was pleasant enough.

How damning is faint praise, she thought as Philip gently helped her remove her clothing. If only she hadn't gone to the island, she wouldn't have any more pleasurable experience to compare Philip's lovemaking with. Why couldn't she respond to Philip the way she had to Gareth? Philip must be aware of the barrier between them; why didn't he do something to break it down?

Lying in bed, she impulsively pressed closer to him. She couldn't see his face, but she felt his surprise. "Kristi," he said thickly and there was a fierceness in him that she had never known before. Perhaps it was, after all, possible to pretend. Gareth had touched her like this. Gareth's mouth had moved over her body like this. And— No, she couldn't pretend Philip was Gareth. That was sick. This was Philip touching her, Philip entering her, and she had to learn somehow to respond to him as himself.

Afterward, after she'd failed him again, Philip decided to go home. "You need your sleep," he said and the tenderness in his voice made her feel even worse about her failure.

"David or one of his men will be watching outside," he added from the doorway. "You'll be quite safe."

She didn't *feel* safe. Just knowing someone was sitting out in a car on the street made her feel as though a thousand eyes were watching her, had been watching her as she compared Philip's lovemaking to Gareth's. Perhaps, she thought dully, she deserved what was happening to her.

She shuddered. Tonight Philip had confirmed what she'd really known all along but had refused to admit. Someone wanted to kill her. *Could* it be someone she knew?

Another shudder passed through her and she realized she was glad that David or one of his employees was watching outside. As long as she was protected, she comforted herself, the anonymous person who hated her enough to kill would have to give up, sooner or later.

Or else, her mind added, giving her another chill that held her rigid in her bed, he or she would have to try a different method.

She decided that she wouldn't return Pee Wee's call.

Chapter Fourteen

EVERYWHERE KRISTI WENT, someone was behind her. Sometimes it was David Jordan, sometimes one of his employees. It must be very boring for them, she thought. They spent most of their time in the street, waiting for her to get through with her various bookings. Her "guardian angels," Berry called the men, with sarcasm clear in his voice. In order to explain the men lurking outside the studio, she'd told him that Philip was worrying about her because she'd become so accident prone. "Why would you want to marry a man who has you followed?" he demanded. "Everybody has accidents. Obviously, darling Philip is just keeping an eye on his property."

She shook her head, more to convince herself than Berry. Philip *was* inclined to be territorial. Could he possibly be using the accidents as an excuse to have her followed? She hated being spied upon. But it *was* necessary, she reminded herself. An American had dressed up in Arab clothing, then rented a car. Surely no laws of coincidence could explain that same car almost running her down, after she'd had two previous "accidents" involving cars. She was definitely in danger. She shivered. But in spite of all the evidence, she couldn't believe anyone would really want to kill her. Perhaps he, or she, had given up.

The anonymous letters, she thought. *Could* there be a connection? Since her return from Israel, more had arrived, almost daily, each with the same messages—it would be a mistake for her to marry Philip. He didn't deserve her. Obviously the letter writer didn't know the truth—that she didn't deserve Philip. This thought made her feel unaccountably safer. She didn't tell Philip about the letters, even though she knew she should. She had decided that if she ignored any threat to her well-being it would eventually go away. She treated Pee Wee's telephone messages the same way. She had Connie taking all her calls now. Sometimes she carefully lifted the phone herself out of curiosity. Twice she heard Pee Wee's patient voice leaving yet another message. But she didn't reveal her presence.

She bought lingerie for her trousseau, telling herself the filmy garments were guaranteed to turn her into a sexy woman. Virginia gave a bridal shower for her. Adrienne hosted another, and some of the models got together with Marie Simon and surprised her with yet one more. She didn't have time to think. There were gifts to be opened, letters to be written, invitations to be sent out. Adrienne finished fitting her wedding gown.

On August 1 there was no party. For the first time in a week she was alone. It had been a suffocatingly hot day. As she scrubbed and polished her apartment, Kristi began to feel stifled. By the time she was through, she wanted out. But she couldn't go to Philip's house. Philip was working at home. He had a lot of paperwork to catch up on and he wanted to put everything in order before they left on their honeymoon.

Honeymoon. Why did the word have such an ominous sound, she wondered as she wandered disconsolately around the apartment. It was a silly word, without any sensible meaning. Something to do with the ancient Teutons drinking mead from honey for a month after marriage. What did that have to do with sending two people off somewhere so they could get to know each other sexually? Far better if they started off with their day-to-day lives the way they were going to live them. She could easily picture herself living with Philip in his lovely house, having breakfast with him before they went off to their respective jobs, greeting him at night, entertaining, going out to dinner together. A honeymoon was something else altogether.

She was relieved when the telephone rang. Perhaps Philip had managed to get through early. She picked it up before the call transferred to the exchange.

The voice was Adrienne's. She didn't seem to have any real purpose in calling. She talked for several minutes about nothing in particular until Kristi finally asked, "Is something on your mind?"

Adrienne didn't answer for a moment. When she did, her voice was unusually hesitant. "Kristi, I want to tell you something, but I'm not sure how to."

Gareth, Kristi thought. She attempted a laugh. "You can't stop now."

"It's just that, well, Pee Wee called a few minutes ago. He says he's been trying to get in touch with you but you refuse to return his calls."

"He could have written a letter."

Adrienne paused, then said, "Actually, I asked him why he didn't. He said he was afraid you'd show a letter to Philip."

Or compare the typing to the anonymous letters she'd received?

"There's nothing wrong with Gareth, is there?" she asked carefully. "Pee Wee did tell me he wasn't feeling well—" She broke off, realizing she'd revealed her earlier call. "That was a while ago," she added hastily.

Adrienne didn't question her, which again was unusual. "Pee Wee asked if I thought you could be talked out of marrying Philip. He seems to think it would be a great mistake for you two to marry."

Don't marry Philip Talbot. You'll be sorry if you do. But the letters had been mailed in L.A. Could someone have mailed them for him?

"Kristi?"

"What did you tell him?" she asked.

"That you were definitely going to marry Philip on the fourth. You are, aren't you?"

Kristi didn't bother to answer that. "Do you think the calls were Pee Wee's idea or Gareth's?"

"Probably Gareth's. When we were up there, Pee Wee didn't seem too keen on anything happening between the two of you. I think Gareth's probably trying to find out through Pee Wee and me how you feel about him. How *do* you feel about him?"

"I don't know." Kristi's voice was almost inaudible.

"Pee Wee said it would make Gareth very happy to hear from you. Why don't you give him a call?"

Why had Pee Wee changed his mind so drastically? "I *can't* call Gareth," she said.

"Why not?"

"Adrienne!" Kristi hesitated. There was no way she could explain to Adrienne her ambivalent feelings about Philip *or* Gareth St. John.

"Better you decide now how you feel than after the wedding," Adrienne said dryly.

Kristi sighed. "Thank you for letting me know about Pee Wee's call," she said.

"Why don't I come over so we can talk?" Adrienne's voice was solicitous, but there was a hint of pressure in it that disturbed Kristi. How many times did she have to say that she wanted nothing further to do with Gareth St. John?

"No. Thank you. I don't think that's a good idea at all." Kristi replaced the receiver abruptly before Adrienne could go on. Then she stood staring at the telephone for a long time. Why didn't Pee Wee want her to marry Philip? Had he written the anonymous letters? Why?

The phone rang again and she started and snatched it up. Gareth, her mind said, but it was Philip this time. "Hi, sweetheart. I just wanted to check and see if everything was okay."

"Everything's fine. I'm about to go to bed."

"Then I won't keep you. I just got to missing you." His voice was tender, with a smile in it. Dear, uncomplicated Philip. She loved him. Of course she loved him.

"I miss you too," she said warmly.

"Shall I come over later?"

"No." She tried to soften her voice. "I just cleaned my whole apartment. I'm pretty tired and I have an early call tomorrow."

"Okay. We'll be spending all our nights together pretty soon anyway."

"Yes."

There was an awkward pause. Then Philip said, "I'll call you tomorrow." He hesitated. "I love you, Kristi."

He cut the connection gently, leaving Kristi with the receiver pressed to her ear, hearing the sincerity of his words echoing in her mind. She put the receiver down and willed the phone not to ring again.

She *could* call Gareth, she thought. She could talk to him, adult to adult. Ask why Pee Wee had called Adrienne, why he was interfering. She could ask if Pee Wee had written those letters. What about the accidents? If the letters and accidents were connected, Pee Wee would hardly own up to anything.

She was rationalizing again, she realized, making up excuses to call Gareth. How incredibly stupid she was. It was probably the very fact that Gareth had behaved so illogically that had intrigued her to the point of obsession. If he had left his island to woo her, she would probably have lost interest immediately. Possibly a lot of her fascination was due to her curiosity about why he lived on that deserted island at all, and why he seemed unable or unwilling to leave it. No, of course she wasn't going to call.

And still her hand was reaching for the telephone. She had to go out, get away from temptation. Why shouldn't she just go for a drive? She enjoyed driving at night when the traffic wasn't heavy. Philip wouldn't call again, she'd told him she was going to bed.

A couple of minutes later, she was backing the white Fiat out of the carport, trying to ignore the red Buick Skyhawk that eased away from the curb down the street. Turning the corner, she caught a glimpse of a blond head in the car behind her. David Jordan. She hoped he was in the mood for a long drive.

She began driving faster once she was on Santa Monica Boulevard. Windows down, hair blowing, she kept her mind purposely blank, not even realizing that by the time she turned onto the San Diego Freeway she was hurtling along at almost eighty miles an hour. When she finally thought to look at the speedometer she realized with an almost hysterical gurgle of laughter that it just wouldn't do for a Talbot bride to receive a citation on what was practically the eve of her wedding. Slowing, she noticed for the first time that far from driving blindly, she had been heading directly north on 405.

Like a homing pigeon, she thought. Didn't she have any sense at all?

She wanted to talk to Gareth, she acknowledged. No matter that such a feeling was insane, that's what she wanted to do.

Taking the next exit, she pulled into a gas station and used a pay phone, giving the operator her calling card number.

Pee Wee answered.

"I want to speak to Gareth," she said and he didn't argue.

"Hello, Kristi."

At the sound of Gareth's voice, all the air left her lungs. It was an effort for her to speak. "I want to ask you a question," she said and her voice was ragged.

"Okay."

"Why do you live on that island?"

"Kristi, where are you?" He sounded concerned.

"It doesn't matter. I want you to answer the question."

There was a moment's silence. Then, "I can't tell you."

"Can't or won't?"

"It just isn't possible for me to tell you."

"Why not?"

This was the most inane, childish dialogue she'd ever had with anyone, she decided.

There was a longer pause this time, then he said, "Can you possibly come here? Maybe I could explain then. Can you come to see me?"

Come live with me and be my love. The words danced through her head, bringing with them a totally unwarranted feeling of joy. Then reality intruded. Those weren't the words he'd used. *Can you come to see me?* Cautious Gareth. No commitment there. He didn't even seem to realize that he was asking her to jeopardize her relationship with Philip without any promise of a future with him. But he had asked her once. *Stay here with me. Stay here on the island. I can give you all the attention you need.*

"No, Gareth," she said softly. "I can't come to see you." She hesitated. "The road goes both ways. Why don't you come here?"

"I can't."

"Why not?"

"I can't leave the island."

She was gripping the telephone receiver so tightly that her fingers had numbed. She felt as though she'd entered a maze of some kind and had fought her way through it, only to arrive back at the place where she'd started.

"Gareth," she said hesitantly. "A while ago you said you might come to Israel. That would have involved leaving the island."

"I would have liked to join you in Israel, Kristi. But it just wasn't possible. And it isn't possible for me to come to Los Angeles. Please, Kristi, please come here."

"I'm sorry, Gareth," she said, trying to hold on to her voice, which was threatening to disappear altogether. "I can't. I'm marrying Philip on Saturday. I called because I want you to tell Pee Wee to stop leaving messages for me and to stop writing anonymous letters."

She hadn't meant to accuse. She'd meant to ask in proper adult fashion if Pee Wee was responsible for those letters. But the damage was done now. She didn't wait for a response. She hung up the receiver none too gently and walked back to her car, not looking toward the red Buick at all. She drove back to Los Angeles at a safe and proper speed.

The telephone was ringing when she reached her apartment. She let the answering service pick up the call, then she unplugged the instrument. She didn't want to be disturbed by any more calls. She didn't want to be disturbed by anything.

OUTSIDE IN THE STREET, David Jordan leaned back in his bucket seat, lit a cigarette and inhaled deeply, stretching his legs. What the hell had all that been about, he wondered. She'd had him worried, driving so fast. His Skyhawk had pegged out and bucked like a damn bronco.

He shook his head. None of his damn business. If Kristi wanted to take a fast drive and make a mysterious phone call from a pay booth, that was up to her. The incident would not be mentioned in his report.

There was something about this assignment he didn't like. If he didn't have old feelings of friendship and admiration for Philip Talbot he'd chuck it. No he wouldn't, damn it, he didn't want anything happening to Kristi. There was something very vulnerable about that girl.

He still had the strongest hunch that Philip hadn't told him the whole truth about Serena's accident. He'd checked newspaper accounts, which had told him even less. Philip's presence at the scene hadn't been mentioned. Talbot influence, of course.

As for Adrienne Armitage—nothing. She'd taken the red-eye to New York the same day Kristi had gone to Israel. But she often flew to New York on business. She traveled all over the world buying fabrics, attending fashion shows. He hadn't been able to find out yet if she'd made a trip to Israel, but neither had he been able to track her movements in New York. She'd flown in, gone to ground somewhere, then flown back to L.A. Which didn't necessarily mean a damn thing. There was the fact of her "altered circumstances," though, which he'd only just discovered. Adrienne Armitage didn't have the money everyone else seemed to think she had. Not that she was in any danger of poverty, but still, by her standards, she was in need of some financial transfusion. Did she look upon Philip Talbot as a possible donor? If she did, what would she do about Kristi? How far would she go?

He sighed and tried to wriggle into a more comfortable position. He needed to take a leak, something that was never mentioned in detective novels. But he was afraid to move for a while in case Kristi took it into her head to take another jaunt. Damn, he'd be glad when she was safely married to Philip. Maybe that would be the end of it. For her sake, he hoped so.

Chapter Fifteen

PHILIP AND KRISTI WERE MARRIED, as scheduled, on the fourth of August, a brilliantly sunny, clear day. "Happy the bride the sun shines on," Adrienne said as she drove Kristi to the church. She looked unusually conventional in her caramel-colored lace dress, but her face looked almost as strained as Kristi's, her cheekbones sharp under the scarlet blush.

During the service, Kristi stood very straight and still in her ivory lace dress, her gaze fixed on Philip's unusually solemn face, hoping he wouldn't notice that the bouquet of gardenias in her right hand was trembling.

It was a simple ceremony, traditional and dignified. Kristi gave her full attention to every word as though her life depended on her careful concentration.

The pastor smiled at her. "Wilt thou love him, comfort him, honor and keep him, in sickness and in health; and forsaking all others, keep thee only unto him, so long as ye both shall live?"

"I will." Kristi's voice was low, but it didn't falter. She meant every word of the vows. She was going to make Philip as happy as he deserved to be.

"With this ring, I thee wed." Philip's voice was equally steady, also low, though the near empty church picked up an echo and sent the words winging back into Kristi's ears.

She was very pale and the tender skin beneath her eyes looked bruised. In spite of all her skill with makeup, it was obvious that she hadn't slept the night before. But then, she thought, all brides were supposed to be nervous.

In keeping with their desire for a simple ceremony, there was no music as Kristi and Philip turned to face their assembled guests. Kristi let her gaze roam over Adrienne, Ben Carmichael, Berry Lansing, who was taking the official photographs, and the Talbots, including Miss Emma, resplendent in her favorite dove-gray Norell with pearls, looking every inch the dowager queen within the limits of her wheelchair. On Kristi's side of the church, Marie Simon, Gregory, Lewis Meredith and some of the models who had become her friends disguised the fact that she had no family there. Which one of you, she thought unexpectedly and coldly, which one of you wants me dead?

It took about half an hour for Kristi and Philip to extricate themselves from the well-wishers and newspaper photographers who waited outside the church. Some wanted Kristi's autograph, which she obligingly gave. A few others took pictures for which she and Philip posed, smiling. It was a large crowd, delighted to rub shoulders with the distinguished wedding guests, if only for a minute or two.

DAVID JORDAN was there. He looked carefully at every face in the crowd, noting everyone's movements. He saw, but paid no particular attention to, the one person who stood apart from the rest. Jordan had seen him before.

THE ALOOF SPECTATOR was not happy. He was cursing himself for his failure. There was always someone watching her. Too bad he couldn't do something about it now, he thought. With a gun. Or a knife. But her death had to look like an accident, for his own sake. He would have to wait now, practice patience. Sooner or later her watchdogs would give up. Somehow he'd catch her alone.

Kristi looked more beautiful than he'd ever seen her, he thought. But not radiant. So maybe that made it all okay, as long as she wasn't really happy anyway. He had to succeed next time. His reward would be great.

KRISTI NOTICED DAVID JORDAN on the fringes of the crowd. "He's not coming along on our honeymoon, is he?" she whispered to Philip.

Philip grinned. "No chance," he whispered back. Then his face sobered. "I can take care of you myself for a couple of weeks. I'm not going to let you out of my sight."

His words didn't reassure her. Claustrophobia was setting in.

At last the crowd seemed satisfied to let the newlyweds go and they climbed into Philip's red Porsche and started uphill toward the Talbot house. They had to stop at an intersection to allow a large tour bus to lurch around the corner in front of them. The people on the bus craned their necks to look at Philip and Kristi, smiling and waving. Philip muttered into his beard but Kristi waved back. She knew exactly the way people felt when they rode around Beverly Hills and Bel Air—it was the same feeling she'd had when she was Chrissy Jones. Everyone had the right to look through the rainbow at some time in their lives.

After a moment or two, they were able to drive on. Philip seemed thoughtful, holding Kristi's hand as they drove, free of his usual restlessness.

"What are you thinking?" Kristi asked, worried by his silence.

He gave her a quick sideways grin. "That I'm a hell of a lucky man. What else?"

Relieved, she smiled at him. "I hope you'll always think so, Philip." She hesitated. "I hope I can be what you want me to be."

Philip noticed the catch in her voice. His arm reached around her. "Just be yourself, Kristi-girl," he said cheerfully. His eyes were clear, blue and unworried. He pressed her head to his shoulder, and brushed her forehead with his lips, then returned his attention to the road, his arm still around her.

Be myself, Kristi echoed silently. I have a pretty dress and new shoes. I'm going to live in one of the big houses across town.

Philip's hand was warm against her lace-covered arm. The temperature was hovering around ninety. But Kristi felt cold, though Philip hadn't turned on the air conditioner. He preferred to drive with the windows rolled down, just as she did, just as she had a few nights ago.

Forcibly, she closed her mind against thoughts of Gareth. All her life she had given her mind instructions. Blank this out, forget that, erase this memory. And her mind had always obeyed. She would never remember again the night she had spent with Gareth St. John, she vowed. It was gone, banished. She was Mrs. Philip Talbot, forsaking all others. She was safe.

BERRY LANSING took a lot of photographs at the reception, posing Talbots as dictatorially as he posed models in his studio, dancing around with his camera to his eye, clicking through roll after roll of color film, pursued by James and Claire's two sons, both also well supplied with film. He didn't look at all happy, but Kristi wasn't sure if he was just annoyed with the boys, or still angry because she was marrying Philip against his advice. He showed his dislike of Philip in subtle ways, taking more pictures of Kristi alone than with her bridegroom, moving him out to the edge of groups until Philip protested good-naturedly that he had a right to be in the middle, dammit, and that's where he was going to be.

It was exactly like a modeling assignment, Kristi thought as she smiled and turned and smiled again. She had "done" weddings before. The only difference this time was that she couldn't throw all her gear in her tote bag and rush off somewhere else.

Adrienne gave her one of her rare hugs. "Be happy," she whispered. There was a hint of moisture in her eyes. Because of the romantic occasion, Kristi wondered with some cynical part of her mind, or some other reason?

Virginia's hug was more exuberant. All the Talbots hugged with enthusiasm.

Kristi smiled at her. Her face was beginning to ache with all those smiles. "I hope we're going to be friends," she said.

Virginia's blue eyes widened with droll shock. "We can't be friends now," she said with a bantering smile that struck Kristi as false. "We're family."

The Talbots *were* a real family, Kristi thought as she lifted her face for Tom's kiss and let herself be drawn into a rib-cracking hug by James. Even Claire, who gave her only the usual cool brush of cheeks, was trying in her reserved way to welcome her to the family.

Several of the Talbots' friends passed through the parlor to drink a glass of champagne and toast the bride and groom, followed by the models, looking like a flock of rare and exotic birds, then the middle-aged fashion stylist who'd accompanied them to Israel, Berry's young assistant, Lin, and Gregory, the Rose of Sharon makeup man, who looked thinner than ever. Did the man never eat, Kristi wondered. Gregory was followed by a television director she'd never much cared for. Why on earth had he come? Had someone invited him?

Kristi stood beside Philip for some final, formal photographs and watched the Talbots clowning around; Virgina and James and Philip pushing each other out of picture range, even Tom and Claire joining in with ribald remarks that made Miss Emma laugh out loud and brought some four letter words from Berry. Yes, she thought, a real family. And she was part of it whether they all wanted her there or not. She would be a part of it forever. The thought wasn't as satisfying as she'd expected. It was terrifying.

She and Philip fled the reception as soon as was decently possible. They were spending the night in Philip's house before going off on their honeymoon. Kristi had no idea where they were going. Philip had taken her at her word, he was going to surprise her.

After the heavy bedroom door closed on the sounds of the merrymaking below, Philip made love to Kristi in his beautiful four-poster Regency bed, and she, fortified by champagne, tried to convince him that she was as passionately aroused as he was.

Afterward, he smiled at her and touched her cheek with gentle fingers. "I thought perhaps there was a chance you were pretty conventional because of your unusual background," he said quietly. "I thought that maybe you needed to be married before you could relax with me."

She waited, breath held, and he kissed her on the forehead. "Don't pretend again, Kristi. I always know when you're pretending."

She swallowed hard. "I'm sorry, Philip," she whispered.

"Don't be sorry either. It's either there or it's not. Don't worry about it. It'll come."

She felt pressured again. She wasn't sure she shared his confidence. "I do want to be a proper wife to you in all ways, Philip," she said against the smooth skin of his shoulder.

His arm tightened around her. "That's all that matters."

After a moment, he pulled away and looked at her with a teasing glint in his blue eyes. "Aren't you ever going to ask me where we're going tomorrow?"

She shook her head. "You'll tell me when you're ready. I did as you told me. I brought my passport."

He grinned at her then bounded out of bed and pulled a folder from his bureau drawer. Naked, smiling broadly, he showered tickets and brochures down on her, then watched as she sorted through them.

Stratford-upon-Avon. Jason Talbot's birthplace.

She looked up at him, her eyes stinging with emotion. "You're so good to me."

He knelt on the bed and touched her cheek, smiling at her obvious pleasure. "I love you," he said.

Such simple words, she thought. Only three syllables, eight letters. I love you. Her mother had said them to her. Her father had said them. What did they mean?

Smiling tentatively, Kristi reached for Philip's powerful body and deliberately, for the first time, instigated the caresses that would lead to sex between them, touching him with her hands and her mouth, her body moving against his in calculated wantonness, willing herself to think only of his pleasure.

Philip, surprised and delighted by her sudden ardor, was gentler with her than he had ever been before.

Afterward, she turned on her side and put her arm over Philip's body. It was going to be all right, she told herself. Everything was going to be all right.

THE NEXT DAY, before Kristi and Philip left for England, a letter was delivered to the Talbot house by special messenger—an anonymous letter addressed to Kristi Johanssen Talbot. *You wouldn't listen to me, Kristi. Philip Talbot isn't worthy of you. Why didn't you listen? Leave him, Kristi. Please leave him.*

"He's done it now," Philip said grimly. "He used a messenger. David should be able to track him down."

Kristi debated telling him about all the other letters she'd destroyed, but decided it wouldn't make any difference now. Why was she so reluctant to hand the letter over to David? Didn't she want to know who hated her so?

The letter was shaking uncontrollably in her hand. Philip took it from her and laid it aside. His strong arms folded around her. "No one's going to hurt you," he said firmly.

He took the letter to David himself and told Kristi that David thought there was a chance of tracking this one down. "The letters may be an unconscious plea for help," David had said. "Maybe he wants to be stopped."

One of David's men tailed them to the airport, saw them safely to the gate, then waved them off. And as usual, the actual takeoff seemed to dispel Kristi's worries. She vowed not to think about anything unpleasant while they were gone. Perhaps David would have everything resolved by the time they returned.

STRATFORD-UPON-AVON was all that Kristi had expected it to be. As she strolled with Philip by the peaceful tree-shaded river or along the ancient streets, admiring the half-timbered houses and shops that dated back to the Elizabethan and Jacobean periods, she began to feel relaxed, in harmony with her surroundings. She had never felt the presence of history so keenly, not even in Israel. There had been a raw newness overlaying Israel's biblical echoes, a dynamic youthful atmosphere that looked forward rather than back. Los Angeles was like that too, she thought. But here, in spite of the hordes of tourists that Philip kept complaining about, she felt peaceful and serene. She enjoyed the crowds and felt safer surrounded by them than if the two of them had been alone. She could feel Shakespeare's presence in every local stone and every piece of timber from the Forest of Arden.

Wherever they went, Philip made friends. Within seconds he would be jollying shopkeepers or gardeners or gatekeepers, swapping stories, drawing Kristi out of her reserve and into the warmth he dispensed so easily, a warmth that was usually returned.

Philip rented a car and they drove out into the surrounding countryside, delighting in small market towns and hamlets with such names as Chipping Campden and Stow-on-the-Wold. Together, they explored cottages and castles and picturesque villages and gardens that looked like needlepoint tapestries borrowed from a museum.

They explored Shakespeare's birthplace on Henley Street, Anne Hathaway's cottage in Shottery and what John Leland, whose notes on Stratford Jason Talbot had incorporated into his journal, had called the "right goodly chappell" of the Guild.

On one memorable day, they tracked down Jason's old home, which was occupied by a greengrocer and his wife. "No plaque, no museum, not a tourist in sight," Philip complained with a grin as they left. "Nothing to show a Talbot was born here."

"I'm not surprised," Kristi teased him. "All that avoidance of publicity had to begin somewhere."

In the evenings they rowed on the river or attended performances at the Royal Shakespearean Theatre. Even though Philip had always found theater mildly boring, mostly because he hated sitting still when he didn't have to, he had arranged for tickets on several nights. He did enjoy *Henry VIII*, which didn't surprise Kristi. Shakespeare's Henry was a lordly figure with an exuberant nature that was almost exactly like Philip's.

After the play, Philip strode along the riverbank, loudly repeating the words Henry had spoken to Anne Boleyn. "'The fairest hand I ever touched! Oh Beauty, 'til now I never knew thee!'" Laughing, he stopped to lift Kristi off her feet for a lusty kiss, paying no attention to the passersby and a couple of inquisitive swans.

The evening was soft and still. The river lapped lazily at its banks and at the branches of willows hanging down to touch its surface. In this peaceful place it was impossible to believe that somewhere, someone might still be plotting to kill. Kristi shivered.

"Are you cold, Kristi-girl?" Philip asked, setting her down.

She smiled tightly and shook her head. "Goose walked over my—" She broke off and laughed shakily. "I guess it is chilly," she concluded.

Philip took off his lightweight jacket and draped it over her shoulders. Yet she still felt chilled. Poor Anne Boleyn, she thought, beheaded because of adultery, or supposed adultery. She was lucky that Philip was no Henry Tudor and this was the twentieth century, not the sixteenth. She hadn't committed adultery, she reminded herself as they walked into the inn, she hadn't been married when she went to Gareth's island.

The inn, a manor hotel that was almost a duplicate of the Talbot house, delighted Kristi. Every night she and Philip dined on hearty meals of Scottish salmon or roast beef, then loved and slept in a four-poster bed not unlike Philip's own. It began to seem to Kristi that she *was* falling in love with Philip, that her feelings for him were catching fire just as Ruth had predicted.

Yet there was still a place deep inside her that Philip couldn't touch, a place that seemed to be set aside as though waiting for someone else. Philip sensed it too.

Sometimes, after making love to her, in the few minutes before he went to sleep, he would look deeply into her face in the semidarkness. "How are we doing?" he would ask. And she would smile and say "Fine," and touch his beard lightly and kiss him. But he wouldn't smile in return. He would gaze at her unblinkingly for a while, then turn onto his back with a sigh.

And Kristi would lie there, her face and body rigid, afraid, wanting to give him all of herself, but knowing that she couldn't, that somewhere, locked firmly away, there would always be that part of her that her father and Carl Samson had reduced to fragments. Only one man had been able to fuse the fragments together—the man she couldn't allow herself to think of again.

Lying there, consciously making herself unclench her fists, Kristi was seized with an urge to get up from the soft, suffocating feather bed and run. But where, she asked herself. And she knew there was nowhere to run.

On their last night in Stratford, they ate well as usual. And made love. Afterward, Kristi did her usual stretching exercises in front of the full-length mirror on the outside of the massive mahogany wardrobe. "It's a good thing we're leaving," she said as she straightened from a deep plié. "One more serving of buttered potatoes and I'd look like a potato myself."

Philip was stretched out on the large bed, watching her. When she spoke, he heaved himself up off the soft mattress and came up behind her. His long-fingered surgeon's hands cupped her breasts momentarily, then stroked downward gently, possessively, to her abdomen. His chin rested on the top of her head, his beard bright against her paler blond hair. "Might not be so bad if you did get fat," he said softly. "Think how pleased Jason would be if we've made a baby in his hometown."

Kristi was suddenly standing very still. "You didn't say anything about a baby before," she said.

"Sure I did." He frowned. "Didn't I?" He looked at her solemnly in the mirror. "I waited too long the last time. I don't want to make that mistake again." His usual boyish grin broke out beneath his beard as he released her. "Think what a beautiful baby we could make between us. How can we deprive the world of that?"

He turned her around and pulled her close and she hid her face against his shoulder, trying to sort out her feelings. Mostly she felt betrayed. He hadn't ever said he wanted a baby. It had never occurred to her that he did, especially after Virginia had told her about Serena. She thought guiltily of the birth control pills in her makeup case right now.

"There aren't too many openings for pregnant models, you know," she said uncertainly when he let her go.

He smiled. "You could always take a year off, then go back to work. You may not have noticed, but I can afford a nurse."

She approached the bed and climbed into it, pulling the soft eiderdown over herself. "That's if some gorgeous seventeen-year-old hasn't taken my place," she said slowly as Philip climbed in beside her.

He patted her abdomen again. "They'll never replace Kristi Johanssen."

Kristi knew that wasn't true. No matter how popular a model, she could always be replaced. There were always eager young hopefuls waiting to move in.

She forced herself to think seriously about a baby. She liked babies. She liked holding them, she liked the smell of them, the feel of them. But she had never considered becoming a mother. She was too afraid she might turn out to be the kind of mother Sophia had been.

She turned toward Philip, wanting to be honest with him about her fears. He could hardly expect her to just accept his decision without any further discussion.

Philip was already asleep. She sighed. Maybe, she thought, her body didn't possess the chemicals necessary to make a baby anyway. She hadn't become pregnant after either rape. Of course, she'd already been on the pill when Gareth made love to her. To be safe, she would have to go on taking the pill without telling Philip. That would be deceitful, but deceit was hardly new between them.

Thinking this, she went to sleep and dreamed of Gareth St. John.

He was standing just inside the doorway of his house, waiting for her, tall and dark and lean, his dark eyes fixed on her face. She was walking up the path toward him, hoping he would come out to meet her. Suddenly she stopped, her attention caught by a movement at her feet. She looked down.

Foxes. Little baby foxes playing with each other, nipping each other and uttering soft growls. As she watched, smiling, the foxes grew until they were full size. Their growls were no longer playful, but threatening—they were threatening her.

She started to run, heart pounding, along the path, brambles and long grasses tangling her feet. She knew if she reached Gareth she would be safe. She couldn't understand why he wouldn't come out to help her. But he just stood there waiting in the shadows of the open door. As she reached it, he closed the door in her face. The foxes leaped from the bushes, claws extended at her face.

She woke bathed in perspiration, and lay staring into the semidarkness for what seemed like a long, long time.

Chapter Sixteen

KRISTI ADJUSTED SURPRISINGLY QUICKLY to married life. Her routine hadn't changed very dramatically after all. About the only real difference was that Charles now called her Mrs. Talbot and consulted her on menus and plans for entertainment. He even brought her together with George Warren to discuss gardening chores. He was trying, Kristi knew, to make her feel like the Lady of the Manor, and she appreciated his tact, though she knew the title was not one she could ever live up to. Usually she referred him to Philip's mother, which exasperated him, but pleased Miss Emma, which was the whole idea.

One other change in her life was that now after she and Philip made love, she didn't get in her car and drive down the winding streets to her apartment. The apartment was no longer hers. Her furniture had been transported to the Talbot house, where it occupied a small room on the second floor that Philip laughingly called her retreat. Here, when Philip was working late, she planned to curl up with a book, or listen to music or perhaps watch television. She was going to enjoy her new and perfect life, she told herself often. Chrissy Jones's plan had been a wise one. Kristi Johanssen Talbot was a happy person to be.

She didn't have a chance to use her retreat during the first few evenings after their return from Stratford. Everyone wanted to entertain the newlyweds.

The entire first week was filled with parties, ending with a surprise dinner and dance that was hosted by Virginia, though it took place in Philip's house.

Close to a hundred guests had been invited. Philip's partner was there along with several Talbot Corporation executives and their wives. Thoughtfully, Virginia had also included Berry Lansing and Gregory and several models who were particular friends of Kristi's. Even Marie Simon was present, her elegantly slim body sheathed in an evening gown of purple silk chiffon, a matching turban wrapped lightly around her black hair. Marie wasn't eating. It was rumored in the agency that she never ate. She and Gregory and Adrienne would make a good trio, Kristi thought. Marie looked pleased with life at the moment, gossiping with Berry and Gregory, two of her favorite people, darting shrewd glances at the executives as they table-hopped with their wives. She had once confided to Kristi that she'd give up the agency at a moment's notice if she could find a rich husband. Obviously she was on the alert tonight. She was the only person who had encouraged Kristi to marry Philip. "A girl has to look out for her future," she'd said. She caught Kristi's eye now and rolled her eyes, managing to convey the fact that she thought Kristi had done very well for herself.

Kristi smiled as she turned in search of the table she was to share with the Talbot family.

It took a few minutes for her to get there; so many guests wanted to stop her and congratulate her on her marriage to Philip, the men insisting on kissing the bride, a custom she tried to bear with good grace. There were tables lining each side of the ballroom and overflowing onto the adjoining gallery that overlooked the great hall. On the gallery a buffet and equally well-appointed bar had been set up, both presided over by the vigilant Charles, who had hired extra staff for the occasion.

After dinner, music was provided by a versatile five-piece band whose repertoire ranged from disco to foxtrots and even included an occasional waltz.

Kristi danced sedately with Tom Strang, rather wildly with James, and sedately again with James's two sons, who explained they were on their best behavior, under threat of banishment. She danced with Philip's partner, Ben Carmichael, and several elderly executives of the Talbot Corporation, who held her too tightly, breathing heavily into her face. She couldn't wait to finish her duty dances and was determined not to go around a second time. Even so, it was a couple of hours before she was able to dance with Philip, who was an exceptionally good dancer. He approached dancing with the enthusiasm he brought to everything else, not wanting to stop until Kristi begged, laughing, for a rest.

"Can't keep up with the old man, can you?" Ben Carmichael teased her as she emerged breathlessly onto the gallery and Philip headed for the punch bowl.

Kristi smiled at him. She liked Ben and always felt at ease with him. He really did look like Paul Newman, she thought with amusement. Divorced years ago, he was rumored to have a roaming eye. Philip had told her he had a habit of getting involved with his female patients, which could get dangerous, but he was raising his two teenage daughters alone and doing a good job of it and Kristi had never heard anyone say they disliked him.

"He's a whirlwind, isn't he?" she said. "Does he wear you out at the clinic?"

Ben laughed. "He rushes from room to room faster than the speed of sound."

Kristi laughed and Ben nodded sagely. "You may not believe me, but I swear I hear his footsteps long after he's flashed by."

"You must be talking about me," Philip said, returning with punch for himself and Kristi. He sipped his drink, a little out of breath himself, then made a face. "Who the hell put strawberries in the punch? Anything I hate it's sieving seeds through my beard."

He was gone again and Kristi saw him edging behind the bar, where he was instantly surrounded by friends demanding he serve them the special martini he made with a dash of Scotch. He was in his element at parties, Kristi thought, watching him. The excitement was always highest wherever he happened to be.

"How was Stratford?" Ben asked.

"Great. Relaxing."

"Relaxing? On a honeymoon?"

"It's good for Philip to relax," she said lightly.

"True." He glanced over at Philip who was shaking a silver mixer with all the aplomb of a Brazilian maraca expert.

"What's wrong, Ben?" Kristi asked sharply.

"Nothing to worry about," he said soothingly. "Philip calls me Granny Carmichael when I say anything to him."

"Then say it to me."

He shrugged. "He seems tense lately. Not that it's unusual for Philip to be on edge; he attacks everything with such gusto it scares me. I suppose because I'm the slow, cautious type."

He paused, then shrugged. "Surgeons spend hours being very careful and deliberate. And Philip's a perfectionist. He's good, Kristi, damn good. World class. I'm not too shabby myself, but comparing me to Philip would be like comparing some little dressmaker to a top-flight tailor. Yet even I feel the tension. For a man with Philip's temperament the strain is horrendous. I read the *Journal of the American Medical Association* every month and I see how many physicians die of heart attacks. Philip tries to relieve the stress by driving too fast or ricocheting that sailboat of his all over the Pacific as though the devil himself were after him. He's the same when we play racquetball. He beats me into the ground." He laughed shortly. "Why am I telling you all this? You know what Philip's like. But I wondered—has he had anything in particular on his mind lately? He seems to be awfully wound up about something."

The threats to her, Kristi knew. That's why Philip had been extra nervous before the wedding anyway. He'd relaxed once the ceremony was over, had been happy and carefree in Stratford, but as soon as they had returned to Los Angeles, he'd become watchful again. He'd insisted on inviting David Jordan to the party. Kristi could see David now, looking handsome in a dark suit, mingling unobtrusively with the guests, his slim, auburn-haired wife at his side. At the moment he was staring at Berry Lansing with a speculative expression on his face. Dressed to kill for the party in a green jump suit over a green and white blouse with ruffled sleeves, Berry looked like a Spanish dancer in drag. Where on earth did Berry *buy* his clothes, she wondered.

David caught her eye and smiled, his eyebrows raised. She smiled back, but seeing him had depressed her, made her remember. David had tracked down the messenger who had delivered the last letter and had managed to elicit a description of the person who'd hired him—a woman, pretty, dark-haired, nicely dressed, unusual eyes. Kristi and Philip had both thought immediately of Adrienne, but the description could have fitted a dozen other people they knew. Kristi certainly wasn't going to question Adrienne on such flimsy grounds. She could lose her friend for life. Which meant they were right back where they started.

However, there had been no more letters. No more calls from Pee Wee. No more accidents.

Kristi realized that Ben was waiting for an answer. "Maybe it's my fault Philip's so tense," she said slowly.

Ben grinned. "I don't believe that. You're the best thing that's happened to Philip since—"

"Since Serena died?"

He nodded soberly. "Serena's death hit Philip pretty hard. I've never been quite sure that he's recovered from it. He tends to ignore pain. His own, that is."

"You two have the longest faces," Adrienne said gaily, appearing in front of them. "This is *supposed* to be a party. And you, Ben Carmichael, haven't danced with me."

Ben's mobile face showed exaggerated horror. "We must do something about that at once," he declared.

Kristi watched them go. Ben's arm was lightly around Adrienne's waist and she was smiling up at him, looking stunning in a loose bugle-beaded creation over black charmeuse pants, another of her own designs. How nice if something could come of those two, Kristi thought, then decided she wasn't about to become involved in matchmaking and went to join Philip, vaguely alarmed about him in the wake of her conversation with Ben.

The Talbots were discussing business. Perhaps *discussing* was the wrong word. Voices were being raised and faces were tense. Virginia, dramatic in a burgundy satin suit that showed her ample cleavage to perfection, was holding forth to Philip and James and some of the Talbot Corporation directors and their wives. Her voice was loud, drowning out the others.

Philip slipped an arm around Kristi's waist and hugged her and she smiled up at him, but he was listening to Virginia, looking as though he was just waiting for her to stop talking so he could argue with her. Kristi wished he wouldn't. The Talbots argued as enthusiastically as they did everything else, unconscious of the fact that anyone might be listening.

Right now, Virginia was taking off on the strong demand for business loans and the rise in the Federal Reserve discount rate, which evidently, taken in conjunction with spiraling costs, meant the bank was going to raise its prime lending rate again. When she paused for breath Philip plunged in, disagreeing with everything she had said.

Kristi was frowning, trying to follow the argument, when Virginia noticed her bewildered expression. "Don't worry, Kristi," she said genially. "Philip doesn't know a damn thing about banking either."

Philip's hand left Kristi's waist. Virginia backed up, folded her arms, raised her chin, and they were off again, zigzagging back and forth with opposing viewpoints on what would relieve pressure on the dollar, ranging haphazardly into politics, the Arab oil cartel and the entire U.S. economy. People began moving toward them, drawn by the raised voices.

"Virginia," Kristi said firmly. "This may be your party but I won't have you fighting with Philip."

Virginia grinned. "This isn't fighting, Kristi. This is just the preliminary bout."

"Well, I don't want the main event taking place tonight. Tom is dying to dance with you and Philip has to introduce me to some more people. I've finally got some of the names straight and I'm ready to learn some more."

Everyone laughed and the atmosphere relaxed. One of the directors lifted his martini to toast the bride, managing to pat her bottom at the same time, and the group began to dissipate.

Philip looked unusually grim.

"Did I do the wrong thing?" Kristi asked.

He shook his head and forced a smile. "You were very diplomatic," he said approvingly. "You did a good job of breaking up the argument. I just don't like the expression on some of those old goats' faces when they look at you." His eyes narrowed. "Just so they don't touch," he added flatly.

Something in his voice chilled her.

"Hey, this is supposed to be a party," she said lightly, echoing Adrienne.

He put his arms around her and pulled her close. "That's what you think," he said softly. "The party really starts later when it's just you and me."

She knew that he sensed her stiffening, but he made no comment. Only the corners of his mouth tightened. "Let's mingle," he said.

She stopped him in the doorway to the ballroom. "Philip, I'm sorry. I do try."

His smile became lopsided under the glowing beard. "That's the problem, Kristi darling, the fact that you have to try."

"But Philip—"

He stopped her with a finger to her mouth, then stroked the length of her straight fall of hair. "That was inexcusable," he murmured. "Forget it, please. Too much gin, I'm afraid."

She hesitated, looking at him uncertainly. In the pause she heard a woman behind them say warmly, "Don't they look lovely together?" and she was aware all at once of the picture they presented, she tall and slim in a silk dress that swirled with color, Philip, a head taller, the distinguished, bearded doctor in the superbly cut tuxedo, touching his wife's hair, smiling into her eyes.

"So romantic," the voice behind her confirmed.

If only the picture were true. Why couldn't she make it be true?

"Would you like to disappear with me for a while?" Philip asked softly.

She blinked. "You want to leave the party?"

He shook his head. "No. I mean would you like to take a trip with me?"

"But we've just come back. I have a television commercial coming up."

"I didn't mean right away. In about ten days the American Association of Plastic and Reconstructive Surgeons is having a convention in Seattle. I know that's not likely to thrill you, but I'd really like you to come along."

Kristi swallowed. Her mind had ceased functioning when Philip mentioned Seattle. Seattle was in Washington State. Gareth was in Washington State.

"Think about it," Philip said easily. And then the dancers were leaving the floor and they were surrounded again.

Soon after midnight, people began drifting away. Miss Emma in her wheelchair joined Kristi and Philip to say good-night to the guests at the door. Adrienne and Ben and some of the bank people lingered, talking to her, and Philip and Charles put their heads together and decided to serve coffee in the living room.

At a nod from Philip, David Jordan and his wife also stayed on. Was Philip still afraid, Kristi wondered.

For a while there was small talk, mostly about the party and what a success it had been. Miss Emma caused an awkward moment when she informed everyone she hadn't been invited to the party—her children had decided it would be too exhausting for her. "The real reason they left me out was that they were afraid I'd pee on the floor," she confided to a matronly lady in a black silk gown.

"For God's sake, Mother," Virginia exploded, but Philip laughed and the others joined in.

"You should have been there, Miss Emma," Ben Carmichael said. "I'd have danced with you, wheelchair and all. I'm happy the whole family is here now."

"We're not all here," Emma said flatly. "One of us is missing."

Thre was a short embarrassed silence, then Claire touched her mother-in-law's thin shoulder. "Kenneth's with us in spirit, I'm sure," she murmured.

Miss Emma glared at her daughter-in-law. "Kenneth?" she echoed loudly. "I wasn't talking about Kenneth."

She looked around at the assembled guests, who were now sitting on the edges of their chairs, all with bewildered expressions on their faces. Kristi guessed, with a sudden uprush of nervous tension, what Emma Talbot was about to say. "I was referring," Miss Emma said in a dignified voice, "to my other son, my youngest son, Gareth St. John."

For a few seconds there was a complete silence, in which Kristi and Adrienne exchanged stunned glances. Charles took charge, grasping the handles of the wheelchair and releasing the brakes. "Time you were in bed, little lady," he said gently.

"Don't you dare move me," Emma snapped. "Now get out of my way." And she steered herself majestically around the room, murmuring good-night to the guests, who were stunned.

At last she reached the door, where she maneuvered her chair so that she could face everyone. There was a defiant smile on her lined face. In spite of her own mixed emotions, Kristi found herself reluctantly admiring the old woman's courage.

"You could have invited Gareth," Emma said across the room to Philip. "There's no need for you to keep him hidden away on that island as though he were a leper."

Kristi would have thought the shock level in the room couldn't have increased. But it did. And there was more to come. She was sure of it, noting the gleam in Miss Emma's faded blue eyes. Even as the thought entered her mind, Miss Emma caught her gaze and held it. Then Miss Emma looked directly at Philip.

"Gareth's perfectly presentable," she said. "Ask your wife if you don't believe me. She knows all about Gareth. She saw him recently. Ask her what she thinks."

Adrienne gave a short sharp laugh that she hastily converted into a cough as Miss Emma executed an awkward turn in the wheelchair and rolled off into the hall. Charles strode out behind her.

All eyes watched them go, then turned in unison to stare at Kristi, who was frantically wishing the floor would open to let her fall through. Philip's blue eyes were the most startled of all, and she could tell by the grim expression on his face that she was going to have a lot of explaining to do.

He was the first to recover. Turning to face the guests, he opened his palms toward them in a gesture that seemed to say he was throwing himself on their mercy. "I must apologize for my mother," he said carefully. "She hasn't been well for a long time. I know you're all fond of her and will understand when I ask you not only to excuse, but to forget her lapse of manners tonight. You are all old friends, vitally connected with the Talbot family. I know I can count on your loyalty and discretion."

There was a murmur of agreement, during which Kristi heard James whisper to Virginia, "That's a pretty good reminder of where their bread is buttered."

Within seconds, the room began clearing. Everyone was very hearty about good-nights. Twice Kristi heard a whispered, "Gareth St. John. Can you believe it? Gareth St. John, *the movie star.*"

And then they were all gone except for the family, the Jordans, Adrienne and Ben. Ben made a move to leave, but Adrienne restrained him with a hand on his arm. She was looking at Kristi, her eyebrows arched.

Philip closed the door behind the last bank director and turned to face Kristi. "What was that all about?" he demanded.

Kristi's face felt hot. She swallowed hard, but before she could speak, Adrienne moved to Philip's side and looked up at him with a tentative smile. "My fault, I'm afraid, Philip. I told Kristi about Gareth's relationship to you when we were away together. I felt she had a right to know."

Philip hadn't shifted his gaze from Kristi. "My mother said you'd seen him."

Kristi kept her gaze fixed on his face. She didn't dare look at Adrienne. There was no way she could tell Philip the truth now.

"Adrienne told me where Gareth was," she said. The lump in her throat hadn't yet dissolved. She spoke through it, feeling that the harsh note in her voice must surely be obvious to everyone there. "When Miss Emma was unwell last time, she started talking about Gareth. She was very agitated. In order to calm her down I told her I'd seen Gareth and he was quite safe. It seemed the best thing to do at the time."

It wasn't a lie. But it was certainly far from the truth. She waited, holding her breath.

For a second, Philip held her gaze, then he visibly relaxed. Running his hand through his hair, he looked ruefully at Virginia and James. "What the hell do we do now?" he asked.

"Nothing," Virginia said. "All the people who were here at the last belong to Talbot Corporation. They'll gossip among themselves, but it won't go any farther." Her blue eyes turned to look speculatively at Ben and David.

Ben shrugged. "I didn't hear a thing."

Philip touched his arm. "Thanks, Ben." He glanced at David.

"Likewise," David said. He and Joan stood up and walked with Adrienne and Ben to the door. Philip saw them out, apologizing again.

When he returned, he came straight to Kristi's side. "Why the hell didn't you tell me you knew about Gareth?" he demanded.

She felt herself flush again but held her ground. "Why the hell didn't you ever mention him to me?"

He winced, then forced a smile and looked around at the others. "I guess all we can do is sit tight and hope no one talks. If they do and it gets out we'll do our usual 'no comment' number and let them speculate. Agreed?"

"Agreed," Virginia and James said together. James added, "I think this will be the end of it."

Philip nodded.

But it wasn't the end of it as far as Kristi was concerned. As soon as she and Philip were alone in their bedroom, he brought up the subject again. "I can't understand why you didn't tell me Miss Emma had talked about Gareth. If I'd known he was on her mind I'd never have let her join the party. I had my doubts anyway, but the guests were mostly old friends. I thought I could take a chance."

Attack, Kristi thought, taking a deep breath, was supposed to be the best method of defense. As she pulled her dress off over her head, she arranged words in her mind. Then she sat on the bed and looked up at Philip. "When Adrienne told me about Gareth, I was upset because you hadn't confided in me. I even mentioned Gareth St. John to you once and you didn't say a word."

He nodded, hung his jacket carefully on a hanger and put it into the armoire. "I remember," he said slowly. "You told me you used to have a crush on him. Maybe that's why I didn't want to tell you he was related to me. You might have asked for an introduction."

Somehow Kristi managed a smile. "Didn't everyone have a crush on Gareth St. John?" she said with an attempt at lightness.

Philip's answering smile was strained. "I guess. But you see, Kristi—" He fell silent again. He was looking at her, but he wasn't seeing her. As he automatically unbuttoned his shirt, his thoughts were fixed on something inside himself. His eyes were incredibly blue in the lamplight. At last he stirred, took off his shirt and sighed. "I'm sorry, darling. Just hearing Gareth's name brought back a lot of hateful memories."

"Memories of what?"

"I'm not—" He shook his head. "I think perhaps the real reason I didn't tell you about Gareth was that I was afraid you'd be curious about him. It's only natural that you would be. And I can't talk about him. I try never to think about him."

"Your mother accused you of keeping him hidden away. Is that true?"

His mouth tightened. "As far as I'm concerned, Gareth is free to go anywhere he wants to as long as he stays away from me. But he won't budge. He'll stay on that island until he rots."

The savagery in his voice made Kristi shudder. She had never thought Philip capable of hatred, or even of having an unkind thought.

He was looking away from her now. "Let's forget it, okay?"

"I don't know how I can," she began, but Philip interrupted her.

"I'm not going to talk about Gareth, Kristi. I can't. I don't want you ever to mention his name to me again."

Before she could protest, he put his shirt back on and headed for the door, muttering that he was going down for another drink.

Kristi finished undressing, then pulled on her robe and sat on the bed, hugging her knees, waiting for Philip to come back, wondering if he really meant what he'd said. She was conscious that she'd had a very narrow escape. If Adrienne hadn't interrupted she would have blurted out the truth about herself and Gareth, which would probably have destroyed her marriage then and there.

How awful it must have been for Adrienne to lie like that. Once again she had proven herself to be a good friend. She must have known she could wreck Kristi's life with just a few words. Instead she had rushed to her defense.

Did Philip really mean to just ignore the subject of Gareth? Probably. He never talked to her about Serena. She remembered Ben saying just a few hours earlier that Philip tended to ignore pain. Okay, she could understand that in connection with Serena's death, but what pain had Gareth caused him? What had happened between those two men? She had a million questions, but if she once started asking them she might let drop some clue to her own involvement. It would probably be best if she didn't say another word about Gareth St. John.

She closed her eyes and took a deep calming breath. She had come so close to disaster. How strange it was that instead of feeling guilty for betraying Philip's trust, she felt as though she'd betrayed Gareth and herself. Had she somewhere, deep inside herself, *wanted* the truth to come out?

Chapter Seventeen

"TELL ME ABOUT BERRY LANSING," David Jordan said.

Kristi stared at him, then glanced at Philip. He looked as bewildered as she felt. "Berry?" she echoed.

It was the day after the party and they were in the Talbots' huge living room—the main parlor, as Miss Emma still insisted on calling it—Philip standing with his back to the empty mahogany-framed fireplace, Kristi sitting at one end of the long chintz covered sofa, David at the other. Beyond the multipaned windows that overlooked the brick courtyard, Jason's roses were wilting in the extreme heat of an August Sunday afternoon, but here inside this room the temperature was blessedly cool. In the brief silence that followed David's question and Kristi's puzzled response, Kristi was aware of the faint hum of the air-conditioning system and the ticking of the grandfather clock. David had called this meeting. He had a few ideas he wanted to toss around, he'd said.

"What *about* Berry?" Philip asked.

David leaned forward to set his glass of iced tea on the oval cocktail table, careful to place it on the exact center of one of the coasters Charles had provided. Then he leaned back against the sofa cushions, looked apologetically at Kristi and smiled. "Sorry," he said. "I didn't mean to shoot that at you. Let me explain."

He glanced over at Philip. "I checked Berry Lansing out routinely along with the other people on the list."

"What list?" Kristi asked.

Philip stirred. "I gave David a list of all the people who know you, Kristi. People you work with and so on."

"At my request," David added.

Kristi let out a long breath. "I suppose that was necessary, but—" she shook her head and looked back at David "—you surely don't think Berry was involved in the accidents?"

"I have to suspect everyone, Kristi. However, Berry did seem to check out okay. No record. No history of violence. No apparent motive."

Philip drew in his breath sharply and worried his beard with one hand. David looked at him questioningly but he shook his head and gestured impatiently at David to proceed.

David turned back to Kristi. "Last night was the first time I'd met Berry. He was too busy taking photographs at the wedding for me to talk to him. And he was wearing a suit like everybody else. I saw him in Israel too, but then he was dressed in an ordinary shirt and blue jeans. I didn't notice either time that he—" He pulled at one ear in a distracted manner and laughed shortly. "Last night was the first time he struck me as effeminate, if you'll pardon the expression."

"He's not gay," Kristi said.

David inclined his head. "What I wonder is—could his appearance and voice have confused the girl in the car rental office in Tel Aviv? She wasn't sure if the person who rented the car was a man or a woman. And Berry Lansing was there, in Tel Aviv, I mean."

"Berry's my friend, David."

"I know that, Kristi. And I know this is painful for you. But I want you to think about Berry for a minute. If he's not involved and we can eliminate him from suspicion, we'll be that much ahead." His voice was even, reassuring.

Kristi relaxed. "All right. What is it you want to know?"

"Did Berry know you were going on a trip, the trip you took in June with Adrienne Armitage?"

"Yes."

"Did he know your car would be in the carport at your apartment?"

Kristi frowned. "Well, I suppose he'd know. He knew Adrienne was driving."

"And he knows where you live?"

"Everyone who works with me knows that."

"Let's just concentrate on Berry, okay?" His voice was still level.

Kristi took a deep breath and shook her hair back from her face. "Yes, Berry knows where I live."

"You say he's not gay. Has he ever shown any interest in you sexually?"

She smiled. "He plays at making passes sometimes, but nothing serious." She hesitated. "Berry goes through a lot of women. There was one girl he was going to marry. I don't think he's ever gotten over her. Which is probably why he plays around a lot."

"Bridget Ryan," Philip said.

Kristi looked up at him, astonished. "How did you know?"

Philip had thrust his hands into the pockets of his gray slacks. His face was grim. "Her parents were Irish," he said. "She had red hair and freckles."

Kristi nodded. "I've seen a photograph of her in Berry's office. But—"

Philip didn't seem to hear her. He was looking at David. "There is a motive," he said. "I have no idea why I didn't think of it before."

"Go on," David said quietly.

"Bridget was going to marry Berry Lansing," Philip said. "She told me that was one of the reasons she wanted the operation, to please him. She was adamant. She told me if I didn't do it she'd go to someone who would, even if he was a quack. Hell, I wasn't going to turn her down anyway. The operation seemed feasible; she was very uncomfortable."

"What kind of operation?" David asked.

"Reduction mammoplasty. Breast reduction. She was really oversized, out of proportion. It's a simple enough procedure, just enough subcutaneous fat and breast tissue are removed to provide breasts of normal proportions. It's quite a common operation. I've done several of them."

"But something went wrong with this one?"

Philip nodded, his blue eyes candid. "I think I told you before that I've made a few mistakes. This wasn't one of them. Bridget assured me that though she wanted children, she wouldn't want to breast-feed—the operation does preclude it. She checked out physically, her medical history showed no contraindication for surgery. She seemed a good surgical risk." His face clouded. "There's a certain amount of risk in any operation, of course, especially when it involves a general anesthetic. Breast reduction is major surgery. But Bridget seemed fine. I discharged her and told her to make an office appointment for follow-up care.

Four days later she developed a pulmonary embolus and died."

Kristi drew in her breath sharply.

Philip glanced at her and seemed about to say something, then looked back at David. "The autopsy showed she had a minimal infection with pelvic inflammation disease, not an unusual thing for a sexually active young woman." He looked down at his hands, spreading them helplessly. "It must have given her some discomfort before, but she told me she'd had no problems. I didn't do a pelvic examination. I don't usually, unless it seems called for." He hesitated. "Such a pretty girl, young, about to be married. I felt terrible, of course. But then I put her out of my mind. I never dreamed—" He broke off.

"What was Berry's reaction?" David asked.

"About what you'd expect. Extreme shock. Denial. Grief. He kept saying he loved her the way she was. He didn't want her to look like one of the models he photographed, but she'd felt she'd look prettier if she was—smaller." He attempted a smile. "I never did know a woman who was satisfied with her breasts. They always want them bigger or smaller or higher. But in Bridget's case I satisfied myself that her reasons were valid. She was top heavy and she had a constant backache."

"Did Berry blame you for her death?"

"Not for a minute. At least he didn't appear to. I explained exactly what had happened. He seemed to understand and accept her death. I guess that's why I didn't think of him as a suspect. He seemed mostly helpless."

"But he has never liked you, Philip," Kristi blurted out. "Maybe he did blame you. Maybe he's never forgiven you." She turned to David. "Even if Berry does blame Philip for Bridget's death, why would he want to kill me?" she asked.

"Good question," David said. "Try this for an answer. If he thinks Philip deprived him of a wife, why shouldn't he deprive Philip...?" He broke off. "When did Bridget die?" he asked.

Philip thought for a second. "Almost four years ago, I guess. I'd have to check the records to be sure." He looked apologetically at David. "You learn early not to dwell on tragedy. You have to be able to function, to go on."

"Sure." David didn't appear to be listening. He was frowning, thinking deeply.

"I remember when Serena had her accident, I finally understood that feeling of helplessness I'd seen in so many people who had lost someone. I felt so damn impotent, you know." He had turned sideways and rested one foot on the raised hearth of the fireplace. Now the fingers of one hand were unconsciously sharpening the crease in the upper leg of his gray slacks. He looked down at his hand and realized what he was doing. "To tell you the truth, I thought at the time of Bridget's death that Berry's reaction was a little weak. I thought if it had been me I'd have ranted and raved and maybe hit somebody. But when Serena had her accident, I understood how Berry had felt just a few months before." He broke off, his eyes widening as he looked at David.

The room became still. Then Philip met David's glance and they both spoke at the same time. "Exactly how long before?" David asked just a Philip exclaimed, "Good God, you don't suppose—" They both stopped.

"Four, five months," Philip said.

"Serena's car was totaled, you said?" David asked. "No way to tell if it had been tampered with?"

"No way."

"Are you saying *Serena's* death wasn't an accident?" Kristi demanded.

"We don't know that, Kristi," Philip said. "I've always been sure it was. It's all conjecture at this point."

"I won't believe that Berry—"

"How did Berry feel about you marrying Philip?" David interrupted.

"He wasn't very happy about it. He made a few pointed remarks, but that doesn't—"

"He lives in L.A. Philip told me about the first two anonymous letters you had. They were mailed in L.A.?"

Kristi nodded. "All the notes were mailed in L.A.," she said.

"There were other letters you didn't tell me about?" Philip exclaimed.

She nodded again, not looking at him, wincing when he groaned, "Dammit, Kristi."

"Whoever wrote the notes was telling you not to marry Philip, right?" David said gently.

Kristi felt numb. "But you said a woman hired the messenger for the last letter," she pointed out.

"Berry could be mistaken for a woman. He might have worn a wig. Anything's possible."

David stood up, looked down at Kristi, then across at Philip. "I strongly advise that we go to the police now. They can do more than I can."

Philip nodded with seeming reluctance and stood up. "I don't want Kristi to go through—I don't want her seen by some reporter at the police station." He paused. "I've given some thought to this. I know a lieutenant in the Beverly Hills police department. Dan Pauling. I did an operation on his hand a while back. A tendon graft. I think he'd be discreet. Do you know him?"

David nodded. "Kristi," he said softly. She looked up at him. "We can't prove anything right now," he said. "But Berry did have a motive, the opportunity and possibly the means. So we have to assume he might be—"

She nodded. Her face felt stiff.

"I want you to stay away from him until we can clear this up one way or the other. Is that possible?"

"I'm going to be doing television work this week."

"And after that she's coming to Seattle with me," Philip said.

Seattle. Gareth. How could she be thinking of Gareth *now*?

She stood up and took the hand David offered her. "I don't believe Berry would ever harm me," she said.

He shrugged. "We could be way out of line. We don't have any proof. But it pays to be cautious. There'll still be someone watching you at all times. Don't go anywhere without an escort." He smiled encouragingly. "Try not to worry, okay?"

Try not to worry, Kristi's mind echoed as Philip and David left the room. Try not to worry even though it seemed possible that a friend had been plotting against her, cold-bloodedly plotting to kill her, not for anything *she* had done, but out of revenge against Philip.

Slowly, she let herself back down on the sofa and looked at her hands, waiting for them to stop shaking.

Chapter Eighteen

ADRIENNE TURNED HER BACK on the wall of double-paned glass with its spectacular view of sailboats tacking across wind-tossed Lake Washington and surveyed the interior of Pee Wee's condominium, still astonished by its decor.

The designer had carried the concept of space to its ultimate degree. Two of the four, high-ceilinged rooms were absolutely devoid of furniture; only the kitchen and bathroom could remotely be called traditional. The bedroom, which she had enjoyed so enormously the previous night, was almost wall to wall platform bed; the living room was composed of thickly carpeted, multilevel platforms that could be used interchangeably for lounging, dining and working. The only conventional elements in the room were the bookcases that lined two walls. "Shelves is shelves. Why mess with something that's already functional?" Pee Wee said. A gallery ran along the third wall, discreetly lighted from above to spotlight Pee Wee's art collection.

"God," Adrienne said. "I'm going to rush home and throw out all my antiques. I might even get rid of all the furniture. This is fabulous." She opened her arms as though to embrace the whole room.

Pee Wee was lounging in the pillowed conversation pit, dressed in a short white terry-cloth robe over blue jeans and leather slippers, his usual sneakers discarded. He smiled at her, indicating his agreement, applying "fabulous" in his mind not only to the room but to Adrienne herself.

He liked the new haircut. She had a beautifully shaped head and the shortness of her sleek dark hair showed it off to advantage and emphasized her catlike eyes. She was wearing only a multicolored, loosely woven cotton caftan. Outlined against the bright daylight, her thin body showed clearly. Many men might think Adrienne was too thin, too bony, perhaps even angular, but Pee Wee admired her boyish figure and loved the fragile feel of her in his arms.

"Come here, woman," he said with a mock growl in his voice.

"Male chauvinist," she retorted, but she came.

The kiss was long, deep and satisfying. Neither of them had any desire to let it lead to sex at the moment. The night had exhausted them.

"We're pretty damn good together," he said when the kiss was over.

"Mmm."

"Why the hell did we wait so long? You must have visited the island half a dozen times."

"Can I help it if you're slow on the uptake?"

"Ha! You dismissed me with one glance every time you saw me, until that last time, when you brought Kristi."

Adrienne sat up as straight as was possible in the seductively soft lounging area. "That reminds me," she said sharply.

Here it comes, Pee Wee thought. Now I find out the reason for this surprise visit.

"Don't look so damn superior," she drawled. "Any idiot could have guessed I wanted to talk about Kristi when I called to suggest this visit. Why else would I come?"

"To ravish my body?" he suggested, taking refuge as usual under a cloak of sarcasm.

To his surprise, she hesitated and her face softened. "Well, yes, that too." Her tilted eyes slanted a sideways glance at his face. "You're a super lover, Pee Wee. We can schedule a return match any time you like. But right now I want to talk business." She straightened the cushions behind her back, sitting ramrod straight.

"Okay," Pee Wee sighed. "What about Kristi?"

Be fair, he thought. He also wanted to talk about Kristi. He was the one who'd asked Adrienne to let him know if there were any changes in Kristi's situation. The prospect of enjoying Adrienne's body had been secondary. But that was before last night. Last night, free of the restraint imposed by the presence of other people, Adrienne had been superb.

"Kristi's unhappy," Adrienne said flatly. "I know you'll think I'm saying that to rationalize my interference, but it's true. She came back from the honeymoon as nervous as a racehorse."

"A far-fetched simile, but colorful," Pee Wee murmured.

She ignored him. "Kristi and Philip are all wrong together," she said. "He's a nervous wreck too. He needs a woman who can satisfy him in all ways."

"A woman who can screw well," Pee Wee interpreted.

That earned him a glare of green eyes and an exasperated sigh. "Sorry," he murmured.

Adrienne moved herself forward a little, disdaining the pillows altogether, arranging her legs into the lotus position, hands on her knees, palms loosely curled upward. What a marvelously straight back she had.

"Kristi needs someone romantic," Adrienne continued. "Philip's a terrific man, but he's not the romantic sort."

"Brash, would you say?"

Another glare. "Philip needs a strong woman."

"Adrienne Armitage, for example?"

She looked away. "I'm in love with Philip, yes, you know that, but that has nothing to do with—"

"Bullshit!"

She twisted her head to stare at him.

Pee Wee was beside himself. "You *want* Philip Talbot. I'll buy that," he said grimly. "But don't give me that crap about love." He snorted with disgust. "God, it's sickening the way women deceive themselves. Philip Talbot would bore you out of your mind in a year if you had to live with him. I'll grant you he's tough enough to handle you, he'd never let you dominate him. But he's entirely the wrong type for you. The man's a literary desert. He probably thinks Camus is some kind of medication."

"He knows art and music. He's taught Kristi a lot about both. I could get him to read."

"Rot. I'll agree he appreciates art, no one could live in Jason Talbot's house for thirty-eight years without learning something. And he enjoys good music. So do cows—it makes them give more milk. But even if he was interested in literature, the man doesn't have time to read. I'm not one of his admirers, but I can see he's dedicated to his work. Somehow I can't picture you as the little helpmate. What are you going to do, hold the surgical instruments while he operates?"

"I'd have my own life, just as Kristi does."

"Kristi is a hurt soul looking for relief in fantasy. Philip is quite possibly just what she needs. He's practical and energetic and if he could get through to her sexually he'd probably make her happy for the rest of her life. Which is what she deserves." He wagged a finger at her. "Don't ask me how I know sex isn't good between them. I know a frustrated woman when I see one."

Adrienne was staring at him, apparently struck dumb.

"Okay," he said. "Having said all that, I'll admit I want Kristi to split with Philip as much as you do. But I'm not deceiving myself about my motives. I want her for Gareth because Gareth wants her. I'll do anything to get Gareth back in the world and he seems to think Kristi could help. That doesn't mean I think he'd be terrific for Kristi. You put two romantics together and you've got disaster. What I can't abide is you telling yourself you're in love with Philip. Hell, Adrienne, Philip turns you on because he's big and macho and a catch that would make you the envy of the Beverly Hills divorcées. He also reminds you of your father. Don't argue with me. I know he's much taller and his coloring's different, but he's got the same driving personality. For all I know, he may even be a great lay."

He held up one hand, palm outward. "Don't tell me. I don't want to know. I will not believe you're in love with him. He's a habit you've acquired. Shit, I smoked for twenty years and gave it up cold turkey. It just takes discipline to give up bad habits. Try it, you might surprise yourself."

"You're wrong, Pee Wee. It isn't Philip's machismo that turns me on. Machismo I can find in beachboys. You've got a hell of a lot of it yourself."

"Then what is it you can get from Philip you can't get anywhere else?"

"Money," she said simply.

He sat up straight. "Since when do you need money?"

"Since several of my father's investments went belly up. Since I paid off Lawrence's poker debts. Since my ex-accountant skipped the country, leaving me with a backlog of taxes you wouldn't believe. Since my store turned out to be a loser, a discovery I made after I poured thousands and thousands of dollars into it." In her agitation she had unwound herself and assumed a slump that made her look like a tired child.

"Good God," Pee Wee exclaimed. "I had no idea. Why didn't you come to me? Shit, that kind of thing is my turf. I could look at your books, there might be a way to save your boutique."

"It's too late for any doctoring to save the boutique," she said hopelessly. "Anyway, I'm bored with it. It was fun for a while, but my designs are too far out for the average woman. My customers might buy one of my designs a couple of times a year, but no more than that, so I have to carry a lot of other stuff, none of which is any different to the stuff they can buy anywhere on Rodeo. I don't really mind giving it up. It filled a need for a while, but—" Her voice trailed away. "I've already put out a few feelers for a buyer," she added after a while. She eyed him sternly, straightening her spine. "I'm telling people I can't be bothered with the store anymore. You tell anyone I'm broke and I'll kill you."

"You're really broke?"

An ironic smile tugged at the corners of her mouth. "From my standpoint, yes." She shrugged. "I'll admit my standards are a tad higher than some. I'm not *poor*, Pee Wee. My new accountant says I'll be able to live in a reasonably gracious, but modest style for the rest of my life. But that isn't enough, not for me. I could possibly find a rich husband somewhere else, but I'm used to Philip and whether you want to know it or not, he *is* good in bed. So you see, Pee Wee dear, I not only want Philip Talbot, I need him."

Pee Wee leaned back against the pillows and clasped his hands behind his head. There was a glimmer of opportunity for him here, if he was very, very careful. "Poor Pee Wee," he said. "Gareth and Kristi, Philip and Adrienne, Bob and Carol and Ted and Alice. Who's left for poor Pee Wee?"

"Only about ten percent of the entire female population," she said caustically.

He grinned. "Okay. Let's talk strategy. You said on the phone that Kristi is coming to Seattle?"

"Next week. Some convention of Philip's at the Westin Hotel."

"How stimulating. Just think, Adrienne, next year you might be able to accompany him." Laughing, he ducked to avoid the pillow she threw at him.

"What are my chances of spiriting Kristi away to the island?" he asked.

"You can't get Gareth to come here? Even for Kristi?"

"Nope." For a moment his usual sardonic expression was replaced by one Adrienne couldn't read and wasn't sure she wanted to.

When it became obvious he wasn't going to elaborate, she sighed. "It won't be easy. I've no idea how you can get her away from under Philip's nose. He's having her watched."

"He's *what*?"

Adrienne shrugged. "He hired someone. He told Kristi it was for her protection. She gets a lot of peculiar mail."

"You think that's the real reason he's having her followed?"

She shrugged.

Pee Wee shook his head, then smiled, obscurely pleased at the prospect of outwitting Philip in spite of his precautions. "I've got to warn you," he said after a while. "I might be able to persuade Kristi to see Gareth again, but that doesn't mean she'll decide to leave Philip."

"Every time Gareth's name is mentioned she goes into a whole stream-of-consciousness thing," Adrienne said flatly. "Or else she looks as though someone just stabbed her in the heart. She's obviously crazy about him, but fighting it. You should have seen her face when Miss Emma threw his name out at the party."

When Pee Wee looked at her questioningly, she explained what had happened at the Talbot house when Emma Talbot dropped her bombshell. To her surprise, Pee Wee laughed and wasn't at all perturbed to hear Gareth's name had been mentioned in public in connection with the Talbots. "It was never my idea to keep the relationship a secret," he explained. "It's the Talbots who are afraid of getting their name sullied."

"Why do you and Gareth go along with them?"

Again his expression was unreadable. "Gareth has always done whatever Philip told him to do." He glanced at her sideways, a puzzled look on his face now. "You must have known you could blast Kristi's marriage wide open with a few well-chosen words. Why didn't you?"

Before she could answer, his face cleared. "I get it. You didn't want Philip to know you introduced Gareth to Kristi. Once he got over being furious with his wife, he'd have started on you. Whereas if I happen to meet her in the lobby of the Westin and take her on a boat ride, you're officially blameless."

To his amazement, she leaped up and glared down at him. She was trembling, her green eyes flashing. "I am not totally selfish, Pee Wee Dexter. I do think of other people sometimes. I couldn't stand there and let Philip find out about Kristi and Gareth. She was going to blurt it all out. It's one thing to hope Gareth might fancy her enough to give Philip some competition, or to encourage you to keep trying to get the two of them together; it would be something else again to tell Philip what she had done. If Kristi decides she prefers Gareth, she can tell Philip anything she wants to. I'm not completely without honor, or heart."

Pee Wee stared at her, open-mouthed. "Hey, I'm sorry. I didn't mean—"

She was beyond hearing. She had stormed off across the room, stepping up the various levels until she reached the gallery. There she turned to face him, her hands gripping the rail, the tendons of her neck rigid. "I helped Kristi," she said tremulously. "If I hadn't come along she'd still be selling scarves at Spencers. I care about her. She's my friend. If I thought for one minute she really loved Philip I'd shut myself up in my house and take up knitting."

And that would be a hell of a waste, he thought. He went to her, pulled her roughly into his arms, thinking irrelevantly that he was glad she was barefoot and he wasn't. Like this they were almost the same height. Not that his lack of inches bothered him so much anymore, but it felt more comfortable holding a woman when your head was level with hers.

"I'm sorry," he said again.

Her voice was muffled. "You must think I'm an awful idiot."

"Why? Because you just showed me you're human? I've always known that, Adrienne. I was just waiting for you to find out."

"I can't afford to be human."

"Sure you can. It's just going to take time for you to find that out too."

"I haven't *got* time." Her face was under control again. He kissed her eyelids and contented himself with saying, "We'll see about that."

"Anyway," she said in a wavery voice. "You were probably right. I am selfish. Philip thinks so too. He accused me of helping Kristi get started in modeling only to prove to him that I *wasn't* selfish. And I did start out with that in mind. But once I got to know her, I wanted to help her."

"I know you did. I also know that you had nothing to gain by visiting Gareth as often as you did. Anyway, I'm not above serving my own interests either, or Gareth's." He sighed. "You still want Philip Talbot?"

"Yes." Her lips were tight now.

"Okay. I'll see if I can get him for you." He let out a long and deliberately soulful sigh. "Can we go back to bed now?"

She giggled; most surprising, coming from the sophisticated Adrienne. He liked the sound and tried to think of something to say that would trigger it again. But she was pressing close to him now and he was getting a surge of interest from his lower parts.

There was a pleased expression on her face and he thought perhaps she'd noticed his response to her—how could she not?—but then he realized she was looking at something over his shoulder. He turned his head. The Modigliani nude. It pleased him to look at it too.

"That's a super print," she said. "You really do have a good eye, Pee Wee. Where did you get it?"

Here was his opportunity. Was it too soon to tell her? Better that than too late. "Don't be so insulting," he said flatly. "It's not a copy, it's the real thing."

She pulled away from him and peered closely at the painting. "Are you serious?" She started walking along the gallery, staring at the Picasso etchings, the Mondrians, the black-and-white Jackson Pollacks.

"They're *all* originals," she breathed. "My God, Pee Wee, you've got a fortune here. I had no idea business-doctoring was so—"

"Profitable?" He grinned complacently. "I don't take over corner grocery stores, my dear. I acquire fairly large electronics companies. Computers, word processors, that sort of thing. And I've bought into a hotel or two. I acquired my first one when I was eighteen."

She was staring at him. "Hotels? You don't mean the Dexter hotels are yours? I've never connected the name—"

"Mine and Gareth's. We started buying and building them when Gareth was still in Hollywood."

"But there are Dexter hotels all over the country. There must be dozens of them."

"One or two in each state, including Alaska and Hawaii, of course. We hope to expand a little soon. We've already got one in London and another in Switzerland. My parents run that one; they always wanted to live abroad."

"But you—you were an *agent*."

"And I enjoyed it too, for a while. It was a help to Gareth. Everyone should have a hobby or two. I also enjoy karate, gardening and fishing. And I like to play the stock market. Fortunately, unlike your father, I know what I'm doing, and unlike your accountant I'm the soul of honesty. I always pay my taxes."

"I always knew you must be fairly well off," she said slowly as though she were thinking aloud. "But I didn't dream—"

He laughed, enjoying himself. "You were deceived by my modest appearance? Appearances aren't important to me. I like living on the island. I do some of my best thinking there. And it keeps me away from my ex-wives." He grinned. "I really don't want to pay any more alimony. I must admit that Jean Paul Getty was right. A billion dollars isn't worth what it used to be."

It took a moment for that to sink in. Then he saw with amusement that there was a speculative glint in her eye. "Why, Pee Wee," she said admiringly, "I do believe you've suddenly become even more attractive."

He put his head back and laughed, then pulled her into his arms once more. "As I said before," he murmured against her willing lips, "I always did like a straightforward woman."

Chapter Nineteen

EMERGING FROM THE GIFT SHOP into the elegant lobby of Seattle's Westin Hotel, having purchased several items she didn't really need, Kristi hesitated, wondering what she could find to do next.

A short distance away, beyond a round pillar, David Jordan was sprawled on a caramel-colored upholstered bench, smoking a cigarette, trying tactfully to look as though he wasn't watching her.

Kristi sighed. David and the men who worked for him were discreet, they made obvious efforts not to intrude on her privacy, but there was always one of them *there*.

As she hesitated, David smiled at her, apologetically, as though he knew what she was thinking. Could he read her mind now, she wondered.

She walked over to him, sat down on the bench next to his and smiled. "You must be very bored," she said.

He grinned. "It's restful work. I may get too fat though, sitting around." His glance slid over her figure in her blue cotton jump suit. "How do you stay so slim?"

Mischievously, she said, "By not eating anything fattening and exercising at least thirty minutes a day and running when I can and—"

He held up a hand. "Sorry I asked. Luckily Joan likes me chubby." He looked at her sympathetically. "Did you get fed up with the seminar?"

She laughed. "Two days of lectures, slides and movies are more than enough for me. This morning's offering was a videotape of a male facelift, in living color." She shuddered. "How can Philip cut into a living person like that?"

David shook his head. "I faint at the sight of blood myself. But thank God there are people made of sterner stuff." He studied her face for a moment. "What's wrong?"

She let out a breath. "Is this really necessary, David? Don't you think we could call off the watchdog service?" She bit her lower lip. "I don't mean to be flip about all you've done for me, but you can hardly keep following me around for the rest of my life."

He raised an eyebrow. "I can think of worse ways to spend my time. But yes, it's necessary."

It was her turn to study *his* face. "You did exonerate Berry, didn't you?"

"Nope. We couldn't *prove* anything. Which is hardly the same thing. Lieutenant Pauling is still working on it. Unfortunately," David continued, "Pauling couldn't just haul Berry in for questioning."

"I should hope not. I still think I should have gone to the studio and talked to him."

"What would you have said? Hey, buddy, are you trying to kill me?"

"Why not? This whole thing's becoming ridiculous anyway."

"Not so ridiculous, Kristi."

She was suddenly alert. "Something's happened."

He looked at her steadily. "I received a call a little while ago, while you were shopping. The paper used in the last letter has been traced to Berry Lansing. He buys it a ream at a time from a downtown stationery store. Always the same brand."

"But the lieutenant said it was a common brand."

"The woman who hired the messenger has also been traced. Her name is Lin Chung."

"Berry's assistant. Yes. She does have unusual eyes. Of course." Her heart had begun a slow pounding. The palms of her hands felt clammy, cold.

David nodded. "She says Berry told her it was a Bon Voyage message."

Kristi swallowed. "She admitted hiring the messenger? Does she know anything about the accidents?"

"She says not."

"What happens now?"

"Now the lieutenant has reason to question Berry. Unfortunately Berry has been out of town for a few days. We don't know where he is."

Kristi stared at him. "You think he might have come here?"

"It's possible." He paused. "He's due back in L.A. in the next couple of days."

"We go home the day after tomorrow."

He nodded. "I'll tell Philip about this latest development at lunchtime. No reason to interrupt him. And no reason yet for you to cut short your trip."

Berry. Sweet Berry who in spite of his posing had always treated her as his friend, had always *cared*. "He had so many opportunities to kill me," she said slowly. "I'm often alone with him at the studio. Why would he go to all that trouble?"

"*Whoever's* involved, he wants your death to look like an accident." He hesitated. "We don't know for sure yet that Berry had anything to do with your accidents, Kristi."

"But it seems likely?"

"Possible."

She got up and picked up her packages. "I'm going to my room for a while," she said. "I'll see you later, okay?"

"Sure."

While waiting at the elevators, she turned to see that David was right behind her. She made a face at him and he laughed. "Just doing my job, lady," he said facetiously.

She was smiling when she entered the suite, but the smile faded as she kicked off her shoes and sat in an easy chair.

Berry. Her good friend Berry.

She leaned back and closed her eyes, not wanting to think about it. Deliberately she blanked out her mind, then tried to come up with an idea of something to do to pass the time. She certainly didn't want to return to the seminar. She wouldn't have come at all, if Philip hadn't been so insistent. He was having a great time, of course. From the opening cocktail party through the scientific sessions, he'd been in his element, talking, arguing, socializing, politicking. He had spoken on one panel about his work at the speech and learning center in L.A. Once a month he attended a review board, joining a speech pathologist, an orthodontist and an ear-nose-and-throat man in reviewing the cases of children with cleft palates and lips, discussing their progress and the treatment the group provided free of charge. It was just one of the many services for which Philip donated his time and skill. It was perhaps typical, Kristi had thought as she listened to him, impressed as always by his knowledge and his compassion, that the newspapers rarely reported these activities. Yes, she was interested and impressed, but she had to admit she was also out of her depth.

There were other wives around. They were friendly enough, though a little distant with Kristi. Their conversations circled around potty training and colic, favorite recipes, gripes about their husbands' long work hours. Kristi had been unable to find anything in common with them and had given up trying.

She had hoped to get out into Seattle, intending to look up the art gallery Pee Wee had mentioned, so that she could see more of Gareth's sculpture. She was just curious, she assured herself. But David was always with her.

She would have an early lunch today, she decided. Then when the sessions ended at noon, she wouldn't have to listen to shop talk while she ate. Surgeons' shop talk, she had found, didn't do a thing for her appetite.

A few minutes later, she was sitting in the Market Café contemplating a small chef's salad. When a male voice behind her said, "Hello, Kristi," she didn't even turn around, expecting that David had materialized at the next table as he usually did. But then as she lifted a forkful of lettuce she realized the voice was all wrong. She swung around to see Pee Wee standing behind her, looking surprisingly handsome in a gray Izod shirt and matching gabardine slacks, his gray eyes showing amusement at her astonishment.

"May I join you?" he asked.

She nodded, too startled to speak.

"Surprised?" he asked as he sat down opposite her.

"I think disconcerted is the word."

His smile widened. "It's a small world."

Kristi's mouth twisted. "You don't expect me to believe this is a coincidence?"

"Perhaps not."

Before she could respond, a waiter appeared and Pee Wee ordered a salad for himself.

The waiter acknowledged his order, repeating it slowly, his eyes fixed on Kristi. She recognized the bemused expression on his face. He knew he'd seen her somewhere before but couldn't quite remember where.

Hastily she looked away from him and saw David sitting not far away, consulting a menu. His eyes met hers and he raised an eyebrow. She nodded slightly, then turned back to Pee Wee who was now surveying the room. "This is very nice, isn't it?" he said cheerfully. "I like the casual atmosphere and the flowers." He looked back at Kristi and smiled. "Philip anywhere around?"

"He's at a session right now. Did you want to see him?"

He gave a mock shudder. "Not if I can avoid it. I just wanted to make sure I could talk to you without interruption."

She should get up and walk out of the restaurant, Kristi thought as the waiter returned with Pee Wee's salad. But she was far too curious to leave.

Was it curiosity, she wondered, that was making her pulses throb in her ears?

"I've been very puzzled," Pee Wee said. "You sent me rather a cryptic message via Gareth. 'Tell Pee Wee to quit writing anonymous letters.' I couldn't see how my telephone calls could be mistaken for letters and they certainly weren't anonymous. Gareth was convinced I'd been warning you off him. He was pretty upset with me, innocent as I am."

"Oh." Kristi paused, chewing on a piece of lettuce to give herself time. "Someone wrote me some anonymous letters and there were some other incidents. I thought for a while you might have something to do with them."

He chuckled and picked up his fork. "I've an idea my good name is at stake here," he said lightly. "May I ask what made you decide I was the guilty one?"

"You told Adrienne you didn't think I should marry Philip. That was basically what the notes said."

"Which shows there are other sensible minds in the world. What did you mean by *incidents*?"

Kristi sat up straight. "Nothing important," she said carefully. "Let's just forget it."

"Okay," he agreed, but he kept his alert gray eyes on her face.

"I suppose Adrienne told you I was coming to this hotel," she said when the silence became heavy.

He nodded. "I asked her some time ago to let me know if there was ever a chance for me to see you alone."

"Why?"

He hesitated. "It's going to take some explaining and I'm not sure where to begin."

"Try the beginning."

He had a delightful laugh, like that of a small boy about to commit some mischief. "Let me synopsize for you. Philip doesn't like Gareth. I imagine you've found that out for yourself by now?"

She nodded.

"When you came to the island, when I saw how it was between you and Gareth, I was worried. Neither Gareth nor I need trouble with Philip Talbot. So I talked Gareth into letting you go without a—well, without seeing you. I interfered again later when I found out he'd sent you flowers and when you called him." He leaned forward, reached for her hand on the table and pressed it gently. "I'm sorry, Kristi. I don't expect you to like me for what I did, but I hope you'll understand that I wanted to keep you from being hurt."

Kristi withdrew her hand, conscious that a few tables away David was watching them with interest. "What kind of hurt?"

"Emotional. I thought it was better for you to forget about Gareth. But as Gareth recently informed me, I'm not God. I was also trying to protect Gareth, by the way. He hasn't had an easy time of it in recent years. He has problems."

"What kind of problems?"

"Let's talk about that later." He looked down at his salad, sighed gently and put his fork down on the plate. "I realized recently that you were more important to Gareth than I'd thought. That's when I started calling you, but apparently I was too late. You were committed to marrying Philip. I decided not to interfere after all, but Gareth—Gareth needs you, Kristi, he needs you very badly. That's why I'm here, to ask you to come to the island to see him."

"Why didn't Gareth ask me himself?"

"He did, the last time you talked to him."

"Yes, but—" She paused, not really knowing what to say.

"Do you *want* to see him?"

"Yes." The word came out of her mouth almost against her will. She put her own fork down, giving up on the salad. "But I can't. It wouldn't be—"

"Gareth is not a well man," Pee Wee interrupted. "He needs you right now more than you could ever guess. I'm afraid for him. I'm afraid of what might happen if he doesn't see you."

"That's blackmail, Pee Wee."

"I know." He sat back, regarding her solemnly for a moment before going on. "I know I owe you a full explanation of his behavior, but I'd rather he gave it himself. I've already come between you and I'm sorry I did. Now I'm trying to set things straight. I want to give you both a chance to decide how you really feel about each other. Will you do it, Kristi? Will you come to the island and let Gareth explain?"

"Will you tell me why Gareth can't leave the island?"

"Afterward."

"Will you at least tell me if Gareth's exile or whatever it is has anything to do with Philip?"

"It has everything to do with Philip."

Kristi studied his face. His expression was open, guileless, his eyes clear.

"You said Gareth is not a well man. What's wrong with him?"

He sighed. "He's not sick, he's— It's too difficult to explain, Kristi. You'd have to see him to understand." He leaned forward, suddenly businesslike. "I could drive you to the dock in Tacoma. I've got my boat tied up there. We could be on the island in a couple of hours. If we leave fairly early in the morning you could spend some time with Gareth, then I'd bring you back to the hotel. At the most you'd be gone eight or nine hours."

She couldn't tell him that she wasn't supposed to go anywhere alone. Nobody knew where Berry was. He could be right outside this hotel, waiting. She couldn't believe that, wouldn't believe it. In any case, she wouldn't be alone, she'd be with Pee Wee. And she could at least get her questions answered. She might even discover that Gareth was quite an ordinary man after all, a man she could forget. Didn't she owe it to Philip to examine her obsession with Gareth more closely, so that she could put him out of her mind?

Rationalizing, she admitted to herself. In any case, her decision had already been made. It had been made the moment she agreed to talk to Pee Wee.

"Are you still being followed?" Pee Wee asked.

Automatically her glance flicked sideways to where David was biting into a sandwich with obvious enjoyment. She looked back at Pee Wee. "How did you know?" She shook her head. "Don't tell me. Adrigenne. Yes, I'm still being followed."

"Doesn't Philip trust you?"

"Of course he does. He hired David because he wanted to— It's none of your business, Pee Wee."

"Okay. Will you come to the island tomorrow?"

She took in a deep breath, then let it out slowly. "I'll come, but—" Again her glance flicked sideways.

"You think you can shake your shadow?"

"Probably, but Philip would be sure I'd been kidnapped. I'll have to leave him a note, I guess." She thought for a minute. "Could you meet me in the morning just after eight? That's when Philip goes to breakfast."

"I'll park outside the front entrance."

She shook her head. "Philip has breakfast here, he might see me leave. Better if I take the elevator down an extra floor. There's an exit at the back."

Was she really sitting here calmly working out an escape route from the hotel? No, not calmly.

Pee Wee stood up and picked up her check with his own. "My car is a blue Mercedes, license number BZJ 941. I'll be waiting."

She nodded mutely, aware all at once that she was committed. For some time she didn't move. When she finally did, she moved stiffly, feeling unreal, as though she were walking through a dream. Several heads turned to watch her. The restaurant had filled up while she talked with Pee Wee. She heard a male voice say, "Hey, isn't that . . . ?" and then she was out in the hotel lobby. David followed her out. He stood beside her but she sensed his curiosity. "An old friend," she said at last. "We did some commercials together a while back."

He nodded. Would he tell Phillip she'd lunched with a man? She didn't think so. She'd learned that David didn't necessarily report everything she did. But just in case, she murmured, "I'd just as soon Philip didn't know. He doesn't like my friend very much."

David inclined his head.

She smiled at him. "How about a movie this afternoon? Something mindless and entertaining?"

He smiled. "Sounds great to me. I'll have to report to Philip about Berry, first, though."

Her stomach gave a sickening lurch. But she couldn't worry about Berry now. She had to think about how she would get away in the morning. She began trying to remember all the suspense books she'd ever read, looking for an escape plan that might work.

Chapter Twenty

AFTER ALL, it was surprisingly easy to get away. She simply told Philip that night that she wasn't up to another day of the sessions and would prefer to go shopping or sightseeing, if he didn't mind.

He had no objections as long as David went along. He attributed her restlessness to the news about Berry, which had disturbed him as much as Kristi. "You go ahead, sweetheart," he told her. "It's best you keep your mind occupied until we hear what's going on."

In the morning, she told him she'd prefer to sleep a while longer and have a late breakfast in her room. She promised to call David when she was ready to go down. Philip smiled at her, kissed her enthusiastically and told her to have a good day. His mind already on the day ahead, he didn't notice that she was even more nervous than she had been the night before.

As soon as he was gone, she dressed hurriedly in jeans and a cotton shirt, picked up a sweater and her shoulder bag and left the room, leaving behind the note she'd prepared for Philip the night before. "I have to have some time to myself," she'd written. "I'll be back for dinner."

Pee Wee was waiting as he'd promised. In just over an hour Kristi was huddled in a seat next to him in his powerful motorboat, speeding across the gray-green waters of Puget Sound. They had locked Pee Wee's car in a private garage he owned on the mainland. She was cold. Though the sky was bright and cloudless, there was a chill dampness in the air.

How would Gareth greet her, she wondered. What did he expect of her—the same as before? Was he planning to hop into bed with her as soon as she arrived? She had given him more than she had given any man, even Philip, her husband. She had given him total surrender. Did he realize that?

Was she weak, coming back like this just because Pee Wee asked her to? Somewhere in her mind she had always known she would come back.

Looking ahead, she saw that again the islands were shrouded with mist. She had the fanciful idea that Gareth's island had disappeared after she left it and was waiting now to make an appearance just for her. Had *Brigadoon* had a happy ending, she wondered. She couldn't remember.

HER SECOND MEETING with Gareth was like a replay of the first. Once again, as she entered the shadowed living room, there was the lean dark man coming toward her, his eyes looking into her soul. She felt a physical shock that stopped her in the doorway as though she'd run into an invisible glass wall. He looked at her and the intensity of his gaze sent heat singing through her bloodstream. She thought that all the time she had spent away from him was time wasted. She knew that if he didn't touch her right away, she would fall.

She had pulled off her sweater and hat as he approached her and he took her directly in his arms without a word of greeting. Words weren't necessary. He held her tightly, his hands moving across her back in a way that was enormously exciting and she pressed her body against his, unable to get close enough. "I was so terribly afraid you wouldn't ever come back," he whispered at last.

Then his face moved against hers, his mouth sliding across her cheek until it found her mouth and clung, softly at first, and then demandingly, searching out all her suppressed longing for him and welcoming it with the insistence of his tongue. She felt his accelerated heartbeat, matching her own. A minute later, an eternity later, he eased her down onto the couch. She could feel it hard against the back of her legs and then beneath her, and he was still beside her, still holding her, still kissing her, his hands moving lightly over her breasts, thumbs brushing her nipples. Her whole body came alive to his hands, straining against him, wanting him.

Pee Wee had tactfully disappeared, she saw when Gareth finally released her. Hannah Paterson wasn't around either, but Kristi could hear clattering from the kitchen. Hannah was letting them know she was close by. Pendragon was lying on the hearth rug, one paw over his nose, his eyes looking at her without curiosity, as though she was an old and trusted friend.

Kristi took a deep, tremulous breath and looked at Gareth, feeling suddenly unaccountably shy. "That was quite a welcome," she said shakily.

His smile started as usual in his eyes, only gradually reaching his mouth. There were lines of strain bracketing his mouth, she saw, lines that hadn't been there before. Otherwise, he looked perfectly well. Had Pee Wee deceived her? "I've missed you," he said simply. "I care for you so much."

She winced involuntarily and the thought entered her mind that Philip must feel just as rejected when she said those same feeble words to him. Evidently it wasn't any easier for Gareth to say the right words than it was for her. And yet they were such simple words, far simpler than any other. You could say them fast or slow. *I love you.* Nothing to it as long as the tongue and the teeth would obey. Were the words there in his mind? She wanted to believe they were, but wanting didn't make it so. The words had to be said to be true.

She pulled away a little, hating to, but doing it anyway. "Pee Wee said you needed to talk to me, Gareth."

He nodded, his hand reaching to touch her face. "Not now. Later. Tomorrow."

Before she could protest that she wouldn't be there the next day, she was in his arms again and rational thought had fled.

Pee Wee came back after a while, apologetically, to let them know Hannah had breakfast on the table. They ate and talked nervously, meaninglessly. Hannah made a big production out of pointing out to Kristi that the breakfast she'd prepared was reasonably low in calories.

That reminded her of her comment to Philip about getting fat. And then Philip was in the room with her, smiling at her with his trusting, clear-eyed grin, the way he had this morning when he left the hotel suite. The enormity of her deception struck her so forcibly that she could barely breathe. She found herself twisting her wedding and engagement rings around on her finger as though they'd become too tight.

Yet she was still conscious with every part of her of the lean muscular body in the white Izod shirt and tight blue jeans across the table from her, aware of the black hair tumbling on his forehead, the pleasure in his dark eyes as he looked at her. Her mouth tingled from the imprint of his mouth and her body glowed, remembering his touch. She wanted him, there was no doubt about that. She wanted him inside her. The temptation was so strong to let her mind blank out so that her body could take over and lead her back to the absolute pleasure of loving him again. Without any effort at all she could imagine the joy of naked flesh sliding against flesh, hands stroking, gripping, caressing, mouths exploring in mutual and unrestrained passion.

At the same time, she knew she couldn't let him touch her again, not today. If he did, there was no question she would end up tumbling into his massive bed. And she couldn't do that, not while she was Philip's wife. As Philip had suggested on their wedding night, she was, after all, a very conventional woman. It wasn't possible for her to commit adultery.

Strangely enough, she could almost smile at the old-fashioned sound of the word.

After the meal, Pee Wee left them alone again in the huge, dim living room. She sat on the couch as far as she could get from Gareth. Pee Wee had lit a fire; even in early September, wintry weather had come to the Pacific Northwest. Pendragon had moved away from his spot near the hearth. She could hear him panting somewhere in the room behind her.

"We must talk now," she said firmly to Gareth. "I have to go back this afternoon. We don't have much time."

"I'd hoped you would stay, Kristi."

"I can't."

He moved closer to her and reached for her hand, but she shook her head and pulled away. "No touching," she ordered. "I can't think when you touch me. And I need a clear head."

"There's nothing to think about, Kristi. You belong here with me. You know that."

"I don't know that." She paused, forcing herself to look away from him so that she wouldn't be affected by the magnetism that was pulling her relentlessly toward him. "I don't know you or anything about you, other than what I've read in fan magazines. And I know how distorted their stories can be. I don't even know what you really want of me."

He didn't hesitate. "I want you to leave Philip and come here to live with me."

"Are you asking me to marry you?"

"If that's what you want."

The words chilled her. She risked a quick glance at his face. He was looking at her very intently, his face somber. "You want me to give up everything, my husband, my career?"

"Yes."

Well, that was clear enough. She would have to be just as direct. "I don't think I can do that, Gareth. I can't give up my whole life."

He didn't reply. The only sound in the room was the crackling of the logs in the fireplace and her own light breathing. The whole house seemed quiet, as though all of it was listening, waiting for him to speak.

Abruptly, she stood up and reached out a hand to him. "Let's go for a walk," she suggested. "There must be somewhere on this overgrown island to walk. We both need fresh air before we can talk this over sensibly."

She heard the swift intake of his breath as he looked up at her. There was an expression in his eyes that she couldn't define. There was something tortured there, something distant and trapped. She felt as terrified as though she'd glimpsed the opening of a long dark tunnel and was about to be drawn inside it. "I can't go outside, Kristi," he said at last. The words seemed torn from him.

"Why not?" she demanded.

For an endless minute he didn't speak, then he said, very softly, "I'm afraid," and hesitated again. As she stared at him, he stood up. His hands reached for her shoulders, gripping them much too hard, as though he needed something to hold on to. For a long moment he looked into her eyes, his own eyes dark with agony. Then his hands dropped to his sides and his expression changed to the sad wistfulness of a lost child. "I'm afraid to go outside," he said in a voice that was barely above a whisper.

Quickly he turned away from her and strode from the room without looking back. Pendragon lumbered to his feet and headed after him, but stopped at the door and looked back at Kristi, hesitating as though he wasn't sure who needed his presence most. After a moment, he followed Gareth out of the room.

Completely bewildered, suddenly aware that her knees were about to give way, Kristi lowered herself onto the couch. Pee Wee found her there a minute later, staring into the fire. "He told you," he said softly, his eyes full of sympathy.

She looked up at him blankly. "All he said was— He said he was afraid to go outside."

Pee Wee looked thoughtful. "I've always thought if he'd at least admit it, there was a chance. This is the first time he's admitted it out loud."

"Admitted what? His fear? What is he afraid of? Why is he afraid to leave the house?" Her breath caught in her throat. Wild-eyed, she looked up at Pee Wee. "Does someone want to kill him?"

Someone wanted to kill *her*. And she was convinced it wasn't Berry. It couldn't be Berry. Could it be someone who knew about the connection between her and Gareth? Someone who also wanted Gareth dead?

Pee Wee spoke before she could pursue her thoughts to madness. "I want you to read something, Kristi."

She stared at him. "How can I possibly read now? I want to know what's going on. I *have* to know."

"The thing I want you to read will explain everything," he insisted. "Afterward we can talk and I'll answer your questions."

His voice was soothing, deliberately so. Probably he recognized that she was on the verge of hysteria. Did he know that at this moment, in Los Angeles, the police might be questioning her good friend Berry Lansing, trying to find out if he'd attempted to kill her? In Seattle, Philip was probably searching the hotel. David would be methodically checking with doormen and taxi drivers, trying to find out where she'd gone.

"Wait here," Pee Wee said.

She heard his footsteps on the stairs going down to the basement. A door opened, then closed, and he came back, holding several pages of typescript. "Gareth's gone into the gym," he said. "He often works out when he's desperate."

She stared at him without comprehension. "Why is he desperate?" she asked, but Pee Wee didn't seem to hear her; he went on speaking himself. "He can't go on the way he has this last year, never leaving the island, never even going outside. He's starting to turn away from people now. He doesn't want me to bring anyone here. You are the only one who can help him, Kristi. Please understand that he desperately needs help."

He thrust the pages into her hands. "Read this. It's Gareth's manuscript. It won't take you long. Afterward, if you still want to leave I'll take you back to Seattle. Okay?"

She took a deep breath, then let it out. "Could you open a window? I can't breathe."

He went at once to one of the small windows and she felt the freshness of the sea air. She thanked him, then made one more request. "Could you bring me a drink, please? Not Perrier this time. Something with some power in it."

"Brandy?"

She nodded.

He sat down in his oddly shaped black chair after he'd poured the drink, his eyes fixed on her face as she took a long gulp of the brandy. Predictably, she choked, but after a moment she was able to control the spasm and she felt the brandy warming her body, calming her. Setting the glass down on the coffee table, she picked up the first page of the manuscript.

It was a chart of some kind. A family tree. A Talbot family tree with a line leading to the name of Gareth St. John, set off to one side. There was something terribly symbolic about that lonely name separated from the rest. She made a small sound and Pee Wee asked if she was all right.

She nodded, wanting to tell him to go away, to leave her alone. But then as she started to read, she forgot Pee Wee's presence, forgot who she was and where she was, forgot everything but Gareth St. John.

ON PAPER, Gareth had a lot of relatives, but none of them really belonged to him. To begin with, there were two mothers: plump kind Marjorie Dexter, who told him to call her Mom, and the elegantly beautiful lady who preferred to be called Miss Emma. Mom lived in a small stucco house in one of the many communities that made up Greater Los Angeles. Besides Mom and Pee Wee there was Dad, Joe Dexter, a nervous and unsuccessful realtor who invariably came on too hard and strong to prospective clients, closed each deal with an attack of acute indigestion and was a prime candidate for the ulcer he developed when he was forty years old.

Miss Emma lived in a wonderful Elizabethan house set in its own vast grounds in Beverly Hills. Unfortunately, she didn't live there alone. If she had, as she frequently assured Gareth, she would have brought him to live with her all the time. Gareth loved that house and all its contents. When the other children were gone, he would wander through the beautiful rooms alone, out into the grounds, back into the house again, sometimes delicately touching the paintings, the furniture, the grand piano in the ballroom. "Mine," he would whisper and his voice would echo with a rustling sound in the golden silence.

For the longest time, he had a fantasy that Kenneth Talbot would die, Miss Emma would inherit the house and leave it to him, her favorite child. But when he hinted at this wonderful possibility, Miss Emma told him sharply that the house wouldn't go to her, it would be passed to Philip because he was the eldest son.

Kenneth Talbot wasn't there during Gareth's visits, but he lurked, an unseen presence, behind every door, ready to jump out and grab the small dark-haired boy who didn't belong to him, and who wasn't supposed to be in the house at all.

Sometimes, when Gareth was visiting, Kenneth Talbot arrived home unexpectedly, striding in through the front door like a modern-day Goliath in search of a David to challenge, calling for his children, his bluff voice echoing in the great hall.

Philip, James and Virginia would spill, laughing, down the stairs to greet him, their red-gold hair glittering in the light just as their father's did, throwing themselves at him, climbing his powerful body as though it were a tree.

Gareth would linger at the top of the stairs for a dangerous moment, watching this family tableau, feeling lonely and abandoned. But then Miss Emma, her face frantic, would shoo him back into the shadows, where he was snatched up by one of the maids, hustled down the back stairs and dispatched home in a taxi.

When he was very little, he would cry all the way home. Pee Wee would hug him, his face dark with anger, not because of the crying, but because of the reason for it. "Why doesn't she leave you alone?" Pee Wee would storm. "You could be perfectly happy here with me and Mom and Dad—you wouldn't know any difference then."

Gareth respected Pee Wee's intelligence. Pee Wee attended a special school for gifted children. But Pee Wee was wrong. Gareth wouldn't be happy at all if he couldn't go to the Talbot house. The Dexters were good to him; if he misbehaved, the only punishment they handed out was to send him to his room. But even though they were good to him, he couldn't love them, not as he loved Miss Emma. And Joe Dexter wasn't his real father any more than Marjorie Dexter was his real mother. Nobody seemed to know anything about his real father, except Miss Emma, and she told him only that his father had the same name as his and he'd gone back to his native Wales, and he wasn't worth worrying about anyway.

Gareth grew up in the red-roofed stucco house, but he lived only for those weekends when Kenneth Talbot was gone. The visits were often painful. Gareth was too unlike the Talbot children. He was quiet and dark and brooding and always faintly anxious and they didn't know what to do with a boy like that.

Philip was the nicest to him. He showed Gareth how to handle a baseball bat and a tennis racket and took him sailing sometimes when he could talk Kenneth into letting him borrow the family sailboat. He often let him help with the birds and animals he was nursing back to health.

Then one of Miss Emma's friends gave Philip a puppy, a squirming golden bundle of fur. Gareth played with it all afternoon when it arrived, trying to teach it to sit up and beg. The puppy wasn't too eager to be trained, but it seemed to like Gareth; it went to sleep on his lap and he could feel its small heart beating next to his leg. When the time came for Gareth to go back to the Dexters he cried because he didn't want to leave the puppy behind. "Oh, for goodness sake," Miss Emma exclaimed. "It's only a dog. You can take it home with you if you like."

She bought Philip another puppy, but Philip was angry when he found out Gareth had taken his dog away. After that he always blamed Gareth whenever one of his wild creatures disappeared. He would storm around shouting at Miss Emma and he wouldn't speak to Gareth the next time he came. Gareth couldn't understand why Philip hadn't wanted him to have the puppy; he had so many other things to play with. As for the wild things, he had no idea what had happened to them, though he thought he'd seen Virginia looking at the empty cages with a smirk on her face.

Luckily, Philip usually got over his anger pretty fast. Unfortunately though, he was six years older than Gareth. He had a lot of friends and was always charging off somewhere to do things with them. And he was Kenneth Talbot's heir, which, Virginia explained, meant that he couldn't get too friendly with Gareth, the way things were.

Gareth understood this as he grew older, just as he understood why James hated him for vying for Philip's attention and why Virginia hated him for taking her place as Miss Emma's baby.

Virginia had declared her enmity the first time she saw the baby with the strangely black hair. "So that's the bastard," she'd said. She told Gareth that when she was older. It was a family joke, she said. Of course, at four she hadn't known what "bastard" meant, but the way her father had said it she'd guessed it wasn't a nice word. Which had meant that Gareth wasn't a nice baby.

"I know what it means now," she added. "It means your mother and father weren't married. That's very bad."

Later still, she gleaned more information from one of the maids. "You're a servant's bastard," she informed him. "That's worse than not having a father at all."

"It's not Gareth's fault," Philip said.

Virginia pouted. She was skilled at pouting, as is any ten-year-old girl with red-gold curls and blue eyes, especially when she's the only girl in the family. "It is too his fault," she countered. "He doesn't have to hang around. He's always skulking around in the corners, making up to Mother, telling her on me."

"You do tease him a lot, Ginny," Philip pointed out. "You're always calling him names. And you tell on him too. You always tell Father when Gareth's been here."

"Daddy doesn't want him here. I heard him tell Mother so, and she cried."

"Because she wants Gareth to stay."

"Well, I don't. And neither do you."

"I don't care," Philip protested, but there was a doubtful note in his voice that carried clearly to six-year-old Gareth, sitting listening on the playroom floor.

"Ginny doesn't mean to be unkind," Philip assured him. "She's spoiled. And she's afraid Mother loves you more than her."

Gareth nodded mutely. He understood. But understanding didn't make his life easier to bear. He wanted to live in the Talbot house all the time, just as the others did. He wanted to go with the family on vacation trips to Switzerland and Paris and London. Later, he wanted to go to the expensive private schools that accepted Philip and James and Virginia with open arms. He understood why he couldn't, because Miss Emma had explained to him that the money was all Kenneth's and though she came from a once-wealthy Boston family, *her* family's money had disappeared in something called the Crash of '29, which had happened before she ever married Kenneth.

"We're lucky I can even pay the Dexters for your support," she pointed out.

Gareth also understood that even if he'd been as smart as Pee Wee, the Dexters couldn't afford to send him to a special school. After all, he didn't belong to them either. Why should they make sacrifices for him?

Yes, he could accept, logically, with his conscious mind, all the reasons for his mixed-up life. Accepting with his emotions was not so easy.

So he learned to hide his emotions, learned to bury them so deep inside himself that most adults, looking no farther than the exterior, felt that Gareth St. John was a very self-sufficient boy. He was a solemn, solitary boy, with a melancholy air about him. He had no friends. The boys in school were not like the Talbots. They were just kids in blue jeans, anxious to get through high school so they could get jobs as auto mechanics or welders or truck drivers. Their main interest was in sports. Unfortunately, in spite of Philip's coaching, Gareth had turned out to be athletically inept. He was a capable but hardly brilliant scholar. Mathematics, Pee Wee's favorite subject, was a mystery to him, and while he did okay in chemistry and physics in theory, in practice his experiments were forever endangering the whole lab. He excelled only in English and art. He especially liked working with clay.

At first the girls in high school seemed to like him; he was, after all, a handsome boy. They hung around him, giggling and patting their hair, striking poses if he happened to look their way. But Gareth was wary. Girls made him nervous. He remembered vividly every taunting remark Virginia had ever made and he was afraid of exposing himself to similar treatment. Gradually, the girls gave up on him. He was a snob, they decided.

In time, Gareth became practically invisible to the kids in school. They left him alone, not because they disliked him, but because they didn't notice him anymore.

He liked the night hours best and would often wander the streets in the dark. Indoors, he spent hours puttering away in his room, reading, dreaming, playing with the clay, eventually creating whole casts of beautifully modeled figures that he put into dramas, writing lines for them to speak, drawing background scenes for their stage.

Marjorie Dexter didn't discourage him. His new hobby kept him out of trouble, she said. She was always afraid he'd get into trouble and Emma Talbot would cut off the extra income that helped to keep all their heads above water.

Why she thought Gareth might get into trouble was never quite clear to him. He was a well-mannered boy. He never lost his temper, did anything he was told to do without complaining, and kept his room immaculate, in contrast to the total chaos of Pee Wee's room.

Only once had he given Marjorie any real cause for alarm and that was a minor thing. About the time Gareth entered sixth grade, the elementary-school district was restructured and children within a certain radius were no longer allowed to ride the school bus. Gareth absolutely refused to walk to school.

"How lazy can you get?" Joe Dexter exclaimed. "It's only ten blocks."

"I'm not lazy," Gareth said.

"Then why?" Joe asked.

But Gareth wouldn't explain, although he knew it was the playing field that bothered him. If he walked, he had to cross it, there was no other route, the freeway was in the way. Once, when he'd missed the school bus, he'd started to walk across the playing field. He was thinking about the previous day. He had visited the Talbots and Kenneth Talbot had come home in the middle of the afternoon. This time, Miss Emma hadn't been alert enough and Kenneth had caught Gareth crossing the hall on his way to the bathroom. He'd grabbed him by the arm and shouted for Miss Emma and created a terrible scene. "Get this damn bastard out of my house," he'd yelled.

Miss Emma had cried. The maids had cried. And Charles, the big black man who was always kind to Gareth, had gripped the steering wheel tightly and stared straight ahead while he was driving Gareth home.

Thinking about all this, and the triumphant expressions on the faces of Virginia and James and even maybe on Philip's face, he had suddenly noticed how empty the playing field was. He felt a vague kind of dread, which he tried to ignore. But as he walked on, he felt a conviction that if he didn't stop he was going to die. Halting abruptly, feeling terrified, he looked around, but could see nothing threatening anywhere. He tried to make himself move forward, even though his throat felt full of broken glass and his heart was thudding against his ribs. But he couldn't take another step.

After several minutes of paralysis, he turned and ran full tilt back toward the school buildings. Once there he felt safe, but he knew he could never again cross that empty field. From the school office he called Pee Wee and told him he needed a ride home.

Though Joe Dexter threatened and coaxed and threatened again, Gareth refused steadfastly to walk to school, showing a stubbornness Marjorie said she hadn't suspected in him. She was finally forced to drive him to school and pick him up afterward.

In the fall, he began junior high, a longer distance away, and once again he rode the school bus. Marjorie was able to relax then, but she told him the worry was always there and somehow it was alleviated when she heard Gareth's voice behind his closed bedroom door, acting out the parts of his players, changing his voice to suit each character, content for the moment.

On his fifteenth birthday, Gareth put on one of the little dramas for the Talbots, not including Kenneth, of course. For one unforgettable hour he held them enthralled. Even Virginia admired the clay figures. Magnanimously, he gave them to her. A couple of weeks later he found she'd stuffed them in a shoebox and put them in the old playroom closet before she went back East to school. She had stuffed them in so carelessly that all of the heads had fallen off.

Philip explained to him again that Virginia didn't mean to be unkind. It was just that her interest didn't ever stay on any one thing for long.

"If she didn't want them, why didn't she say so?" Gareth demanded.

"Maybe she didn't want to hurt your feelings," Philip said.

Gareth looked at him for a long moment and Philip had the grace to flush. He tried to make Gareth feel better by offering to teach him to drive. But then Gareth dented the fender of Philip's new Ferrari, parking it in the garage, and Philip exploded into rage. Which was understandable. Philip apologized afterward, but Gareth was so ashamed of his clumsiness and so unnerved by Philip's outburst that when he returned to the Dexters he closeted himself in his room and refused to emerge for two days. After that, he never did feel that he fit comfortably behind a steering wheel.

He didn't really fit in anywhere until his senior year in high school. Then he discovered a whole new world. Avila High School had acquired a new English teacher that fall, Milton Hayward, an out-of-work actor and closet homosexual. Milton had taken the job because he had fallen upon hard times. "I worshiped too long and often at the altar of Bacchus," he explained to Gareth in his theatrical way after they became friends.

Milton was on the wagon now, trying to get himself in shape for a return to his beloved world of greasepaint. In the interim, he hoped to make Avila's English and Drama departments the best in the country, or at least in the State of California, or if all else failed, the best in L.A.

Of average height, ponderously built, bearing a strong resemblance to Charles Laughton, who was one of his idols, Milton had a personality more forceful than all the Talbots combined. He pressured Gareth, one of the few pupils who showed signs of intelligence, into trying out for his first production—*Death of a Salesman*, Arthur Miller's Pulitzer Prize-winning play.

Gareth wasn't exceptionally good in the tryout or in subsequent rehearsals, but he had two talents that made him stand out from the rest of the cast: he remembered his lines and he said them at the proper time. Because of this, Milton assigned him the lead role of Willy Loman.

Death of a Salesman left its mostly blue-collar audience cold, not only because they were bewildered by the "highbrow" nature of the play, but because the girl chosen to play Willy's wife, Linda, had sudden and totally irrelevant giggling attacks, and son Biff came off as a rather imbecilic clown who seemed to be chewing gum throughout the performance.

Gareth stole the show. Not a difficult feat, considering the rest of the players. But Milton, agonizing in the wings, wondering how the hell he was going to continue teaching this bunch of Philistines without either slipping off the wagon or slashing both wrists, recognized talent when he saw it. He was familiar with the magic that often transformed a ragged production into magnificence on opening night, and had hoped somehow to witness this transformation. No such miracle occurred. Only Gareth was transformed. He *was* Willy Loman, the fading salesman, past sixty years old and exhausted, desperate. His emotionally charged relationships with his family came through with stunning force.

Through his shock, Milton saw that the eyes of the people in the audience followed Gareth's movements across the stage as though they were the victims of mass hypnosis. He vowed on the spot that he was personally going to develop Gareth St. John's potential for greatness.

Sitting near the front of the auditorium, Miss Emma glowed with pride. Philip, though usually restless and bored by any play, was moved and astonished by his half brother's sudden display of brilliance. Even Joe and Marjorie Dexter felt stirrings of pride, though they also felt embarrassed. Gareth was so intense and the others so apathetic; surely it was unusual for a high school boy to act like that?

Of them all, only Pee Wee was unsurprised. He had recognized all along that somewhere inside the shy, retiring, moody boy was a genius waiting to be born. He knew immediately, as Milton knew, that Gareth St. John was going to be famous one day.

Pee Wee had friends who owned a large agency that represented writers and actors. Lately they'd been making overtures to him. On this night, he knew who was going to be his first and most important client.

Gareth, stumbling along the road to Willy Loman's inevitable death, was alone inside Willy Loman. But a part of his mind knew that the audience was out there, that people were responding to him. He could feel their warmth surging toward him in waves as he performed. And he knew he was good—he could feel it with every fiber of his being. For the first time in his life, he was totally, completely happy.

During his last few months in high school, Gareth St. John was *in*. He was invited to all the parties, accepted by all who had scorned him before. He felt that he had somehow stumbled upon a magic key.

After graduating from high school, he followed Milton's advice and studied drama at UCLA and eventually made his way to the Actors' Studio in New

York. Milton went along as Gareth's "advisor" and companion. He had almost given up trying to become Gareth's lover. Gareth's sexual urges were determinedly heterosexual and Milton could never persuade him into his own field. But Milton lived in hope that this might change. In the meantime he contented himself with being Gareth's friend, and dedicated himself to helping Gareth achieve the fame and fortune he deserved.

Gareth's first theater role followed shortly after his arrival in New York, and although the play did not last a month, it was long enough for Gareth to be noticed. Other parts followed.

Looking back, Gareth realized that he always thought of this period as "the good years." He was doing something he loved and he had friends. He had girls—as many girls as he wanted. Young men hung around him too, some because they admired his talent, some because they knew that wherever Gareth was, you could be sure to find girls, and sometimes you could pick up on the fallout. Even Milton could sometimes pick up on the fallout from among the boys who didn't want to score with the girls.

Those years were not without trauma. Gareth spent a lot of time waiting—waiting to see directors, waiting to try out, waiting to see if he had the part. He didn't always get the part. Then depression would hit and he would hide out in his apartment, refusing to see anyone except Milton, or Pee Wee if he was in town. If he did get the part, he was often just as depressed, afraid he wouldn't be able to carry off the role.

But he liked New York. He especially liked the subway and would persuade Milton to ride with him for hours, feeling perfectly at home in the bowels of the earth. On the street he didn't feel quite as secure. Something about the buildings looming over him, the shadowed canyon effect they gave to the streets, bothered him, though he didn't know why. Sometimes the ground felt as though it were moving, about to open up beneath his feet.

He dated mostly actresses he met in the course of his work, but he could never settle for one particular girl and his romances didn't last. Contributing to the brevity of his numerous affairs was the fact that he was still inclined to be moody. Quite often he forgot dates. Sometimes he walked out on a girl in the middle of the evening and summoned Milton, feeling a sudden need to prowl the subways again.

He rarely saw the Talbots during this period. Philip appeared at his performances when he could get to New York, and Miss Emma occasionally accompanied him. Though she suffered terribly from arthritis, she tried valiantly to be gay, taking them both out to dinner afterward, talking proudly of Gareth's achievements, trying vainly to bring her oldest and youngest sons closer together. Such visits were not too successful. Philip resented his success, Gareth felt. But he was friendly enough, and when Gareth was invited to Hollywood to make his first film, he was made welcome at the Talbot house. Kenneth was dead. James and Virginia were both married and living elsewhere. Philip had been married to Serena for nine years.

Serena was a special person. After Philip left for work, she would make a huge breakfast for herself and Gareth: ham and eggs and sausages and blueberry muffins and the best coffee in the world. Philip wasn't a breakfast person, so Serena enjoyed having someone to share what she called her secret vice. With Serena there, Gareth's time at the Talbot house was much pleasanter than before, though Gareth still felt like a guest, not quite one of the family.

And then his first major movie, *Dark Torment*, took off, surprising everyone except Pee Wee and Milton. In the next year and a half Gareth made two more movies that rocketed him to superstar status. Posters of him suddenly appeared in coed dorms and store windows. He appeared on talk shows, eliciting squeals from his largely female audiences. Even the male population responded to him. His casually careless hairstyle was adopted everywhere. Young men valiantly tried to copy his wry smile, his easy, lithe walk, the sideways glance of his eyes that drove women wild.

When *For Love of a Stranger* won him his second Oscar, fans mobbed his car after the ceremony, grappling with policemen and Milton, rocking the car with the sheer weight of their numbers. One girl's arm was broken. A policeman suffered a skull fracture. The pressure of bodies shattered the rear window of the car.

Gareth was stunned. He had never, in his dreams of stardom, expected anything like this. Hollywood was already a disappointment to him. Gone was the warm rapport he'd felt with his theater audiences. On the set he was just an object to be moved from place to place and told what to say and when to say it. Scenes were rarely shot in sequence, so he could never get totally immersed in the part he was to play.

What he wanted, he told Milton, was to go back to the theater. That was where he belonged, on a stage, with people reaching out to him from the warm dark.

"In a few years maybe," Milton said. He was drinking again, frustrated at being so near to, yet so far from Gareth. He was drinking so much that he often forgot to eat. He was beginning to lose all resemblance to Charles Laughton. "When the fuss dies down," he said, "if it dies down, maybe you could take time out for a live play then."

"But I need to get out of Hollywood now," Gareth insisted. "Half the time I don't even know what I'm doing."

"*You* know," Milton said sourly. He'd have given anything to have one tenth of Gareth's present opportunities. "Maybe you don't know consciously," he added, trying to be fair. "Whatever, you've got this uncanny instinct for finding the emotions of the character and communicating them on the screen. It doesn't matter if you don't know how you do it. You do it. That's all that counts."

Two days later, Gareth walked off the set in the middle of a scene that was being shot on the studio lot. The scene called for him to walk across an open square—he was supposed to be in Rome—to meet a woman he had loved hopelessly for years. Halfway across the fake piazza, with the cameras rolling, he stopped and froze, feeling momentarily confused because the piazza had become his old elementary-school playing field. He tried to tell himself it wasn't so, but he couldn't force himself to go on. He was terrified, sure that he was going to die. Finally, he doubled back, said something unintelligible to the director and headed rapidly for his dressing room, where he locked himself in.

The next day he disappeared. No one, not even Milton, guessed that he had taken a bus up the coast to the State of Washington. He felt comfortable on the bus. Once he got to Seattle, he took a ferryboat, not knowing or caring where he went. He had a vague idea he might end up in Canada and no one would find him there. Instead, he discovered the islands in Puget Sound. He explored all of them, including those near Tacoma. And he saw one small island that was uninhabited.

He returned to Hollywood two weeks later but refused to say what he'd been up to.

At first his colleagues excused his erratic behavior on the grounds of temperament. And Gareth explained that he'd suddenly felt sick. But then a few weeks later, he repeated the whole odyssey, and again a couple of months after that, once more excusing himself on the grounds that he was sick. But he looked perfectly well. A rumor began in the industry that he was unstable, unreliable. Gareth compared his colleagues' impatience with him to the reactions of the people in Erewhon, the fictional country in a novel he admired tremendously, where pain and sickness of any kind was considered a serious crime.

It was several months before he told Pee Wee about his discovery of the island in Puget Sound. Often over the next two years he retreated there for a week or two, pitching a tent, cooking his meals on a Coleman stove, basking in the healing silence of the tall, closely packed trees.

Noting on one of his trips that considerable development was taking place on a neighboring island, he realized that the same thing could happen to his retreat. So he bought the whole island and arranged to have a house built to his design. At that time he meant the house to be for vacations only, even considered renting it out when he wasn't there. But he never did get around to contacting a real estate agent to handle it for him, even though Joe Dexter would have been happy to take on the job.

He went to the island rarely his last year in Hollywood. Most of the time the house stood empty, containing only a few necessary pieces of furniture. Still, in the frenetic life of Hollywood, he often thought of the house, picturing its sturdy stone walls in his mind. He did not expect then that one day soon he would consider living there for the rest of his life. He had forgotten that in Erewhon the punishment for sickness was imprisonment.

Chapter Twenty-one

WITH AN AUDIBLE SIGH, Kristi put the pages down in her lap and rubbed the tension from the back of her neck. The house was very quiet. The fire had gone out. At some time Pee Wee had closed the window.

"I guess there are many forms of cruelty," she said slowly. "How could Miss Emma treat him like that when he was a child? Seeing everything the other children had, having none of it himself. The strain on him must have been enormous."

Pee Wee nodded. "I've always felt that Gareth's troubles should be laid at Miss Emma's door. I suppose she thought she was doing the right thing by not abandoning him, but he'd have been a damn sight better off if she'd dropped him on somebody's doorstep and walked away."

Kristi was silent for a moment, then she stirred. "The story isn't finished. I suppose Gareth withdrew more and more until finally he just stayed on the island?"

Pee Wee nodded again, but his eyes didn't meet hers and she suspected that there had been more to Gareth's withdrawal than the manuscript had revealed. But when he spoke his voice sounded candid enough. "He developed a reputation for being temperamental. He often walked off the set that last year. Walked, hell—most of the time he ran. Usually Milton or I persuaded him to go back to work. We shouldn't have. We should have recognized earlier that he needed professional help." He sighed deeply. "Gareth's condition is called agoraphobia, which is Greek for fear of the marketplace. Officially, it's known as a neurotic conflict. To the agoraphobic, the whole world is a marketplace and he has an irrational fear of going into it. The only place Gareth feels safe is in this house."

"And you brought me here," she said wearily. "Knowing how I felt about him."

His gaze fell as she stared at him. "I was thinking only of Gareth, Kristi. I hoped you could help him. He seemed to think you could."

Her voice held bitterness. "I need help myself, Pee Wee. I came here looking for help." She hesitated. "You told me when I was here before that Philip had something to do with Gareth's exile," she reminded him. "Why did you do that?"

"Because it was true. There was a big blow-up one day. Gareth was—well, it doesn't matter. Philip was furious with him. He decided it would be best for Gareth to give up acting, to stay on the island for a while. At the time, I agreed. I thought a few months of peace and therapy would work some kind of magic. Philip arranged for Gareth to see a psychiatrist in Seattle. For a while, the man seemed to be getting results. Gareth was cheerful, he looked rested, he talked about going back to work in a year or so. But he was acting a part. In reality he was withdrawing more and more. After a couple of years, he wouldn't even set foot on the ferry. I bought the boat, but he wouldn't have anything to do with the boat either. I arranged for the psychiatrist to come here, but Gareth refused to see him. It was soon after that he began to avoid going outside. It took me a while to notice. He was clever about excuses." He sighed. "By the time you came, he'd stopped showing any interest in anyone or anything."

"What happened to his friend Milton?" Kristi asked abruptly.

Pee Wee shrugged. "He used to come over here in the beginning. He'd stay a month or two at a time, trying to persuade Gareth to go back with him. But then he gave up. He keeps in touch. I've heard Gareth talking on the phone to him a number of times. But he doesn't visit anymore. Gareth told me he was drinking more than ever. Last time I saw him he was a shell of what he used to be. I didn't encourage him to keep coming. I always felt he was something of a leech, living vicariously off Gareth. He never could make it in his own career. I heard he'd found some other kind of work, but I don't know what." His face was bleak. After a while he said, "Agoraphobia is quite a common ailment, Kristi. At least one in a hundred Americans suffers from some form of it. It can start with fear of crowds, freeways, escalators. It gradually accumulates until it encompasses a fear of everything."

"There aren't any drugs, tranquilizers maybe—"

"We've tried them all. I think myself that only Gareth can help Gareth. The fact that he admitted his fear to you is a start. He wouldn't admit it to me or the doctor. At first he made excuses about fans mobbing him, someone recognizing him. When he stopped going outside he said it was damp on the island and he had a cold coming. In summer it was hay fever." His voice lifted a little. "Ever since you came here I've sensed a kind of excitement building up in Gareth. It worried me at first, but lately I've wondered if he isn't mentally getting ready to make a move." He gestured at the papers on her lap. "The writing helped, I think. He began to see the pattern."

Pee Wee stood up, walked over to one of the small windows and looked out. "You see these windows? When Gareth had the house built he insisted they should be small. Too much sunlight faded rugs and furniture, he said." His voice sounded lifeless again. "I should have seen it coming. Have you noticed it's always afterward—a week, a month, a lifetime later— that you look back and say, 'If I hadn't taken that job, gone to that party, turned that particular corner on that particular day...'?"

"Is there any hope for him?" she asked softly. "If he does decide to help himself, can he?"

Pee Wee turned to face her. "There are programs. Somehow I have to persuade Gareth to leave the island so that I can get him into some kind of therapy. If his desire to get over the thing is strong enough, if he could get through the first session, there might be hope. Many doctors have had some success with desensitization, gradually exposing the person to his specific fears. I read about a program like that in Menlo Park. It might work. If I can just get Gareth there."

"What if I were to give Gareth an ultimatum?" she said slowly, thinking aloud. "What if I tell him he has to come to Los Angeles if he wants to see me again? Would that be enough of an incentive?"

Pee Wee frowned, considering. "It might be. If he knew you were going to be beside him, helping him."

Kristi turned her head away. She hadn't meant to imply that she would be with Gareth all the time. How could she be? Reading that sad, sad story of Gareth's life and listening to Pee Wee, she had become filled with sorrow and pity. And nothing, she realized now, could kill sexual attraction as quickly and totally as pity.

Was that all it had been then, all that pain, all that energy wasted in agonizing? Had it really only been sexual attraction, the magnetism of the movie star for lonely Chrissy Jones? Was it only Chrissy Jones who had loved him? Had Kristi Johanssen merely used him to satisfy her bodily needs?

She felt so sorry for him, and for Miss Emma, even for Philip, who surely must have suffered over Gareth's exile, knowing it had been his idea. She could understand now why he was reluctant to talk about him and why he was so angry. Philip would never understand someone refusing a doctor's help.

Pee Wee had said that the first step was to get Gareth to leave the island. If she could accomplish that, then perhaps all the pain would have some meaning, for him if not for her.

"I have to go back to Seattle, Pee Wee," she said helplessly.

"I know. I'll take you. If you could just talk to Gareth first, tell him—"

"No. I can't bear to see him," she blurted out. "If I saw him now I wouldn't be able to hide my pity and that wouldn't help at all."

"God no." He glanced at his wristwatch. "I can have you back at the hotel by about six thirty, if we leave now. Then I'll come back and explain to Gareth that you want him to come to you."

Again she wanted to object to his wording, but how could she when Pee Wee's usually sardonic face was so bright with hope and anticipation? She contented herself with a quick nod and a forced smile, and then she reached for her hat and sweater and put them on before following Pee Wee out of the house, a house, she thought sadly, that she would probably never enter again.

PEE WEE took her across the Sound in his boat. Had Gareth watched them go, she wondered. Would he feel rejected again? She couldn't worry about that now. Thoughts were tumbling around in her head, but she couldn't seem to bring them all together, couldn't even begin to plan what she would tell Philip. She had to tell him the truth, she knew, she had to tell him everything. And then, when his fury abated, if it ever did, she had to try to persuade him to help her bring his brother out of his living hell.

"Are you okay?" Pee Wee asked as they reached the floating dock next to the ferry landing.

"I guess so," she said lamely. From somewhere she dredged up a smile. "I feel like a puppet who's lost her strings."

Someone had talked to her about puppets. Berry Lansing. She had forgotten about Berry. She still had that to face.

Pee Wee jumped onto the dock, reached out a hand to her, then froze, looking upward. "Sweet Jesus!" he muttered and she turned in the same direction.

Philip was standing above them on the ferry landing, dressed in a dark suit, the jacket open, the breeze ruffling his red-gold hair and beard. He was leaning on the rail watching them, looking so much like his sea-warrior forebears that her heart threatened to fail her. David must somehow have found out where she'd gone. Philip's face was enigmatic, somber, stern. He didn't speak.

Kristi climbed awkwardly onto the dock, ignoring Pee Wee's outstretched hand. Pee Wee was pale. She imagined she was too. Philip was striding toward the steps that led down to the dock. He stood there, waiting.

Somehow Kristi managed to walk up the wooden steps with Pee Wee behind her. Her legs felt like lead, her knees locked as though she were climbing steps in a nightmare and would never reach the top.

Philip looked directly at Pee Wee. "We won't need you," he said. "I rented a car. I'll drive Kristi back to Seattle."

He hadn't raised his voice. He'd even managed to sound polite. Kristi wished he would shout at her, even hit her. Anything would be better than having to face this grim, unsmiling, unrecognizable man.

"It was my fault," Pee Wee said quietly.

Philip inclined his head. "I'm aware of that."

"Kristi?" Pee Wee was holding out his hand. She let him take hers. His eyes were dark with concern. "Would you rather I drove you?"

"No. It's okay. I'll go with Philip."

He nodded, gave her hand a barely perceptible squeeze, then turned back to the steps.

Philip took her arm. "Let's go," he said.

She allowed him to lead her to the car and help her into the passenger seat. He climbed in on the other side and started the engine. "Philip," she said tentatively.

He turned to look at her and she shivered when she saw the arctic coldness of his eyes. "Kristi-girl," he said softly, though there was no softness in him. "We have to drive to Seattle. Tonight there is a banquet that I am required to attend. Then we have a night to get through. Tomorrow we'll fly home. Then we will talk about this. I'm not prepared to get into it while I'm driving, and in order to get through the rest of the convention with some semblance of sanity I prefer to put the whole subject out of my mind. I expect you to do the same."

She nodded, unable to speak.

For a long time they drove in silence, a terrible silence loaded with suppressed emotion. Almost to Seattle she finally had the courage to ask him, "Have you heard anything about Berry?"

"No," he said flatly.

She tried again. "Did David tell you he saw me with Pee Wee?"

Philip didn't glance at her. "Only after I discovered where you were." His voice was still without warmth. "Hannah telephoned L.A.," he added without inflection. "Charles told her where I was and she called me at the hotel. My friend David, correction, *your* friend David was going frantic trying to track you down."

Hannah. Kristi wasn't surprised.

"Can't we talk now, Philip?" she pleaded. "I don't think I can get through the evening if we don't."

"You'll manage, my dear. Just rely on your acting experience. You've been putting on a pretty good act since June."

He knew about her first visit to the island. Hannah must have told him that too.

She stole a glance at his profile. His face seemed carved from stone, his mouth a hard line beneath the red-gold beard. His hands were gripping the steering wheel as though he wanted to wrench it out of its foundation. It would do no good to keep trying to talk to him, he was obviously beyond reason.

Swallowing against the fear that threatened to choke her, Kristi leaned back in the bucket seat and closed her eyes, wishing for unconsciousness. But sleep wouldn't come.

SOMEHOW THEY BOTH MADE IT through the evening—talking, eating, drinking, even laughing when necessary. Neither of them could sleep that night. Toward morning, Philip suggested they split a sleeping pill between them. Until that moment, she'd hoped that just the fact of being in the big bed together might break through his cold silence, but he turned his back on her after they shared the pill.

In the morning they ate breakfast with some of Philip's colleagues. Kristi hadn't seen any sign of David anywhere. Had Philip fired him, she wondered, but couldn't bring herself to ask.

The flight home to L.A. was uneventful. Philip hooked himself to the earphones and listened to music all the way. Kristi stared miserably out the window, seeing nothing.

She wasn't sure if she was glad or sorry to arrive home. "We're very tired," Philip told Charles when he greeted them at the door. "We're going straight up to rest. Have Lila or Theresa bring us some coffee, but don't let anyone disturb us after that."

Charles's face was impassive. Only a quick sideways flash of his eyes told Kristi he recognized the anguish in Philip's voice. He made no comment. He simply carried their suitcases upstairs, told Philip Miss

Emma was fine and that no emergencies had come up while they were away.

Then he was gone and Philip and Kristi were alone. Philip pulled off his jacket. He loosened his tie and shirt collar and gestured Kristi to the easy chair beside the window. She wanted to change out of the blue jersey dress she'd put on for traveling, but was afraid Philip might think she was trying to distract him. When the coffee came he poured for both of them, sat down on the edge of the bed and looked at her directly, not even squinting against the bright glare of the sun in his eyes.

"Start at the beginning," he said.

Haltingly, she began. Philip interrupted the first time as she told of her first visit to the island. "Why did Adrienne take you there?"

"I don't know. She said she thought it was time I knew about Gareth."

"But she knew—" He broke off. "Go on," he said and she did.

When she hesitated momentarily, he stared at her and his eyes were empty of life. "You let him make love to you," he said wonderingly. "My lovely, cold, repressed, frigid wife. You let Gareth lay you, didn't you?"

"Yes," she whispered.

"And you enjoyed it, even though you could never enjoy me."

"No, Philip," she said as strongly as she could. "No, I didn't enjoy it." She could at least give him that.

But he didn't believe her. Granite-faced, he gestured her to go on again. She told him everything, holding nothing back. Her voice faltered as she told about reading Gareth's manuscript and he stood up and started pacing around the room, worrying his hair with one hand. "It wasn't like that," he said bitterly when she was done. "It wasn't like that at all." He sat down again and looked for a long time at the carpeted floor. Kristi drank some of her coffee, though it was quite cold. Philip hadn't touched his.

At last Philip stirred. "It *was* like that," he admitted in a tight voice. "Except the way Gareth wrote it is a distortion—a twisting of the truth. I did teach him to drive, yes, but he took my car without permission one day and wrecked it deliberately. He drove it into a wall. As for the birds and animals that disappeared, I finally had to keep my bedroom locked when Gareth was around. Nothing else disappeared after that. I don't know what he did with them. I wanted to know, but I was afraid to find out."

He swallowed visibly, then continued. "The little figures he made—the heads were broken off, yes, but Virginia had packed them away carefully in tissue. I saw her do it. She swore Gareth must have broken them himself so he'd have something to tell Miss Emma. And, by the way, as far as I know, Virginia didn't ever call him a bastard. As for my father, he never caught Gareth in the house. All of that was in Gareth's imagination. He saw everything through some kind of distorted lens. It was an impossible situation, I'll grant you that. But we all did the best we could with it. My mother loved him. I loved him, the way I loved the wild creatures I saved. I knew that he was suffering, but I didn't know how to help. I was just a kid myself."

He sighed deeply. "There are some few people born with a certain kind of power over others. Call it magnetism, charisma, whatever. Some use it for good. Others, like Gareth, misuse it. Gareth attracted people and he knew he attracted people. He knew he could influence them and he did so deliberately. He used them. Yet there was a part of him that was afraid of the power he had over others. He was flawed, Kristi. If he'd led an ordinary life, the flaw might have lain dormant, but the stress of the double life he led in childhood, then his career, all that adulation, was too much for him. He fell apart."

His eyes lifted and his gaze met hers, piercing blue in the sunlight. "He did, you know," he added conversationally. "He did fall apart. He had a complete mental breakdown."

"You mean the agoraphobia?" Kristi asked. "Pee Wee called it a neurotic disorder."

"That's as good a name as any. But it was more than that. Pee Wee was always blinded by his feelings for Gareth. It wasn't only agoraphobia."

He was quiet for a long time, then he said, "I take it Pee Wee didn't mention Serena?"

She stared at him blankly and he gave her a tired smile. "I see that he didn't. What reason did he give for Gareth's final exile?"

"He said he had trouble on the set and then there was some kind of big blow-up and you decided Gareth should stay on the island for a while. After that he just gradually withdrew into himself."

"I see." Philip sighed. "Kristi, dear, I'm afraid you've been deceived by your friend Pee Wee, though what he said has a glimmer of truth. During that last year in Hollywood, Gareth hardly went to the island at all. I was pleased. I thought he was finally adjusting to life. I felt we'd all helped him—Pee Wee, Miss

Emma, myself, Serena." His mouth twisted. "Especially Serena. She was so patient with him, so gentle, so caring. He spent a lot of time with us, with her. I didn't mind, until I found out what they were doing behind my back."

Kristi made a small sound of horror and he glanced at her. His face was closed and harsh. "That surprises you? It shouldn't. It shouldn't have surprised me. Gareth always did want whatever I had."

He laughed but there was no humor in the sound. "The affair had been going on for several months. Miss Emma knew, but she didn't tell me. In her eyes, Gareth could do no wrong. When it all blew up, she blamed Serena and me. Between us we had destroyed her favorite son." He was gazing morosely at the bright window. "It's too damned bad she didn't set fire to the drapes the way she did when she suspected Stephanie," he muttered.

"What happened, Philip?" Kristi asked gently. "What happened to Serena?"

"She was going away with him. She wanted to have his babies, she said in the note she left me. They didn't have the guts to tell me to my face." His eyes met hers now, but she had the feeling he wasn't seeing her at all, his mind was traveling in the past. Again he made a sound in his throat that was almost laughter, except that it was too dry and wrenching to be mirth. Kristi wanted to go to him, to touch him, but knew she didn't dare.

"I guessed they'd head north to that damned island," Philip continued after a while. "I'd only missed them by half an hour when I found the note. Some surgery was canceled and I had come home sooner than expected. I found the note five or six hours before I was supposed to. I went after them right away and caught up with them after they'd turned onto the coast road. They were playing it safe, thinking I'd expect them to go up I-5. But I outguessed them. Serena caught a glimpse of my car in the rearview mirror. She was driving. Gareth never did like to drive. Another of his damn fears. She speeded up when she saw me and started driving erratically. And then she misjudged a turn, skidded and went over the edge."

"Gareth was in the car with her," Kristi whispered.

He nodded. "He was thrown clear. So was she. But he landed in a bush near the top. He was unhurt. She bounced down the hillside."

He stood up again, walked over to the window and looked out at Jason's garden below. "Gareth was useless, hysterical. He kept insisting it was all his fault. I didn't argue with him. After I'd done what I could for her and a passerby volunteered to phone for an ambulance, I got him calmed down, told him to shut up and let me do the talking or he'd be in more trouble than he'd ever been in his life. When the police came I told them Gareth had been in my car with me."

"Why did you lie?"

He gripped the edge of the windowsill and leaned his head against the glass. "I didn't want anyone to know she was going away with him. I didn't want a lot of talk about Gareth and the family. I persuaded the policemen to forget they'd seen Gareth at the scene."

He straightened and laughed that dreadful laugh again. "We do so care about appearances, we Talbots." He sighed heavily. "Afterward, after Serena had been taken to the hospital, Gareth fell apart completely. He was suicidal, blaming himself for Serena's injuries, threatening to walk into the ocean until the water flowed over his head. That was the way he put it—'until the water flows over my head.' He was always so damn dramatic. I called Pee Wee. Between us we got him to the island. We agreed that was the best place for him until he came out of it. We didn't know then that he would never come all the way out of it. And we didn't know Serena would never regain consciousness."

He turned then and looked at her, his face weary. "Now you know all of it," he said. "All his life, Gareth wanted everything that was mine. I should have known he'd make a try for you. I suspected as much when Miss Emma accused you at the party, but I made myself believe you when you denied knowing him. Why did you lie to me, Kristi?"

"I didn't want to hurt you."

"You could have thought of that before you slept with him." He looked away from her. "What I'm wondering now is, how did Pee Wee feel about all this? He wouldn't want his precious Gareth getting into trouble with me again. But he's not a violent man."

Kristi stared at him, horrified. "You don't think it was Pee Wee who tried to kill me? He couldn't have, Philip. I mean, he was very much against me having anything to do with Gareth at first, but then he changed his mind. He said that Gareth needed me. Besides, what about Berry? David said— Anyway," she added, remembering, "Pee Wee was on the island when I was in Israel."

"How do you know that?"

Kristi swallowed. "I called him. I wanted to talk to Gareth. I was confused."

Philip thrust a hand through his hair. "God, I can't believe this. I can't believe it's happening again."

Kristi stood up and put her hand on his arm. "Philip," she began, but he shook her hand off as though it were something unclean and headed for the door. "Where are you going?" she asked.

He stopped but didn't turn to look at her. After a moment, he said, "I don't know." His voice was muffled.

"Philip, listen to me. I want you to know that this time nothing happened between Gareth and me. I couldn't. I didn't want to. I kept thinking about you and all you've done for me."

"Sure, Kristi."

She was frantic. "It's true, Philip. Whatever there was between Gareth and me, it was already over before I left the island. It was never really there. It was just between Gareth and Chrissy Jones."

She wanted him to believe it, wanted to believe it herself. She could feel the hard pounding of her pulse in her ears. She wanted to say something more, anything that would take that dead look off Philip's face. But she couldn't form the right words in her mind.

Philip said in a strangely even voice, "I think I'll take the boat out. It's a nice evening for a sail."

It was only after she heard the front door slam and heard the sound of the Porsche's engine, that his words made sense in her mind. Behind them she heard an echo of Ben Carmichael's voice saying, "He drives too fast or ricochets that damned boat all over the Pacific."

He'd hardly slept the night before. He was angry—angrier than she'd ever seen him. He was in no condition to take the boat out. She should go after him, stop him.

Halfway to the door, she halted. He wouldn't stop for her. He was through with her. He'd made that clear.

Chapter Twenty-two

SHE WAS HALFWAY down the main staircase without any memory of leaving the bedroom. As she stood there, trying to think coherently, she heard the telephone ring in the hall below. Lila, the younger of the two maids, hurried to answer it, her shoes clicking on the parquet floor. "It's for you, Miss Kristi," she said after a moment. "Should I say you're not home?"

Lila's expression was sympathetic. She must have heard Philip storm out of the house. What could she be thinking? Kristi almost laughed. Nothing Lila could think could possibly be as bad as the reality.

"It's Ms Armitage," Lila whispered.

"I'll take it," Kristi said. She hesitated, the mouthpiece of the receiver covered in her hand. "Tell Charles I want him, will you? I want him to go after Dr. Talbot. He— I forgot to tell him something."

"Yes, Miss." Lila walked away.

"Adrienne," Kristi said into the telephone. "I'm sorry, I can't talk now. May I call you later?"

"Pee Wee told me everything that happened," Adrienne said. Her voice was subdued. "He called me this morning. He tried to get you, but he missed you in Seattle and he didn't know what time you'd get home." She hesitated. "Gareth's disappeared, Kristi. He took Pee Wee's boat sometime in the night. He also took the keys to the Mercedes. Pee Wee tried to

Beyond the Rainbow

get hold of Hannah's son, but he wasn't home, so Pee Wee was stranded, waiting for the ferry."

"Gareth left the island?" Kristi said numbly. "But that's good, isn't it?"

"He hasn't driven a car for years. Pee Wee doesn't think he was anywhere near ready to go off on his own." She paused again. "I didn't know about all that, believe me, Kristi. I mean, I knew about Serena and Gareth, but I'd never have taken you to the island if I'd known about Gareth's illness. I've been feeling terrible about it ever since Pee Wee told me. It was my fault you met Gareth. I had the crazy idea of changing your mind about marrying Philip."

Confession time all around, Kristi thought wearily. Aloud she said, "What was Pee Wee going to do?"

"When he could get off the island he was going to borrow a car and go after Gareth. He's sure he's coming to you. Evidently after Pee Wee got back to the island he and Gareth had a fight. Gareth accused him of spiriting you away. Pee Wee explained everything to him and he went off to work in his den. After dinner Gareth went to bed early. At least Pee Wee thought he'd gone to bed. He didn't discover he'd gone until this morning."

Kristi swallowed and tried to speak, but no sound came out. "Kristi, you must believe me," Adrienne continued. "I thought I wanted Philip. I didn't ever believe you loved him, not really. Otherwise I'd never have—"

"Not now, Adrienne."

"But I've got to know if you'll forgive me. Please. I've been going out of my mind since Pee Wee called. I couldn't even get up the courage to call you until now."

Kristi sighed. "It's okay, Adrienne. I forgive you. We'll talk about it later. Right now I've got to send Charles after Philip. He's gone out in his boat and I'm afraid. He's in a— He's not in a good frame of mind. He left a few minutes ago."

"Why don't I call Ben? Philip could cast off before Charles gets there. Ben has a boat in the same marina, he could go after him. Shall I call him?"

"Yes," Kristi said hurriedly. "Call Ben and call me back. Let me know if you reach him or not."

The minutes seemed to stretch endlessly as she waited. Charles came into the hall apologizing—he'd been out in the grounds talking to George Warren, he explained. "It's all right, Charles," Kristi said. "Dr. Carmichael will go after Dr. Talbot for me."

He started to move away, then turned back. "It's Gareth, isn't it?"

Kristi nodded.

"I always knew it wasn't over," he said. His voice was husky. She found that she couldn't meet his eyes.

The telephone rang and she snatched it off the cradle before Charles could reach for it. He gave her a reproachful glance, then walked away. There was a slump to his shoulders. For the first time since she'd known him, he looked his age.

"I caught Ben at the clinic," Adrienne said. "He's on his way to the marina now."

"Thank God," Kristi said.

"What about Gareth, Kristi?"

"I can't do anything about Gareth. If he turns up here—" She paused as the possible consequences of that raced through her brain. "I'll think of something," she finished lamely.

"And you really have forgiven me?"

"Of course. You didn't force me into his bed. It was my own fault, Adrienne. All of it. Don't blame yourself."

There was relief in Adrienne's voice. "Thank you, Kristi. Believe me, I wouldn't have interfered, but I was desperate. I, well, I'll explain it all to you another time. Pee Wee and I will explain it to you."

Pee Wee and Adrienne, Kristi thought wonderingly after she'd hung up the telephone. What had Adrienne meant? She shook her head, dismissing Adrienne from her thoughts. She was filled with a sense of urgency, but couldn't think of anything to do. Ben would catch up with Philip. He had to. And Gareth— there wasn't anything she could do for Gareth now. For a moment, she tried to imagine Gareth speeding in that small boat across the cold waters of Puget Sound in the dark, driving Pee Wee's car onto the freeway. How could he possibly manage?

She was walking back and forth across the great hall, unable to stand still. On an impulse, she headed for the east wing. To her surprise, Virginia was there, sitting beside Miss Emma's bed, reading a book. Miss Emma's nurse was nodding in the chair in the corner, taking a brief nap while her charge was asleep.

Kristi stopped short. "Virginia, how long have you been here?"

Virginia jumped, almost dropping her book. "Lord, Kristi, I didn't hear you. When did you get back?"

"Hours ago. We landed at LAX at two." It was seven now, she saw, according to the glass-domed clock on Miss Emma's bureau.

"I came in the back way around five," Virginia said. "Miss Emma and I had a long talk before she went to sleep." She glanced at her mother's face, then back at Kristi. "As a matter of fact, we were talking about you."

"Oh?" Kristi couldn't decide whether to confide in Virginia or not.

"We've decided you're a pretty good Talbot after all," Virginia said as though she were bestowing an award.

An ironic touch, Kristi thought; she might not be a Talbot for much longer, the way things looked. She walked over to Miss Emma's bed and stood looking down at the lined, tired face with its frame of silver braids. She understood her mother-in-law's violent behavior now; Miss Emma must have suffered terribly from guilt. But she couldn't condone her treatment of Gareth. No matter how Gareth had distorted the story of his upbringing, Pee Wee had been right, Gareth would have been better off left alone.

But probably Miss Emma had acted in the way she thought best. She had loved Gareth, there wasn't much doubt about that. She felt a wave of pity for Miss Emma, for Gareth, for herself.

"Is anything wrong, Kristi?" Virginia asked abruptly. "You look awfully pale."

Kristi forced herself to smile. "I'm tired, I guess. I think if you don't mind, I'll go and lie down."

Virginia stood up. "You want me to come with you? Or should I get Philip? You look really awful."

"Thank you, no, I'll be fine. Philip's gone out for a while anyway. He's gone sailing. He'll be back soon."

Why hadn't she told Virginia what was happening? she wondered. Virginia was a Talbot. She knew Gareth. She might have some idea of what to do.

She hadn't said anything, she realized, as she crossed the great hall, because she'd read Gareth's manuscript and Virginia hadn't come out of that very well, in spite of Philip's explanation. Perhaps too, she'd kept quiet because underneath all the other emotions she'd been feeling over the past twenty-four hours was a kind of rage at the conspiracy of silence that had kept all knowledge of Gareth's problems from her. Forewarned, she would never have gone to the island the first time. Or if she had gone, she wouldn't have developed such an obsession about him, she would have seen that there was something wrong. She'd noticed that first time that something wasn't quite as it should be—that certain off-center look about him, the paleness of his skin. But she'd thought little of it; she'd been too busy looking at him with Chrissy Jones's star-struck eyes.

She grasped the newel post at the foot of the stairs. She should go up and change into something cooler, shorts and a T-shirt maybe. The blue jersey dress was wrinkled and smelled stale. But she felt so exhausted. She didn't think she could make it up the stairs. Slowly, swaying slightly, she wandered into the living room, sat down on the sofa and closed her eyes.

Charles woke her two hours later. No, Dr. Talbot hadn't come home, he said, and there wasn't any word from him, but someone was on the telephone. "He wouldn't give a name," he said with a frown. "I told him you were resting, but he insisted he had to speak to you."

Something had happened to Philip, she thought as she tried to drag herself out of the fog of sleep. Blinking hard, forcing her eyes wide open in an effort to clear her head, she made her way out of the room and picked up the telephone in the hall.

At first she thought whoever had called had gone away, but then an almost inaudible voice said her name and she recognized it at once.

"Gareth, where are you?" she asked sharply.

For a second there was no reply. He was breathing harshly into the receiver. When he did speak, his words tumbled all over themselves and she had to keep telling him to slow down so she could understand.

"A motel," she made out at last. "The Yorktown, I think it's called."

She recognized the name, a motel almost a hundred miles north. He must have driven practically nonstop to get there so fast. "Is the Yorktown a brick building?" she asked. "On 405?"

"Yes."

"Are you all right?" she asked, trying to make her voice sound calm. "Have you had an accident?"

"No accident," he said. His voice was slow now. Too slow, like a record revolving at the wrong speed. "It was like a nightmare, Kristi. So many lights. I'd forgotten about the lights. I had to pretend I was in a movie, driving fast, trying to catch the bad guys."

"Listen, Gareth," she said carefully. "I want you to stay right there. There's a restaurant next to the motel. Go in and have something to eat. Have you eaten since you left home?"

There was a pause. "I don't think so," he said.

"Have something now. Wait for me in the restaurant. Don't go anywhere else. It will take me a couple of hours to get there. Do you understand?"

"I won't go anywhere, Kristi," he said in a stronger voice and she felt relief wash over her. She hesitated before hanging up the phone, trying to organize her thoughts. Ruth Kretschmer would know what to do. She would take him to Ruth.

Virginia was standing in the hall, staring at her as though she'd seen a ghost. "Did you say Gareth?" she whispered.

Kristi swallowed. For a moment she considered explaining, but decided there wasn't time. "Virginia," she said firmly, "wait here for Philip, will you? Tell him I had to go out, that I'm going to see Ruth Kretschmer after a while. I'll call him from Ruth's house."

"Ruth. But Kristi—"

Virginia put out a hand as though to stop her, but Kristi was already moving past her. "I'll explain later," she called back over her shoulder. And then she was out of the house running toward the garage. There was an extra set of keys to the Fiat that Charles kept in the garage.

She heard Virginia calling after her, but she couldn't stop now. She'd precipitated this mess for Gareth with her bright idea about an ultimatum. Now she had to try to undo the damage she'd caused.

She had forgotten that she wasn't supposed to go anywhere alone.

Chapter Twenty-three

PHILIP DROVE INTO THE DRIVEWAY, stopping the Porsche with a screech of tires. Racing up the wide stone steps, he called for Kristi.

Virginia greeted him in the hall. "Kristi drove away fifteen minutes ago." She broke off. "You look terrible."

"I'm okay," he said impatiently. "Where the hell did Kristi go? God, I was afraid of this. Did she go alone?"

"There wasn't anyone with her when she left here. She went shooting out the door. She asked me to tell you she was going to Ruth Kretschmer's." She hurried after him as he moved toward the telephone. "She was talking to someone on the phone. I heard her say 'Gareth' but she wouldn't explain." She pushed her hair back behind her ears with both hands, her brow furrowed. "It sounded as though she was talking to Gareth. What in God's name is going on?"

Philip stopped in the act of dialing Ruth's number. "She was talking to *Gareth*?"

"I think so. She said something like 'Stay right there. I'll be there in two hours.'" She glanced at him sharply as he sagged against the paneled well. "What's going on, Philip?"

"Oh God, I don't know. It might even be history repeating itself." His eyes were unfocused. After a moment he straightened and pushed at his hair with an impatient hand. "God, I'm tired. I can't think straight."

"Kristi said you'd gone sailing."

"I did. I was upset. I had the sense to come back in as soon as I'd thought everything out. Ben was waiting for me at the marina. He told me Kristi was worried sick. I realized then what an idiot I've been. I knew she didn't love me when I married her. Why the hell did I expect more from her than she promised? I kept letting her know in a hundred different ways that I expected her to get better at being my wife." His voice was filled with self-disgust. "I didn't even have the sense to let her know I loved her when she most needed to know it. Hell, she didn't do anything I hadn't done myself. But the minute Gareth was involved my damn pride got in the way. I can't even blame her if she's gone away with him. As long as that's what it is, and not— No, he hasn't been able to leave the island before now. He couldn't have been involved in the accidents."

"You're not making sense, Philip. What accidents? Did you and Kristi have a fight? What's Gareth been up to?"

"Ben told me Gareth left the island last night."

"He *left* the island? But that's great! You mean he's okay now?"

Philip sighed. "Shut up a minute and let me think. If Kristi said two hours she must have gone to meet him on the road. She must be planning to take him to Ruth. Which shows a hell of a lot of good sense. But where is she meeting him? God, I still wonder if Gareth had anything to do with— If I just knew about Berry. Did you get a place name? Anything?"

Virginia shook her head, looking totally confused. Then her blue eyes brightened. "She mentioned the Yorktown."

"What's that?"

Virginia shrugged.

Philip drummed his fingers on the telephone table and looked around wildly. When the phone rang he almost jumped out of his skin. He snatched it up, waving a hand at Charles as he appeared in the hall. "Yes," he snapped into the telephone.

"May I speak to Dr. Talbot," David Jordan said, surprised.

Philip let out his breath. "This is Philip, Dave. Sorry. All hell's broken loose around here."

"Kristi?"

"She's gone off somewhere, alone, to meet someone."

"It's okay, Philip," David said calmly. "I've got a man on her."

Philip sagged against the telephone table. "Shit, David, I fired you in Seattle."

"I don't always do as I'm told."

"Thank God for that. Do you know where she's gone?"

"No. I got a hurried call from my man when she stopped for gas."

"My sister heard her say something about the Yorktown. Maybe two hours from here."

"Just a sec. I'll get somebody on it."

Philip heard a murmur of voices, then David's voice came back. "Philip, while we're waiting, there's something else."

Philip tensed. "Berry Lansing?"

"Berry's okay. Seems he was able to convince Dan Pauling he had nothing to do with Kristi's accidents, though he did confess to writing the letters. Said he wanted to make her think twice about marrying you, but he didn't intend her any harm."

"Is Dan sure?"

"So he says. He can't do anything more with Berry, unless you and Kristi want to press charges."

"Damn right I want to. God, Dave, if Berry wasn't guilty, that means it's more likely than ever—"

"Wait, Philip, I'm not through. There's another wrinkle to the whole thing. Something you might be able to help us on. Seems the L.A. police picked up an attempted suicide today. Guy slashed his wrists last night. He's in critical condition, not expected to make it. He was gay. Name of—"

"Look, Dave, could we talk about this later? Kristi might try to call me, or your man could be calling you."

"I've got more than one phone," David said patiently. "We can't do any more until my girl places the Yorktown. And this is important. It has to do with Kristi."

"Go on."

"The police got curious when they checked this guy's house. They found an envelope in his bedroom with your engagement announcement in it and several pictures of Kristi. Magazine covers, along with her address and the license number of her car. The number was heavily underlined. Someone remembered Dan Pauling asking around about anyone who might be likely to tamper with a car. He mentioned Kristi's name at the time. So they called him. He called me because he couldn't reach you at your office and your home line was busy. The guy who attempted suicide was Milton Gregory Hayward. More recently he used only the name Gregory."

"That's impossible. I met Milton three or four times. He was a big guy, fat and gray-haired. Gregory was skinny as a flagpole and blond."

"People lose weight, especially when they're on the sauce. And hair dye is simple enough to use. And Gregory was with Kristi in Israel."

Philip interrupted him. "Milton Hayward was closely associated with Gareth," he said. "Milton used to hang around Gareth all the time."

"Gareth St. John. The guy your mother—"

"Yes. David, listen, that's who Kristi's gone to meet, we think. Gareth. He was with Serena when her car went off the road. If Milton Hayward was trying to kill Kristi, then—"

"Gareth was behind it." There was a pause. "Hang on, we've got it. The Yorktown is a motel on 405. North about ninety miles."

"405?" Philip repeated.

"That's what Kristi said," Virginia exclaimed.

"I'm on my way," Philip said crisply into the phone. He slammed the receiver down and rushed out of the door, leaving Virginia standing open-mouthed and frustrated in the hall.

KRISTI EASED THE FIAT into the outside lane and leaned forward, checking the sign her headlights had just illuminated. The exit ramp went over the freeway and down on the other side. And there was the Yorktown.

She tried to take a deep breath, to ease the constriction in her chest. I'm afraid, she thought. Why am I so afraid?

It wasn't until she pulled into the Yorktown's parking lot that she saw the lights. Police. An ambulance. A small crowd had gathered. People were pushing, straining to see over each other's shoulders.

Somehow Kristi managed to park the Fiat. She moved slowly through the crowd, her mind repeating *no* over and over, even though she knew, with some deep certainty that came from her heart rather than her brain, whom the people were looking at.

Men, women and children moved aside for her without question, as though they sensed her intensity. And then she was looking down at him. White-jacketed orderlies had just lifted him onto a gurney and were covering his body with a blanket. She could see no sign of a wound anywhere. His eyes were wide open, staring sightlessly up at the sky. The haunted look had left them now, they reflected only the clear darkness of the night sky.

His face looked strangely altered—the features loosened and softened by the slackness of death. Her gaze was caught by something on the ground. Blood. That was Gareth's blood. Somewhere a long time ago she had seen a lot of blood like that. Her father's blood.

"You know this guy?" a young policeman asked. "He doesn't have any papers on him. Car's registered to a Rupert Dexter."

She nodded, swallowing. "His name is Gareth St. John."

The name was picked up and repeated through the crowd. Someone said, "I'm going to call a newspaper," and someone else, a woman, said excitedly, "That's Kristi Johanssen, the model. I've seen her on TV."

"Are you all right, ma'am?" the policeman asked.

She considered his question carefully. "I'm, yes, I think so. What happened, officer?"

She couldn't take her gaze away from Gareth's still face. One of the medics had closed his eyes, but there was no way to mistake that collapsed face for the face of sleep. His dark hair tumbled across his forehead as always, but it had lost its shine. Her hand moved to touch it, but she snatched it back.

The policeman was talking, but she could barely hear him. There was a dull roaring sound in her ears that was drowning out his words. Gareth's face was wavering in front of her as though she were seeing it through a mist or a light fall of rain. The policeman was saying something about a car, a man driving into the parking lot, honking his horn as Gareth loomed suddenly in his headlights, coming away from the restaurant. "According to the driver, the victim seemed confused," the policeman said. "He froze like a rabbit and the driver couldn't stop in time."

Confused, Kristi echoed in her mind. *All those lights. I'd forgotten about the lights.* Go to the restaurant, she'd told him. Why hadn't he waited for her? Had someone recognized him? Had he meant to drive away, not wait for her after all?

"Mrs. Talbot," someone said behind her and she turned to see one of David's men, the Mexican with the Pancho Villa mustache. "Did you know him?" he asked.

She nodded mutely.

"I just now checked with David. Dr. Talbot's on his way."

Her control snapped quite suddenly. She began to shake. A grayness was growing inside her, a throbbing cold grayness that pulsed along every vein, rising up through her legs and her body, threatening to invade her brain. She pushed her hair away from her face. Her skin felt cold and clammy.

Hands touched her. Someone put a blanket around her. She was walking somewhere, held upright by the sheer strength of someone's arms, her own muscles gone slack, unable to support her. Whoever was holding her up smelled strongly of after-shave. Aramis, she thought.

And then she was in a room, an office. She was sitting down, picking pieces of blanket lint off the skirt of her blue jersey dress. She really should have changed clothes hours ago. "Every true story ends with death," she whispered. "Hemingway said that. Every true story ends with death."

She was laughing. No, not laughing. Shaking. And somebody was making a low, moaning sound that echoed and echoed inside her head.

An endless time later, she saw Philip come into the room. He was moving very slowly. There was grief on his bearded face. Grief and rage and a barely contained fear. When he saw her, the fear went away. He stood still for a moment, looking at her, breathing quickly, so quickly that he seemed unable to speak. She saw that there were lines on his face she had never noticed before. Like the fault lines in a piece of mirrored glass that was about to shatter. The usually bright color of his hair and beard seemed dim to her and she remembered suddenly that at the end of the film version of *The Wizard of Oz*, after Dorothy had safely returned home, the movie screen had changed to black and white and all the bright colors had disappeared.

Chapter Twenty-four

A WEEK HAD PASSED, or so they had told her. She, Philip and Ruth Kretschmer were in Philip's comfortable study. Philip and Ruth were talking. She was sitting in Philip's recliner, slim and pale in her black linen dress. She wasn't listening to the other two, she was searching her own mind, trying to reconstruct the past few days. There was something she wanted to talk to Philip about but she couldn't remember what it was.

Ruth had spent a lot of time with her, helping by her no-nonsense, friendly presence to keep the grayness from closing in. She seemed to remember that she'd talked to Ruth about the world beyond the rainbow she'd constructed for herself and how it had fallen apart now.

"Have you ever noticed that women are rarely obsessed by short, fat, bald men," Ruth had asked with her usual offbeat humor. "It's always the tall, dark, brilliant, super-person who does us in. If he's unobtainable, so much the better for our masochistic natures. Women love to be unloved, I think. We feel so damned unworthy anyway. If our hearts get broken, we feel we're getting what we deserve. Conditioning, Kristi. You have to fight it. You have to see your attraction to Gareth for the destructive thing it was."

No, she didn't want to think about that. Think of other things. Think of her friends. They had all rallied around. Adrienne, Marie, even Berry Lansing, very shame-faced, explaining over and over why he had written the anonymous letters, apologizing endlessly, insisting he'd had nothing to do with the accidents. "I could never hurt you, Kristi. I was just so upset when you said you were going to marry Philip. I kept thinking that he shouldn't be happy when I was so unhappy. I thought of him as a butcher, you see. I've talked to him about it and he explained the whole operation to me again. I guess I didn't take it in the first time, I was so crazed with grief. I see now that Bridget's death wasn't his fault. But I'd always blamed him. I didn't want you to marry him. I wrote the letters to make you stop and think."

It didn't matter, she'd assured him listlessly.

Nothing mattered.

The telephone had rung constantly. Newspaper reporters. Television people. They wanted the whole story and they wanted it now. Across the country, theaters were showing Gareth's movies. A major television network had put together a documentary that told the truth about Gareth's life, or at least as much of the truth as the writers had been able to ferret out.

It was yet another irony, she thought with some not-yet-exhausted part of her brain, that the Talbots had finally acknowledged Gareth's relationship to them, as though now that he was dead, no shame could be attached to them. Or perhaps they just didn't care anymore. Philip had stormed around the house for days, raging about Gareth. She wasn't sure why he was angry with Gareth. All Gareth had done was die.

Gareth had been laid to rest now. That's what the pompous man at the funeral parlor had said. She could still smell the flowers that had filled the house for a while. Why did funeral flowers smell like no other flowers on earth?

Pee Wee had come to the funeral. She saw him immediately, even though there were so many other people. At least thirty thousand, a policeman had estimated. After it was all over, Pee Wee had talked with Philip for a long time, and Philip had finally calmed down. "Now that I know what hell Gareth's gone through the last three years," Philip had said, "I can't hate him anymore." He'd added something incomprehensible about the irony of Gareth's dying in a car accident and Pee Wee had held her hand between both of his and told her he was really sorry, he'd had no idea—Philip had hushed him. "Kristi doesn't know yet," he said.

"I don't know what?" she asked.

Philip shook his head. "I'll explain later."

It was all very confusing. And Pee Wee had gone back to Seattle, taking Adrienne with him. They were going to sell the house on the island, he'd said. *They.*

Miss Emma had taken the news of Gareth's death quite calmly, but during the past week she had slipped quietly, perhaps permanently, into a special place of her own, a place that existed only in her memory. This morning she had told Kristi they must start writing invitations to the party she meant to give Kenneth for his birthday. They would invite all their friends, she had said, laughing and clapping her arthritic hands. Kristi had envied her.

"Kristi," Ruth said gently.

Kristi looked at her, vaguely aware that Ruth had been talking to her for some time. "I'm sorry, Ruth. I guess I drifted off."

"You've drifted off quite long enough, dear. It's time for us to go to work."

"Work?" The word sounded foreign to her ears. She looked up at Ruth, then beyond her to Philip. And she remembered what it was she'd wanted to ask him. "Did we ever find out who was trying to kill me?"

He swallowed visibly. "Yes. I have to— I don't know if you're ready—" His voice was rough. Kristi was surprised. During the past week, even when he was in such a rage about Gareth, Philip had spoken to her very softly and had touched her gently, as though if he weren't very careful, she might break.

She might do it too, she thought. Her body felt brittle, like glass, or perhaps ice, all her veins frozen into icicles that no blood could flow through. She clutched the arm of her chair, afraid that if she didn't hang on she would fall onto the floor and shatter. "There isn't any place beyond the rainbow, is there?" she said abruptly.

Ruth shook her head. "No, there isn't," she said softly. "And you don't need it, Kristi. You work very hard. The fashion industry employs thousands of people: designers, models, patternmakers, cutters, buyers, the list is endless. It's an honest, multibillion-dollar industry. Your part in it provides an element of fantasy, yes, but what it comes down to is that you're selling clothes and cosmetics to make people look better and feel better about themselves. There's no make-believe in that. Philip makes people look better and feel better about themselves too. You both work god-awful hours. You've got a good life, better than most, luxury, yes, a fine house, people to take care of you. But you work for it." She paused, leaning forward in her chair, her eyes looking directly into hers. "Your life is *real*, Kristi."

She considered Ruth's words, recognizing that they might be true.

"You've been living in the real world all the time," Ruth continued. "There never was any place beyond the rainbow. There's just life, to be lived by all of us in the best way we can manage. All any of us can do is try to survive."

"So what was Gareth?" Kristi asked. "Was he the fantasy?"

"No, dear. He was real, too."

"And he's dead."

The pain was still there, twisting inside her. Gareth was dead and she had killed him.

"It wasn't your fault Gareth died, Kristi," Ruth said, as though she knew what Kristi was thinking. "You wanted to help him. I remember the conversation we had about him."

"You knew I was talking about Gareth."

"Not then, only in retrospect." She paused. "There were many reasons for Gareth's problems. He was looking for a place beyond the rainbow himself. When he found out it didn't exist he couldn't handle the knowledge. He retreated into fear. Through some superhuman effort he was able to overcome his fear sufficiently to drive all that way. He was exhausted, confused. The restaurant closed and I guess he didn't know what to do. His death was an accident."

The restaurant closed. That possibility hadn't occurred to her. "He drove down here to see me," she explained again. Why couldn't anyone accept the facts? "I had Pee Wee tell him he'd have to come to

L.A. if he wanted to see me. If I hadn't done that, he wouldn't have made the attempt."

Philip stood up abruptly, his old restless self, his blue eyes bright with emotion. With his dark trousers, he was wearing the embroidered white Filipino shirt she'd brought him ages ago from Manila. She'd always liked the way he looked in that shirt. "She has to be told," he said.

Ruth nodded and he squatted beside Kristi's chair, taking her cold hands between both of his. "We got led astray dashing after Berry, Kristi-girl. It was Gareth who was trying to kill you."

She stared at him blankly.

"I told you before that there was more to Gareth's illness than agoraphobia. There was something simmering in him always. He blamed me for everything that went wrong in his life. I didn't know that until you told me about his manuscript. Pee Wee confirmed it. When Serena's car went over that cliff—it *was* an accident, by the way—Gareth seemed to be blaming himself. Pee Wee thinks he couldn't bear the pain of that so he shifted the blame to me, and decided he wanted revenge. He was determined to take you away from me. He wanted you for himself, but Pee Wee got in the way and you kept refusing to go back to the island, so he convinced himself you had to die."

"But Gareth couldn't leave the island. How could he try to kill me?" she asked in a far-off voice that didn't seem to belong to her.

"Gareth had a friend, Milton Hayward, the man who got him started on his acting career."

Kristi nodded.

"It was Milton who first told Gareth I was going to marry you. Every time you rejected him, Gareth persuaded Milton to arrange another accident. Milton would always do anything for Gareth. Gareth had promised him that if he killed you he'd come back to Hollywood and Milton could be with him again."

He took a deep breath that seemed to pain him. "When Gareth left Hollywood, Milton was left without direction. He had worked in cosmetology before he started acting. He was good at it, but he wasn't happy. He wanted Gareth to come back. He drank. He didn't always think rationally."

He looked sideways at Ruth and she nodded. Philip pressed Kristi's hands before going on. "Milton used his middle name when he got started in his new career. He called himself Gregory. Unfortunately none of us recognized him. We hadn't known him well, and he'd lost a lot of weight and bleached his hair."

He was talking about the Rose of Sharon makeup man. She remembered noticing Gregory's gray roots in the mirror. She'd always thought he liked her.

Philip was speaking again. "Milton Hayward tried to kill himself the night before Gareth was killed. He lived long enough to tell the police everything he'd done. Gareth wanted you to be killed by a car, the way Serena was killed." His voice faltered, then came back strongly. "Milton failed, probably because of his drinking."

He'd used a strong mouthwash, she remembered. She could smell it now, see him bending over her, gaunt and unhappy, applying makeup to her face. She shook her head at Philip. She didn't want to hear any more.

Philip's face showed sympathy and tenderness as he looked at her. "You have to hear it all, Kristi. I can't spare you. You have to know." He sighed. "In spite of everything, Gareth did care for you. Pee Wee has been very insistent about that."

"People seldom realize what a thin line there is between love and hate," Ruth said.

Philip hadn't shifted his gaze from Kristi's, but he flinched as though Ruth's statement had caused him pain. "Gareth was certainly insane," he said to Kristi. "He couldn't have plotted all that and at the same time cared for you if he was sane. Just before he took Pee Wee's boat he called Milton. Hannah heard him and told Pee Wee after Gareth died. She was too scared to tell him before. He told Milton—Gregory—that he was coming to get you himself, that he was going to tell you everything Milton had done and blame it on me. He was going to beg you to come away with him. He said if you refused to go he'd have to take care of you himself. He said he wasn't going to let me have you a minute longer."

Would she have refused to go with him? Kristi wondered. She didn't know. She would never know.

"Milton was terrified," Philip continued. "He'd been drinking. He cut his wrists. Someone found him and called the police. He died two days later."

"Gareth wanted to kill me." It was strange, Kristi thought, that the sentence had sounded like a statement, not a question. Gareth had wanted to kill her. That was why Philip had been so angry. She leaned forward and touched Philip's bearded face lightly, tenderly. "I'm all right," she said. "You don't have to worry about me."

He took her hand, turned it over and kissed the palm fiercely. She felt the pressure of his mouth on her hand, but there was no other sensation. She could see the bright colors of the room, the sunlight flooding through the mullioned windows, the grilled patterns the light made on the carpeted floor. She could even recognize the anxiety in Ruth's brown eyes, the anguish on Philip's face.

"She's blocking it out," Philip said harshly.

She blinked, but realized he was addressing Ruth, not her. He was standing up again, gazing down at her. "That's always been her defense," Ruth said softly. "Yours too."

"Mine?" Philip looked at her blankly, then shook his head impatiently. "Kristi's the important one here."

"Hey, you two," Kristi said hesitantly. "I am among those present."

Ruth leaned forward in her chair. "Are you, Kristi?"

"What a ridiculous question. Of course I'm here." She was trembling but not from cold or fear. She was angry, terribly angry. Because they just didn't understand.

Abruptly she was on her feet, looking at them both, speaking very rapidly. "It doesn't make any difference if Gareth was trying to kill me. It was still my fault Gareth died. I've killed before. I killed my father."

Philip went white. "You didn't know that, did you?" she said flatly. "The police suspected, but nobody knew except my mother. She was going to hit me. But I wouldn't let her hit me anymore." She looked at Philip and then at Ruth and repeated loudly, so they'd be sure to hear, "My mother knew. She knew what I'd done. She called me damaged goods."

Ruth was on her feet, pulling Philip back as he would have reached for Kristi, shaking her head at him. "What *did* you do, Kristi?" she demanded.

They still didn't understand. Kristi clenched her fists and started over. "My father would never have done that to me if I hadn't made him. He loved me."

"Your father killed himself," Philip said in a bewildered voice.

She shook her head so hard that her hair whipped from side to side. "He held the gun, but it was my fault. Because he remembered what he'd done to me. He couldn't stand it that he'd hurt me like that."

"Kristi!"

"Don't stop her," Ruth ordered. "She has to get it out before she can get rid of it. Kristi, Philip told me about your mother, about the way she treated you. He told me your father killed himself. But this is new to me. Are you saying your father raped you?"

She heard Philip's sound of horror and the anger was gone as suddenly as it had come, and the last of her strength with it. She sat down very carefully in the recliner and looked up at Ruth with dull eyes. "Yes," she said.

"And then he shot himself?"

"Yes."

"How old were you?"

"Sixteen. Old enough to know better. I shouldn't have let him touch me and kiss me."

"Kristi, he was your father. Lots of fathers touch their daughters and kiss them. That doesn't mean—" She paused, her brow furrowing. She glanced at Philip who was staring down at Kristi with shock and compassion alternating on his face.

She studied Kristi's face and sighed deeply. "Have you ever told anyone about this before?" she asked gently.

Kristi didn't answer. She was feeling even colder now. Maybe, after all, that was why she was trembling. She rubbed her arms briskly with her hands, trying to restore her circulation. Her skin felt cold and hard to her touch, like a statue, a marble statue. Or maybe a Snow Queen. She didn't want to answer any more questions. She wanted to find that safe, cold place inside her body. She wanted the grayness to come outside and whirl around her and carry her away.

"Kristi?" Ruth insisted.

She sighed. "No, I didn't tell anybody. But my mother knew. She knew about Carl too, I think." She hadn't meant to say that.

"Who was Carl?" Ruth asked.

"A man, a sort of friend of my mother's. He was very good to me."

Ruth sighed. "He raped you too?"

"He said I looked pretty in my leotard. I guess I shouldn't have worn my leotard. That was the same as getting into my father's bed. I wanted my father to hold me. I was lonely."

"That's enough," Philip said. "Look at her. She can't take any more."

"She has to," Ruth said. She looked at Kristi. "Kristi, dear," she said very gently. "It was all right for you to love your father."

For a moment, Kristi stared at her without comprehension, then the words seemed to explode in her brain, shattering her into a million pieces. There was a sudden excruciating pain twisting inside her, twisting and stabbing and tearing her apart. Tears were leaking out of her eyes and running down her cheeks without sound. There was no room in all the world for the tears that were waiting to come out.

Philip muttered something and then sat down on the arm of her chair and handed her a handkerchief and gathered her in his arms, holding her close, rocking her, his hands pressing her against his body as though he wanted her to absorb all of his warmth.

It was a long time before she could stop crying. Even longer before she could speak. And all that time Philip held her, not talking, just murmuring soothing sounds to her and holding her. She had the strangest feeling that the tears had left a jagged hole inside her body and she was afraid if she moved it would open up even further and tear her in half.

"What happened?" Philip asked Ruth, releasing Kristi at last.

Ruth smiled at him and then at Kristi, and tangled her already tangled dark hair with one hand. "Sometimes we get lucky," she said. "That was evidently what we in the trade call a key remark. Sometimes one word will do it. It's like a trigger that causes a sudden release in the subconscious mind." She sighed. "I'm amazed she's been able to function at all. It's going to take time, Philip, but at least we've made a start. All these years Kristi felt responsible for her father's death. She thought, not logically, but with her emotions, that she must have seduced him. Victims of incest invariably feel that way. Kristi loved her father and he raped her. Ergo, she was wrong to love him. When the other man did the same thing to her, her opinion was confirmed. I guess she must have loved him too, or liked him anyway."

"That's why she could never respond—"

"Probably."

"But Gareth—"

Ruth hesitated, looking at him with sympathy. "We all tend to idealize our childhood. We forget the bad things and remember only the good. Kristi didn't have much that was good to remember; from what you've told me her only moments of happiness were the times she could escape into books and movies. Possibly Gareth symbolized that whole fantasy life she had before everything blew up around her."

"You're doing it again," Kristi said distantly. "You're discussing me as though I'm not here."

"But you *are* here now," Ruth said.

Kristi sat up carefully and balled Philip's sodden handkerchief in her hands. Nothing tore. There wasn't even any pain. She looked at Ruth. "Yes, I'm here." She hesitated. "I can't believe I cried like that. I hardly ever cry."

"That's part of the problem, Kristi. We'll have to see if we can't teach you that it's okay to cry, and to love."

"Especially to love," Philip said, putting his arm around her. She flinched, but then he added, "You don't have to love *me*, Kristi. I had no right to expect you to. You were honest with me right from the start." He smiled ruefully at her and began stroking her hair. "Now I'm not sure if telling you I love you is something you want to hear, or just another burden for you. But I do love you, Kristi-girl."

She gazed up at him. He knew all of it now, all that had happened to her, all that she had done. And he hadn't turned away from her. He still loved her. How had she let herself forget how good he was?

He continued to stroke her hair. She could feel the warmth of his hand spreading through her. "I blame myself for so much of this," he said almost to himself. "If I'd only realized how Gareth felt about me. Or if I'd told Pee Wee about your accidents, he might have caught on to what Gareth was doing. I had no idea Gareth hated me so much. And I didn't know until Hannah called that Gareth even knew about you. I could at least have told you about Gareth. I just couldn't seem to talk about him. Or Serena. Poor Serena. If I hadn't chased after her, as though I owned her, she might still be alive. Gareth might not have broken down so completely."

He stopped speaking as though the torrent of words had echoed in his mind. He swallowed, then glanced at Ruth with a shadow of his usual smile. "That's what you meant, isn't it? I've got some problems with guilt too. I blamed Gareth for Serena's death in theory. In practice, I was blaming myself."

Ruth smiled. "It's not exactly normal to dash through life as though you're taking part in an Olympic marathon."

"But I've always felt I had to keep running," he said. "I'll grant you I've felt even more pressured since Serena died, but it isn't a new thing to me."

"I've heard you were always an active child." She grinned. "Yes, Charles has told me stories about you. Think about this." Ruth's voice was gentle. "Think about children learning to block out the things that upset them. Many children do, you know. They learn how from their parents. There you were, torn between the mother and father you loved and that little mixed-up boy, a little boy who didn't seem to fit in. You're not abnormal, Philip. Mentally, we all tend to run away from too much emotion. And if we suppress bad feelings, our bodies oblige by doing the running for us. We throw ourselves into our work or play. We try not to dwell on things. We keep our problems to ourselves. Which can be very hazardous to our health.''

She smiled at him, shaking her head with amusement at the way people treated themselves. "You're a kind man, Philip, a sensitive man. You feel everything your patients feel. I've watched you in action. I've seen you identify with their pain and with your mother's pain. And I've seen your reaction to it. Rush rush, bustle bustle. Of course you couldn't talk about Serena, or Gareth. Isn't not talking a form of running away?"

Philip was staring at her. When she stopped speaking, he passed one hand wearily through his hair, then shook his head and laughed shortly. "I think you've lost me."

Ruth laughed too, but more naturally. "That's hardly surprising. Forgive me. I get on my soapbox sometimes. We'll talk about it another time."

"I guess we'd better." He looked at Kristi, smiling ruefully, his eyes warming as he gazed at her. "It looks as though we both need help, Kristi-girl. As Ruth says, we may not need a place beyond the rainbow, but I think maybe we do need each other."

She had never thought before of Philip needing help. She had never thought of him needing her. When she'd read Gareth's manuscript she'd seen everything from Gareth's viewpoint. She hadn't thought about Philip being torn apart. How had he borne the pain when Gareth repaid his many kindnesses by stealing the women he loved?

His bright red-gold hair was tumbling over his forehead, she noticed. He must have been raking it with his hands again. She reached up to smooth it into place and felt it cling to her fingertips. Alive, so alive. He was looking at her lovingly, with a love that expected nothing in return. When she smoothed his hair, hope blazed in his face. Such a dear face, she thought, touching it gently, so very dear.

"Please don't stop loving me, Philip," she said shakily.

It was almost a promise. It was at least a beginning.